2020 年度教育部人文社会科学研究规划基金项目
"《三边赋》整理与研究"（批准号：20XJA751003）成果

《新疆赋》校注

（清）徐松 撰　李军 校注

人民出版社

徐松画像

新疆賦

賦序

大興徐松撰

粵徵西域爰始班書孟堅奉使於私渠定遠揚威於疏
勒命其翊寶必在經行走以嘉慶壬申之年西出嘉峪
關由巴里坤達伊犁歷四千八百九十里越乙亥于役
回疆度木素爾嶺由阿克蘇葉爾羌達喀什噶爾歷三
千□白里其明年還伊犁所經者英吉沙爾葉爾羌阿
克蘇庫車哈喇沙爾吐魯番烏魯木齊歷七千一百六
十八里既覽其山川城邑考其建官設屯旁及和闐烏
什塔爾巴哈台諸城之輿圖回部哈薩克布魯特種人

一

元尚居刻本《新疆賦》頁面

新疆賦

賦序

大興徐松撰

粤徵西域爰始班書孟堅奉使於私渠定遠揚威於疏勒語其翔實必

在經行走以嘉慶壬申之年西出嘉峪關由巴里坤達伊犁歷四千八

百九十里越乙亥于役回疆度木素爾嶺由阿克蘇葉爾羌達喀什噶

爾歷三千二百里其明年還伊犁所經者英吉沙爾葉爾羌阿克蘇庫

車哈喇沙爾吐魯番烏嚕木齊歷七千一百六十八里既覽其山川城

邑考其建官設屯旁及和闐烏什塔爾巴哈台諸城之輿圖叵部哈薩

克布嚕特種人之流派又徵之有司伏觀典籍仰見

高宗純皇帝自始禡師首籍故實乾隆二十年二月諭曰漢時

西陲塞地極廣烏嚕木齊及回子諸
部落皆曾屯戍有為內屬者唐初開都護府擴地及西北邊今遺址久準噶爾所屬之地回子部落内伊所知
涅著傳諭鄂容安此次進兵準噶爾所屬之地

道光刻本《新疆賦》頁面

目　录

序　言

伏俊琏

　　清王朝崛起于东北边疆,自入主中原后,接连用兵边陲,形成了疆域空前广大的中华帝国。十八世纪清朝的大统一,使朝野自上而下都形成了一种强烈的"中国"疆域意识。《清史稿·地理志》这样写道:

　　　　圣祖、世宗长驱远驭,拓土开疆,又有新藩喀尔喀四部八十二旗,青海四部二十九旗,及贺兰山厄鲁特迄于两藏,四译之国,同我皇风。逮于高宗,定大小金川,收准噶尔、回部,天山南北二万余里毡裘湩酪之伦,树颔蛾服,倚汉如天。自兹以来,东极三姓所属库页岛,西极新疆疏勒至于葱岭,北极外兴安岭,南极广东琼州之崖山,莫不稽颡内乡,诚系本朝。于皇铄哉!汉、唐以来未之有也。

　　正是在这种大背景下,学术界产生了影响深远的"西北学"。王国维曾说:"我朝三百年间,学术三变:国初一变也,乾嘉一变也,道咸以降一变也。""道咸以降,途辙稍变,言经者及今文,考史者兼辽、金、元,治地理者逮四裔,务为前人所不为,虽承乾嘉专门之学,然亦逆睹世变,有国初诸老经世之志。故国初之学大,乾嘉之学精,道咸以降之学新。"王国维讲的道光咸丰间学术嬗变的重要标志之一,就是西北学的兴起。我们知道,道咸以来,我国西北边疆受到沙皇俄国和英国等帝国主义的觊觎与侵略,这种严峻形势刺激了当时的士人,尤其是一些贬谪西域的有识之士。被贬谪期间,他们考察了西北的山川地理、历史遗存、风土人情,撰写了大量学术著作,唤醒了沉迷于乾嘉考据之学的学者,以北京为中心,一批关注西北、研究西北的学者,师友相承、切磋讨论,洪亮吉(1746—1809)、祁韵士(1753—1815)、邓廷桢(1776—1846)、徐松(1781—1848)、林则徐(1785—1850)、龚自珍(1792—1841)、魏源(1794—1857)等是其中的代表。

1

光绪之后,余波不灭。正如梁启超在《中国近三百年学术史》中所说:"一时风会所趋,士大夫人人乐谈,如乾嘉之竞言训诂音韵焉,而名著亦往往间出。"

徐松是嘉道之际西北学的代表人物。他被贬新疆八年,足迹遍布南疆和北疆,行程两万余里,遍览天山南北的山川城邑,考察其建官设屯,旁及诸城舆图、民族部落,披览典籍,征诸有司,撰写了大量史地专著。有关新疆的著作就有:《新疆赋》二卷、《新疆识略》十卷、《西域水道记》五卷、《汉书西域传补注》二卷、《新斠注地理志集释》十六卷等。其中《新疆赋》是边疆舆地赋的代表,全篇洋洋洒洒两万余言,以正文加自注的方式,对新疆南、北二路,进行了全方位的细致描绘。"南疆赋"主要由葱岭大夫铺叙,包括沿革、城建、山川、民居、集市贸易、节俗等六个方面,最后盛赞朝廷对南疆的化育之功,曲终奏雅。"北疆赋"则主要由乌孙使者铺叙,包括北疆的沿革、建置、屯田、驻防、边卫、马政、物产等七个方面,最后盛赞清廷化育之功,并凸显乾隆帝平定北疆的武功盛业,从而借以驳倒葱岭大夫、压倒南疆。

清代的边疆舆地赋创作蔚然成风,是多元一体中华民族形成的伟大气象在文学上的集中表现。徐松为他的老师英和的《卜魁城赋》所作跋文中说:"一时名公巨卿,如周海山先生使琉球,作《中山赋》;纪晓岚先生谪西域,作《乌鲁木齐赋》;和泰庵先生镇卫藏,作《西藏赋》。独黑龙江界在东北边,曩惟方恪敏公有《卜魁杂诗》及《竹枝》之作。而研都炼京,天则留待我树琴夫子,发掘文章,为封疆增色。"此外,张澍《天山赋》,吴兆骞《长白山赋》,王必昌、徐德钦、洪缙等人同名的《澎湖赋》,王必昌、林谦光、高拱乾等人同名的《台湾赋》等,皆以鸿篇巨制和独具边疆地域及民族特色而为学人所注目。这类赋规模宏大,气势磅礴,洋溢着一种民族自豪感和时代自豪感。徐松是待罪之臣,贬谪新疆,可是他不囿于个人恩怨,在赋中始终充溢着对多民族国家统一的热情和自豪。徐松是杰出的历史学家、地理学家、博物学家,又是卓越的词臣,所以对天山南北的奇丽境象,能用神奇的笔触和优美的诗意呈现出来。《新疆赋》所描述的异于内地的地理环境、自然风光、民族民俗、宗教政令、矿藏物产等,无不给人以新鲜新奇之感,引起人们无限的遐想和强烈的向往。也正是这个原因,《新疆赋》问世以后,就被竞相传诵,影响久远。在中国赋史上,以《新疆赋》为代表的边疆舆地赋真正体现了赋"苞括宇宙,总览人物"的宏伟壮观,尤其是那一幅幅边陲风俗画面,汉唐宫廷赋家不能望其项背。当然,作为文学,边疆舆地赋因过多征引实物,炫博堆砌,饾饤琐碎,影响了赋的审美艺术,也给读者造成了诸多文字障碍。

2011年,李军同志在西北师范大学中国古典文献学专业攻读博士学位,我是他的指导教师。博士学位论文题目是《徐松及其〈新疆赋〉研究》。选题确定后,我要求他精读《新疆赋》,并能粗略校注一遍,等于文本细读。因为《新疆赋》加上徐松的自注,有两万多字,涉及新疆的山川地理、历史沿革、民情风俗、民族宗教等,可以说是新疆百科全书。要详加考释,博士期间是完不成的,学养和时间都不够。李军同志下了很大功夫,撰写学位论文的同时就完成了《〈新疆赋〉校注》的初稿。毕业后,他有繁重的教学任务,但《〈新疆赋〉校注》工作一直没有停止。2020年,又获得教育部人文社科项目基金的资助,为完成这部书稿,李军同志查阅了大量的资料,尤其是对徐松的生平著述用力最勤。这是要充分肯定的。

我曾建议,研究《新疆赋》,一定要到新疆走走,走一趟不够,要考察多次。徐松走过的大致路线,《新疆赋》描写的著名文化古迹、山川要道,应当进行考察。记得著名学者冯其庸1989年秋考察新疆前,来到西北师范大学,当时的校长王福成教授(古代文学专业)在家里做饭招待冯先生。王老师让我帮他倒酒端菜,胡大浚老师、赵逵夫老师也在座。冯先生豪爽,喜欢饮酒,不多时,已经微醉。然后展开宣纸,一张一张作画写字。他画的最多的是螃蟹,不用几笔,一个个惟妙惟肖的螃蟹似乎蠢蠢欲动,然后提笔写"看你横行到几时",意趣盎然。冯先生问我学位论文做什么,我说是写《史记》的文学性。他连声说研究《史记》好,然后告诉我说:我虽是《红楼梦》学会的会长,但我最熟悉最喜欢的书是《史记》和《大唐大慈恩寺三藏法师传》。读古书,身临其境很重要。比如,《史记·项羽本纪》记载,公元前202年,项羽被汉军围困于垓下,四面楚歌。项羽力战脱身,因深感无颜再见江东父老,便在乌江岸边自刎而亡。我经过通读《史记》全书,并多次实地考察,认为项羽是在东城自刎而死的,东城离乌江有200多里路程。《玄奘传》的前五卷记玄奘西行前情况和西行十九年的经历,写得生动感人,是中国优秀的传记文学,可惜文学史上讲得很少。冯先生说:我已经去过几次新疆,以后还要去多次。我是重走玄奘之路。确实,从那之后的二十多年,冯先生身体力行,近十次前往大西北进行学术考察。他三上帕米尔高原,两越塔克拉玛干大沙漠,并绕塔里木盆地整整走了一圈。而玄奘取经之路,以及西域的重要历史文化遗址,南北疆的特异地貌、特异风光,是他考察的重点。每次取道兰州,我们几位都要陪他到黄河边捡石头,有一年我们一起到临夏(古河州),在当地朋友的陪同下,深入到古玩市场,先生收获了好几箱宝贝。大约1997年,冯先生在海拔4700多米的明铁盖达坂考察,凭借着对《大唐西域记》和《玄奘传》相关描写的娴熟,他判断就是玄奘取经回国的山口古道。他非常兴奋,当即用电报的形式给当时的西北师范大学中文系主任赵逵夫教授报告喜讯。读万卷书,行万里路。真正的学问,真正的学问乐趣,就是这么得来的。

王兆鹏先生研究宋词,提出要回到古诗词的"历史现场"。我深有同感。杜甫的《阆山歌》《阆水歌》我早年就背诵过,2019年,我和友人在阆中嘉陵江边一边喝茶一边欣赏风景,看着嘉陵江清澈见底的水,看着太阳照耀在江面闪烁的粼粼波光,看着对面玉屏山上的松林,清风徐来,蓝天白云,真是惬意。此情此景下再读老杜的诗句:"嘉陵江色何所似?石黛碧玉相因依。正怜日破浪花出,更复春从沙际归。巴童荡桨欹侧过,水鸡衔鱼来去飞。""松浮欲尽不尽云,江动将崩未崩石。"一样的诗句,不一样的感受。那天的老杜,肯定心里非常高兴。面对江水、青山、松林、日出、白云、巴童、水鸡,他的眼睛像摄像机一样,从下到上,从近到远,细细地扫描。"阆中胜事可肠断,阆州城南天下稀!"这是发自诗人内心的快乐,此时此刻的我,也体会着老杜一样的快乐。

如果把现场考察与校注结合起来,《新疆赋》的研究肯定更上一个台阶,这是寄希望于以后的工作。

是为序。

2022年8月16日

前　言

一

徐松(1781—1848),原名志松,字梧冈,后改名松,字孟品,号星伯(一作字星伯,号孟品,或仅通作字星伯)。其原籍为浙江上虞即绍兴府上虞县(今绍兴市上虞区),本人系管溪徐氏十七世孙,行九。管溪徐氏以曹娥江支流管溪而得名,为上虞乃至江浙一带的名门望族,世居下管乡(今绍兴市上虞区下管镇),自宋元以来,贤达辈出。而徐松直系一支,至其高祖徐骧(1632—1707),因山贼为患,于顺治五年(1648)避入会稽郡城即绍兴府城(今绍兴市越城区),寻又迁居山阴万安坊(在今绍兴市柯桥区)。再至其祖父徐肇南(1713—1792),因早失怙恃,兼之家贫,于弱冠之岁(1733)前往广西庆远府那地州(治今南丹县西南那地),投靠时任州判的堂兄徐绍南(1685—1741),然终为生计所迫,后又于乾隆十年(1745)举家侨居京师。徐肇南生有五子,分别为徐立纲(1734—1803)、徐立民(1738—?)、徐立位(1746—1811)、徐立本(1751—1832)、徐立朝(1755—1828),其中立纲与立民生于那地,而立位等生于京师。徐松祖上四代以来,均未获过功名,故家道日衰,直至其父辈时,方接踵通籍,尤其是伯父徐立纲,两任安徽学政,并记名御史,遂重振家门,光宗耀祖,然唯独父亲徐立本,终生未得功名。徐立本生有四子,分别为徐松、徐棠(1798—1814)、徐棨(1800—1816)、徐桐(1808—1830)。

徐松于乾隆四十六年七月初九(1781年8月27日)生于京师,后入籍顺天大兴即顺天府大兴县(今北京市大兴区),遂为大兴人,家住京师宣武门南大街。五十三年(1788)八岁时,他曾随伯父徐立纲在安徽姑孰使院(在今当涂县城)受书于桐城派传人左眉(1740—1820),但未几而归京,旋又问业于骈文大家钱塘人吴锡麒(1746—1818)。次年(1789)九岁时,应童试、入邑庠,后又相继于嘉庆五年(1800)弱冠中举、十年(1805)高中进士,并以淹雅俊才而为大学士董诰(1739—1818)乃至嘉庆帝所赏识,十四年(1809)被派入全唐文馆、次年(1810)又进入文颖馆。公务之余,他陆续从《永乐大典》中辑出诸如《中兴礼书》《宋会要》《河南志》等珍贵文献,并以其深厚的考据功底,开始撰写《唐两京城坊考》《登科记考》等学术著作。十五年八月,徐松又蒙嘉庆厚望,而立之年便督学湖南,然次年(1811)十一月,旋即于湖南学政任上为礼科给事中赵慎畛(1761—1825)所纠,最终以"卖书渔利"等罪名,被发往新疆效力赎罪,是为后世所称"星伯学案"。十七年(1812)五六月间,徐松从长沙直接出发,狼狈奔赴新疆,于十月间抵达戍地伊犁。其戍馆,位于惠远城南门宣闿门内向西走南墙下的第三舍,名之曰"老芙蓉庵"。在遣戍期间,徐松先后受到历任伊犁将军晋昌(1759—1828)、松筠(1752—1835)和长龄(1758—1838)等人的器重,并于二十年(1815)冬开始,对新疆南北两路展开实地考察。在历时八个多月返回伊犁后的二十一年(1816)秋,他着手重修松筠委托的《伊犁总统事略》,并在戍馆乘兴撰写《新疆赋》,又相继草成《汉书西域传补注》二卷、《西域水道记》数卷。因受松筠照顾,徐松曾以废员身份充补伊犁铜厂缺额两年,从而获准在例定十年刑期内减免三年,以七年为满。后在晋昌等人奏请下,二十四年(1819)底,他终于接到赐环诏书,并于二十五年(1820)夏回到京师。十一月,松筠缮进《伊犁总统事略》,由新即位的道光帝赐名为《新疆识略》,而徐松本人也得以在年底受到召见,并因纂修之功而赏内阁中书。此后的道光年间,徐松一直专注于西北舆地,同时广交海内学人,被群推为"地学巨子",负重望近三十年。晚年时,他又曾外任榆林知府等职,然终以遘疾而致仕归京,不久即于道光二十八年三月初一(1848年4月4日)去世,享年六十八岁,葬顺天府昌平州雷家桥(在今北京市朝阳区)。

徐松有一妻一妾,妻为陈寿娥(1780—1825),妾为茹氏(生卒不详),生一子徐祖望(1804—?),曾中式顺天举人,充景山官学教习。徐祖望生有三子,然均不寿,而其本人竟亦先殁,以致在徐松身后,"亲族无存,老屋易主"。

徐松是清代嘉道之际一位学养丰厚、著述等身的学者。他以考据见长、以辑佚著称、以地学名家,还批校过《说文解字注》《四六法海》《赋钞笺略》《杜工部诗集》及《元史》等,显示了其精深的学术造诣和多元的学术领域。在徐松的学术生涯中,考据是其最根本的治学方法,而罗致和考证各种金石文献,则尤为他一贯的兴趣所在,甚至可以说嗜奇成癖。至其最负盛名的地学,则独具传统考据与实地考察相结合的优势,并以经世致用为旨归,正好切合时代需要,也因此以其为中心,周围凝聚了程同文(？—1826)、俞正燮(1775—1840)、龚自珍(1792—1841)、魏源(1794—1856)、沈垚(1798—1840)、张穆(1805—1849)等大批地学名家,形成了盛极一时的西北学人群,乃至进一步促使边徼及域外地理学一度成为道光年间的显学。

徐松还是一位文名早著、才华横溢的文人。他九岁参加大兴县童试,学使者金士松(1730—1800)奇其文,取入邑庠,补弟子员。二十岁参加顺天府乡试,阅卷官张问陶(1764—1814)得其文,大加叹异,遂举于乡。二十五岁参加会试,以第四十二名登乙丑科彭浚(1769—1833)榜进士,殿试二甲第一名,朝考一等二名。三年后,又参加乙丑科散馆考试,以《江汉朝宗于海赋》而获一等一名,入值南书房,总司董诰心甚重之,一切应奉文字,皆出其手。不过,徐松早在八岁受书于蒙师左眉时就曾表示"自兹专心考据,不复以文词见",因此,他最终选择的还是乾嘉考据之路,而在传统诗文领域,也就未甚用力,至其身后,随着家道中落,平日诗文及藏书万卷,大都散佚殆尽。

二

明清以来,以描写边疆地区历史地理及风土民俗为主的边疆舆地赋,勃兴一时,蔚为大观。其中,嘉道时期蒙古和宁(1741—1821)的《西藏赋》、吉林英和(1771—1840)的《卜魁城赋》及大兴徐松的《新疆赋》等三赋,在各自问世之际,就备受推崇、广为传诵,后来在光绪八九年间(1882—1883),又由四川刻书家王秉恩(1845—1928)以其室号"元尚居"的名义,合刻汇刊为《西藏等三边赋》一书,从而成为公认的清代边疆舆地赋代表作。

而徐松所撰《新疆赋》,尤为时人推崇备至、赞誉有加,如彭邦畴(1781—1845)将其誉为与乾隆《盛京赋》及和宁《西藏赋》二赋"后先辉映"的皇皇巨著,至如张琦(1764—1833)、程恩泽(1785—1837)、沈垚等人,则更是交口称赞其为"千秋绝业""千古奇作""不朽之作"。

《新疆赋》的初稿,当撰写于嘉庆二十一年(1816)秋冬之际。当时,徐松完成了对新疆南北两路历时八个多月的考察,返回到戍地伊犁,开始着手准备重修《伊犁总统事略》。在此基础上,又"撮其要领",在戍馆"读书击剑,对酒狂吟,因作《新疆赋》也",并邀请当时因土客分考案(亦称学额案)而被杖流伊犁的江西万载人孙馨祖(1742—1819)作序。二十四年(1819)年底,徐松在接到赐环诏书后,对嘉庆帝感激涕零,遂又将"诞发祥而流庆,钟运会于庚辰。今甲子之已复,闰帝夏与皇春"等语,硬生生地加进赋中。

《新疆赋》的稿本,今有北京大学图书馆所藏一卷(善本编号□472),赋序钤"曾渡凌山"朱文方印,为徐松藏书印,卷前有孙馨祖序,卷后有彭邦畴跋,系徐松底稿清写本,其写定年代,当在道光二至四年间(1822—1824)。在彭邦畴跋后,还有道光五年(1825)八月至十二月陈嵩庆(生卒不详)、陈裴之(1794—1826)、张锡谦(生卒不详)、张琦等人的读后题识(据朱玉麒整理《西域水道记》前言)。

《新疆赋》的刻本,最早当在道光四年(1824)冬付梓,且在后来成为底本,不断以《西域三种》《大兴徐氏三种》《徐星伯先生著书三种》等名义而与《西域水道记》《汉书西域传补注》一起广为影印或翻刻,如北平琉璃厂宝森堂本、北平隆福寺文奎堂本、光绪十九年(1893)上海宝善书局本、光绪二十九年(1903)金匮浦氏静寄东轩《皇朝藩属舆地丛书》本、上海鸿文书局本等(据朱玉麒著《徐松与〈西域水道记〉研究》第二章)。

而笔者所见《新疆赋》版本,藏于西北师范大学图书馆者,一为上海古籍出版社《清代诗文集汇编》第536册影印的光绪七年辛巳(1881)正月读有用书斋本,但将彭跋移于孙序之后;二为王秉恩元尚居合斠汇刊的《西藏等三边赋》本,书名当为后人所题,一函二册,其中《西藏赋》与《卜魁城赋》合为上册,《新疆赋》独成下册,而据各赋前的牌记,可知分别斠刊于光绪八年壬午(1882)八月、九年癸未(1883)正月、壬午十月,是为元尚居本;三为光绪十年(1884)《畿辅通志》卷二百二十六《徐松传》中所录《新疆赋》,但仅有正文而无自注。藏于甘肃省图书馆者,一为上海鸿文书局石印《西域四种》袖珍本,二函八册,其中上函为《西域水道记》五卷,分三册,另有《汉书西域传补注》二卷,后附《新疆赋》,合为一册,下函为李光廷《汉西域图考》七卷,分四册,以"其、书、满、家"别之;二为所谓"徐星伯著原刻本",实即道光四年刻本。此外,还有吴丰培先生辑、中央民族学院少数民族古籍整理出版规划小组编、以《民族古籍丛书》名义于1982年出版的《新疆四赋》清缮复印本,将徐松"南北两赋"与王大枢《天山赋》、纪昀《乌鲁木齐赋》合为一册。

至于《新疆赋》的整理本,目前所见则仅有朱玉麒先生的《西域水道记(外二种)》,包括《西域水道记》《汉书西域传补注》与《新疆赋》,由中华书局以《中外交通史籍丛刊》名义于2005年出版。

三

从总体上看,《新疆赋》由《赋序》《新疆南路赋》《新疆北路赋》等三大部分构成。赋作以葱岭大夫、乌孙使者二人互相问答的形式,分咏新疆南北二路的沿革、城建、山川、民居、集墟、节俗、屯田、驻防、边卫、马政、物产等,并对清廷尤其是乾隆帝平定西域的丰功伟绩进行了热情赞颂,充分彰显了其"导扬盛美"的创作主旨。

《赋序》总领全文,交代作赋的经过、缘由、目的、构思、主旨等。

《新疆南路赋》主要由葱岭大夫铺叙,包括南疆的沿革、城建、山川、民居、集墟、节俗等六个方面,最后盛赞清廷对南疆的化育之功。

一是南疆历史沿革。赋作首先介绍南疆的回部,云其祖国为西方的墨克,后因朝献,才逐渐迁徙至南疆一带。然后,从汉代开始叙述,直至清廷平定南疆。赋作涉及平定南疆的历史,主要是乾隆二十三至二十四年(1758—1759)平定大、小和卓之乱,用大量篇幅对战争的起因、经过、结果及战后南疆回部对清廷的朝贡作了宏大铺排,极力彰显了乾隆帝运筹帷幄的谋略。

二是南疆八城概况。赋作首先云"既通四译,爰建八城",然后依次对疏勒、依耐、叶奇、和阗、永宁、阿苏、屈茨、焉耆等所谓"南疆八城"分别进行概括介绍,最后指出,此八城"咸统于哈喇沙尔,俾牧于裕勒都斯"。

三是南疆山川形势。赋作以哈喇沙尔为中心,分别从南疆的东、西、南、北、中等五个方位展开介绍。其东,有广安城;其西,有剑末谷、奔攘舍罗冈、铁门山、布哈尔;其南,有呢蟒依山;其北,有喀克善山,折而东又有凌山;其中,有南河、北河、树枝水、达利水,四水交贯,合为塔里木河,还顺及阿克苏北的阿尔巴特水、哈喇沙尔的海都河,并指出上述南疆诸水,最终归于罗布淖儿。这部分叙写,将南疆错综复杂的山川地理情势,绘制得有条不紊,清晰明了,如在目前。

四是南疆民居园圃。南疆的民居,极具地域和民俗特色,如"荍居芜处,桑枢柳樊,瓜庐凿牖,曲突当门",最为别致之处,则是"亭倚长杨之树,家临沙枣之园"。至于农家园圃所产,赋作进行了不厌其烦的繁复罗致,令人眼花缭乱。

五是南疆集墟盛况。南疆地处西北边陲,八方辐辏、百物交汇、琳琅满目、热闹非凡,极富西域特色。而南疆的集墟,最热闹的就是每年岁首第七日"阿杂那日"这一天,"其市曰巴咱尔"。因此,赋作紧紧围绕"巴咱尔"而展开,并以"七日为墟,百物交互。征逐奇赢,奔驰妇孺"进行高度概括。

六是南疆宗教节俗。主要是南疆回部的年节,赋作抓住这一点,集中铺叙其"逢正岁,度大年"的盛况。

最后,以清廷任命的代理人如世家、伯克等为主,盛赞其在南疆的化育之功。

《新疆北路赋》则主要由乌孙使者铺叙,包括北疆的沿革、建置、屯田、驻防、边卫、马政、物产等七个方面,最后盛赞清廷化育之功,并凸显乾隆帝平定北疆的武功盛业,从而借以驳倒葱岭大夫、压倒南疆。

一是北疆历史沿革。首先是乌孙使者在听完葱岭大夫对南疆的铺叙后,站在"圣天子"的立场上进行驳斥,从而引出北疆的历史沿革。赋作自汉唐开疆辟土以来,一直叙写到清代对北疆的彻底平定。而平定北疆,历经康雍乾三朝,费时69年,实属不易。因此,这部分的篇幅更长,可以说浓墨重彩,洋洋洒洒。

二是北疆州府建置。赋作大致自东而西,依次叙写北疆各州府尤其是重镇的建置概况。这部分以镇西府、迪化州、塔尔巴哈台、伊犁等北疆"四大重镇"为中心,而统领于所谓"翼翼乌孙,新疆之柢"的"总会之区"即伊犁地区,并以伊犁将军府所在地惠远城为中心,集中描述其城建、政教、机构、市肆等,以突出其在全疆的中心地位。

三是北疆屯田盛况。屯田是包括清廷在内的历代中央政权借以维持新疆管制的重要经济基础,其战略意义非同凡响。因此,赋作首先提纲挈领点出屯田的重要性,即"禄粮焉筹,兴屯是务"。接着,分别叙写营屯、旗屯、户屯、遣屯、回屯等各种屯田形式的概况。最后,以"屡丰接乎青黄,荒服臻乎富庶"盛赞清廷在北疆开展屯田的效果与成就。

四是北疆各营驻防。北疆的战略地位尤为显要,其西北东三面均与周边国家和地区接壤,可以说维系着全疆的安危,也直接影响着清廷的有效管辖。而驻防北疆的军队,主要有两种,分别是八旗兵和绿营兵。因此,赋作首先指出"屹屹两营,实维驻防"。具体而言,主要有满营、绿营、索伦营、察哈尔营,均在伊犁河北岸;还有锡伯营,在伊犁河南岸;还有厄鲁特营,在伊犁东南、南山之阴。以上,总计六营,赋作就是从这六个方面依次展开叙写的。

五是北疆边卫设置。同驻防一样,边卫也具有重要意义。因此,清廷在北疆边境一带,曾经设立过众多的卡伦(即大哨卡)、申克(即小哨卡)。但到道光朝,由于缺乏有效管辖和经营,很多哨卡开始逐渐废弃,实际上已经起不了应有的作用。不过,在徐松遣戍新疆期间,边疆局势相对尚为稳定,问题也还没有凸显出来,故赋作对北疆的边卫以及边贸,均做了充分肯定。

六是北疆马政概况。赋作首先点明官方对马政的重视,接着以最能体现马政成就的各种五花八门的名马为主,极力进行渲染和歌颂。

七是北疆珍奇物产。与南疆的园圃之产相比较,北疆的物产更为丰富,更为广泛,也更为珍奇。因此,赋作极尽铺排炫矜,也更令人"荧听骇目"。

最后,分别从宪度与礼乐两方面入手,盛赞清廷在北疆的化育之功,并借乌孙使者之口,信心十足地对葱岭大夫提出批评,以压倒对方。

在赋作止笔之际,葱岭大夫心悦诚服,曲终奏雅,顺势收结,进一步升华"导扬盛美"的创作主旨。而所称颂的主要对象,当然是"如天覆育之圣人"的乾隆帝:"超四洲与四主,而莫得与比伦。"

四

清廷平定西域,自康熙二十九年至乾隆二十四年(1690—1759),历经康雍乾三朝,耗时几七十载,实属不易,厥功至伟。故而乾嘉之世,赋写新疆,蔚然成风,盛极一时。至其著者,如全祖望《皇舆图赋》、朱筠《圣谟广运平定准噶尔赋》、纪昀《平定准噶尔赋》、罗学旦(一作纪昀)《乌鲁木齐赋》、刘豢龙《伊犁赋》、王大枢(一作欧阳镒)《天山赋》等等。而无论从哪方面来看,徐松所撰的《新疆赋》,洵为翘楚,冠绝一时,既是公认的赋作精品,又向来被视为压缩方志,具有文学创作和学术研究的双重价值。

作为文学创作,《新疆赋》充分发挥了赋体文学尤其是汉代以来骈辞大赋的文体优势,"述主客以首引,极声貌以穷文","铺采摛文,体物写志",而其规摹司马相如《子虚赋》、班固《两都赋》、张衡《二京赋》、左思《三都赋》、谢灵运《山居赋》之迹,则尤为明显。具体而言,主要体现在以下几个方面。

首先,规模宏大,兼容并包,结构谨严,浑然一体。《新疆赋》全文凡 20697 字,其中《赋序》正文 348 字,自注 586 字,计 934 字;《新疆南路赋》正文 2052 字,自注 5734 字,计 7786 字;《新疆北路赋》正文 3346 字,自注 8631 字,计 11977 字。如此宏大的篇幅,正好适合于对清廷重新统一天山南北以来的新疆进行立体性、全方位盛大铺叙这一客观创作需要。而如此繁复的内容,又安排得井然有序,其《赋序》与《新疆南路赋》《新疆北路赋》三部分,共同构成了一个严谨而完整的有机整体,诚如张锡谦所评价的那样,"审形势、述沿革、纪勋伐,悉征其物产、民风,援古证今,有若指掌",确实在一定程度上可视为一部关于新疆的压缩方志乃至百科全书。

其次,正文为主,自注为辅,水乳交融,相得益彰。这是包括《新疆赋》在内的边疆舆地赋的共同特点,当然也是此类赋作的形式需要。新疆情势,殊异中原,要将其清晰明了地呈现出来,就必须要采取这种形式,尤其是新疆的各种民族、语言、风俗、宗教、名物、特产等等,必须要在正文的基础上,加以准确明晰的自注,方能为广大读者所理解和接受。比如描写南疆回部的集墟盛况,主要是介绍最富有民族特色的"七日为墟",赋作自注:"回俗以岁首第一日为沙木毕,二日为雅克沙木毕,三日为都沙木毕,四日为赛沙木毕,五日为插沙木毕,六日为排沙木毕,七日为阿杂那。遇阿杂那日,则为市名,其市曰巴咱尔。"通过自注,也就一目了然了。再如,更有"变常征怪,荧听骇目"的特产如"雀芋处暵而翘滋",说的是一种俗称"湿死干活"的奇异花草,赋作自注:"伊犁铜厂沙碛中生草,长茎而细叶,似茑萝,作蓝花,悬之风檐,历久愈鲜,置湿地即死,土人名曰湿死干活。按,《酉阳杂俎》言雀芋置干处反湿,湿处反干,或即其类。"如此等等,不一而足。自注与正文的水乳交融,相得益彰,又极大地起到了扩张篇制规模、增加信息容量、提升赋作功能、强化艺术效果等重要作用。

再次,骈散相间,音韵天成,文采灿烂,鲜明生动。作为鸿篇巨制,《新疆赋》极尽铺排夸张之能事,在句式、音韵、语言等方面,充分彰显了与之相适应的大赋优势,从而呈现出鲜明生动的艺术效果。比如描写乾隆平定南疆:"巍巍圣代,明明庙谟。天授宏略,神输秘图。登天山而阚斌虎,临瀚海而裂毫貀。其定准部、荡沙幕,犁其庭、扫其闾,固使者之所闻矣。蠢兹二竖,枭鸒猨雏。肉骨生死,德俏恩渝。郭吉受海上之辱,张匡诅道旁之弧。敢狼心之弗谮,肆蚁聚之未锄。

率丑类以煽乱，忘怙冒而干诛。乃奋天戈，荡秽平颇。为鹅为鹳，入自库车。一夺气于托和鼐，再褫魄于鄂根河。视探囊之孔易，虽亡虆而不赦。长蛇遗毒，困兽抗颜。一鼓堂堂，七队桓桓。骋射生之骁勇，奋勋戚之英贤。奏肤公以制胜，集爪士以摧坚。兔三窟以走狡，鸡连栖而苞乱。谋填海于黑水，忘压卵于齐盘。玩我弩末，迫我于难。力战畴厉，血勇谁殚。惟鄂惟特，临阵驱捐。纳公三公，双义凛然。惟天助顺，惟帝诛顽。有窖斯米，有树斯丸。作士气以敌忾，钦睿算之烛先。信虎臣之矫矫，终振旅以阗阗。螳拒隆车，鱼游沸鼎。乘雾行空，望风绝影。三单臣率，两路师整。巢覆横奔，榛除息梗。耳叠双而仰攻，角先折而威逞。馘早献而心倾，首来函而路迥。秉齐斧而戡乱，窦嘛尼而服猛。极勃律而投烽，被筩冲而释警。"也因此，彭邦畴在拜读之后就大为折服："予受而读之，如睹父间之会，帕首镶耳，其状貌皆可名也；如观画中之山，千支万干，其脉络皆可数也；如诵内典之文，聱牙结舌，其音韵皆天成也。"而孙馨祖也由衷赞叹："其述忠臣烈士为国捐躯，凛凛有生气。"

而《新疆赋》在学术价值上为人所称道者，则主要体现在以下几个方面。

其一，内容征实极强，具有重要的文献参考价值。诚如马积高先生所言，"自左思提倡征实之后，后人也渐将让读者了解某地的山川、物产、风俗作为一个重要目的了"。而徐松本以考据见长，加之"南北两路，壮游殆遍"的实地考察经历，故其所撰《新疆赋》，句栉字梳，援古征今，体现出一种极强的征实性，于新疆之形势、沿革、勋伐、建制、民风、物产等，可谓包举巨细，有若指掌，从而以"俾地志家便于省览"。正因如此，《新疆赋》在问世之后，向来被视为地理著作和压缩方志来看待，并反复不断被征引和参考。但同时也要充分注意，《新疆赋》毕竟整体上属于文学创作，加之还存在各种舛误，因而与传统的史地著作，尚不能等量齐观。

其二，学科交叉明显，具有极高的学术研究价值。前人论赋，曾言"赋兼才学"，又曰"赋兼众体"。而徐松的才学，早就为世人所公认，及其自西域归京之后，更是"文名日噪"，"以博雅名重一时"。可以说，在洋洋洒洒二万余言的鸿篇巨制《新疆赋》中，徐松得以大展身手，将其绝世才华表现得淋漓尽致，令人叹为观止，以至其师友在拜读之后，纷纷惊呼"千秋绝业，子云复生"，"班孟坚、左太冲之流，未足多矣"。同时，徐松以其自身精深的学术造诣和多元的学术兴趣，又使得本来作为文学创作的《新疆赋》，不但在描写内容方面极为丰富，而且在作品性质方面更加复杂,具有明显的多学科交叉性。其所涉及的,不仅是赋体的文学特质,还包括史地学、文献学、语言学乃至民俗学、宗教学、天文学、植物学、动物学、医学等诸多方面,称其为百科全书式的文学创作,毫不过誉。而至于《新疆赋》在学术研究上的重要价值和意义,尚有待学术界在今后不断地进行挖掘和阐发。

其三,经世思想突出,具有强烈的时代文化精神。徐松所撰《新疆赋》,既充分彰显了强烈的盛世文化精神,同时又暗含着深沉的经世致用思想。对于清廷平定治理新疆的丰功伟绩和盛世气象,徐松可以说不遗余力,极尽歌功颂德之能事。而对于浩罕汗国及沙皇俄国的觊觎野心,他又无不忧心忡忡,再三着意清廷与浩罕的历史交往以及北疆与沙皇俄国交界处的复杂情形。而徐松这种留心边防、关注时务的经世思想,是与其前辈顾炎武等思想家一脉相承的,也是与其门生魏源等同时代文人学者紧密呼应的。

当然,通过《新疆赋》所体现出的徐松身上那种不屈不挠的意志、旷达超人的态度、独成千古的志趣,更值得我们敬仰和学习。诚如彭邦畴所言:

抑余于星伯,更有以观其微者。远适异国,昔人所悲。自来放逐之徒,其发为文章,大都反复以辨其诬,愤激以行其志,即或寓忧危之旨,写劳苦之词,亦令观者读不终篇,愀然掩卷。此其人皆返于中,而不能无所愧怍;求于世,而不能无所怨尤,故不得已而为此。若星伯之兀兀铅椠于殊方绝域之地,宣皇风而扬盛轨,以成其独有千古者,其志趣固已过人远矣!且并其当日之所以获戾者,亦不待辨而自明矣!世之览者,惜其才,悯其遇。能大昌其所学,俾得由丝纶之地,重登著作之庭,则高文典册,藉以黼黻升平,其表见更当何如耶!

凡　　例

一、本书以王秉恩元尚居合斠汇刊《西藏等三边赋》本（即元尚居本）为底本，以道光刻本（简称刻本）、徐氏手定底稿本（简称稿本）及朱玉麒整理《西域水道记（外二种）》本为校本。

二、据赋作所征文献与本书校注之需，以北京中华书局点校本"二十四史"及《清史稿》、台湾商务印书馆《景印文渊阁四库全书》之《本草纲目》《钦定西域同文志》《钦定皇舆西域图志》、上海古籍出版社编纂《续修四库全书》、台湾新文丰出版公司印行《丛书集成新编》之《高宗诗文十全集》等，分别进行参校和注释。

三、凡底本与他本文字互异者，一概出校，文意两通者不改，显误者径改。

四、稿本与刻本文字差异，主要在地名，其相关校记，悉遵朱玉麒先生整理成果。至元尚居本及其余诸刻本等均未有而仅见于稿本之题识，则附于彭跋之后。

五、原文小字双行夹注，今通改作单行小字注；原文未分段亦未断句，今既分段亦加标点。

六、赋文及序跋中的繁体字、异体字、俗字等，除人名、地名及其他专有名词外，均按现行语言文字规范改作今通行简化字。

七、校记统以［一］［二］［三］顺次标记，注释统以［1］［2］［3］顺次标记。

孙馨祖序

馨祖家康乐，城东门外田中，小石山起伏，数里不断，有大山之势，《石谱》谓之袁石。蜀水绕其址，《汉书·地理志》"蜀水东流南昌，入湖汉"是也。自城行七里，为康乐桥，桥北为康乐庵，面水背山，通舟楫，出石炭，多良田、美酒、鱼虾。幼时读书庵中，有终焉之志。既而五上公车，晚得广西一县，至，未几罢归。再至，再罢。又起闽之瓯宁，得少揽天下之佳山水，而亦备涉道路之险阻艰难。嗣乾隆乙卯，丁母忧归，已五十六年，中间病病而残废，及七十而戍伊犁，见新疆图，摹之不成，亦不能已。今又六年，星伯先生出自定开方图，复以《新疆赋》见示，令作序，且曰："皇甫士安序《三都》矣！"馨祖，楚人也，伍大夫监礼，所未见者六，将何言？然欧文苏读，窃忻慕焉。《唐书》："汉姑墨国西三百余里，度石碛，至凌山，葱岭北原。"《前汉》不载，无考。先生以凌人、凌阴释之，于木素尔达巴罕之译文亦合。昔周太祖踏冰，夜上凌桥，得此而后解。其述忠臣烈士为国捐躯，凛凛有生气。自伊犁奉使喀什噶尔诸部，万三千六十八里，八阅月，境皆亲历，言之綦详。先生居京师，为词臣，博综文献。自出关以来，逢古迹，必求其合。方强志笃学，颂扬盛美，正其时也。馨祖年老力弱，为《昆都伦歌》，结轖不达。若此函之如海，厓何可望！至于水道有记，山硖有程，柳树泉县出一剑飞，风戈壁险逾数千里，又不徒藉班坚、郦元为掯摭已！万载孙馨祖序。

新 疆 赋

赋 序

粤征西域,爰始班书[1]。孟坚奉使于私渠,定远扬威于疏勒[2]。语其翔实,必在经行[3]。走以嘉庆壬申之年[4],西出嘉峪关[5],由巴里坤达伊犁[6],历四千八百九十里。越乙亥[7],于役回疆[8],度木素尔岭[一][9],由阿克苏、叶尔羌达喀什噶尔[10],历三千二百里。其明年[11],还伊犁[12],所经者英吉沙尔、叶尔羌、阿克苏、库车、哈喇沙尔[二]、吐鲁番、乌鲁木齐[13],历七千一百六十八里。既览其山川城邑,考其建官设屯[14],旁及和阗、乌什、塔尔巴哈台诸城之舆图[15],回部、哈萨克、布鲁特种人之流派[16],又征之有司,伏观典籍[17]。仰见高宗纯皇帝自始祃师,首稽故实[18]。乾隆二十年二月,谕曰:"汉时西陲塞地极广,乌鲁木齐及回子诸部落皆曾屯戍,有为内属者。唐初开都护府,扩地及西北边,今遗址久湮。着传谕鄂容安,此次进兵,凡准噶尔所属之地、回子部落内,伊所知有与汉唐史传相合可援据者,并汉唐所未至处,一一询之土人,细为记载,以资采辑。"迄乎偓伯,毕系篇章[19]。圣制《十全集》载《初定准噶尔》《再定准噶尔》《平定回部》共诗七百四十首、文二十二首。勒《方略》以三编[20],《平定准噶尔方略》前编五十四卷、正编八十五卷、续编三十三卷,乾隆三十七年大学士傅恒等进奏。界幅员为四路[21]。《钦定皇舆西域图志》四十八卷,乾隆二十七年大学士傅恒等奉敕撰,分新疆为四路:嘉峪关、玉门、敦煌至安西州为安西南路,哈密、镇西府、迪化州为安西北路,库尔喀喇乌苏至伊犁、塔尔巴哈台为天山北路,辟展、哈喇沙尔、库车、叶尔羌、和阗为天山南路。图战地以纪勋伐[22],《钦定新疆战图》十六幅。志同文以合声均[23]。《钦定西域同文志》二十四卷,乾隆二十八年奉敕撰。在辰朔时宪之经,厘职方河源之次[24]。乾隆二十年三月,上谕:"西师报捷,噶勒藏多尔济抒诚内附。西陲诸部,相率来归,愿归版图。其日出入昼夜、节气时刻,宜载入《时宪书》,颁赐正朔,以昭远裔向化之盛。侍郎何国宗,素谙测量,着加尚书衔,带同五官正明安图、司务那海,前往各该处,测其北极高度、东西偏度,绘图呈览。所有坤舆全图及应需仪器,着何国宗酌量带往。"二十一年正月,授努三为三等侍卫,同左都御史何国宗往伊犁。二十四年五月,谕:"回部将次竣事,应照平定伊犁之例,绘画舆图。钦天监监正明安图、傅作霖,西洋人高慎思,二等侍卫什长乌林泰,乾清门行走蓝翎侍卫德保,驰驿前往。"二十五年四月,还京,以各城节气载入《时宪书》。三十八年,编土尔扈特、和硕特入《时宪书》。四十七年,命侍卫阿弥达穷河源。《钦定河源纪略》三十六卷。备哉灿烂,卓哉煌煌[25]!是用敷陈,导扬盛美[26]。将军罢猎,脱长剑以高吟;刁斗无声,倚征鞍而暝写[27]。辨其言语,孤涂撑犁之文;存其地名,的博逢婆之号[28]。设为主客,本诸见闻有道;守在四夷,不取耿恭之赋[29]。劳者须歌其事,聊比葱女之词[30]。徒中上书,非敢然也;采薇先辈,无或讥焉[31]。

新疆南路赋

乌孙使者习于诵训,好征前闻[32],曲歌《出塞》,诗拟《从军》[33],既谙乎北道之地域,而未究南道之星分[34]。会奉檄而行役[35],乃旁搜城郭诸国之遗文[36],则咨有葱岭大夫者[37],吐辞为经,登高能赋[38],撴藏旻之博通,绁班勇之记注[39]。乃造庐而请曰[40]:"吾子观政西陲,服官南路[41],将亦识其形势,而达其掌故乎[42]?愿子摛鸿藻,扬景祚[43],祓饰耆武,焕炳皇度[44]。"

大夫曰:"唯唯,邈矣[45]!回部外区是疆,基祖国于墨克[三][46],《西域图志》:'回部西有墨克、墨德那[四],为回之祖国。'圣制《叶尔羌碑》:'粤稽回始,犀自天方,又名墨克,一曰天堂。'禀金气于西方[47]。《后汉书·西羌传》。廓下都于化益[48]，《山海经》。纪朝献于阿衡[49]。《逸周书》。逮中乡之发迹[50]，陆机《汉高祖功臣颂》。值挛鞮之披猖[51]。白登围而城困，蓝田溢而陵襄[52]。应月壮而事举，占云暮而兵扬[53]。卖马邑兮海盗，略雁门兮报偿[54]。屯瓯脱而犇遝，弃斗辟而寇尝[55]。虽董赤申其薄伐，卫青奋彼外攘[56]，曾不得塞飞狐之口，而虏白羊之王[57]。嗟哉冒彭，接兹引弓[58]。兼从是患，凿空畴通[59]。臂断其右，族逼其东[60]。惟久长之深计[五]，建都护而镇控[61]。屯胥鞬而积谷，治乌垒以宅中[62]。判前后而别部，配戊己而寓宫[63]。楼兰斩而报怨，伊循田而威重[64]。盖孝武经营，师行则三十二年焉；哀平相继，分割为五十五国焉[65]。应赤九之会昌[66]，以上见两《汉书》。辕黄初而顺轨[67]。《三国志》。习大乘而星居[68]，《佛国记》。震先锋而风靡[69]。《晋书》。通旧国于六朝[70]，《南史》。开碛路于万里[71]。晶杯则宝带偕登[72]，《唐书》。活褥共浑提并至[73]。《唐会要》。五季之衰，不通私市[74]。同庆纪献杵之年，怀化授司戈之士[75]。新旧《五代史》。砺鳞兮号锡[76]，《宋史》。独峰兮驼驰[77]。《玉海》。珠符兮是佩[78]，《元史》。金印兮屡褫[79]，《明史》。徒以恢大度于羁縻，委遐陬以错跱[80]。畴则㤉其民于不侵不叛，柝其地而我疆我理之哉[六][81]！

"巍巍圣代，明明庙谟[82]。天授宏略，神输秘图[83]。登天山而阚赋虎，临瀚海而裂毫貔[84]。其定准部、荡沙幕[85]，犁其庭、扫其间[86]，固使者之所闻矣[87]。蠢兹二竖，枭鬻猰㺄[88]。圣制诗：'二竖鼠窜图苟延。'谨按，谓大和卓木波罗泥都、小和卓木霍集占也。肉骨生死，德偕恩渝[89]。圣制《平定回部告成太学碑》：'二酋大小和卓木者，以回部望族，久为准噶尔所拘于阿巴噶斯鄂拓者也。我师既定伊犁，乃释其囚，以兵送大和卓木波罗泥都归叶尔羌，俾统其旧属；而令小和卓木霍集占居于伊犁，抚其在伊犁众回。乃小和卓木助阿逆攻勤王之台吉、宰桑等，阿逆赖以苟延。及我师再入，阿逆遂逃入哈萨克，而霍集占亦收其余众，窜归旧穴。'又《西师》诗：'肉骨生死恩，感应久不辍。报德乃以怨，转面凶谋黠。'郭吉受海上之辱，张匦诅道旁之弧[90]。圣制《西师》诗注：'和卓归故域后，我将军等差副都统阿敏道率百人往会盟,而彼乃设计,尽行戕害。'敢狼心之弗谖,肆蚁聚之未锄[91]。率丑类以煽乱,忘怙冒而干诛[92]。波罗泥都据喀什噶尔城,霍集占据叶尔羌城,煽乱回部,诸城相率应之。乃奋天戈,荡秽平颇[93]。为鹅为鹳,入自库车[94]。乾隆三十二年,命靖逆将军雅尔哈善讨回部。兵至库车,贼目阿布都克勒木据城守。圣制《托和鼐行》:'我师攻围贼库车,临冲茀茀四面罗。'又云:'贼不自量犯两翼,两翼飞驰张鹳鹅。'谨按,车与罗协音。圣制《得库车城志事》诗'我师久围贼库车'注:'读作歌韵。'一夺气于托和鼐[95],地名,在库车城东八十里。大兵攻库车,以其地为贼援兵要路,遣侍卫达克他那守之。圣制诗有《托和鼐行》。再褫魄于鄂根河[96]。水名。小和卓木时自沙雅尔来援,败之于此。圣制《回纛行》:'殴至鄂根河之侧,溺水毙者如眠蚕。'视探囊之孔易,虽亡蠹而不赦[97]。大军败霍集占,获其蠹,仍进兵追剿。圣制《回纛行》:'斩将获丑如囊探。'长蛇遗毒,困兽抗颜[98]。一鼓堂堂[99],进军至阿克苏,时霍集斯献议,径趋叶尔羌,则一举可克,将军兆惠从之。七队桓桓[100]。大军时分七队。骋射生之骁勇,奋勋戚之英贤[101]。攻叶尔羌,参赞公明瑞、副都统由屯杀贼最夥,贼败入城。圣制《由屯像赞》:'本射生手,狼不暇走。'又《赐明瑞》诗:'世胄更勋戚。'奏肤公以制胜,集爪士以摧坚[102]。大军杀贼,至叶尔羌城下,夺所筑台,军声大振。兔三窟以走狡,鸡连栖而苞乱[103]。霍集占以马兵四千、步兵六千拒大军,波罗泥都复以马兵三千、步兵二千自喀什噶尔来会。谋填海于黑水,忘压卵于齐盘[104]。大军移营逼贼,辎重于齐盘山,济河半渡而桥圮。贼众大至,大军且战且行,至喀喇乌苏,筑堡守。即黑水围也。玩我弩末,迫我于难[105]。圣制《平定回部碑》:'我军人马,周行万余里,亦犹强弩之末矣。'又《我师》诗[七]:'我师万里外,马力实难继。'力战畴厉,血勇谁殚[106]。副都统三格、总兵高天喜力竭,没于阵。圣制《三格像赞》:'从军赎罪,每战必力。'又《高天喜像赞》:'怒则面赤,是谓血勇。'惟鄂惟特,临阵躯捐[107]。侍卫鄂实、特通额阵亡。纳公三公,双义凛然[108]。将军纳穆扎尔[八]、参赞三泰被害,圣制《双义诗》。惟天助顺[109],圣制《我军》诗:'仰冀天助顺。'惟帝诛顽[110]。圣制诗:'背恩戕使先开衅[九],曲直间惟帝鉴详。'有窖斯米,有树斯丸[111]。圣制《后回纛行》诗注:'喀喇乌苏之役,将士方坚壁趣援,时于固守处得窖米赡军,树上检铅丸济用。'作士气以敌忾,钦睿算之烛先[112]。信虎臣之矫矫,终振旅以阗阗[113]。黑水被围[一〇],参赞尚书舒赫德自阿克苏赴援,将军富德亦以兵来会,贼拒之。适参赞公阿里衮遵旨,自巴里坤解马至,乃得解围,振旅还阿克苏。螳拒隆车,鱼游沸鼎[114]。乘雾行空,望风绝影[115]。二十四年,大军定和阗。圣制《博罗齐行》:'时贼望风先逃奔。'又云:'乘雾直捣贼营后。'三单臣率,两路师整[116]。大军分两路:兆惠由乌什取喀什噶尔,富德由和阗取叶尔羌。圣制《赐兆惠书扇》诗:'臣节率三单。'又《喀什噶尔回众投诚》诗:'整师两路一时进。'巢覆横奔,榛除息梗[117]。大小和卓木闻大军将至,各弃城遁。耳叠双而仰攻[118],二酋西遁,穷追至霍斯库鲁克岭,奋勇仰攻,斩馘数百。圣制诗注:'回语霍斯库鲁克者[一一],华言双耳也。'角先折而威逞[119]。参赞公明瑞复败贼于阿尔楚尔,圣制诗:'明瑞先已折其角。'馘早献而心倾,首来函而路迥[120]。二酋逃至拔达克山,其汗素勒坦沙杀二酋,波罗泥都尸身被盗,遂函霍集占首来献。圣制诗:'嘉兹识早献馘顺。'又云:'函首霍占来月竁,倾心素坦款天阍[一二]。'秉齐斧而戡乱[121],圣制《咏拔达克山汗素勒坦沙所进斧》诗[一三]:'齐斧方戡乱。'搴嘛尼而服猛[122]。《方略》载:'二十三年,雅尔哈善奏:托木罗克有贼人踪迹,带兵往迎,见嘛尼纛一杆,贼众五六十人。'极勃律而投烽[123],东西布鲁特咸内附。圣制《乌什战图》诗'游牧东西勃律连'注:'唐之勃律,即今之布鲁特。'被筠冲而释警[124]。圣制《瀛台赐宴拔达山来使》诗:'筠冲语异逮蒙瀛。'于是引凤奏于天方[125],圣制诗'却听天方凤奏西'注[一四]:'时将军兆惠自叶尔羌得回部乐,奏送适至,因命于大缭所陈诸部末肄之。其器有大小鼓、箫管、提琴、洋琴之属,其伎有倒刺、都卢及承碗、转碟之属。'炳云书于伊洱[126]。平定回部,勒圣制碑文于伊西洱库尔淖尔。珷窑器于龙泉[127],霍罕伯克纳禄博图贡龙泉盘子,见圣制诗。写袅蹄与麟趾[128]。圣制有《回部贡金至命为麟趾袅蹄以纪其事》诗。人集和通[129],圣制诗注:'厄鲁特谓回人为和通。'钱流普尔[130]。回语谓钱为普尔,圣制诗:'市通普尔泉流广。'刀佩偃月[131],圣制《拔达山汗素勒坦沙贡刀歌》:'佩刀一握偃月形。'剑横秋水[132]。副将军富德于伊西洱得霍集占所佩剑,奏进。圣制《回剑行》:'一条秋汉溢波澜.'匕首双衔[133]，圣制《博洛尔部沙瑚沙默特伯克进玉櫑双匕首》诗:'球琳櫑内铁衔定.'银壶四喜[134]。圣制有《咏唐回纥镂银四喜壶》诗。海青下韝[135]，圣制《霍罕白鹰歌》[一五]:'下韝目不留狼豽.'霍罕又贡白海青。石蜜包瓯[136]。布哈尔出绿葡萄，截条植地而生，回人谓之奇石蜜食。乾隆年间，移植禁苑。有圣制诗注云:'魏文帝诏:宁比西国葡萄、石蜜！石蜜之音[一六]，颇近回语，岂当时亦曾见此耶?'豆识噶爱之文[137]，圣制《咏唐时回铜器》诗序:'山庄旧藏古铜器一，似豆而短足。其文则似回字，令吐鲁番、哈密回子等识之，惟识噶爱两字[一七].'又诗注:'噶，读作平声.'匠镂嚘噜之匜[138]。圣制《咏回铜嚘噜篸器》诗:'重器真迁嚘噜匜[一八].'诗序云:'嚘噜篸之制，正圆而丰下，上横鋬可左右，纽高五寸有十分寸之五，口围尺有八寸，腹围二尺四寸有十分寸之八，中实六升许，铜范而金银错，其文皆旁行回字，不可辨识。西师凯还，将军等与所俘武器并献，命阿珲其名曰哈尔披野特者详译之[一九]。具云:元时回部有汗曰眉哩特木尔，世居伊楞，尝得沙赖子良匠喀吗尔所造，用贮浆齐，镂文悉祝嘏之词[二〇].'表陈噜克霭之笺[139]，圣制《紫光阁锡宴联句》诗'金花笺噜克霭表'注:'帕尔西语，谓表笺也.'字译陀犁克之史[140]。回人有史书曰《陀犁克》。

"既通四译[141]，圣制诗注:'叶尔羌回人译爱乌罕语，准噶尔人译回语，若以周时语论之，当为四译矣.'爰建八城[142]。首曰疏勒，参赞之庭[143]。喀什噶尔城曰徕宁城，古疏勒国地，驻参赞、协办大臣各一员，总辖八城事务。环列八卫[144]，喀什噶尔边卫，自城东北环城西南，凡大卡伦八。分屯四营[145]。喀什噶尔换防兵，有满营、绿营、锡伯营、索伦营。临徙多以为固[146]，喀什噶尔城南临乌兰乌苏河，即《西域记》之徙多河。据磐橐之峥嵘[147]。《后汉书》疏勒有磐橐城。次曰依耐，新建是名[148]。英吉沙尔，古依耐国地。回语英吉谓新，沙尔谓城，言城新建也。领队治之，如古附庸[149]。英吉沙尔为喀什噶尔属城，驻领队大臣一员。架沙梁以横亘，实咽喉之所婴[150]。英吉沙尔城南，横亘沙梁百里，图木舒克河流径其间，为喀什噶尔、英吉沙尔两城扼要之地。次三宽广，是曰叶奇[151]。叶尔羌初名叶尔奇木[二一]，古莎车国地。回语谓地为叶尔，谓宽广为羌，言其地宽广也。圣制诗

'叶奇巳庆春膏溥'注:'叶尔奇木四字,急呼之,实两字也。'次四和阗,水迹爰基[152]。和阗,古于阗国,为叶尔羌属城。《西域记》:'昔于阗建城,有外道,负大瓢,盛满水。以其水屈曲遗流,周而复始,依彼水迹,峙其基堵。城非崇峻,攻击难克。'登山涉渊,贡玉于斯[153]。叶尔羌采玉于密尔岱山、泽普勒善河,和阗采玉于玉陇哈什河、哈喇哈什河以贡[二二]。粲辉煌之琳宇,焕照耀以丰碑[154]。叶尔羌有显忠祠、显佑寺,又有圣制《平定回部勒铭叶尔羌之碑》。导三支以派别[155],张匡邺《行程记》载于阗玉河三:其白玉河即今玉陇哈什河,绿玉河即今哈喇哈什河,乌玉河即今皂洼勒河[二三]。抚六城之繁滋[156]。和阗所辖城村六:曰额里齐城[二四]、曰哈喇哈什城、曰玉陇哈什村、曰克勒底雅城、曰齐尔拉村、曰塔克村[二五]。次五永宁,不当孔道[157]。乌什城曰永宁城,古尉头国地。在阿克苏西,非驿程所经。腾凫藻以屯开[158],乌什有宝兴、充裕、丰盈三工屯田。抗鹰落以城抱[159]。乌什据山为城,鹰落山在城西。负地险以牙孽,绝根株于再造[160]。乾隆三十年,逆回赖黑木图拉据乌什城叛,讨平之,尽诛其党恶者。更建置之因时,酌损益于多寡[161]。乌什变乱初定,设重兵,移参赞大臣驻之。至乾隆五十二年[二六],仍移参赞于喀什噶尔,侍卫兵丁,递减有差。六曰阿苏,四达经衢。温宿姑墨,二国遗墟[162]。阿克苏,古温宿、姑墨国地。圣制诗'报来始自阿苏投'注:'回语阿克苏,急呼则为阿苏。'擅坑冶以资鼓铸,则货流于羌胡[163];阿克苏产铜,有上下铜厂,设钱局,铸一当五钱,供回疆诸城之用。襟二城而航五渡,则路通于舟车[164]。阿克苏有拜城、赛喇木城[二七],即唐时俱毗罗城、阿悉言城地。境内多水,托什干河、瑚玛喇克河、汤那哈克河、楚克达尔河、木咱喇特河皆设船渡[二八]。次七屈茨[165],库车,古龟兹国地。龟兹,《西域记》作屈茨。次八焉耆[166]。哈喇沙尔,古焉耆国地。东西并峙,接壤镇之[二九][167]。库车在西,哈喇沙尔在东,各设办事大臣一员。惟渠犁与轮台,处适中而在兹。汉田官之相近,唐安西之所治[三〇][168]。库车城东三百二十里,为玉古尔回庄[三一],即古轮台地。汉之都护、唐安西都护[三二],皆建治于此。卫拉二族,向化来移[169]。天覆地载,立盟分旗[170]。汗暨贝子,授地有差[171]。咸统于哈喇沙尔,俾牧于裕勒都斯[三三][172]。乾隆三十六年,土尔扈特与和硕特自俄罗斯来归。土尔扈特设十旗，为乌纳恩苏珠克图盟，分驻库尔喀喇乌苏、晶河[三四]、塔尔巴哈台，而以扎萨克卓里克图汗驻哈喇沙尔之大裕勒都斯山统之[三五]；和硕特设四旗，为巴图色特启勒图盟，驻哈喇沙尔之小裕勒都斯山，而以扎萨克阿穆尔灵贵贝子领之。按，土尔扈特、和硕特，即四卫拉特之二。圣制《土尔扈特归顺》诗：'卫拉昔相忌。'

　　"其东则导以广安之城[173]，哈喇沙尔东一千零二十里，为吐鲁番，其城曰广安。辟展之邑[174]。吐鲁番又东二百一十里，为辟展城。倏复火州[175]，吐鲁番城东六十里哈喇和卓，即明火州治。《欧阳圭斋集》作哈剌和绰，云即汉高昌。侵淫风穴[176]。吐鲁番齐克塔木台以东有风戈壁[三六]，相传其地为风穴，即宋王延德所谓鬼谷口避风驿。回焱砀骇，堪舆无色[177]。歊薄人物，十不存一[178]。坛曼泱漭，烦冤拂郁[179]。千百余里，以属于哈密[180]。风戈壁绵亘数千里，即古白龙堆，今名噶顺沙碛，自吐鲁番至哈密，千二百里。其西则域以剑末之谷[181]，《唐书·西域传》：'由疏勒西南入剑末谷。'盖葱岭中谷名。竭叉之民[182]，《佛国记》：'竭叉国，当葱岭中。'峣峣造天，葱岭轮困[183]。冈耸福舍[184]，《西域记》：'奔攘舍罗，葱岭东冈也。'唐言福舍。种别休循[185]。《汉书·西域传》：'休循国在葱岭西，故塞种也。'今布鲁特地。蚁缘入壁，铁石重闉[186]。《西域记》：山行入铁门，'山极峭峻，虽有狭径，加之险阻，两旁石壁，其色如铁，既设门扇，又以铁锢'。《长春西游记》亦言'过铁门之险'。绳索相引，悬度罽宾[187]。头痛身热，与死为邻[188]。《汉书·西域传》。险阻危害，嵘嵷嶙峋[189]。马行四十日，以极于大秦[190]。布哈尔为大秦国地，距叶尔羌四十日程。其南则呢蟒依山，帅阴雪阳[191]。和阗额里齐城南五百八十里为大雪山。呢蟒依，译言雪也。盛夏含冻，不若暴强[192]。《西域记》：大雪山'盛夏含冻，积雪弥谷，蹊径难涉。山神鬼魅，暴纵妖祟'。巏锜绝陉，线天蔽光[193]。瘴疠中人，往往而僵[194]。登降施靡，攀援颉颃[195]。三危鸟道[196]，《西藏总传》：'卫在四川打箭炉西南，谚称前藏；藏在卫西南，谚称后藏；喀木在卫东南。三处统为三危，即《禹贡》导黑水至于三危也。'四路羊肠[197]。乾隆十七年，驻藏大臣班第奏言：准噶尔通藏隘，有阿里、那克桑、腾格里淖尔[三七]、阿哈雅克四路。栋科捷径^[198]，康熙五十六年，策妄阿喇布坦由和阗踰栋科尔庭山袭藏。盖大雪山中山名。天竺之疆^[199]。叶尔羌有道通阿里，阿里距藏两月余，自阿里南入额讷特珂克境，即古天竺。其北则喀克善山，折而东出^[200]。结为凌山，嵚崟岈崒^[201]。巨冰百里，眩目靡骨^[202]。骑步相持，失不容发^[203]。葱岭自喀克善山折而东，至阿克苏之北，为木素尔达巴罕，译言冰岭也。岭南北长百里，东西数十里，纯冰结成，行其间者，险滑万状。《西域记》云：'凌山，葱岭北原也。'雪海乍风，千军坐没^[204]。冰岭中有雪海，惟一线通人行，若遇风雪，则迷失道路，鲜能脱者。阴潜惨廪，婴姗教窣^[205]。千二百里，伊犁之域^[206]。阿克苏北逾冰岭至伊犁，凡一千二百二十里。其中则南河北河，双直如弦^[207]。雅璃雅尔河、乌兰乌苏河合为喀什噶尔河，即《水经注》葱岭北河^[三八]。听杂阿布河^[三九]、泽普勒善河合为叶尔羌河，即《水经注》葱岭南河^[四〇]。树枝达利，流玉于阗^[208]。和阗城东玉陇哈什河，即古树枝水，城西哈喇哈什河，即古达利水。二河皆产玉。左合枝水，厥状井阑^[209]。南北河、和阗河与阿克苏河四水，会于噶巴克阿克集之北境，四水交贯，形如井阑。阿克苏河者，即《水经注》所谓'左合枝水'也。计戍东注^[四一]，缘碛北边^[210]。四水合为塔里木河，东流，经大戈壁之北。塔里木河，即《通典》计戍水。拨换淤岸，龟兹通川^[211]。阿克苏城东北之阿尔巴特水，即《水经注》之姑墨川、《唐书》之拨换河。惟《水经注》以为入大河，今则流至哈喇裕勒滚之南^[四二]，入沙而伏。《水经注》又有龟兹东川、龟兹西川。西川一支会东川，入大河^[四三]。东川即库车城东之库克讷克岭水^[四四]，西川即库车城西之渭干河。今库克讷克岭水不会渭干河。敦薨溢海，连城裂田^[212]。《水经注》云：'敦薨之水，溢而为海，又西南流，径连城别注，裂以为田。'敦薨水，即今哈喇沙尔之海都河^[四五]，溢而为海，即今潴为博斯腾淖尔也。刚卤棋累，余溜龙蟠^[213]。少禽多鬼，雾往云还^[214]。星日藏翳，冬夏涵天^[215]。浑浑泡泡，牢兰之渊^[216]。南路诸水，归罗布淖尔，《汉书》谓之蒲昌海，释氏谓之牢兰海。地底流脉，壁上酾泉。乃会百泓之星海，而东为万古之河源^[217]。罗布淖尔潜行千五百里，东南至巴颜哈喇岭之麓^[四六]，为阿勒坦噶达素齐老，伏流始出。其地有巨石，高数丈，岸壁皆土，作黄赤色。壁上有天池流水百道，皆黄金色，东南流，注为阿勒坦郭勒。又东北流三百里,有泉数百泓,错列如星,为鄂敦塔拉[四七],即星宿海也。阿勒坦郭勒入其中,挟诸泉东北流,是为黄河。

“尔其葭居芁处,桑枢柳樊[218]。瓜庐凿牖,曲突当门[219]。回人所居,必开天窗,当门作一柴灶。环鸦城之水驿[220],《元史》有鸦儿看城水驿,即叶尔羌城。辟鼠壤于山村[221]。《西域记》:‘大沙碛中有堆阜,并鼠壤坟。’带温汤而成聚[222],阿克苏北特克和罗木有石洞[四八],中有温泉数区,浴之可疗疾。映古塔以缭垣[223]。叶尔羌城内有古塔,高三十余丈,回人名之曰图特。亭倚长杨之树[224],回疆驿路,每间数十里,则树白杨一丛,引水环之,为行人憩息之所,如内地之茶亭,其名曰博斯腾[四九]。家临沙枣之园[225]。回疆多沙枣树,四月作白花,结实如小豆。其园则有榆槐接荫,松柏交柯[226]。回语榆为哈喇雅阿特[五〇],槐为图呼玛克,松为喀楚喇,柏为喀尔该。朱樱夏绽,丹若秋多[227]。回语樱桃为哲纳斯台,石榴为阿纳尔。《博物志》:张骞于西域涂林国得石榴种。玉饤蜜父,碧缀苹婆[228]。蜜父,梨名。回疆沙雅尔城梨最美,叶尔羌贡苹果膏。杏移巴旦,参种婆罗[229]。李时珍《本草》:‘巴旦杏出回回旧地。’又引苏颂曰:‘仙茅名婆罗门参,始因西域婆罗门僧献于唐元宗,故名。’木瓜垂枝于空谷,羌桃采缬于平阿[230]。圣制有《叶尔羌驿贡石榴苹果木瓜三种》诗。苏颂《图经本草》:‘核桃,张骞使西域,始得种。’其圃则有豌豆蚕豆,胡瓜寒瓜[231]。元《饮膳正要》有回回豆,即豌豆。《太平御览》引《本草经》:‘张骞使外国,得胡豆,即蚕豆;胡瓜,即黄瓜。’李时珍曰:‘张骞使西域,得种。’寒瓜,即西瓜,胡峤《陷虏记》云征回纥,得此种。茉姜韭薤,葫葰瓠茄[232]。回语秦椒为塔里玛穆尔鲁楚,姜为赞济必勒,韭为库尔德,薤为辟雅资,瓠为阿实喀巴克,茄为帕廷干。葫即大蒜,葰即原荽,《本草》引《唐韵》:‘张骞使西域,始得大蒜、胡荽。’翠拂浑心之竹[233],《湛然居士集·河中十咏》注:‘地有浑心竹’。红分芭榄之花[234]。芭榄,又作杷榄,《湛然居士集》凡十一见,有言其花者,则曰‘花开杷榄芙蕖淡’‘杷榄看开花’‘杷榄花前风弄麦’‘琥珀瓶中杷榄花’‘杷榄花开紫雪香’;有言其果者,则曰‘亲尝芭榄宁论价’‘杷榄花前杷榄仁’‘轻黄杷榄灿牛酥’‘杷榄碧枝初着子’‘芭榄贱如枣’。又言:‘食生杏,甘香如芭榄。’盖西域之珍卉也。簇鸡冠而翘秀,压狗尾而欹斜[235]。回语鸡冠花为塔吉和喇斯，狗尾花为喀摩楚古勒。

"若夫七日为墟，百物交互[236]。回俗以岁首第一日为沙木毕，二日为雅克沙木毕，三日为都沙木毕，四日为赛沙木毕，五日为插沙木毕，六日为排沙木毕，七日为阿杂那。遇阿杂那日，则为市名，其市曰巴咱尔。征逐奇赢，奔驰妇孺[237]。则有红花紫铆，黄牙白垗[238]。《博物志》：'张骞得红花种于西域。'今叶尔羌有番红花。紫铆，树名，苏颂曰出昆仑国。黄牙，即黄硇砂，《广州记》云出昆仑国及波斯，今产库车。郭璞《子虚赋》注引苏林曰：'白垗，白石英也。'今回疆产白土，可浣衣，或即其类。蛤粉堆青，晶盐耀素[239]。青蛤粉，即青黛。李时珍曰波斯青黛，即外国蓝靛花，今蓝淀以回疆产者佳。水晶盐，《梁四公子记》曰出高昌国，今吐鲁番有产者，而阿克苏盐山口产者良，名曰冰盐。鸡舌含香，马乳垂露[240]。《湛然居士集·西域河中十咏》诗：'饱啖鸡舌肉。'又《赠蒲察元帅》诗：'黯紫葡萄垂马乳。'蜜流刺草之浆，泪滴胡桐之树[241]。《北史》：'高昌有草名羊刺，其上生蜜。'胡桐泪，见《汉书》注，回疆处处产之。斗量金线之矾，刀裁白叠之布[242]。李时珍曰：'波斯国出黄矾，谓之金线矾，磨刀剑，显花文。'今回疆有盐矾，可销铁，盖即其类。《南史》：'高昌国有草实，如茧中丝，为细缬，名曰白叠，取以为布。'李时珍谓即棉花，宋末始入江南。其或远方瑰宝，大贾高赀[243]。复有迷迭兜纳，珊瑚玻璃[244]。《魏略》：'迷迭香、兜纳香，出大秦国。'苏恭《唐本草》曰：'珊瑚从波斯国及师子国来。'《元中记》：'大秦国有五色玻璃。'齐墩摩泽，底珍阿梨[245]，齐墩树即齐墩果，摩泽树即没石子，底珍树即无花果，皆出波斯，见《酉阳杂俎》。阿梨树，《本草》谓之阿勃勒，李时珍曰即波斯皂荚，今喀什噶尔有之。熏陆芦荟，辟邪糵齐[246]。李珣《海药本草》：'熏陆即乳香，是波斯松树脂，芦荟生波斯，亦树脂。'《酉阳杂俎》：'安息香出波斯，呼为辟邪树，糵齐树能出蜜，亦出波斯。'逮乎阿月浑、骨路支[247]，李珣曰：'胡亲子，波斯呼为阿月浑子。'陈藏器《本草拾遗》：'骨路支生昆仑国，名飞藤。'必斯答、锡兰脂[248]，必斯答，果名，出回回地，见元《饮膳正要》。李时珍曰：'锡兰脂，波斯银铆也。'拔兰鹿、楬秫犀[249]，《唐会要》：'薛延陀献拔兰鹿。'《辽史·国语解》：'楬秫犀，千岁蛇角。'《明会典》作骨笃犀，出哈密卫。咸梯航而入市，列阛阓而衒奇[250]。

“于是众庶悦豫，禜灾蕲祐[251]。《西域图志》：阿珲诵经[五一]，禳灾迎福。逐臭以居，慕毡而聚[252]。虔礼拜于祆神，立祠堂于教主[253]。《西域图志》：回人尊敬天神，设礼拜寺。始生教主曰派噶木巴尔，立祠堂，奉香火，名曰玛咱尔。其逢正岁，度大年[254]。《西域图志》：回人无闰月[五二]，‘满三百六十日为一年，谓之大年’。骑沓沓，鼓鼘鼘[255]。凹睛突鼻，溢郭充廛[256]。《西域图志》：回俗‘大年第一日，如中国元旦，伯克戎装，赍教主所赐纛，鼓乐拥护，率所众赴礼拜寺行礼’。场空兽舞，匏巨灯圆[257]。《唐书·西域传》：‘龟兹岁朔，斗马羊、橐驼七日，观胜负，以卜岁盈耗。’《西域图志》：回俗‘大年前十五日，悬葫芦于树，盛油其中。油尽灯落，踏破之，以为破除灾咎’。兜离集，裘帕联[258]。圣制《瀛台曲宴外藩》诗：‘西瀛裘帕许参连。’又云：‘兜离歌与任僸舞。’丸剑跳，都卢缘[259]。圣制诗：‘舞看跳剑与都卢。’奏七调，弹五弦。吹觱篥，撊毛员[260]。龟兹七调，见《通志》。《文献通考》：龟兹乐器有五弦、觱篥、毛员鼓。跨高楔[261]，圣制《观回部绳伎联句》诗序：‘乃命回人缘高楔、踏修絙。’歌《小天》[262]。龟兹曲名，见《通考》。末陀酿酒[263]，回部有葡萄酒。佛书名葡萄酒为末陀酒，见唐释玄应《显扬圣教论注》。腾格分钱[264]。回俗以五十普尔为一腾格，直银一两。圣制诗：‘肉好颁型腾格钱。’得斯挞之嶷嶷[265]，圣制诗‘得斯挞帕首嶷嶷’注：‘得斯挞，回人缠头帽。’按，虞集《曹南王勋德碑》：‘旦耳答者，西域织文之最贵者也。’或得斯挞译语之转。额色帔之翩翩[266]。帕尔西语，谓马为额色帔[五三]，见圣制诗注。

“当此之时，世家袭职[267]，回部世家居哈密者，郡王品级多罗贝勒一；居吐鲁番者，多罗郡王一、一等台吉一、二等台吉一；居新疆者，散秩大臣晋固山贝子一、贝子品级辅国公一、公一、三等轻车都尉一。皆世袭罔替。伯克任官[268]。回部设官，皆因其伯克之旧名，而冠以天朝之品秩。自三品至七品，其伯克之名曰阿奇木、曰伊沙噶、曰噶匝纳齐[五四]、曰商、曰哈子、曰讷克布、曰茂特色布、曰木特洼里、曰密喇布、曰都官、曰巴济吉尔[五五]、曰巴克玛塔尔、曰什呼勒[五六]、曰阿尔巴布、曰帕察沙布[五七]、曰明、曰克勒克雅喇克、曰匝布梯墨克塔布、曰赛特里、曰哲博[五八]，凡二十级，各有专司。多伦户恤[269]，多伦回，见《蒙古回部王公表传》，盖回族贱者，服军台徭役。阿珲艺娴[270]。回中通晓经典者曰阿珲,见圣制诗注。妇识蚕桑之利[271],和阗有蚕,见《唐书》[五九]。回语谓蚕为辟里雅库尔图。农知种植之篇[272]。回人有农书名《哩萨拉》。占毕则亦思替非之字[273],《元史》:至元二十六年,置回回学,习亦思替非文字。测候有噜斯纳默之编[274]。圣制诗:'噜斯纳默会文同。'天降时雨[275],庚辰、辛巳,圣制皆有《叶尔羌大臣奏报得雨》诗。地涌灵泉[276]。回疆有二柳树泉,一在乌什城南五里,一在库车洋萨尔军台东五十里,清冽异于他泉,回人称为哈喇察启,译言灵泉也。精镠在府[277],和阗之科罗卜及阿布克、叶尔羌之塞勒库勒[六〇],每岁皆贡金。乐石在悬[278]。乾隆间,采密尔岱山玉作编磬[六一]。独树盘樆[六二][279],哈萨克有独树一株,其上五枝,盘挐阴广,可蔽二百骑,哈萨克谓之鄂垺引噶克乂莫朵[六三]。圣制有《寄题哈萨克独树》诗。舞鹤蹁跹[280]。大兵定吐鲁番[六四],罗布淖尔回人贡仙鹤。卢牟亭毒,莫知其然[281]。是博望不得侈略于致远,翁孙不得擅美于屯田[282]。彼唐宋之琐琐,更何足语于筹边也哉[283]!"

新疆北路赋

乌孙使者避席而诵曰[284]:"茂矣,美矣,伟创制矣[285]!广矣,大矣,参天地矣[286]!今乃知丹书之贡[287],西藏岁献丹书克。异白雉之让也[288];玉关之通,殊珠崖之弃也[289]。然圣天子不疆彼葱雪,同我中冀[290],变彼朔闰,同我启闭[291],易彼衣冠,同我佩璲[292],革彼语言,同我文字[293],盖遹思旅獒慎德之训,深维大禹即叙之义[294],匪渐被之有待,诚寒晏之所示[295]。若乃谈重镇之措施,觇理本之至计[296],明农以养之,储兵以卫之[297],设学校以教之,画郡县以莅之[298],建其长,立其贰[299],作其利,捄其弊[300],则北路备焉[301]。

"夫其为疆域也[302],启莽平,邻泽卤[303],浮沮表井[304],皆见《汉书》。雍狂辟土[305],《后汉书》。排浚稽之山[306],《汉书》。奄鲜卑之部[307],《后汉书》。通五船以为门,披六国以为户[308],立恶都奴以为界,弃乌禅幕以为虏[309],皆见《汉书》。其前则垒罜岶龉,列障四

14

千[310]。天山首自乌什之北,至巴里坤南山,凡四千里。贡古鲁克之岭[311],在乌什北二百里,自东而西,袤延数百里,山北即伊犁西南境。盖天山发自喀克善山,此其正干也。奇喇图鲁之山[六五][312]。在乌鲁木齐西乌兰乌苏军台南二百里,库克河之源。径纳喇特之险隘[313],纳喇特山,在哈喇沙尔西北、伊犁东南,接界处有卡伦。挺博克达之中权[314]。博克达山在迪化州治东南百余里,《邱长春西游记》谓之阴山。鹿圈喷涌而赴浸[315],近纳喇特山有地名鹿圈,泉水喷涌,流出为昌曼河,即伊犁河上游。龙池灟瀑而成渊[316]。博克达山巅有大龙潭,周数十里,山麓有小龙潭,周十余里。镇双碑于蒲类,凌百磴于祁连[317]。祁连即巴里坤南山,山险峻,雍正十一年,大将军查郎阿命员外郎阿炳安修盘道数十折,卫以栏楯。山顶有唐《姜行本纪功碑》,山下临巴尔库勒淖尔[六六],即古蒲类海,海岸有汉《裴岑纪功碑》。其后则包络寒露之野,跨蹑眩雷之塞[318]。《汉书》。标鄂博以察畿疆[319],蒙古于分界处堆碎石为记,名曰鄂博。因淖尔以名险介[320]。新疆北境多淖尔,故每指以定界,如塔尔巴哈台以宰桑淖尔为界[六七],其所属之土尔扈特以噶勒札尔巴什淖尔为界[六六],晶河以喀喇塔拉额西柯淖尔为界,库尔喀喇乌苏以阿雅尔淖尔为界。淖尔,译言海也。巴勒喀什,于斯为大。沙碛缘其表,三岛峙其内。趋西北以深入,极康居之所在[321]。巴勒喀什淖尔在伊犁西北,东西七百余里,南北百余里,中有三山,环淖尔皆戈壁,在哈萨克境。哈萨克,古康居国。猗宰桑之沮洳,望罗刹而分界[322]。宰桑淖尔之北为俄罗斯国境。俄罗斯,一名罗刹。越科布多之北邻,为乌梁海之所届[323]。科布多城驻札参赞大臣,其境有三种乌梁海人游牧:一曰阿勒台乌梁海,一曰阿勒坦淖尔乌梁海,一曰唐努乌梁海。统土尔扈之新旧[324],土尔扈特渥巴锡之族为旧土尔扈特,伊犁将军辖之;舍棱之族为新土尔扈特,科布多参赞辖之。圣制诗'落成土尔扈来宾'注:'土尔扈特,急呼之则为土尔扈。'接喀尔喀于内外[325]。喀尔喀有三:曰旧喀尔喀,曰内喀尔喀,曰外喀尔喀。今自巴里坤以北至科布多、乌里雅苏台所属,皆外喀尔喀牧地,与内喀尔喀同编扎萨克。誅荡荡,浩茫茫[326]。骋斜径,涉大荒[327]。驰突利,士马良[328]。故匈奴偃蹇于炎汉,而突厥桀骜于李唐[329]。北路地在唐为西突厥。

"迨奇渥温之失政[330]，元姓奇渥温氏。有马哈木之寖昌[331]。圣制《准噶尔全部纪略》：'卫拉特，《明史》称为瓦剌，史所载脱欢太师，盖其始祖。元亡，而其强臣分为三，其渠曰马哈木者，即脱欢之父也。'阿鲁台之族别，绰罗斯之姓彰[332]。准噶尔姓绰罗斯，与和硕特、土尔扈特、杜尔伯特为四卫拉特。今称厄鲁特，即明时所谓阿鲁台也。雄西海以自大[333]，圣制《平定准噶尔告成太学碑》：'准噶尔厄鲁特者，本有元之臣仆，叛出据西海。'衍北支而愈强[334]。《蒙古回部王公表传》云：'准噶尔称北厄鲁特，系出厄斯墨特达尔汉诺颜。'噶勒丹之首祸[六九][335]，康熙年间，噶勒丹首为边患。策妄继而召殃[336]。康熙三十六年，噶勒丹为大兵所败，走死，其侄策妄阿喇布坦嗣为酋，始犹恭顺，自康熙五十四年以后，每来犯边。谨按，圣制诗'尔时策妄力犹弱'，即谓策妄阿喇布坦也。扰我卫藏[337]，康熙五十六年，策妄阿喇布坦遣小策零敦多布侵西藏[七○]，杀拉藏汗，我师败绩，总督额伦特遇害。纳我叛亡[338]。雍正元年，平青海，青海王罗布藏丹津走，投策妄阿喇布坦。世宗宪皇帝遣使索之，不即献。阻绝我使命[339]，康熙初年，遣使至策妄阿喇布坦游牧，至哈密，为噶勒丹所害。三十四年，三遣使往，皆为所辱。侵轶我边疆[340]。噶勒丹侵喀尔喀，常阑入我边境，策妄阿喇布坦亦每扰哈密。实凶德以世济，乃祸心之包藏[341]。赫赫圣祖，奋发神武[342]。黄屋云移，白旄宵竖[343]。分指金戈，三挥玉斧[344]。圣祖仁皇帝于康熙三十五年二月、九月、次年二月，凡三次亲征噶勒丹。无竞维人，后先御侮[345]。三十五年二月之役，两路出师，圣驾向克鲁伦河进发，抚远大将军伯费扬武向土喇进发。圣驾驻苏德图，授费扬武方略，歼噶勒丹之众于招摩多[七一]。圣制《全韵诗》注：'噶勒丹之败衄，实费扬武一人之功。'戮贰负而陈尸[346]，噶勒丹既死，策妄阿喇布坦献其尸。斩温禺而衅鼓[347]。康熙五十八年，平逆将军延信等收复西藏，策零敦多布所授伪总管俱斩于阵前。会幕地而传觞[348]，喀尔喀为噶勒丹所扰，率众内附。康熙三十年，圣驾驻多伦淖尔，命喀尔喀七旗与四十九旗列坐赐宴。戢梵天以安堵[349]。康熙六十年，圣制《平定西藏碑文》曰：'平定西藏，振兴法教，赐今瑚毕勒罕册印，封为第六辈达赖喇嘛，安置禅榻，抚绥土伯特僧俗人众，各复生业。'狸貑有子，封狼生貙[350]。雍正年间，策妄阿喇布坦死，子噶勒丹策凌嗣。野心克肖,厉吻仍苏^[351]。世宗震怒,载弯星弧^[352]。靖远宁远,判道徂诛^[353]。雍正五年,噶勒丹策凌集兵窥边,以傅尔丹为靖远大将军,驻阿尔台,岳钟琪为宁远大将军,驻巴里坤。靖边绥远,驱逆亡逋^[354]。雍正九年,大策零敦多布、小策零敦多布扰边,以顺承亲王锡保为靖边大将军,驻察罕廋尔,马尔赛为绥远将军,驻归化城。姑衍有封山之票骑^[355],雍正五年,贼以二万众犯库舍图^[七二],掠驼马,总兵樊廷、副将冶大雄击退之。涿邪有外捍之单于^[356]。雍正九年之役,锡保令喀尔喀亲王丹津多尔济败贼于鄂登楚克。铤鹿投身于走险,槛虎失势于负嵎^[357]。绁騎轮与匹马,等拉朽而摧枯^[358]。雍正十年,噶勒丹策凌倾国入寇,掠额驸策楞所部,策楞大败之,追击于额尔德尼招,噶勒丹策凌仅以身遁。穆穆高宗,并包兼容^[359]。维初年之罢役,破二术以坐攻。通逼介以易道,正戎索以沟封^[360]。乾隆四年,议定边界,许其通市,尽撤西北两路兵。盖以贼所恃二术,一曰窥我边,一曰激我怒。破其所恃,彼亦束手。见圣制《西师》诗注。乃天亡而魄夺,斯众叛而技穷。蜗有角而自战,鱼终烂而内讧^[361]。乾隆十年,噶勒丹策凌死,准部内乱,达瓦齐自立为汗,于是三策凌及萨拉尔先后归顺。十九年,辉特台吉阿睦尔撒纳与都尔伯特台吉讷默、和硕特台吉班珠尔来降,并乞师靖乱。运算风霆^[七三],拯民水火^[362]。高宗纯皇帝知准噶尔为天亡之时,决意戡乱。乾隆二十年,遂两路出兵。六十载之鸱张^[363],圣制诗'梗化昔延六十载'注:'准噶尔部自策妄阿喇布坦恃远鸱张,厥后篡弑频仍,遗诛者六十余年矣。'廿五人而致果^[364]。大兵至伊犁,达瓦齐遁于格登山,侍卫阿玉锡等三人,以二十二骑乘夜薄其营,贼众惊溃。圣制《阿玉锡歌》:'廿五人气摩青旻。'桨有提壶,弦无折笴^[365]。飞尺檄,驾单舸。即条枝失其阻害,格登摧其駊騀^[366]。达瓦齐自格登窜逸,将军檄回酋霍集斯擒献。圣制《西师底定伊犁》诗:'乘时命将定条枝。'《平定准噶尔勒铭格登山之碑》:'格登之崔嵬,贼固其垒。我师堂堂,其固自摧。'又云:'师行如流,度伊犁川。粤有前导,为我具船。'举九集赛、四图什墨、廿一昂吉、廿四鄂拓克^{[七四][367]},集赛、昂吉、鄂拓克,皆恭见圣制《准噶尔全部纪略》;图什墨,恭见圣制《蕃甲行》诗。皆委质以四月^[368],二月出师,五月定伊犁。而不必乘其三隙也^[369]。圣制《开惑论》'三隙可乘,未兴大军’注：‘策妄多尔济那木扎勒年幼昏暴[七五]，此一隙也；喇嘛达尔扎篡夺，又一隙也；达瓦齐复篡夺之，又一隙也。彼时皆未兴兵。’及乎食桑诈[370]，圣制诗‘谋穷降将食桑诈’注：‘阿睦尔撒纳既与达瓦齐隙，穷蹙来降，即用为副将军，统兵进剿，加封双亲王。洎伊犁既平，觊为四部总台吉，未餍所望，乘隙鼓煽，致烦再定。’脱兔跳[371]，圣制诗‘跳兔爰爰脱大黄’注：‘阿睦尔撒纳为官兵追急，复投哈萨克。’樊崇悔[372]，圣制诗：‘樊崇降顿悔。’谨按，谓阿睦尔撒纳之叛。彭宠骄[373]。圣制诗‘功如彭宠辽东豕’注：‘执达瓦齐之役，阿睦尔撒纳原不可谓无功。而伊犁既平，遂怀携贰。’聚蜂蚁[374]，阿逆既叛，驻伊犁之厄鲁特及塔尔巴哈台诸处皆蠢动。圣制诗：‘蜂屯更蚁杂，不可爬与梳。’肆螗蜩[375]。圣制《开惑论》：‘阿逆叛，群凶应，如蜩如螗，曰枭曰獍。’明驼昼绝[376]，二十一年六月，喀尔喀郡王青滚杂卜撤军台，文报中断。圣制诗注：‘蒙古地驰驿皆以驼。’火轮夜烧[377]。阿逆劫伊犁，固勒扎庙被焚[七六]。圣制《固勒扎庙火》诗：‘火轮转法羞脤膰。’四甄重整[378]，圣制《开惑论》：‘尔其重整四甄。’六骑潜逃[379]。圣制诗注：‘逆贼阿睦尔撒纳，复投哈萨克军营，阿布赉欲缚之以献，逆贼窃马，挟六骑夜遁。’系颉利以缨组[380]，圣制诗‘尚教颉利待擒生’注：‘西路军营驰报擒获阿睦尔撒纳露布，盖据以告者，乃阿逆缓师之计也。’驻落兰之弓刀[381]。圣制《夜雪》诗‘落兰应是满弓刀’注：‘时将军策楞等，率师剿捕阿睦尔撒纳，驻落克兰之地。落克兰，急呼之则为落兰。’扫騂獍之叛换[382]，圣制《开惑论》：‘喀尔喀有青滚杂卜者，獯狁佥回之騂獍也。’靖包沁之轩嚣[383]。圣制诗‘包沁之人通乃贼’注：‘厄鲁特呼炮为包，包沁，其司炮人也。上年正月，其宰桑阿克诸尔率众二千余人来附[七七]。逆贼阿睦尔撒纳之乱，包沁煽动，阑出卡伦，为官军所歼[七八]。’悬藁街而骨腐[384]，阿逆徒步入俄罗斯，寻患痘死，俄罗斯以其尸送入边。荡葱海而氛消[385]。圣制《阅伊犁奏章》诗：‘更喜葱海每沾膏。’盖天罚龚行于再定[386]，平定伊犁武功，分初定、再定为两次。而神谟制胜于三朝[387]。以视花门之龛暴[388]，圣制《花门行》诗。实迟速之相辽[389]！

“既戢我柯，既摄我麾[390]。廓彼周道，物其土宜[391]。俶自山北，郡曰镇西。宜禾奇台，二县相比。惟守与令，各有攸司[392]。巴里坤至乌鲁木齐，即《汉书》山北六国地。乾隆二十八年，设镇西府于巴里坤，领宜禾、奇台二县。循名考实，纠厉成规[393]。弊六计以均职，应四科以廉事[394]。间以戎卫，列营相次[395]。各城皆分驻满、汉营兵。屹屹会宁，疏榆所治[396]。巴里坤满营驻札之地曰会宁城，汉蒲类国治疏榆谷，疑与相近。汤汤木垒，形同釜底[397]。巴里坤西六百六十里为木垒河，驻绿营兵。雍正年间，宁远大将军岳钟琪驻大兵于此，副将军张广泗以木垒地处两山，形同釜底，奏罢之。望孚远之孤悬，通众山之径蹊；环托垒之畎浍，接赞皇之旧基[398]。木垒西一百八十里为古城，绿营驻者为古城营，满营驻者为孚远城，二城相比，望似孤悬，而为众山蹊径之会。城外自东至北，有阿布达尔托垒水，俗谓之磨河。城西六十里，为济木萨城，城北里许，有唐李德裕所筑北庭都护府旧址。岂鳖思之未改[399]，欧阳圭斋《高昌偰氏家传》：'北庭者，今之别失八里城也。'按，别失八里城，《长春西游记》谓之鳖思马城[七九]。讶龙兴之已移[400]。《长春西游记》：北庭端府，有龙兴西寺二石刻在。又西迪化，是建州一[401]。古城西四百九十里，为乌鲁木齐，迪化州建治之所。城曰巩宁，治乌鲁齐[402]。乌鲁木齐都统驻札之城曰巩宁城，迪化州亦建治于此。圣制诗'辟恩久增乌鲁齐'注：'即乌鲁木齐，疾呼则为乌鲁齐。'所领县三，丞倅副之[403]。迪化州领阜康、昌吉、绥来三县，并辖呼图壁巡检、济木萨县丞各一员。易金满以阜康[404]，迪化州东百三十里，地名特讷格尔[八〇]，建县曰阜康。于其地获旧碑，知为唐金满县地。有迭屑之处兹[405]。《长春西游记》言'宿轮台东阴山下，有迭屑头目来迎'，正今阜康县境。维昌吉之西达，夹二水以交歧[406]。昌吉县治东有昌吉河，俗名头屯河，治西有罗克伦河[八一]，皆自南趋北，以夹县治。缭峻垣以靖远，乃西放乎绥来[407]。昌吉西为绥来县，县治曰康吉城，与绿营所驻绥宁城相连，其外卫以边墙，置靖远关。尔其中枢握宪，都统建庭[408]。北极距其后户[409]，北极山在巩宁城北十余里。福寿导其前楹[410]。福寿山俗名灵应山，在巩宁城南里许。阿勒塔齐之水[八二]，直界道乎两城[411]。阿勒塔齐水出南山北，流入苇荡，俗名乌鲁木齐河。河东为提督所驻之迪化城，西为都统所驻之巩宁城，相去七里。右屯八旗之劲旅，左简九镇之雄兵[412]。巩宁城满营驻札，乾隆三十七年，移自凉州、庄浪；迪化

19

城绿营中营驻札,乾隆二十七、八、九并三十三年,移自安西提标及甘州、凉州、河州、延绥、宁夏、兴汉、西宁、固原各营。家储犀渠之甲,人服缦胡之缨[413]。浮游郊遂,阡陌纵横[414]。六道七道,二堡相并。联乎辑怀,是属中营[415]。六道湾有惠徕堡,七道湾有屡丰堡,孤穆第有辑怀城。三处皆在迪化城东,为中营屯地。乐全宝昌,怀义宣仁[416]。四堡皆在巩宁城西,亦中营屯地。星罗畛畷,绮错沟塍[417]。瓯窭污邪,流种火耕[418]。一钟实获,百室斯盈[419]。则有野处不昵,乡校之英[420]。高凤漂麦,承宫听经[421]。学肄蛾术,歌宾《鹿鸣》[422]。乐《诗》《书》之蔼蔼,习仁让之蒸蒸[423]。乾隆三十四年,设迪化州及所属三县学额。三十八年,设镇西府及所属二县学额。后,又定每科中式举人名数。至其缀以庆绥[424],迪化州西七百一十里,为库尔喀喇乌苏,其城曰庆绥,有领队大臣、粮员驻之。枕以嘉德[425]。迪化州东南二百三十里,为喀喇巴勒噶逊[八三],其城曰嘉德,在齐克达巴罕之下,有粮员、守备驻之。安阜扼要,晶河之侧[426]。库尔喀喇乌苏西四百一十里为晶河,河东岸曰安阜城,粮员驻之。霜泛熬波之场,户载淘金之籍[427]。嘉德城西有昂吉尔图淖尔,安阜城北有喀喇塔拉额西柯淖尔,皆产盐。庆绥城东有奎屯河,庆绥城西有济尔噶朗河,上游皆产金。展托里之莽罿,陡奎屯之泆汨。领布延图之三旗,接塔巴台于直北[428]。土尔扈特在北路者凡三:一曰东部落二旗,其爵为毕锡呼勒图郡王,在库尔喀喇乌苏之济尔噶朗游牧,依奎屯河西岸;一曰西部落一旗,其爵为济尔哈朗贝勒,在晶河之托里游牧;一曰北部落三旗,其爵为布延图亲王,在塔尔巴哈台之和博克萨里游牧。圣制诗'驻塔巴台大臣奏'注:'塔尔,急呼为一字;巴哈,急呼为一字。'建绥靖之金墉,徙雅尔之雪碛。面额米尔之瀜瀁,负楚呼楚之崛屼[429]。塔尔巴哈台城曰绥靖,乾隆二十九年始筑之于雅尔,继以雪山难守,三十一年移于楚呼楚山之阳、额米尔河之北。四部环居[430],塔尔巴哈台所辖游牧有厄鲁特、察哈尔、土尔扈特、哈萨克四部。六营齐辟[431]。塔尔巴哈台驻满营、绿营、锡伯营、索伦营、察哈尔营、厄鲁特营。斯蛮陬夷落之界,袭险重固之国,而犹未入乎伊犁之域也[432]。塔尔巴哈台为北路之极,与俄罗斯接壤,故设参赞、领队、章京、侍卫、同知等官治之。

"翼翼乌孙,新疆之柢[433]。伊犁为古乌孙地,新疆总会之区。峻岨豀险,握其肯綮[434]。外则善塔斯岭,导千百余山以周崿[435];伊犁四面皆山,南面天山,为葱岭正干,西南善塔斯岭,为葱岭分支,环绕四境,层岩叠嶂,不可悉数。内则伊列之川,汇九十余水而横骀[436]。伊犁河,即《唐书》伊列水,其河自东南趋西北,横亘伊犁境中,所汇之水,可名者九十九条。广轮所经,各千余里[437]。伊犁之境,东西一千五百余里,南北一千一百余里。阴阳既度,日星斯揆[438]。拓旧筑于一成,耸惠远之百雉[439]。伊犁凡九城,将军驻扎者曰惠远城,乾隆二十八年建,周九里三分,五十八年增筑至十里六分三厘有零。杜预《左传注》:'方十里曰成。'其南则河流湧溶,汪洋渺弥[440]。长堤捍御,不陊不阤[441]。惠远城南半里即伊犁河,筑堤卫之。挽方舟而漕粟,咸转轮而兹橇[442]。伊犁河运粮船十六只,运固勒扎回粮,兑卸于城东南隅。其北则瞻德广仁,左右相倚[443]。瞻德城在察罕乌苏,惠远城西北七十里;广仁城在乌克尔博罗素克,惠远城西北九十里。达乎绥定,驰道迤逦。夹浓荫以飏轻,隐金椎而云起[444]。绥定城在乌哈尔里克,惠远城西北三十里。自绥定至惠远,筑甬道,夹树榆、柳。其东则惠宁熙春,是角是犄[445]。惠宁城在巴彦岱,惠远城东七十里,又东十里为熙春城,地名喀喇布拉克。睋宁远之迎曦,惜都纲之旧毁。高阜崛峍以俯瞰,贞珉照耀乎万祀[446]。宁远城在固勒扎,熙春城东南十里,其地即准噶尔建都纲之所,后毁于火。城之东北隅半里许高阜上,恭建圣制《平定准噶尔勒铭伊犁》前、后二碑。其西则塔勒奇城,拱宸西麾。或背山之嵬嶷,或面山而崎嶬[447]。塔勒奇城在塔勒奇山阳,惠远城西三十里,又西北八十里为拱宸城,地名霍尔果斯。乱经流以深入,乃达乎库陇癸[448]。库陇癸,山名。乾隆三十二年,将军兆惠剿叛党昂克图、塔尔巴等四宰桑,大捷于此,圣制《库陇癸之战》诗。自拱宸城西行,踰霍尔果斯河、车集河[八四]、撒玛勒河[八五]、图尔根河、奎屯河,至库陇癸,凡二百余里。

"徒观其街冲辐辏,间巷旁通[449]。卅五为衡,二四为纵。守严更以启闭,谯楼耸立乎衢中[450]。惠远城中大街一纵一横,中建鼓楼。其衡巷,楼之南,东西各十三,楼之北,东十西九;其纵巷,楼东四,楼西二。临来安而北向,心恋阙而呼嵩。眄杻棱于天表[八六],腾星纬之熊熊[451]。城北门曰来安,门内建万寿宫,恭勒圣制《土尔扈特全部归顺记》及《优恤土尔扈特部众记》两碑。升馨香于房祀,咸胏蠁于宗工[452]。北门内建祠堂一所,奏祀伊犁将军之有功地方者。阐幽光于贞孝,乃厉俗而移风[453]。城东北隅建节孝祠。协南讹于宣闿,首教穑而明农[454]。城南门曰宣闿,先农坛、社稷坛在南门外。值旱潦而祈报,聿启佑乎龙宫[455]。龙王庙在南门外。朝旗猎猎,夜鼓冬冬[456]。沈沈幕府,奕奕元戎[457]。总统伊犁等处将军一员,驻扎城内。武士执戟以就伍,众司操简以趋公[458]。承值将军署公事者,印房、驼马处、粮饷处、功过处则有司员,营务处、满营档房则有侍卫、协领、佐领。广诹咨于队帅[八七],交翊赞而和衷[459]。锡伯、索伦、察哈尔、厄鲁特四营领队皆驻扎城内,又有惠宁城领队及绥定城总镇公署。察嘉肺之必立[460],设抚民理事、同知各一员。典琛币之恒充[461]。设仓员,司仓库。开磨城而齫粮[462],各佐领磨房四十所。倾羽山以输铜[463]。设宝伊钱局鼓铸。班驷骏之宛马[464],八旗官马圈八所。审彀摩于和弓[465]。设军器库。莅说泽而平质剂[466],城西门曰说泽,门外有贸易厅,哈萨克榷场也。届景仁而肃军容[467]。城东门曰景仁,官兵演武校场在门外。市肆儦儦而相兢,货贝隐赈以告丰[468]。市肆皆在北门外。以上皆惠远城事。

"禄糈焉筹,兴屯是务[469]。惟熟券之番休,辟新田而分布[470]。伊犁绿营屯兵自乾隆四十三年改为眷兵。按,《元史》有生券军、熟券军,盖以有家室者为熟券。沟七里而渠通[471],七里沟有新渠,引东阿里玛图泉水。河三条而渎注[472]。各营水利,均有分地。余水所入,有头道河、二道河、三道河之别。占填星以书年[473],每年秋成,以二十八分为丰收。乐健儿之应募[474]。圣制《伊犁大熟》诗:'屯田况健儿。'以上营屯。法百亩于周彻,制公田于殷助[475]。惠远、惠宁两城,满营种地每人授田百亩,而八旗分地外,每城各有公田。旁果树而墙遮,接鱼槮而水庢[476]。嘉庆十七年,尚书松筠奏伊犁公种之田毘连伊犁河北岸,附近芦柴兼可捕鱼。公地之南筑堡、穿井,每户授田三十四亩,酌种谷麦,兼植蔬果。产以恒而习勤,地虽广而非骛[477]。嘉庆十七年,伊犁将军晋昌奏请将不能得水之田竟行删除,免致骛广而荒。旋经军机大臣议驳,以为此项余丁素无执业,今令其习勤耕作,正教养兼施之道。以上旗屯。有郭外之受廛,指河湾而沿溯。已侨寄之胥忘,识盖藏之有素[478]。伊犁客户授田者,有庄世福等四十八户、张子仪等三十三户、张尚义等二百户、张成印等二十三户、王巳兴等三十户,每户给田三十亩,报恩升科,永为土著。圣制《伊犁客民愿入屯田户籍》诗序:‘地喜新疆式扩,连营皆挈眷番休;人忘故土堪怀,比屋并望衡侨寄。请依郭外以受廛,固巳市通哈萨,祈指河湾而荷锸,何须畔让诸回。’又《伊犁各城户口耕牧情形》诗:‘盖藏有素衣食裕。’以上户屯。限一畹以名田,惠髡钳之守戍[479]。伊犁遣屯,每名种地十二亩。田十二亩曰畹,见王逸《楚词注》。表隙地以西区,陟高梁而东偸[480]。遣屯之在塔勒奇者,谓之西地。又有在喇嘛寺沟者,沿东山,俗谓之中营东梁。以上遣屯。畴畚锸之相随[481],圣制诗:‘即今伊犁疆,恳畲畚锸随。’集耕回而齐赴[482]。自乾隆二十七年至三十二年,陆续由乌什、叶尔羌、和阗、哈密、吐鲁番等处调回子赴伊犁种地,共六千户。圣制诗:‘耕回挈眷迁。’增沃壤于春稽[483],嘉庆九年,将军松筠奏准春稽等四处地亩,令回子加种[八八]。快纳总于河渡[484]。回子交粮,皆于固勒扎河渡。以上回屯。莫不垦污莱、收填阏[485],洒时风、被甘澍[486],故得屡丰接乎青黄[487],圣制《麦熟》诗:‘屡丰接青黄。’荒服臻乎富庶[488]。圣制《伊犁客民愿入屯田户籍》诗序:‘荒服旋臻乎富庶[八九]。’二麦登大有之祥,三叠赓天章之句[489]。辛巳年,圣制《伊犁大臣奏报二麦大熟因用杜甫〈送高三十五书记〉诗韵》诗,甲申年,又再叠韵、三叠韵。

“至其设兵也[490],屹屹两营,实维驻防[491]。西安滦阳,凉州庄浪。六千君子,守节知方[492]。惠远城满营调自热河、凉州、庄浪,共四千三百余名;惠宁城满营调自西安,共二千二百名。圣制《实胜寺后记》:‘索伦兵马射虽精,而知方守节,终不如我满洲世仆。’以上满营。绿旗习农,耕作是长[493]。圣制《伊犁二麦大熟》诗:‘绿旗本习农。’关西虎士,迁地能良[494]。绿营携眷兵调自西安、甘肃提镇各标。别廿五屯[495],乾隆四十三年,初调屯兵,定制为二十五屯。自后增减,不出此数。六城相望[496]。绿营分驻绥定、广仁、瞻德、拱宸、熙春、塔勒奇六城。以上绿营。移彼索伦,自黑龙江。拜

23

牲格尔,风俗异壤[497]。索伦兵调自黑龙江。左翼为索伦,在奎屯河、撒玛勒河游牧;右翼为达虎尔,在霍尔果斯河、科河建屋舍以居。圣制《蒙古田》诗注:'蒙古语以毡庐为格尔,以土瓦屋为拜牲。'骋骑射之无敌,曾不数乎蹶张[498]。以上索伦营。察哈尔之驻牧,赛喇木以为疆[499]。察哈尔兵调自张家口,两翼皆在赛喇木淖尔一带游牧。择畏吾而分隶,驰两翼之莫当[500]。察哈尔壮丁不敷甲缺,乾隆四十年、四十四年、五十四年,叠移厄鲁特四百二十户,补驻察哈尔部落。圣制诗'畏吾都护换回京'注:'按,元世祖至元十七年,置畏吾都护。畏吾,即今卫拉特,又名厄鲁特。'以上察哈尔营。此皆错处乎九城,以捍卫乎河阳[501]。上四营皆在伊犁河北岸。猗锡伯之八屯,夹双渠之泱泱[502]。锡伯兵调自盛京,驻牧伊犁河南岸,开大渠二,夹渠分列八屯。资鸡豚之乐利[503],锡伯营最为富庶。嘉庆十七年,军机大臣议伊犁旗屯,奏应按照驻防锡伯之制,养鸡畜豚,于生计大有裨益。缮甲矢之坚刚[504]。锡伯营有自制撒带、战箭、刀枪,冠诸营。以上锡伯营。至厄鲁之遗种,滋爱马以繁昌[505]。厄鲁特本准噶尔遗种,生息日久,今渐繁盛。圣制诗注:'厄鲁特亦呼厄鲁。'爱马,见元至元六年敕,犹言部落,疑即爱曼之讹。沙毕纳尔之后附,达什达瓦之先降。判上三与下五,亘南山而作障[506]。达什达瓦者,准噶尔台吉小策零敦多布之子,为其汗喇嘛达尔扎所杀,属众投诚,安插热河。事在准部未灭之先,是为达什达瓦厄鲁特。乾隆二十九年,自热河移驻伊犁,编为左翼上三旗。其自二十五年以后,由哈萨克、布鲁特投出者,编为右翼下五旗。三十六年,又有沙毕纳尔部随土尔扈特归顺者,亦附厄鲁特下五旗安置。伊犁自东南至西南、南山之阴,皆其游牧。以上厄鲁特营。

"其置边卫也[507],大者卡伦,小布克申[508]。凡官兵巡守设汛之地曰卡伦,两卡伦间所设瞭望之处曰布克申。夜则檩聚,昼则筹巡[509]。卡伦各有开齐,巡查递筹。或移设之无恒,或常设之贵因[510]。卡伦有营务处专辖者,有五领队专管者,其中设有定地,为常设之卡伦,共二十七处。又有住卡官兵,随时易地,如乌弩古特卡伦,春季设,冬则移于昌曼之类,为移设之卡伦,共九处。或添撤之视地,更递易乎冬春[511]。又有虽设卡伦,过时则撤,如河岸卡伦冬添夏撤、绰伦古尔卡伦春添冬撤之类,为添撤之卡伦,凡四十五处。几非常而执禁,匪过所而莫臻[512]。其外则大宛之国[513],今安集延。布露之民[514];布露,见《唐书》,今布鲁特。苏对之域,贵山之人[515]。苏对、贵山,皆哈萨克地,恭见圣制诗。别三准于典属[516],哈萨克分三准:伊克准即左部,多木达准即右部[九〇],巴罕准即西部。差六品于外臣[517]。布鲁特头人各给翎顶,自二品至七品有差。驱羊马而通市[518],安集延、哈萨克时至伊犁贸易。纳赆币而来宾[519]。布鲁特例至伊犁进马。恤卉服而无远[520],圣制《瀛台宴拔达山诸部回使》诗:'何妨卉服接丝衣。'察藕丝而必甄[521]。哈萨克以马牛羊求市者[九一],酌其肥瘠,以䌷缎易之。圣制《伊犁马牛羊》诗:'去非藕丝脆,来匪骨立瘠。'

"若夫考牧咏,马政颁[522]。均齐立[523],每年夏秋,将军赴察哈尔、厄鲁特游牧查阅孳生牲畜。其马群扣限取孳,照三年一均齐之例办理。脱朵便[524]。《金史》:'群牧所设扫稳、脱朵,分掌诸畜,所谓牛马群子也。'絷騝駮,纲骊驒[525]。骖駛骎,调駊騱[526]。征异种于汗血[527],《后汉书·东平宪王苍传》:'宛马一匹,血从前髆上小孔中出。'今伊犁马之善走者,前肩及脊或有小疬,破则出血,土人谓之伤气。凡有此者,多健马,故古以为良马之征,非汗如血也。整隽乘于屈产[528]。《众经音义》:'龟兹,即屈支,多出龙马。'又引《左传》云:'屈产之乘。'将以垺四骏之迹[529],圣制有《爱乌罕四骏歌》。谨按,四骏曰超洱骢、徕远骝、月蜻䮷、凌昆白。参八骏之班[530]。圣制有《拔达山八骏歌》。谨按,八骏曰送喜骢、坚昆鹊、洱海骝、紫电騋、服远骝、玉题骏、祥霞骥、簫云骎。则有骋如意[531],嘉庆七年,赏大学士保宁所进烟熏枣骝'如意骝'名号。服超闲[532]。嘉庆十五年,赏伊犁将军晋昌所进海骝马'超闲骄'名号。腾庆吉[533],嘉庆十年,赏伊犁将军松筠所进马'庆吉骝'名号。效平安[534]。嘉庆七年,赏大学士保宁所进黄马'平安座'名号;十四年,赏伊犁将军松筠所进马'平安骄'名号。庩祥俊[535],嘉庆十一年,赏伊犁将军松筠所进烟熏枣骝'祥俊骝'名号。步安端[536]。嘉庆十六年,赏伊犁将军晋昌所进菊花青马'安端骢'名号。庆云容与[537],嘉庆十八年,赏伊犁将军松筠所进银蹄海骝马'庆云骄'名号。宝花斓斑[538]。嘉庆二十年,赏乾清门侍卫、伊犁领队大臣吉勒通阿所进黑花马'宝花雒'名号。盖两龙呈才于夏后,飞黄应瑞于帝轩[539]。冠七驷而锡号,启一笑于天颜[540]。又泛观于在垌,察蕃阜于虞官[541]。亦牛羊之衔尾,错牟圌而群嚾[542]。羊厂一年一均齐,牛厂四年一均齐,驼厂五年一均齐。

"既陟嶻而降原,复行林而瞻麓[543]。顺长养于阪蔓,禁樵苏而滋毓[544]。柽柳蔮蔘于河垻,松栝翁郁于岩曲[545]。《汉书·西域传》言鄯善国多柽柳,今伊犁亦有之。《西域传》又言乌孙国山多松栝,盖即今衫松也。神蓂侪功于上党[九二][546],产沙参如党参。支连齐品于巴蜀[547]。产黄连。溪泛四叶之菜[548],惠远城西有池,产白苹,苹名四叶菜。室贮千岁之谷[549]。有草叶如鸡冠,高三尺许,结穗如谷,正红色,垂尺许,采作瓶花,经冬不萎,名千岁谷,子可煮粥,又名回子谷。青剖麦子之瓜[550],塔勒奇产一种西瓜,大如碗,正圆而色碧,其子白色,如小麦,故名。翠剪柳叶之菊[551]。瞻德城多老柳,结花细叠如菊,大亦如之,瓣仍柳叶,青绿可爱。可点茶,味微苦,库尔喀喇乌苏城亦有之。佩解鹿葱[552],即萱草。囊盛莺粟[553]。莺粟最肥,种之成畦。羊乳垂垂[554],即枸杞。鸱头簇簇[555]。即贯众。金散地丁[556],即蒲公英。红攒石竹[557]。石竹花。以及芰葀桂荏[558],薄荷即《甘泉赋》之芰葀,紫苏即《尔雅》之桂荏。茉苢萹蓄[559],茉苢即车前子,萹蓄俗谓之胡蝶花。豨莶狖蒿[560],苁蓉苜蓿[561],勤母益母[562],勤母即贝母。黄结黄良之属[563]。黄结即山豆根,黄良即大黄。辨皂物与核物,难悉数而更仆[564]。复有变常征怪,荧听骇目[565]。雪没骬而莲葩[566],雪莲状如洋菊,生深山积雪中。其生必双,雄者差大,然不并生,亦不同根,相去必一两丈。望见此花,当默往采之,若指以告人,则缩入雪中,虽劚雪求之,不获。冰坚腹而燕啄[567]。南山涧中,冬日坚冰,有雀大如燕,㲉卵冰穴,名冰雀,一曰雪燕。余于霍诺海见之。雀芊处暵而翘滋[568],伊犁铜厂沙碛中生草,长茎而细叶,似茑萝,作蓝花,悬之风檐,历久愈鲜,置湿地即死,土人名曰湿死干活。按,《酉阳杂俎》言雀芊置干处反湿,湿处反干,或即其类。石油遇水而腾烛[569]。李时珍言石油得水愈炽,今玛纳斯产之。狰嬉红柳之娃[570],乌鲁木齐山中有人高尺许,遇柽柳吐花时,折柳为小圈,着顶上跳舞。柽柳花淡红色,极可爱,俗名红柳,因呼人为红柳娃。核注青田之酨[571]。《古今注》言乌孙国有青田核,大如六升瓠，盛水，俄变为酒，名青田酒。今已无此物。尤《齐谐》所不载，《计然》所未录[572]。

　　"乃纵猎者，传言赍育[573]。伊犁将军每秋至哈什行围，冬则至塔勒奇行围。张翼河干[574]，哈什围场皆依河岸，领队大臣二，分为左右翼。鸣笳空谷[575]。合围必吹角。踔储胥，属囊韅[576]。跃騀骁，驶骥骒[577]。撋狐貒，蹶麏鹿[578]。搏羷羊，蹈麞犊[579]。哈什围狼、虎、狍、鹿最多。罝鹎鷝，罥扑朔[580]。塔勒奇围惟雉、兔。縈鹩鼲[581]，伊犁赛喇木淖尔岸多鸟鼠同穴。罬鹭鸶[582]。伊犁产黑鹊，形如鸜鹆，而遍身白点，善鸣。乾隆年间，尚书阿桂名为鹭鸶尔，呈进，圣制《鹭鸶尔》诗。熊罴竦耸，虎豹奔衄[583]。南山多熊、虎，每岁获之。进则关脰，退则洞腹[584]。掩泽挂山，风毛雨肉[585]。方郁怒而未息，肆盐利而止戮[586]。聊浪乎洲淤，巡行乎沟渎[587]。围场外自都尔伯勒津回庄以西，沿河皆回户地亩。搜梵书之片石[588]，围场额琳摩多水侧石上，有准部所镌唐古特字经咒。奠双烈之遗躅[589]。围场博罗布尔噶苏水侧，有定北将军班第、参赞大臣鄂容安双烈殉节碑，将军岁祀之。考山城之古驿[590]，《湛然居士集》有《再过西域山城驿》诗。镜天池之澄绿[591]。《长春西游记》言天池，即今伊犁赛喇木淖尔。寻沙井之诗篇[592]，《湛然居士集·过沙井和移剌子春韵二首》末句云：'莫忘天山风雪里，湛然驼背和君诗。'注：'昨至沙井，乘牛车过前路，跨驼方达行在。'按，沙井未知今在何地。访故宫之琴木[593]。《湛然居士集·河中十咏》注：'得故宫门坚木三尺许，斫为琴，有清声。'订误说于种羊[594]，西域旧传有骨种羊，言种骨而生，余询之外藩回人，并无其事。考《湛然居士集·河中十咏》云：'漱旱河为雨，无衣垄种羊。'又《赠高善长》诗：'西方好风土，大率无蚕桑。家家植木棉[九三]，是为垄种羊。'始知种羊谓木棉，其误由此。问旧名于秃鹿[595]。《长春西游记》：'至阿里马城，其地出帛，曰秃鹿麻。'按，阿里马当在伊犁霍尔果斯地。证四十八桥之迹[596]，《长春西游记》《湛然居士集》每言四十八桥，即今果子沟也，地在围场山后。辨九十六种之族[597]。西域有九十六种，见湛然居士《西游录序》。命弛斾而计鲜，示从禽之不黩[598]。

　　"于是申宪度，考礼乐[599]。展明禋，洁粢酌[600]。陈簠簋，列罍爵[601]。举耤于春田,报功于秋获[602]。伊犁社稷坛、先农坛,皆春秋致祭。每岁春,将军行耕耤礼。六宗昭其秩[603],有文昌、风神庙。八蜡致其恪[604]。有八蜡庙。班浮沈与庪县,肃献酬之交错[605]。伊犁山川在祀典者,名山六:曰格登山、曰额林哈毕尔噶山、曰烘郭尔鄂博山、曰阿勒坦额墨勒都图山、曰塔勒奇山[九四]、曰阿布喇勒山;大川十:曰伊犁河、曰阿里玛图河、曰哈什河、曰空格斯河[九五]、曰撒玛勒河、曰车集河、曰奎屯河、曰赛喇木淖尔、曰察罕乌苏河、曰霍尔果斯河。春秋致祭。举释奠而用币,爰舞羽而歇籥[606]。每岁春秋丁祭。入党庠而践节,坐里尹而申约[607]。惠远、惠宁两城各有义学、清书学,惠远城又有敬业学,派满营协领等官司之。莅校比而戒兹,读邦法而钦若[608]。各学皆按年考试,每月朔望,于敬业学宣读《圣谕广训》。故得人无介胄,地无沙漠[609]。兴三物而束修,愍五品而文莫[610]。扬缉熙而民于变,畅皇风而颂声作[611]。且夫玉盘石钵,所以纪袭美而告成也[612];圣制《帝青石佛钵诗》序:'既惬法缘之喜,因赓袭美之章。'又《玉盘谣》诗序:'德致讵夸夫停玉,而功成宜切于铭盘。'谨按,二物皆平准部后得之。铜印铁章,所以诏知惧而凛盈也[613];圣制《海努铜印》诗[九六]:'蹋忿因之益凛盈。'又《铁章记》:'若夫戒盈知惧,固不在区区抑埴之物矣。'谨按,铜印虎纽文曰'管辖厄鲁特后旗扎萨克印',旁识'雍正四年十月铸成'。盖向年颁给厄鲁特毛海,后叛,以献噶勒丹策凌[九七]。乾隆二十五年,伊犁办事大臣伊柱获于海努克。铁章者,策妄阿喇布坦乞自达赖喇嘛,文曰'厄尔德尼卓里克图洪治台吉之章',华言'宝权大庆王'也,平达瓦齐后得之。均碗鼓尊,所以志和众而安氓也[614];乌鲁木齐屯田得均窑碗、唐鼓腔尊,都统奏进。圣制《题均窑碗》诗:'用志屯戍安边氓。'又《题唐鼓腔尊》诗:'安民和众尽吾谋。'刚甲错刀,所以嘉归顺而表诚也[615]。金错刀、刚甲,皆土尔扈特汗所献。圣制《刚甲行》:'即今归顺为我臣。'《金错刀》诗:'渥巴锡汗新来王,解用为贡表至诚。'

　　"在昔龙堆未靖,小丑纵横[616]。瓜沙筑堡[617],准噶尔侵扰回部,雍正三年,吐鲁番回众内徙肃州金塔寺、甘州咸虏堡,十一年,鲁克沁回众内徙瓜州。张岳移营[618]。雍正年间,大兵备准噶尔,宁远大将军岳钟琪营于木垒河,副将军张广泗移驻库舍图岭,又移于巴里坤。黔首效命于鲁陈之域[619],

雍正九年，准噶尔围鲁克沁，越四旬余，不下，复以木梯三百攻哈喇和卓。鲁克沁，即《明史》鲁陈地。牲畜徙迹于波罗之庭[620]。雍正八年，准噶尔袭库舍图卡伦，盗驼马。准噶尔其时建庭于伊犁东北境之波罗塔拉。方三陇之阻远[621]，玉门关外流沙有三陇，见《后汉书》注。圣制《西师》诗：'终以阻远艰。'遽六月以遄征[622]。圣制诗：'远愧周王兴六月。'而今日者，人经乎内咄之谷，地极乎卑阗之城[623]。不闭户以居，不赍粮以行[624]。丁壮不见烽燧之警，耆老不闻钲鼓之声[625]。此孰得而孰失，亦何回而何贞[九八][626]？矧移兵而无佥军之扰[九九][627]，伊犁、乌鲁木齐驻防满汉兵，皆移自陕甘，未增兵额。节饷而有度支之赢[628]。平定新疆后，裁减甘肃等处草料及京口、杭州等处出旗汉军俸饷、口粮、马干、折色等项，每年共节省银一百二十九万两有余，以一百零七万八千余两为新疆各城俸廉、经费之用，尚余银二十一万余两，是增设新疆兵饷，度支转有赢余。事变而愈康[629]，圣制《开惑论》：'愈变而愈康。'天培不可倾[630]。圣制碑文：'天之所培者，人虽倾之，不可殛也。'钦惟十全扬武[631]，圣制诗：'十全大武扬。'庙筹先庚[632]。圣制《全韵诗》：'岂惮军书治旁午，每申庙筹谕先庚。'利申酉之怨复[633]，圣制诗：'亦月申酉利复怨。'符乙亥之荡平[634]。周宣王二年乙亥平淮夷、我朝康熙年间破噶勒丹、乾隆二十年定准部，皆乙亥年。恭见圣制《平定准噶尔告成太学碑》。献馘终牵于白练[635]，圣制诗：'伫待白练牵。'露布驰递乎红旌[636]。圣制诗：'露布传红旌。'犹且理昭虔巩[637]，圣制诗：'从来悟得受招理，虔巩流谦慎捧盈。'德体好生[638]。圣制诗：'好生体造物。'诗著《西师》之什，论标《开惑》之名[639]。弃军俘则致美于肆夏[640]，圣制《弃藏西师俘获军器于紫光阁》诗：'戢干橐矢肆时夏。'藏灵蠹则用戒于佳兵[641]。圣制《尊藏得胜灵蠹于紫光阁》诗：'敢复佳兵恃胜强。'而子大夫侈昆仑之物产，炫栗广之地形[一百][642]，骋舌人之博辩，泥旧史以争鸣[643]，此东都主人所由兴叹于知德，而乌有先生复将设诮于见轻也[644]！"

言辞未毕[645]，葱岭大夫潎然气下，幡然意改[646]，乃称曰[647]："大顺之积，将有开而必因；大同之至，虽离迤而亦亲[648]。猗圣清之煦谕，默契合乎鸿钧[649]。卿云昭觊于缛藻[650]，康熙二十四年十月，五色庆云见。雍正七年十二月二十六日,五色卿云捧日。绳河表瑞于清沦[651]。顺治二年正月河南孟县,八年十一月陕西静宁州,康熙九年山西荣河县,二十二年十一月山西蒲州至平陆,五十六年四月陕西固原州,雍正四年十二月陕西、河南、山东、江南,皆黄河清。驯象凿山于思茅之境[652],云南由普洱入思茅,旧道甚险。康熙二十年,有异象出于普,夷人逐之,象从一高岭行,人步从之,遂成通道,今尚有象迹,见《皇朝通考》。鹧鸠怀音于辽海之滨[653]。《皇朝通考》:'天聪七年,鹧鸠集于辽东……国人皆曰蒙古之鸟来至我国,必蒙古归顺之兆。'既东风之受吏,又西母之来宾[654]。诞发祥而流庆,钟运会于庚辰[655]。乾隆二十四年,定新疆,次年庚辰,笃生圣人。今甲子之已复,闰帝夏与皇春[656]。今嘉庆二十四年,圣寿六旬。如尼西尔宛之德化[657],乾隆二十七年,叶尔羌办事都统新柱奏,有土伯特拉达克汗策旺那木札尔投诚,遣人致书,其书有'如古之尼西尔宛时,羊虎同居,并不相害'等语。如素贲瑚佛之鸿仁,如鲁斯塔木之大勇,如伊斯干达里之威神[658]。乾隆二十四年,布鲁特额德格讷之阿济比遣人献书,译文云:'谨呈如天普覆广大无外、如爱养众生素贲瑚佛之鸿仁、如古伊斯干达里之神威、如鲁斯塔木天下无敌之大勇、富有四海乾隆大皇帝钦命将军军前:额德格讷布鲁特小臣阿济比恭祝大皇帝万万寿。'超四洲与四主[659],东毗提诃洲、南赡部洲、西瞿陀尼洲、北拘卢洲,南象主、西宝主、北马主、东人主。见《西域记》。而莫得与比伦[660]。斯所以表署一千年[661],《吐鲁番总传》:'康熙十二年,吐鲁番使乌鲁和卓等至,贡西马四、蒙古马十五、璞玉千斤,表称玛木特赛伊特汗,署一千八十三年。'地拓二万里[662],圣制《实胜寺后记》:'平准噶尔、回部,拓地伊犁、喀什噶尔、叶尔羌一带二万余里。'而永戴如天覆育之圣人[663]!乾隆二十三年,右部哈萨克图里拜表文称:'如天覆育之圣人在上,臣愿竭衰驽,奋勉自效,永无二心。'"

彭邦畴跋

    国家文治昌明,幅员辽阔。在昔高庙赋盛京,泰庵和公赋西藏,渊乎懿哉,诚巨制也!今上御极之初,余同年友星伯徐君,献所著《新疆志》,旋拜中书之命。盖星伯以身所阅历,证之简编,故能综贯古今,包举巨细,发前人所未发,其承宠光也固宜。兹又撮其要领,成《新疆赋》二篇,句栉字梳,俾地志家便于省览。予受而读之,如睹爻闾之会,帕首镽耳,其状貌皆可名也;如观画中之山,千支万干,其脉络皆可数也;如诵内典之文,聱牙结舌,其音韵皆天成也。煌煌乎与《盛京》《西藏》之作,后先辉映,班孟坚、左太冲之流,未足多矣!抑余于星伯,更有以观其微者。远适异国,昔人所悲。自来放逐之徒,其发为文章,大都反复以辨其诬,愤激以行其志,即或寓忧危之旨,写劳苦之词,亦令观者读不终篇,愀然掩卷。此其人皆返于中,而不能无所愧怍;求于世,而不能无所怨尤,故不得已而为此。若星伯之兀兀铅椠于殊方绝域之地,宣皇风而扬盛轨,以成其独有千古者,其志趣固已过人远矣!且并其当日之所以获戾者,亦不待辨而自明矣!世之览者,惜其才,悯其遇。能大昌其所学,俾得由丝纶之地,重登著作之庭,则高文典册,藉以黼黻升平,其表见更当何如耶!道光甲申冬日,年愚弟彭邦畴拜读一过,书此数语以归之。

附　稿本题识

道光乙酉八月,年愚弟陈嵩庆读。

年愚侄陈裴之拜读于听雨楼。

余读《新疆赋》,而叹星伯徐君之不可及也。弱冠以前,习举子业,非学究,亦敲门砖耳。陟蓬观、练词章,出提风雅,犹于当代传人之学无当焉。及夫从役而西,轻装就道,又非载有五车书可资博考者也。然而审形势、述沿革、纪勋伐,悉征其物产、民风,援古证今,有若指掌,非夙昔根柢邃深而又博闻强识而让者,乌能若此! 同年之处京师者,散布如晨星,惟余与星伯居相近,以故星伯之归也,昕夕过从,相与道古,赏奇析疑之致,亹亹犹有同心。然而星伯传矣,始信"江山之助"不虚云! 年愚弟张锡谦跋。

古称相如工为形似之言,扬子云之文沉博绝丽,然不过词章之业而已。《两都》《二京》,于建国规模,粗举大纲,亦不可据为典要。此赋于形势、勋伐、建制、物产、土宜,如指诸掌,而庙谟胜算,悉具其中。当为掌故家所珍,不徒艺林宝贵已也。千秋绝业,子云复生,更不得以雕虫小技目之矣! 道光五年十二月,阳湖张琦识。

校　记

[一]木素尔,稿本作"穆苏尔",下同。

[二]哈喇沙尔,稿本作"喀喇沙尔",下同。

[三]墨克,稿本作"默克",下同。

[四]二"墨"字,稿本皆作"默"。

[五]此句稿本作"奢土著以即叙"。

[六]柝,底本作"析",据其余诸本改。

[七]我师,诸本皆作"西师",据《十全集》改。

[八]纳穆扎尔,稿本作"纳木札尔",下同。

[九]此句前稿本有"泽国幸邀赐丰稔,顽回更冀靖倡狂",正为其上二句,见《十全集》。

[一〇]此四字,稿本无。

[一一]回语,诸本皆作"回言",据《十全集》改。

[一二]闉,底本及其余诸本均作"间",据稿本与《十全集》改。

[一三]素勒坦沙,《十全集》作"素尔坦沙"。

[一四]听,诸本皆作"引",据《十全集》改。

[一五]"霍罕"二字,《十全集》无。

[一六]二"蜜"字,《十全集》皆作"密"。

[一七]两字,诸本皆作"二字",据《十全集》改。

[一八]真,诸本皆作"直",据《十全集》改。

[一九]阿珲,《十全集》作"阿浑"。

[二〇]词,《十全集》作"辞"。

[二一]木,底本作"本",径改。

［二二］哈喇哈什，稿本作"哈拉哈什"，下同。

［二三］皂洼勒，稿本作"杂瓦"。

［二四］额里齐，稿本作"伊里齐"，下同。

［二五］以上三城村，稿本依次作"策勒村""克里底雅城""塔克努喇村"。

［二六］五，底本及其余诸本均作"六"，据稿本改。

［二七］赛喇木，稿本作"赛里木"，下同。

［二八］咱，稿本作"杂"。

［二九］此四字，稿本作"大臣分治"。

［三〇］所治，稿本作"是资"。

［三一］玉，稿本作"布"。

［三二］此五字，稿本作"唐之都督府"。

［三三］裕勒都斯，稿本作"珠勒都斯"，下同。

［三四］晶河，稿本作"精河"，下同。

［三五］扎萨克，稿本作"札萨克"，下同。

［三六］塔，稿本作"腾"。

［三七］淖尔，稿本作"诺尔"。

［三八］稿本"葱"上有"之"字。

［三九］稿本无"阿"字。

［四〇］稿本"葱"上有"之"字。

［四一］戍，底本及其余诸本均作"戌"，据稿本及《通典》改，下同。

［四二］哈喇裕勒滚，稿本作"哈拉玉尔滚"。

［四三］此句稿本作"东川入西川，以入大河"。

［四四］库克讷克，稿本作"扣克讷克"，下同。

［四五］海，稿本作"恺"。

［四六］巴彦哈喇，稿本作"巴彦哈拉"。

［四七］塔拉，稿本作"他腊"。

［四八］和，稿本作"霍"。

［四九］博斯腾，稿本作"百子塘"。

［五〇］哈，稿本作"喀"。

［五一］阿珲，稿本及《西域图志》作"阿浑"，下同。

［五二］人,稿本及《西域图志》作“俗”。

［五三］帔,《十全集》作“披”。

［五四］以上二伯克名,稿本作“伊什罕”“噶杂纳齐”。

［五五］以上七伯克名,稿本作“哈资”“纳克布”“摩提色布”“密图巴里”“密拉布”“都管”“巴济伯尔”。

［五六］什呼勒,稿本作“什瑚尔”。

［五七］帕察沙布,稿本作“帕提沙布”。

［五八］以上四伯克名,稿本作“克拉克雅拉克”“默克塔布”“色依得尔”“哲百”。

［五九］此三字,稿本无。

［六〇］塞勒库勒,稿本作“色勒库尔”。

［六一］密尔岱,稿本作“辟勒”。

［六二］欋,稿本作“攫”。

［六三］乂莫朵,诸本皆作“乂莫多”,据《十全集》改。

［六四］大兵,底本作“天兵”,据其余诸本及《平定准噶尔方略》改。

［六五］喇,稿本作“林”。

［六六］勒,稿本作“尔”。

［六七］宰桑,稿本作“斋桑”。

［六八］噶勒札尔,诸本皆作“札尔噶勒”,据《西域水道记》卷四改。

［六九］噶勒丹,稿本作“噶尔丹”,下同。

［七〇］敦多布,稿本作“敦多卜”。

［七一］招摩多,稿本作“昭莫多”。

［七二］库舍图,稿本作“科舍图”,下同。

［七三］算,其余诸本皆作“筭”。

［七四］鄂拓克,稿本作“鄂托克”,下同。

［七五］扎勒,稿本作“札尔”。

［七六］固勒扎,稿本作“固尔札”,下同。

［七七］阿克诸尔,《西域水道记》卷三作“阿克珠勒”。

［七八］官军,诸本皆作“官兵”,据《十全集》改。

［七九］鳖思马,诸本皆作“鳖思为”,据《长春真人西游记》改。

[八〇]讷,稿本作"纳"。

[八一]罗,稿本作"洛"。

[八二]勒,稿本作"尔",下同。

[八三]勒,稿本作"尔"。

[八四]车集,稿本作"策集",下同。

[八五]撒玛勒,稿本作"萨玛尔",下同。

[八六]眄,稿本作"盼"。

[八七]诹咨,底本作"训咨",据其余诸本改。

[八八]"将军松筠"四字,稿本无。

[八九]臻,诸本皆作"增",据《十全集》改。

[九〇]多,稿本作"都"。

[九一]求,稿本作"来"。

[九二]蔑,稿本作"莜"。

[九三]棉,稿本作"绵",下同。

[九四]以上三山,稿本作"额琳哈必勒罕""崆郭罗鄂博""阿尔坦额墨勒都图"。

[九五]空格斯,稿本作"崆吉斯"。

[九六]海努,稿本作"海弩",下同。

[九七]策凌,诸本皆作"策淩",据前文改。

[九八]回,稿本作"黩"。

[九九]佥,稿本作"签"。

[一百]栗广,稿本作"汃国"。

注　释

[1]粤:发语词,表示严肃审慎的语气。　征:证验,证明。《广雅》:"征,明也。"《论语·八佾》:"夏礼吾能言之,杞不足征也。"　西域:其概念及范围界定,在不同历史时期,多有变化。乾隆四十七年(1782)成书的五十二卷本《钦定皇舆西域图志》中,将嘉峪关以外直至巴尔喀什湖以东以南地区划定为西域。徐松即以当时这种官方西域概念为准,大致相当于清廷统一天山南北两路后乾隆提出的"新疆"一词所涵盖范围,故名其篇曰《新疆赋》。　爰:语助词,以调节语气及音节。　班书:即班固所撰《汉书》,其卷九十六为《西域传》,云:"(西域)东则接汉,扼以玉门、阳关,西则限以葱岭。"然实际所及,则包括葱岭以西广大中亚地区,远超班固自己所定的西域范围。

[2]孟坚:班固的字。班固(32—92),东汉扶风安陵(今陕西咸阳东北)人,《后汉书》卷四十有传。　奉使:奉命出使。　私渠:即私渠海,亦称私渠比鞮海,位于今蒙古国稽落山西北,即拜德拉格河注入之本察干湖。班固奉使私渠,事在汉和帝永元二年(90)。《后汉书·班固传》:永元初(89),大将军窦宪出征匈奴,以固为中护军,与参议。北单于闻汉军出,遣使款居延塞,欲修呼韩邪故事,朝见天子,请大使。(二年),宪上遣固行中郎将事,将数百骑与虏使俱出居延塞迎之。会南匈奴掩破北庭,固至私渠海,闻虏中乱,引还。　定远:即定远侯,班超的封号。班超(32—102),字仲升,班固弟,《后汉书》卷四十七有传。疏勒:古西域国名,王姓裴氏,治疏勒城(位于今喀什地区喀什市)。疏勒位于塔里木盆地西部,地理位置十分重要,其东北、东南与龟兹、于阗相通,又西当大月氏、大宛、康居要道,盛时辖境包括今喀什、疏勒、疏附、伽师、英吉沙、岳普湖、阿图什、乌恰、阿克陶、塔什库尔干等县市。至其名起源及含义,向来众说纷纭,迄今尚无定论。岑仲勉《汉书西域传地里校释》认为,疏勒由"粟特"一词转变而

37

来。历代以来,疏勒又有竭叉、沙勒、佉沙、室利讫栗多底、伽师祇离、可失哈耳、哈实哈儿等不同称呼,清则称喀什噶尔(参下文注释[10])。班超扬威疏勒,事在汉明帝及章帝时。《后汉书·班超传》:超少有大志,以傅介子、张骞自期。明帝永平十六年(73),超投笔从戎,随窦宪北击匈奴,旋又奉命率吏士三十六人,攻杀匈奴派驻鄯善的使者,鄯善举国震动。当时,北匈奴所立龟兹王建攻破疏勒,杀其王成,立龟兹左侯兜题为疏勒王。明年(74)春,超间道至疏勒,召其将吏,责龟兹罪,遂立疏勒故王成之兄子忠为王,国人大悦。忠等请杀兜题,超不许,示以威信而释之。后来,汉与北匈奴在西域展开激烈争夺。章帝建初元年(76),焉耆乘隙叛汉,攻杀都护陈睦。超孤立无援,龟兹、姑墨又数发兵攻疏勒。坚守年余,章帝恐超单危不能自立,下诏征还。超应诏启程时,疏勒举国忧恐,都尉黎弇甚至以自刎方式苦留。超还至于阗,王侯以下皆号泣挽留,互抱其马脚,不得行。超恐于阗终不听其东,又欲遂本志,乃更还疏勒。而此时,疏勒已有两城复降龟兹,并与尉头连兵。超捕斩反者,击破尉头,疏勒复安。班超长期苦心经营西域,终于和帝永元六年(94),使其五十余国悉皆内属,从而巩固了汉在西域的统治。明年(95),和帝下诏,表彰班超平定西域之功,封其为定远侯,邑千户。

[3]翔实:详细而确实。《汉书·西域传上》:"自宣、元后,单于称藩臣,西域服从,其土地山川、王侯户数、道里远近翔实矣。" 经行:行走经过,亦即实地考察之意。

[4]走:自称谦辞,犹仆人。张衡《东京赋》:"走虽不敏,庶斯达矣。"薛综注:"走,公子自称走使之人,如今言仆矣。" 壬申之年:即嘉庆十七年(1812)。是年,徐松于湖南学政任上为御史赵慎畛所纠,以卖书渔利等罪名而被判遣戍新疆,刑期十年,此即徐世昌等《清儒学案》所称"星伯学案"。

[5]嘉峪关:位于今甘肃嘉峪关市西、嘉峪山西麓。明洪武五年(1372)置关,为明长城西端终点,素有"天下第一雄关"之称。

[6]巴里坤:今哈密市巴里坤哈萨克自治县、伊吾县一带。一作巴尔库勒。清人傅恒等撰《西域同文志》:"回语巴尔,有也;库勒,池也。城北有池,故名。转音为巴里坤。"唐置蒲类县,元隶属别失八里,易名巴尔库勒,明属瓦剌和硕部。清康熙间,改译巴里坤。雍正七年(1729),建巴里坤城(位于今巴里坤县治巴里坤镇),九年(1731),设安西厅。乾隆三十八年(1773),升为镇西府,府治巴

里坤城(参下文注释[392])。咸丰五年(1855),设镇西直隶厅。　伊犁:即"总统伊犁等处将军"辖区,比今伊犁哈萨克自治州范围要大很多,大致相当于巴尔喀什湖及其以南的伊犁河流域和拜卡达姆以东的塔拉斯河、吹河、伊塞克湖流域。《西域同文志》:"准语伊犁,即伊勒,光明显达之谓也。"清廷平定西域后,于乾隆二十七年(1762)设"总统伊犁等处将军",驻惠远城(这里指老惠远城,位于今伊犁哈萨克自治州霍城县县治水定镇南15公里的伊犁河北岸、惠远镇老城村南端,参下文注释[439])。后在沙俄不断蚕食下,伊犁大部分地区相继被侵占,至光绪十年(1884),俄更将边界向南扩张到乌赤别里山口(今乌孜别里山口,为新疆克孜勒苏柯尔克孜自治州与塔吉克斯坦交界处)而止。按,徐松被判遣戍新疆后,从湖南长沙直接出发,于当年即嘉庆十七年十月(1812年11月)抵达伊犁戍地惠远城(即老惠远城)。其戍馆,位于城南宣闿门南墉第三舍,名之曰"老芙蓉庵",嘉庆二十一年(1816)秋,于戍馆撰成《新疆赋》初稿。

[7]乙亥:即嘉庆二十年(1815)。

[8]于役:出外服役,亦泛指出行、有事远行。于,往;役,行役。《诗·王风·君子于役》:"君子于役,不知其期。"这里指徐松于嘉庆二十年年底随伊犁参赞大臣、新任伊犁将军长龄(1758—1838)前往喀什噶尔辅助审理伊斯兰教黑山派阿訇孜牙墩(？—1815)案件事,并借此而展开了他早就计划好的对新疆南北两路的考察活动。　回疆:亦称回部,为清对新疆天山南路维吾尔族所聚居地区的总称,与天山北路的准部相对,并称为"南回北准"。其划界为天山以南,昆仑山以北,东界为玉门关、阳关,西界在帕米尔高原。即回疆的区域范围,大致相当于今南疆及东疆吐鲁番、哈密两地,中间有库鲁克塔格山相隔,形成两个相对独立的区域,其西部为塔里木盆地,东部为吐鲁番盆地。

[9]木素尔岭:今称木素尔达坂,或称木扎尔特冰达坂,位于阿克苏地区拜城县与伊犁哈萨克自治州昭苏县之间,向系南北疆之交通要道。《西域同文志》:"回语木素尔,谓冰。山多冰雪,故名。"清又作木素尔鄂拉、木素尔达巴罕、穆萨尔岭、穆素尔岭、木素尔山、木苏尔山等。按,徐松在其《新疆识略》《西域水道记》及《新疆赋》中,均以木素尔岭当作《新唐书·西域传》及《大唐西域记》所云玄奘取经时所度之凌山,并以凌人、凌阴释之,正如孙馨祖序文所云。然而,对于玄奘所度之凌山,学术界向来聚讼不休,钟兴麒先生在其《西域地名考录》中曾作详细辨正,认为应当是位于阿克苏地区乌什西北的别迭里山(亦作勃达岭,

今作别迭勒)口隘,可备一说。

[10]阿克苏:今阿克苏地区一带,但比现区域范围要小,不包括库车、新和、沙雅等县市。《西域同文志》:"回语阿克,白色;苏,水也。相传其地昔有水患,高城深沟以避之,故名。"汉为温宿、姑墨二国地,唐设姑墨州。清乾隆间,始名阿克苏,并于四十四年(1779)移乌什领队大臣驻阿克苏城,即阿克苏老城(亦称回城,位于今阿克苏地区温宿县县治温宿镇)。嘉庆二年(1797),改设办事大臣,隶喀什噶尔参赞大臣。光绪八年(1882),设温宿直隶州。十年(1884),于阿克苏老城南12公里处,又筑阿克苏新城(位于今阿克苏地区阿克苏市)。二十八年(1902),升为温宿府。 叶尔羌:大致相当于今喀什地区的莎车县、泽普县、麦盖提县、叶城县、塔什库尔干塔吉克自治县、巴楚县、图木舒克市,及克孜勒苏柯尔克孜自治州的阿克陶县、和田地区的皮山县,还包括克什米尔东北一部分地区。汉为莎车国,元称鸭儿看或鸦儿看,明作牙儿干,清乾隆间,始名叶尔羌。《西域同文志》:"回语叶儿,谓地;羌,宽广之意。其地宽广,故名。"清人祁韵士《西域释地》:"(叶尔羌)本名叶儿奇木,或称叶儿钦,后定今名。叶儿,谓土字;奇木,急呼为羌,广大之谓。言其土字广大也。"清廷平定大小和卓叛乱后,设叶尔羌办事大臣、帮办大臣,驻叶尔羌城(原为叶尔羌汗国首府,位于今喀什地区莎车县)。道光十一年(1831),总理回疆事务参赞大臣由喀什噶尔移驻叶尔羌,改叶尔羌办事大臣为叶尔羌参赞大臣,总理回部南八城。光绪九年(1883),设莎车直隶州。二十八年(1902),升为莎车府。 喀什噶尔:大致包括今喀什地区的喀什市、疏附县、疏勒县、英吉沙县,及克孜勒苏柯尔克孜自治州的阿图什市与乌恰县以南地区,还包括塔吉克斯坦、阿富汗、巴基斯坦部分地区,西南端直达阿富汗的伊什卡希姆和伊什塔拉格,喀什噶尔河自西而东横穿其境。《西域同文志》:"回语喀什,谓各色;噶尔,谓砖房。其地富庶,多砖房,故名。"汉为疏勒国地,隋属突厥,唐置佉沙都督府并疏勒镇,元称可失哈耳、哈实哈儿,明属东察合台汗国,清称喀什噶尔。清廷平定大小和卓叛乱后,设总理回疆事务参赞大臣,驻喀什噶尔城(原为伊斯兰教白山派和卓玛罕默特属地,后又于其西北二里许新筑徕宁城,位于今喀什地区喀什市)。道光十一年,总理回疆事务参赞大臣又移驻叶尔羌。光绪九年(1883),设疏勒直隶州。二十八年(1902),升为疏勒府。

[11]明年:即嘉庆二十一年(1816)。

[12]还:返回。按,据《西域水道记》及《新疆赋》孙馨祖序文推断,徐松返回伊犁的时间,当为嘉庆二十一年八月中下旬左右。

[13]英吉沙尔:比今喀什地区英吉沙县要大一倍多,除英吉沙县外,还包括克孜勒苏柯尔克孜自治州东南部一带,向南直达喀什地区的塔什库尔干塔吉克自治县界。《西域图志》《西域同文志》均作英噶萨尔。《西域同文志》:"回语英噶,谓新;萨尔,谓城。其地有城,从其始建而言之也。"乾隆间,更名英吉沙尔。《英吉沙尔志》:"英吉者,新也;沙尔,城也。言新立此城,故名。"新城者,即英吉沙尔城,后又展筑(位于今喀什地区英吉沙县县治英吉沙镇)。汉为依耐国地,三国至隋因之,唐属疏勒都督府,宋属西辽,元为臣属,明属叶尔羌汗国。清廷平定大小和卓叛乱后,设四品阿奇木伯克署理政事,另设总兵管理边务。乾隆二十八年(1763),设喀什噶尔参赞大臣,管理英吉沙等南八城事务。三十一年(1766),又设英吉沙领队大臣,受喀什噶尔办事大臣节制。光绪八年(1882),设喀什噶尔分巡道,署理英吉沙等西四城事务。十年(1884),设英吉沙直隶厅。

库车:今阿克苏地区东南部一带,辖境比库车市要大得多,大致包括今库车市、新和县,及塔里木河以北的沙雅县境。至其名起源及含义,也众说纷纭,尚无定论。《西域同文志》:"帕尔西语库,指此地而言;车,谓智井也(即枯井)。其地旧有智井,故名。"一说系突厥语龟兹的音译,义为胡同。一说系古龟兹语,义为龟兹人的城。《新疆地名大词典》则又认为:"源于古龟兹语,含义为白,以王姓得名。"历代以来,库车又有鸠兹、屈支、屈兹、苦先、曲先、屈茨、拘夷、库叉等不同称呼,清乾隆间,始定名为库车。汉为龟兹地,三国至隋因之,唐为龟兹都督府,宋称西州龟兹,元明为别失八里地。清廷平定大小和卓叛乱后,设库车办事大臣,驻库车城(即汉时龟兹国延城所在地,位于今库车市)。光绪九年(1883),设库车直隶厅,隶阿克苏道。二十八年(1902),改厅为直隶州。　哈喇沙尔:大致包括今巴音郭楞蒙古自治州塔里木河以北的轮台县、尉犁县、库尔勒市、博湖县、焉耆回族自治县、和硕县、和静县等,其东南端还凸出,延及若羌县北部的阿拉干一带。《西域同文志》:"回语沙尔,城也。其城年久色黑,故名。"哈喇沙尔为焉耆的维吾尔语,故哈喇沙尔与焉耆,实为同地异名。历代以来,焉耆又有乌耆、乌夷、乌缠、阿耆尼、亿尼、乌祇等不同称呼,清乾隆间,始定名喀拉沙尔,后又改为哈喇沙尔。汉为焉耆国地,三国至隋因之,唐置为焉耆都督府,宋为西州回鹘,元明为别失八里地。清廷平定大小和卓叛乱后,设喀拉沙尔办事大臣,驻喀拉沙尔城(后改哈喇沙尔城,位于今焉耆回族自治县县治焉耆镇)。光绪八年(1882),设喀拉沙尔直隶厅。二十四年(1898),升为焉耆府。　吐鲁番:比今吐鲁番市要大,还向南将罗布泊一带囊括在内,向东还延及哈密市七角井乡的十三间房。一作吐尔番。《西域同文志》:"回语,积水之谓。相传其地积水,故名。旧对音为吐鲁番。"一说系吐火罗语,义为都城,因其为车师前部及高昌王庭故地,故名。一说为吐蕃之转音,因唐末吐蕃入据其地,故称。古称姑师,汉为车师前王庭地,魏晋为高昌郡,南北朝至隋为高昌国地,唐属西州地,宋为高昌回鹘地,元属别失八里地,明为东察合台汗国地,明末清初属准噶尔。乾隆四十四年(1779),置吐鲁番厅,设领队大臣,由鄯善移驻吐鲁番,归乌鲁木齐都统节制。四十六年(1781),筑广安城(吐鲁番六城之一,位于今吐鲁番市老城)。光绪十年(1884),设吐鲁番直隶厅,隶甘肃省。十二年(1886),隶新疆省,属迪化府。

乌鲁木齐:比今乌鲁木齐市要大得多,大致还囊括东及昌吉回族自治州奇台县与吉木萨尔县的中间,东北扩至阿勒泰地区南部的部分地区,西北包络克拉玛依市,西至奎屯市一带。明称委鲁姆,清始称乌鲁木齐。《西域同文志》:"回语乌鲁木齐,格斗之谓。准、回二部曾于此格斗,故名。"一说系蒙古语,义为优美的牧场。汉为蒲类前国地,三国为蒲陆国地,隋为突厥地,唐隶北庭大都督府,后陷吐蕃,宋为高昌回鹘地,元属别失八里,明为厄鲁特蒙古和硕特部游牧地,清初为卫拉特蒙古准噶尔部所据。乾隆三十六年(1771),设乌鲁木齐参赞大臣,驻迪化城(俗称汉城,又称红庙子,位于今新疆维吾尔自治区首府乌鲁木齐市)。三十八年(1773),改参赞大臣为都统,改安西道为镇迪道,改迪化同知为直隶迪化州,驻巩宁城(俗称老满城,于迪化城西北新筑,也位于今乌鲁木齐市)。新疆建省后,于光绪十二年(1886)升为迪化府,仍隶镇迪道,下辖迪化县,省、府、县治,均在迪化城。此后直至1954年,迪化才正式恢复使用原名乌鲁木齐。

[14]城邑:城和邑,泛指城镇。邑,人群聚居的地方,引申指都邑、城市。建官:职官的建制。　设屯:屯田的开设。在边疆地区屯田,为汉以后历代政府利用兵士或农民垦种荒地,以取得驻军给养和税粮的重要措施,有民屯、军屯、商屯之分。汉文帝听从晁错的建议,募民实边,为民屯之始。汉武帝在西域、汉宣帝在边郡,都使用驻军,是为军屯。明行开中法,盐商在边郡募民耕种,以所得粮草换盐引(即食盐运销许可证),称盐屯,即为商屯。公元18至19世纪,清廷在同准噶尔作战期间及统一天山南北以后,为解决军队的粮饷问题及各级官吏的

俸禄,也在新疆实行屯田。由于组织得当,这一时期新疆的屯田取得了很大成绩。《新疆北路赋》对此有系统细致的叙写,包括营屯、旗屯、户屯、遣屯、回屯等各种形式,并盛赞曰"屡丰接乎青黄,荒服臻乎富庶"。

[15]旁及:兼及。　和阗:这里指和阗城。而作为行政区划,清时的和阗比今和田地区要大得多,大致包括和田地区、阿克苏地区一部分、巴音郭楞蒙古自治州大部分地区,还延及青海、甘肃小部分地区。古称于阗。《西域同文志》:"和阗,即古于阗之转音。"至其名起源及含义,也颇多歧说。《大唐西域记》作瞿萨旦那,系古梵语,义为地乳。历代以来,于阗又有于遁、豁旦、涣那、屈丹、兀丹、忽炭、斡端等不同称呼,明复称于阗,清乾隆间,改称和阗。汉为于阗国,唐设毗沙都督府,五代为大宝于阗国,宋属喀喇汗王朝与西辽,元初置斡端宣慰使元帅府,后属别失八里。乾隆二十四年(1759),设和阗办事大臣,辖额里齐(一作伊里齐,即和阗城,位于今和田地区和田市)等六城。光绪八年(1882),设和阗直隶州,隶喀什噶尔道。　乌什:这里指乌什城。而作为行政区划,清时的乌什大致东接今阿克苏地区温宿县,南连柯坪县,西交克孜勒苏柯尔克孜自治州阿合奇县,北邻吉尔吉斯斯坦。《西域同文志》:"回语乌什,即乌赤,盖山石突出之谓。城居山上,故名。"汉为温宿国地,唐置温宿州,元为别失八里西境,明末清初隶准噶尔。因移吐鲁番维吾尔人居此,故又称图尔璊或乌什图尔璊。乾隆二十年(1755),平定达瓦齐叛乱后,始定名乌什。乌什旧有城(位于今阿克苏地区乌什县治乌什镇),乾隆二十四年(1759),设乌什办事大臣驻守。三十一年(1766),乌什事变平定后,又重修乌什城,取名永宁,移驻总理回疆事务参赞大臣,又设领队大臣。五十二年(1787),参赞大臣复移驻喀什噶尔,仍以办事大臣统之。光绪九年(1883),设乌什直隶厅,隶阿克苏道。　塔尔巴哈台:这里指塔尔巴哈台城。而作为行政区划,清时的塔尔巴哈台比今伊犁哈萨克自治州塔城地区要大得多,辖境最大时大致东至拜山(北塔山),北至乌陇古河(乌伦古河)、布伦托海(乌伦古湖)、额尔齐斯河与科布多为邻,西至巴尔喀什湖,西南至勒布什河与伊犁为界,南临古尔班通古特沙漠。一作塔尔巴噶台。《西域同文志》:"准语塔尔巴噶,獭也。其地多獭,故名。"汉为匈奴右地,三国后属鲜卑地,隋为西突厥铁勒等部游牧地,唐属北庭都护府,宋属西州回鹘与西辽,元为大汗蒙哥之子昔里吉封地,明末清初为蒙古土尔扈特部牧地,后被准噶尔部吞并,土尔扈特部落大多西迁至额济勒河(伏尔加河)一带。乾隆二十年(1755),平定准噶尔后,塔尔

巴哈台一带重新纳入版图。二十九年(1764),在原土尔扈特牧地雅尔筑城,名曰肇丰(今哈萨克斯坦乌尔扎尔),驻参赞大臣、领队大臣。三十一年(1766),因雅尔气候寒冷,又于雅尔以西二百里之楚呼楚筑城,御赐绥靖之名(位于今塔城地区塔城市),并移参赞大臣、领队大臣驻之。此后,绥靖城又被称作塔尔巴哈台城,简称塔城。同治三年(1864),在《中俄勘分西北界约记》中,沙俄割占了斋桑湖及其以东以南原属塔尔巴哈台的广大地区。光绪九年(1883),又在《中俄塔尔巴哈台西南界约》中,自"伊犁东北塔尔巴哈台西南之喀拉达板地方(今博尔塔拉蒙古自治州博乐市东北阿拉山口西北)所立旧界牌鄂博分起,至塔尔巴哈台山之哈巴尔阿素达巴罕(今塔城地区塔城市西北萨尔乔克峰西北哈巴尔阿苏山口)止,此间共立牌博二十一处",沙俄又割占了大片领土。而此界牌线,成为今中国与哈萨克斯坦的边界线。　舆图:舆地图,即地图。《史记·三王世家》:"臣请令史官择吉日,具礼仪上,御史奏舆地图,他皆如前故事。"司马贞《索隐》:"谓地为舆者,天地有覆载之德,故谓天为盖,谓地为舆,故地图称舆地图。疑自古有此名,非始汉也。"

　　[16]回部:这里指所谓土回、缠回,即新疆的维吾尔族,历史上又称袁纥、韦纥、回纥、回鹘、维吾尔等。其语言属阿尔泰语系突厥语族,有文字。唐天宝三年(744),回纥部落以今鄂尔浑河流域为中心,建立了游牧的封建汗国。开成五年(840),汗国亡,民众陆续西迁,其中大部分移居今新疆南部一带,与当地各民族长期结合发展而成,由游牧逐渐转变为农业。公元19世纪以来,先后配合清军粉碎浩罕支持下的张格尔及英、俄扶植下的阿古柏入侵,反抗沙俄对伊犁地区的侵占,有力维护了祖国的统一。按,在清代文献中,"回部"一词往往还多与"回疆"等同,参上文注释[8]。　哈萨克:这里指哈萨克族,由古代乌孙、突厥、契丹一部分和后来蒙古人一部分长期结合发展而成,主要分布于新疆北部,小部分在甘肃西部。其语言属阿尔泰语系突厥语族,有文字。　布鲁特:据学术界比较通行的说法,系准噶尔音译,意为高原人,乃清对柯尔克孜族的称呼。分东布鲁特与西布鲁特,均从事游牧。东部主要分布在乌什、阿克苏西北、伊犁西南,为准噶尔所侵,徙居安集延;准噶尔灭,复归故地。其部落有五,最著者三:撒雅克、萨拉巴哈什、塔拉斯。西部主要分布在喀什噶尔西北、叶尔羌西南。其部落有十五,最著者四:额德格纳、蒙科尔多尔、齐里克、巴斯子。布鲁特主要从事畜牧业,兼事农业。布鲁特各部落皆自有首领,不相统属,大首领称"比",下有"阿哈拉克

齐"等大小头目多人。准噶尔强盛时,布鲁特曾附属之。清廷平定北疆后,东布鲁特于乾隆二十三年(1758)臣属。而在清廷平定南疆大、小和卓叛乱时,西布鲁特额德格纳部首领阿济比曾致书将军兆惠,表示愿作臣仆,于是西布鲁特十五部二十余万柯尔克孜人,也于乾隆二十四年(1759)归顺。按,唐称布鲁特为勃律,可互参下文注释[123]、[514]。　种人:同一部族的人。　流派:部族派别及其流变。

[17]征:征询,询问。　有司:官吏。古代设官分职,各有专司,故有此称。伏:伏案,形容勤奋读书或写作。　典籍:各种典册、书籍的统称。

[18]高宗纯皇帝:即清高宗爱新觉罗·弘历(1711—1799),为世宗雍正帝第四子,年号乾隆,1735年至1796年在位。寿八十九,谥"法天隆运至诚先觉体元立极敷文奋武孝慈神圣纯皇帝",庙号高宗。　祃(mà)师:古代军队出征时的一种祭祀仪式。《说文》:"祃,师行所止,恐有慢其神,下而祀之曰祃。"郑玄注:"祃,师祭也,为兵祷。"《汉书·叙传》:"上官幼尊,类祃厥宗。"颜师古注引应劭曰:"《诗》云'是类是祃'。礼,将征伐,告天而祭谓之类,告以事类也。至所征伐之地,表而祭之谓之祃。祃者,马也。马者兵之首,故祭其先神也。"　稽:考核,查考。《周礼·天官》:"稽其功绪,纠其德行。"郑玄注:"稽,犹考也,计也。"　故实:故事,史实。《国语·周语上》:"赋事行刑,必问于遗训,而咨于故实。"韦昭注:"故实,故事之是者。"亦作固实。按,赋作自注所征引谕旨,见傅恒等纂《平定准噶尔方略》正编卷七。

[19]迄:至,到。　偃伯:休战。《后汉书·马融传》:"臣闻昔命师于鞬櫜,偃伯于灵台,或人嘉而称焉。"李贤注:"偃,休也;伯,谓师节也。"亦作偃霸。毕:皆,全。　系:连缀,连接。　篇章:篇和章,亦泛指文字著作。这里指赋作自注所称圣制《十全集》,即乾隆所撰《御制诗文十全集》,由工部尚书彭元瑞于乾隆五十九年(1794)正月编定,凡五十四卷。

[20]勒:刻。　《方略》:即《平定准噶尔方略》,由乾隆朝大学士傅恒等奉敕编纂,分前编、正编、续编,凡三编。书以事为纲,依年、月、日编次,详细记述康、雍、乾三朝对准噶尔的政策及平定过程。

[21]界:划分。　幅员:地广狭称幅,周围称员,合指疆域。亦作幅陨。四路:指清廷平定西域后,为进行有效管理,将其划分成四个行政区划,分别为安西南路、安西北路、天山北路、天山南路。按,赋作自注所称《钦定皇舆西域图

志》四十八卷为初稿,后又于乾隆四十二年至四十七年(1777—1782)进行增纂,凡五十二卷,付武英殿刊行,是为定本,后收入《四库全书》。

[22]图:绘画,绘制图画。　战地:犹战场,指两军交战的地方或接近交战的区域。　纪:记载,记录。　勋伐:功绩的通称。图战地以纪勋伐,这里指赋作自注所称《钦定新疆战图》,即《乾隆平定准部回部战图》,凡十六幅。按,乾隆二十年至二十四年(1755—1759),清廷与天山北路准部达瓦齐及天山南路回部大小和卓木波罗泥都霍集占的叛乱势力进行大规模战斗,并取得最终胜利。为纪念胜利、彰显武功并昭告后世,乾隆于二十七年(1762)始,敕命在清廷供奉的外国传教士画家郎世宁(意大利人)、王致诚(法兰西人)、艾启蒙(波希米亚人)、安德义(意大利人)等绘制《乾隆平定准部回部战图》,至三十一年(1766),全部十六幅图稿绘制完毕。这些图稿自三十年及三十一年,就先后分几批被送到法国巴黎,制作成铜版画,直至三十八年(1773)告竣。《乾隆平定准部回部战图》又称《乾隆平定准噶尔回部得胜图》《乾隆平定西域战图》《乾隆平定西域得胜图》等。所绘制的十六幅战图,分别名为《平定伊犁受降》《格登鄂拉斫营》《鄂垒扎拉图之战》《库陇癸之战》《和落霍澌之捷》《乌什酋长献城降》《通古斯鲁克之战》《黑水解围》《呼尔璊大捷》《阿尔楚尔之战》《伊西洱库尔淖尔之战》《霍斯库鲁克之战》《拔达山汗纳款》《平定回部献俘》《郊劳回部成功诸将》《凯宴成功诸将》。这批图画作品,融合中西风格,加之乾隆御制的十八首题画诗,极具收藏和研究价值。

[23]志:记,记载,记录。　同文:同义的文字,这里指以满语音韵作为统摄(即韵统),顺次编排的含义相同的汉、蒙古、藏、特忒蒙古、维吾尔等文字。合:符合,谐和。　声均:指文辞声律和文字音韵学上的声、韵、调等。亦作声韵。志同文,这里指乾隆朝大学士傅恒等奉敕所撰《钦定西域同文志》,凡二十四卷,系用满、汉、蒙古、藏、特忒蒙古、维吾尔六种文字对照的人名地名辞书。乾隆御制序文云:"既定同文韵统,序而行之,盖以梵音合国书切韵,复以国书切韵叶华音字母,于是字无遁音,书皆备韵。"又云:"同文云者,仍阐韵统之义,而特加以各部方言,用明西域纪载之实,期家喻户晓而无鱼鲁毫厘之失焉。"全书按地区编排,依次为新疆、青海、西藏,内容主要为地名、山名、水名及各部上层人名、官名、喇嘛名的解释。其中,新疆部分共计十三卷,分别为卷一《天山北路地名》,卷二卷三《天山南路地名》,卷四《天山南北路山名》,卷五《天山北路水名》,卷

六《天山南路水名》,卷七至十《天山北路准噶部人名》,卷十一至十三《天山南路回部人名》。

[24]辰朔:指日月星辰的运转和四时节气的变化。　时宪:指时宪书,即历书。本称时宪历,为避高宗弘历即乾隆讳而改。　厘:厘正,整理规定。　职方:职官名,即职方氏,掌天下地图,主四方职贡,见《周礼·夏官》。后世亦设此官,如隋置职方侍郎,唐宋兵部下有职方郎中、职方员外郎,明清在兵部下设职方清吏司,其职责为掌舆图、军制、城隍、镇戍、简练、征讨之事。　河源:即黄河源头。按,黄河源头究在何处,历代以来,聚讼不休。如赋作自注所云,乾隆四十七年(1782),命大学士阿桂之子、乾清门侍卫阿弥达前往青海,务穷河源,后由大学士纪昀等纂成《钦定河源纪略》,凡三十六卷,认为黄河的真源在星宿海西南的阿勒坦噶达素齐老(今青海巴颜喀拉山东麓的噶达素齐老峰)。

[25]备哉灿烂:完备而盛大光明。　卓哉煌煌:高远而显耀盛大。

[26]敷陈:铺叙,详尽叙述。　导扬:导达显扬。　盛美:盛大美善。这里主要指乾隆平定及治理新疆的功绩。

[27]将军罢猎,刁斗无声:喻战争结束,安定和平。此四句,意谓在平定西域后安定祥和的环境下,曾经征战沙场的将军,时而卸去佩剑,意气风发地高吟诗文,以抒发豪情;时而靠着马鞍,聚精会神地书写家信,以汇报平安。这里为徐松自喻,以表明撰写此赋时的豪迈情绪,从而充分彰显赋作"导扬盛美"的创作主旨,诚如其《西域水道记》所云:"入宣阊门西走,南墉第三舍为余老芙蓉庵戍馆。读书击剑,对酒狂吟,因作《新疆赋》也。"

[28]孤涂撑犁:撑犁孤涂的倒文。匈奴语,天子之谓。《汉书·匈奴传》:"(冒顿)单于姓挛鞮氏,其国称之曰撑犁孤涂单于。匈奴谓天为撑犁,谓子为孤涂,单于者,广大之貌也,言其象天单于然也。"　的博蓬婆:亦作滴博蓬婆。藏语,指维州的博岭(位于今四川理县一带)和柘州蓬婆山(位于今四川茂县叠溪镇西)。杜甫《奉和严郑公军城早秋》:"秋风袅袅动高旌,玉帐分弓射房营。已收滴博云间戍,更夺蓬婆雪外城。"王应麟《困学纪闻》卷十八《评诗》注云:"的博岭在维州,见《韦皋传》。蓬婆山在柘州,见《元和郡县志》。"

[29]设为主客:这里指采取主客问答的形式来结构《新疆赋》,即以乌孙使者和葱岭大夫二人的相互问答为开端,进而分别展开对南路与北路的铺排描写。刘勰《文心雕龙·诠赋》云:"述客主以首引,极声貌以穷文,斯盖别诗之原始,命

赋之厥初也。” 本诸见闻有道:意谓赋作所写内容,均为通过各种途径获得、有一定依据的所见所闻。本诸,源于,根本在于。道,途径,方法。 守在四夷:这里指天子要治国有道,以德绥边,从而使四方各族都甘愿为其守卫疆土。四夷,旧指四方各族。《书·毕命》:“四夷左衽,罔不咸赖。”孔传:“言东夷、西戎、南蛮、北狄,被发左衽之人,无不皆恃赖三君之德。”《左传·昭公二十三年》:“古者,天子守在四夷;天子卑,守在诸侯。诸侯守在四邻;诸侯卑,守在四竟。慎其四竟,结其四援,民狎其野,三务成功。民无内忧,而又无外惧,国焉用城?”杜预注:“德及远。”《会笺》:“亦言其和柔四夷以为诸夏之卫也。” 不取耿恭之赋:意谓赋作所要表达的主旨,并非宣扬天子盛大的武功,而是称颂其美善的文治。此即《新疆赋》所云“导扬盛美”的创作主旨,亦即彭邦畴跋文所称徐松“宣皇风而扬盛轨”“独有千古”的过人志趣。耿恭之赋,指班固的《耿恭守疏勒城赋》,主要称颂耿恭坚守疏勒的忠勇与气节。此赋大概自唐代后亡佚,今仅存残句“日兮月兮,阨重围”,见《文选》潘岳《关中诗》李善注。耿恭(32—102),字伯宗,东汉扶风茂陵(今陕西兴平东北)人,《后汉书》卷十九有传。据载,耿恭慷慨有将帅才,明帝永平十七年(74)冬,随骑都尉刘张与车都尉窦固等击破车师,任戊己校尉,驻车师后王部金蒲城。十八年(75),北匈奴击车师,攻金蒲城,恭以毒箭击退。五月,恭移兵疏勒。七月,匈奴复攻恭。疏勒城粮尽水绝,恭于城中穿井十五丈不得水,吏士渴乏,笮马粪汁而饮之。恭仰叹曰:“闻昔贰师将军拔佩刀刺山,飞泉涌出;今汉德神明,岂有穷哉。”乃整衣服向井再拜,为吏士祷。有顷,水泉奔出,众皆称万岁。匈奴以为神明,遂引去。后,车师复叛,与匈奴共攻恭,恭坚守至章帝建初元年(76)正月,方得汉军来援。恭率疏勒仅存之二十六人,与援兵一起逃出疏勒,三月至玉门时,唯余十三人。对此,时人称耿恭“卒全忠勇”“节过苏武”,班固亦作《耿恭守疏勒城赋》。

[30]劳者须歌其事:这里是说徐松自己作赋是据所见所闻之事有感而发的。劳者,即劳力者,这里指服劳役之人,为徐松自喻。何休《公羊传解诂》:“饥者歌其食,劳者歌其事。”庾信《哀江南赋》:“穷者欲达其言,劳者须歌其事。” 聊比:姑且比拟。 葱女:葱岭一带的女子。葱女之词,这里指唐宣宗时的舞曲《葱岭西》之词。宋人王谠《唐语林》卷七:“旧制:三二岁,必于春时内殿赐宰辅及百官,备太常诸乐,设鱼龙曼衍之戏。连三日,抵暮方罢。宣宗妙于音律,每赐宴前必制新曲,俾宫婢习之。至日,出数百人,衣以珠翠缇绣,分行列队,连袂而

歌。其声清怨,殆不类人间。其曲有曰《播皇猷》者,率高冠方履,褒衣博带,趋赴俯仰,皆合规矩;有曰《葱岭西》者,士女踏歌为队,其词大率言葱岭之士乐河湟故地,归国而复为唐民也;有《霓裳曲》者,率皆执幡节,被羽服,飘然有翔云飞鹤之势。如是者数十曲。教坊曲工遂写其曲奏于外,往往传于人间。"后经周勋初先生校证,此文当为令狐澄《贞陵遗事》之文。宋人计有功《唐诗纪事》卷二宣宗条亦载此文,注出《贞陵遗事》,而文字多有出入。可见,《葱岭西》之词大概表达的是葱岭一带的人心向朝廷,希望重归大唐,复为唐民,而这恰与《新疆赋》之"导扬盛美"的创作主旨是相合相通的。

〔31〕徒中:服役之中。《新疆赋》作于徐松被遣戍新疆效力赎罪期间,故云"徒中上书"。　然:认为是对的、合适的。　采薇先辈:这里为徐松对其之前遣戍新疆役人的敬称。采薇,《诗·小雅》篇名。《毛诗序》:"《采薇》,遣戍役也。文王之时,西有昆夷之患,北有玁狁之难。以天子之命,命将率遣戍役,以守卫中国,故歌《采薇》以遣之。"郑玄笺:"西伯将遣戍役,先与之期以采薇之时。今薇生矣,先辈可以行也。"　无或:不要。

〔32〕乌孙使者:这里是徐松虚设的赋作人物,代表"设为主客"之主。乌孙,古西域国名,王曰昆弥(一作昆莫),治赤谷城(学术界对其址所在,迄今仍有争议,一般认为位于今吉尔吉斯斯坦伊塞克湖州东南的伊什提克),分布于巴尔喀什湖东南、伊犁河流域到天山一带,地理位置非常重要,控制着天山南北之咽喉。习:熟悉,通晓。　诵训:本为周代职官名,见《周礼·地官》:"诵训,掌道方志以诏观事,掌道方慝以诏辟忌,以知地俗。王巡守,则夹王车。"这里指道里方志、山川风俗、久远之事等。　好:喜好,爱好。　征:征验,验证。　前闻:以前的典籍和传闻。

〔33〕《出塞》:汉乐府旧题,属横吹曲辞名。　拟:仿效,模仿。　《从军》:即《从军行》,亦为汉乐府旧题,属相和歌辞名。《出塞》与《从军行》,均成为后世边塞诗传统题目。

〔34〕谙:熟悉。　北道:这里指新疆北路。　究:深入探求,推寻。　南道:这里指新疆南路。　星分:指古天文学说把天上星宿的位置与地上州国的位置相对应,就天文而言,称分星,就地面而言,称分野。自春秋战国始,古人就常以天象变异比附州国吉凶祸福。

〔35〕会:恰巧,适逢。　奉檄:犹奉命。　行役:因服役或公务而出外跋涉。

[36]旁搜:广泛搜求。　城郭诸国:是与"行国"相对的一个概念。汉时,在新疆天山北部地区有塞人、羌人、大月氏人和乌孙人等以畜牧业为主的牧民和部落,逐水草而居,流动性大,活动范围广,没有城郭,居无定所,形成一个个大小不等的国家,称作"行国"。而在天山以南塔里木盆地周围以及天山山谷地带,则居住着许多以农业生产方式为主的居民和部落,形成一个个大小不等的国家,多以城郭为中心,城中有王,统治周围的农村和牧区,类似城邦,称作"城郭诸国"。

遗文:前代遗留及散逸的文献。

[37]咨:咨询,询问。　葱岭大夫:这里也是徐松虚设的赋作人物,代表"设为主客"之客。葱岭为帕米尔高原的古称,据传因山上长有很多野葱或山崖葱翠而得名。帕米尔高原为古丝绸之路的必经之地,地处中亚东南部、中国最西端,横跨塔吉克斯坦、中国和阿富汗。清全盛期包括徐松所处时代,帕米尔高原全境还一直为清廷所辖,但自光绪十年(1884)《中俄续勘喀什噶尔界约》以来,其大部分地区为俄英势力所瓜分,后来分属塔吉克斯坦和阿富汗,而我国境内的小部分地区,主要位于新疆克孜勒苏柯尔克孜自治州和喀什地区境内。

[38]吐辞为经:意谓说出的话、写出的诗文可以作为经典,或说话、作诗文的时候能够随口引经据典。吐辞,亦作吐词。　登高能赋:登上高台,即可赋诗以言其志;一说,登上高处,即可作赋以颂所见。登高,一作升高。《汉书·艺文志》:"传曰:'不歌而诵谓之赋,登高能赋,可以为大夫。'言感物造端,材知深美,可与图事,故可以为列大夫也。"《文心雕龙·诠赋》:"原夫登高之旨,盖睹物兴情。"左思《三都赋序》:"升高能赋者,颂其所见也。"

[39]揜(yǎn):承袭,继承。《荀子·儒效》:"教诲开导成王,使谕于道,而能揜迹于文武。"杨倞注:"揜,袭也。"　臧旻:生卒年不详,东汉广陵郡射阳(今江苏宝应东)人,为汉末群雄之一臧洪之父。据《三国志》卷七,谢承《后汉书》曾载:"旻有干事才,达于从政,为汉良吏。初从徐州从事辟司徒府,除卢奴令,冀州举尤异,迁扬州刺史、丹杨太守。是时边方有警,羌胡出寇,三府举能,迁旻匈奴中郎将。讨贼有功,征拜议郎,还京师。见太尉袁逢,逢问其西域诸国土地、风俗、人物、种数。旻具答言西域本三十六国,后分为五十五,稍散至百余国。其国大小,道里远近,人数多少,风俗燥湿,山川、草木、鸟兽、异物名种,不与中国同者,悉口陈其状,手画地形。逢奇其才,叹息言:'虽班固作《西域传》,何以加此!'旻转拜长水校尉,终太原太守。"　博通:指学问知识渊博通达。　紬

(chōu):绎辑,缀集。《史记·太史公自序》:"迁为太史令,紬史记石室金匮之书。"司马贞《索隐》引如淳曰:"抽彻旧书故事而次述之。"引小颜曰:"紬,谓缀集之也。" 班勇:(? —127),东汉扶风安陵(今陕西咸阳东北)人,字宜僚,班超少子。《后汉书》卷四十七有传。班勇生长于西域,谙熟其事,撰述甚详,著有《西域风土记》,亦称《西域记》,对西域诸国地理、风俗、人情等,记述颇为翔实,并纠正了《汉书·西域传》中的部分错误,且范晔《后汉书·西域传》大部分内容,即据《西域记》而成,可惜后来散佚。 记注:史料的记录与注解。这里所指,即班勇《西域记》。因久佚,故曰紬。

[40]造:前往,到。造庐,即亲至其家。 请:询问,请教。

[41]吾子:对对方的亲敬之称。《仪礼·士冠礼》:"某有子某,将加布于其首,愿吾子之教之也。"郑玄注:"吾子,相亲之辞。吾,我也;子,男子之美称。"观政:犹从政。 服官:犹为官。

[42]形势:即山川形势,指地理状况。 达:通晓。 掌故:关于历史人物、典章制度等的故实或传说。

[43]愿:希望,期望。 子:对人的尊称,犹您。 摛:铺陈,铺叙。班固《答宾戏》:"虽驰辩如涛波,摛藻如春华,犹无益于殿最。"李善注引韦昭曰:"摛,布也。" 鸿藻:雄伟之文。鸿,大;藻,文藻。 扬:称颂,传播。 景祚:大福,宏福。景,大;祚,福。《文心雕龙·时序》:"文明自天,缉熙景祚。"周振甫注:"景祚,犹大福。"

[44]祓(fú)饰:谓除旧饰新。《汉书·司马相如传》:"犹兼正列其义,祓饰厥文,作《春秋》一艺。"颜师古注:"祓,除也。祓饰者,言除去旧事,更饰新文也。" 耆(zhǐ):致使,达到。《诗·周颂·武》:"胜殷遏刘,耆定尔功。"毛传:"耆,致也。"耆武,取得的至上武功。王应麟《唐七学记》:"高祖太宗,戢兵耆武,尊右儒术。"这里指乾隆平定回部即新疆南路的极盛武功。而乾隆本人亦颇自负,曾自诩为其"十全武功"之一,参下文注释[631]。 焕炳:昭彰,彰显。 皇度:皇帝的气魄风度。

[45]唯唯:恭敬而顺从的应答之词。 遐:同"遐"。远,遥远。《诗·大雅·抑》:"用戒戎作,用遏蛮方。"毛传:"遏,远也。"遏矣,可理解为"说来话长啊"。

[46]外区:外域,本地以外的区域。 疆:疆界,国界。 基:始,起始。

墨克:指天方,又叫天堂,即伊斯兰教发源地麦加,位于今沙特阿拉伯境内。南宋周去非《岭外代答》及赵汝适《诸蕃志》均作麻嘉,《宋会要》作摩迦,《明史·西域传》又作默伽:"天方,古筠冲地,一名天堂,又曰默伽。"伊斯兰教有三大圣地,即麦加、麦地那、耶路撒冷,而赋作自注所云墨德那,即麦地那,也位于沙特阿拉伯境内,距麦加以北400公里。

[47]禀:秉承,承受。 金:五行之一,主西方。《后汉书·西羌传》:"(西羌)性坚刚勇猛,得西方金行之气焉。"李贤注引《黄帝素问》曰:"西方者,金玉之域,沙石之处,其人山居而多风,水土刚强。"

[48]廓:开拓,扩大。 下都:指昆仑山,传说为黄帝在西北的都邑。《山海经·海内西经》:"海内昆仑之虚在西北,帝之下都。"郭璞注:"天帝都邑之在下者。"袁珂《山海经校注》又引郭璞注曰:"天帝,即黄帝。" 化益:即伯益,亦作伯翳、柏翳、柏益、伯鹥,又名大费,为颛顼(即黄帝之孙)后代,嬴姓始祖。舜时,伯益负责治理山泽,管理草木鸟兽,功绩卓著,以辅佐有功,封土赐姓。《史记·秦始皇本纪》:"秦之先伯翳,尝有勋于唐虞之际,受土赐姓。"《史记·秦本纪》:"昔伯翳为舜主畜,畜多息,故有土,赐姓嬴。"大禹继位后,化益又佐其治理水土,开垦荒地,种植水稻,凿挖水井。

[49]纪:记录,记载。 朝献:诸侯或属国朝觐时贡献方物。 阿衡:商代职官名。商汤时,伊尹曾为此官,故以为其号。亦作保衡。《诗·商颂·长发》:"允也天子,降予卿士,实维阿衡,实左右商王。"孔颖达疏:"伊尹名挚,汤以为阿衡。至太甲,改曰保衡。阿衡、保衡,皆公官。"纪朝献于阿衡事,据清人史梦兰《全史宫词》卷三所引,见《逸周书》,盖谓伊尹受商汤之命而作《四方令》(即所谓四方献令),明确记录了要求正东、正南、正西、正北等四方众多的属国部族分别因其地势而朝献的名目繁多的各种当地特产。

[50]逮:及,到。 中乡:这里指刘邦的家乡沛县丰邑中阳里(今江苏徐州市丰县)。 发迹:犹兴起,谓立功扬名。中乡发迹,指刘邦起义而称帝事。陆机《汉高祖功臣颂》:"赫矣高祖,肇载天禄。沉迹中乡,飞名帝录。庆云应辉,皇阶授木。龙兴泗滨,虎啸丰谷。彤云昼聚,素灵夜哭。金精仍颓,朱光以渥。万邦宅心,骏民效足。"李善注:"中乡,即中阳里也。《汉书》曰:'高祖,中阳里人。'"

[51]值:遇到,恰逢。 挛鞮:亦作虚连题,秦汉时匈奴单于的姓氏。 披

狷:狷獗,狷狂。挛鞬披狷,指西汉初匈奴南侵事。匈奴原为北方古老民族,至秦始皇时,渐有相当发展。始皇曾派蒙恬将数十万之众北击匈奴,并因河为塞,修缮战国时赵、燕所筑长城,筑亭障以御,徙罪谪以充实河套地区。二世元年(前209),匈奴内乱,冒顿杀父自立,而中原亦值陈胜吴广起义,陷入战乱。冒顿单于则乘机四方拓疆,至西汉初,匈奴遂成北方大国。据《汉书·匈奴传》记载,其时匈奴有"控弦之士三十余万",不但称霸西域,并且"南与中国为敌",严重威胁着新建立的西汉政权。

[52]白登:山名,即今山西大同市东北的马铺山。　城:这里指平城(位于今山西大同市东北)。白登围而城困,即"白登之围",事在汉高祖七年(前200)。据《汉书·匈奴传》及《高帝纪》记载,高祖六年(前201)九月,匈奴南侵,围攻马邑,韩王信投降,并与匈奴联合,越勾注山(位于今山西代县西)而南攻太原。高祖于七年发兵亲征,以步骑三十二万至平城东北的白登山,中匈奴埋伏而被其三十万大军(《史记》作四十万)团团围住,七昼夜不得脱身。后用陈平计,高祖求间隙而私遗阏氏,冒顿单于乃开围一角,放出高祖,终于解围。　蓝田:山名,在今陕西蓝田县。其地虽十年九旱,然亦溪流众多,并盛产玉石,诚如李商隐《锦瑟》一诗所云:"沧海珠明月有泪,蓝田日暖玉生烟。"　溢:水满外流。　陵襄:襄陵的倒文。襄,冲上;陵,山丘。《书·尧典》:"汤汤洪水方割,荡荡怀山襄陵。"孔传:"怀,包;襄,上也。包山上陵。"这里,"溢"当为骄溢之意,喻指匈奴骄傲自满。蓝田溢而陵襄,当为喻指匈奴自白登之围后,愈加骄溢,以下犯上,犹如蓝田溪水,上冲山陵。据《汉书·匈奴传》记载,白登之围后,匈奴越发肆无忌惮,"冒顿常往来侵盗代地",以致"高祖患之",不得不对匈奴采取屈辱的和亲政策,"乃使刘敬奉宗室女翁主(《史记》作公主)为单于阏氏,岁奉匈奴絮缯酒食物各有数,约为兄弟以和亲,冒顿乃少止"。而匈奴对汉之威胁,仍持续不断,"终高祖世",尤其是"孝惠、高后时,冒顿寖骄",竟公然发书高后,百端调戏和侮辱。至文景之世,匈奴老上单于及军臣单于更是与汉朝时战时和,反复无常,"数背约束",而"终景帝世,时时小入盗边",且"寇盗不为衰止,而单于反以加骄倨",虽"无大寇",然亦可谓无有宁日。正如贾谊后来上疏汉武帝时所云,"为天下患,至无已"。

[53]应:顺合,适合。　月壮:月魄盛大。古人认为,农历八月为月壮之时,故称八月为壮月。《尔雅》:"八月为壮。"郝懿行《义疏》:"壮者,大也。八月,阴

大盛。" 事举:举事的倒文,犹起事。这里指发起兵事。应月壮而事举,见《汉书·匈奴传》:"单于朝出营,拜日之始生,夕拜月。其坐,长左而北向。举事常随月,盛壮以攻战,月亏则退兵。" 占:察视。《后汉书·段颎传》:"上占天心,不为灾伤;下察人事,众和师克。"李贤注:"占,候也。" 云鬖(shùn):云气像头发一样。鬖,发。《广雅》:"发谓之鬖。"段玉裁《说文解字注》指为鬖发。一说,乱发。《礼记·丧大记》:"君大夫鬖爪,实于绿中。"郑玄注:"绿当为角,声之误也。角中,谓棺内四隅也。鬖,乱发也。" 兵扬:扬兵的倒文,犹举兵。这里指发兵出征。占云鬖而兵扬,见《汉书·天文志》:"日出时有黑云,状如焱风乱鬖。占云:有云如众风,是谓风师,法有大兵。"

[54]卖:出卖。 马邑:汉雁门郡属县,位于今山西朔州市西北隅。 诲:诱使。诲盗,引诱人行窃。《易·系辞上》:"慢藏诲盗,冶容诲淫。"孔颖达疏:"若慢藏财物,守掌不谨,则教诲于盗者,使来取此物。女子妖冶其容,身不精悫,是教诲淫者,使来淫己也。"卖马邑兮诲盗,即"马邑之谋",又称"马邑之战",事在汉武帝元光二年(前133)。据《汉书·窦田灌韩传》及《匈奴传》记载,元光二年,武帝采纳大行令王恢之计,欲通过马邑当地生意人聂壹,佯装出卖马邑城以诱军臣单于,汉则伏兵三十余万以待。然计谋很快被军臣单于识破,遽引兵退还,汉军最终无功而返。马邑之谋遂告流产,而其所导致的结果,正如《剑桥中国秦汉史》所论:"汉朝与匈奴之间完全破裂,两者之间以和亲方式和汉朝以姑息迁就为特点的相互关系,经历了七十余年,终于彻底结束了。"亦如赵云田主编《北疆通史》所论:"从此汉与匈奴绝和亲,进入长达四十年的战争时代。"略:侵略,掠夺。 雁门:汉时要塞,位于今山西代县,素有"天下九塞,雁门为首"之称。 报偿:犹报复。略雁门兮报偿,指马邑之战所带来的直接影响,即匈奴与汉朝之间互相采取的一系列报复性行动。据赵云田主编《北疆通史》统计,单是"武帝元光二年(前133)至元狩四年(前119)的战争最激烈的年代",汉匈之间"共发生大的战役24次",而"其中匈奴南侵15次,西汉北伐9次,平均一年一次"。

[55]屯:戍守,驻防。 瓯脱:匈奴语,意谓边境屯戍或守望的土室。《史记·匈奴列传》:"(东胡)与匈奴间,中有弃地,莫居,千余里,各居其边为瓯脱。东胡使使谓冒顿曰:'匈奴所与我界瓯脱外弃地,匈奴非能至也,吾欲有之。'"司马贞《索隐》引服虔曰:"作土室以伺汉人。"又引《纂文》曰:"瓯脱,土穴也。"

张守节《正义》:"境上斥候之室为瓯脱也。"《汉书·匈奴传》颜师古注:"境上候望之处,若今之伏宿舍处也。"按,《史记》与《汉书》中,"瓯脱"一词凡六见,然其含义,众说纷纭。赵云田主编《北疆通史》:"瓯脱,可能是被研究最多的匈奴语,关于其意义已有几十种说法。一般认为瓯脱是国与国之间,或部落集团之间的'中立地带',可以起缓冲作用。瓯脱一般人烟稀少或根本无人居住。"可备一说。　犇遏:遏犇的倒文。遏,阻止,拦截。《诗·大雅·民劳》:"式遏寇虐,憯不畏明。"郑玄笺:"遏,止也。"犇,古"奔"字。《荀子·议兵》:"劳苦烦辱则必犇。"杨倞注:"犇与奔同。"　斗辟:地名,位于今河北张家口市赤城县南自浩门岭、北至独石口北坝头一带。以其地险绝偏远,故名。《汉书·匈奴传》:"汉亦弃上谷之斗辟县造阳地以予胡。"颜师古注:"斗,绝也。县之斗曲入匈奴界者,其中造阳地也。辟,读若僻。"汉弃斗辟,事在汉武帝元朔二年(前127)。　寇尝:尝寇的倒文。意谓试探敌人的强弱。《左传·隐公九年》:"使勇而无刚者,尝寇而速去之。"杜预注:"尝,试也。"按,弃斗辟而尝寇之说,并不合乎史实。据《资治通鉴》卷十八记载,汉弃斗辟,乃不得已而为之:"匈奴入上谷、渔阳,杀略吏民千余人。遣卫青、李息出云中以西至陇西,击胡之楼烦、白羊王于河南,得胡首虏数千,牛羊百余万,走白羊、楼烦王,遂取河南地。诏封青为长平侯,青校尉苏建、张次公皆有功,封建为平陵侯,次公为岸头侯。主父偃言:'河南地肥饶,外阻河,蒙恬城之以逐匈奴,内省转输戍漕,广中国,灭胡之本也。'上下公卿议,皆言不便。上竟用偃计,立朔方郡,使苏建兴十余万人筑朔方城,复缮故秦时蒙恬所为塞,因河为固。转漕甚远,自山东咸被其劳,费数十百巨万,府库并虚,汉亦弃上谷之斗辟县造阳地以予胡。"

［56］董赤:生卒年不详,西汉涿郡新城(今山东菏泽市单县)人。胡三省音注《资治通鉴》卷十五《汉纪七》:"成侯董赤,高帝功臣董渫之子。成侯国属涿郡。赤,《史记正义》音赫。"　申:伸张。　薄伐:征伐,讨伐。薄,语助词,无实义。《诗·小雅·出车》:"赫赫南仲,薄伐西戎。"余冠英注:"薄,语助词。"董赤申其薄伐,事在汉文帝前元十四年(前166)。《汉书·匈奴传》:"孝文十四年,匈奴单于十四万骑入朝那萧关,杀北地都尉卬,虏人民畜产甚多,遂至彭阳。使骑兵(《史记》作奇兵)入烧回中宫,候骑至雍甘泉。于是文帝以中尉周舍、郎中令张武为将军,发车千乘,十万骑,军长安旁以备胡寇。而拜昌侯卢卿为上郡将军,宁侯魏遬为北地将军,隆虑侯周灶为陇西将军,东阳侯张相如为大将军,成侯

董赤为前将军,大发车骑往击胡。单于留塞内月余,汉逐出塞外即还,不能有所杀。匈奴日以骄,岁入边,杀略人民甚众,云中、辽东最甚,郡万余人。汉甚患之,乃使使遗匈奴书,单于亦使当户报谢,复言和亲事。"按,此时匈奴单于为老上单于,名稽粥,为冒顿单于之子。　卫青(？—前106):字仲卿,西汉河东平阳(今山西临汾市西南)人。卫青一生,七攻匈奴,每战必捷,卒谥烈侯,葬茂陵东,冢象卢山(阴山),以嘉其功。《史记》卷一百一十一及《汉书》卷五十五均有传。

奋:振作,发扬。　外攘:对外抵御敌人。卫青奋彼外攘,这里指"河南之战",事在汉武帝元朔二年(前127)。汉时河南,指阴山南北及河套以南地区,即今内蒙古鄂尔多斯草原一带。《汉书·匈奴传》:"其明年秋,匈奴二万骑入汉,杀辽西太守,略二千余人。又败渔阳太守军千余人,围将军安国。安国时千余骑亦且尽,会燕救之,至,匈奴乃去,又入雁门杀略千余人。于是汉使将军卫青将三万骑出雁门,李息出代郡,击胡,得首虏数千。其明年,卫青复出云中以西至陇西,击胡之楼烦、白羊王于河南,得胡首虏数千,羊百余万。于是汉遂取河南地,筑朔方,复缮故秦时蒙恬所为塞,因河而为固。汉亦弃上谷之斗辟县造阳地以予胡。"河南之战中,楼烦、白羊二王惊走,后来汉弃斗辟,此亦即赋作前文所云"弃斗辟而寇尝",及后文所云"曾不得虏白羊之王"。可互参注释[55]与[57]。

[57]曾:竟,乃。《诗·卫风·河广》:"谁谓河广？曾不容刀；谁谓宋远？曾不崇朝。"扬雄《甘泉赋》:"玉女亡所眺其清庐兮,宓妃曾不得施其蛾眉。"　塞:阻隔,堵住。　飞狐之口:即飞狐口,又名北口峪、飞狐峪,位于今河北张家口市蔚县东南,是一条长达百余华里的大峡谷,为河北、山西两省之间的重要通道和著名关隘。《汉书·西域传》:"军臣单于立岁余,匈奴复绝和亲,大入上郡、云中各三万骑,所杀略甚众。于是汉使三将军军屯北地,代屯句注,越屯飞狐口,缘边亦各坚守以备胡寇。又置三将军,军长安西细柳、渭北棘门、霸上以备胡。胡骑入代句注边,烽火通于甘泉、长安。数月,汉兵至边,匈奴亦远塞,汉兵亦罢。后岁余,文帝崩,景帝立,而赵王遂乃阴使于匈奴。吴楚反,欲与赵合谋入边。汉围破赵,匈奴亦止。自是后,景帝复与匈奴和亲,通关市,给遗单于,遣翁主如故约。终景帝世,时时小入盗边,无大寇。"按,匈奴大入上郡、云中,事在汉文帝后元六年(前158)冬。　虏:俘获。　白羊之王:即白羊王。白羊为匈奴别部,曾为冒顿单于所并,王仍留故地。因白羊居河南,故其王又称"白羊河南王"。可互参注释[56]。

[58]嗟哉:叹词。　冒衃:谓连鬓胡须。一说,谓头着巾而须长。古以指西域人。《后汉书·章帝纪》:"沙漠之北,葱领之西,冒衃之类。"李贤注:"《字书》曰:'衃,多须貌,音而。'言须鬓多,蒙冒其面。或曰,西域人多着冒而须长,故举以为言也。"黄侃《读〈汉书〉〈后汉书〉札记》:"冒,蛮夷头衣;衃即而,须鬑也。今西夷皆可以此呼之。"　接:邻接,毗邻。　兹:此,这。　引弓:持弓,谓善于骑射。这里指匈奴人。《汉书·李陵传》:"虏救死扶伤不暇,悉举引弓之民共围攻之。"《汉书·匈奴传》:"儿能骑羊,引弓射鸟鼠,少长则射狐兔,肉食。士力能弯弓,尽为甲骑。其俗,宽则随畜田猎禽兽为生业,急则人习战攻以侵伐,其天性也。其长兵则弓矢,短兵则刀鋋。利则进,不利则退,不羞遁走。"

[59]兼从:兼并纵使。这里指匈奴一方面不断兼并西域诸国,一方面还纵使其与汉对立。据《汉书·匈奴传》及《西域传》记载,至汉武帝时,匈奴不但逐走大月氏,占据河西走廊,进而又征服天山南北诸国,并派驻官员,征收赋税。而西域诸国在匈奴统治和威慑之下,往往对汉采取敌对态度,攻劫汉使,数为耳目。兼从是患,见《汉书·西域传》:"孝武之世,图制匈奴,患其兼从西国,结党南羌。"　凿空:开通道路。　畴:田地,田亩。这里指西域一带。凿空畴通,指张骞第一次出使西域,事在汉武帝建元二年(前139)。《史记·大宛列传》:"张骞凿空,其后使往者皆称博望侯,以为质于外国,外国由此信之。"裴骃《集解》引苏林曰:"凿,开;空,通也。骞开通西域道。"司马贞《索隐》:"谓西域险阨,本无道路,今凿空而通之也。"张骞(前164—前114),字子文,西汉汉中(今陕西汉中市城固县)人,两度出使西域,封博望侯。《史记·大宛列传》记其事,《汉书》卷六十一有传。

[60]臂断其右:意谓乌孙邻近匈奴西部,如果能离间其与匈奴的关系,就等于砍断了匈奴的右臂。据《史记·大宛列传》及《汉书·西域传》记载,张骞向汉武帝建议,乌孙为匈奴西面大国,且保持中立,不肯朝会匈奴,不如趁单于新困,厚赂乌孙,结为昆弟,则是断匈奴右臂也。武帝欣然准许,张骞遂第二次出使西域,事在元鼎元年(前116)。然乌孙当时因王位继承问题正处混乱状态,加之远离汉朝,颇感陌生,况又不愿得罪匈奴,以故只是"发使送骞,因献马数十匹报谢"而已。与第一次出使西域一样,张骞此次依然未能完成使命。但张骞在结交乌孙过程中,又积极同西域各国如大宛、康居、月氏、大夏、身毒、于阗、扞弥及诸旁国展开了友好交往,赢得了广泛信任,"于是西北国始通于汉矣"。此后,西

域诸国与汉的政治与贸易往来日渐频繁,丝绸之路随之出现繁盛局面。臂断其右,亦见《汉书·西域传》:"乃表河曲(当为河西),列西郡(当为四郡),开玉门,通西域,以断匈奴右臂,隔绝南羌月氏。单于失援,由是远遁,而幕南无王庭。"

族逼其东:意谓乌桓迫近匈奴东部,如果能令其侦查和监视匈奴,就等于砍断了匈奴的左臂。族,这里指乌桓王,其同东胡王、丁令王、义渠王等一起,均被匈奴视为异族诸王或土著诸王。乌桓,亦作乌丸,本为东胡一系。汉高祖元年(前206),匈奴冒顿单于击破东胡,东胡部众离散,其中乌桓一支迁至匈奴以东乌桓山(今内蒙古自治区阿鲁科尔沁旗以北,即大兴安岭山脉南端)一带,因以为号。据《后汉书·乌桓鲜卑列传》记载,起初乌桓仍受制于匈奴,后于汉武帝元狩四年(前119),"遣骠骑将军霍去病击破匈奴左地,因徙乌桓于上谷、渔阳、右北平、辽西、辽东五郡塞外,为汉侦查匈奴动静。其大人岁一朝见,于是始置护乌桓校尉,秩二千石,拥节监领之,使不得与匈奴交通"。按,赋作所云臂断其右、族逼其东,指汉武帝联合乌孙、乌桓对匈奴采取的东西夹迫之战略构想,即在匈奴之西,派张骞通西域,联合乌孙,从而砍断匈奴的右臂;同时在匈奴之东,设护乌桓校尉,联合乌桓,从而砍断匈奴的左臂。如果说"族逼其东"之目的,因护乌桓校尉的设置而得以初步实现,那么"臂断其右"之目的,却在汉武帝生前一直未能如愿,而是直到汉宣帝本始三年(前71),汉乌联军大规模共击匈奴,才得以初步实现。另据《汉书·匈奴传》记载,本始三年冬,匈奴出动数万奇兵报复乌孙,"单于自将数万骑击乌孙,颇得老弱,欲还。会天大雨雪,一日深丈余,人民畜产冻死,还者不能什一。于是丁令乘弱攻其北,乌桓入其东,乌孙击其西。凡三国所杀数万级,马数万匹,牛羊甚众。又重以饿死,人民死者什三,畜产什五,匈奴大虚弱,诸国羁属者皆瓦解,攻盗不能理"。至此,在这场因匈奴报复乌孙而结果却引火烧身的军事行动中,"乌桓入其东,乌孙击其西",才上演了一次机缘凑巧的真正的所谓"臂断其右,族逼其东"。

[61]惟:语助词,表期望语气。 深计:深入周密的谋划。 都护:职官名,这里指西域都护,为汉在西域设立的最高长官。 镇控:镇守控制。惟久长之深计,建都护而镇控,这里指汉为了长久管理和经营西域,建立了西域都护对西域诸国进行镇守和控制。按,长期以来,汉匈为了争夺对西域的控制权,互相攻伐不止。据《汉书·郑吉传》记载,汉宣帝神爵二年(前60),匈奴内乱,日逐王先贤掸与握衍朐鞮有隙,率众降汉,并使人与汉卫司马郑吉相闻。郑吉得知后,遂

发渠黎、龟兹诸国五万人以迎之。日逐王朝见宣帝后,受封归德侯。至此,匈奴通过日逐王控制西域诸国的僮仆都尉也随即罢止,这也是匈奴势力退出西域的标志。又据《汉书·西域传》记载,神爵三年(前59),宣帝派郑吉出任都护,标志着西域都护的正式设立,从而取代了匈奴的僮仆都尉,汉因此也随之控制了西域。对此,《汉书·郑吉传》云:"汉之号令西域矣,始自张骞而成于郑吉。"又云:"吉于是中西域而立莫府,治乌垒城,镇抚诸国。"《后汉书·西域传》亦曰:"建都护之帅,总领其权。"

[62]屯:开设屯田。　胥鞬:地名,即北胥鞬,又作比胥鞬,位于汉时车师前部,即今吐鲁番市鄯善县一带。《汉书·西域传》:"于是徙屯田,田于北胥鞬,披莎车之地,屯田校尉始属都护。"　积谷:积聚谷物。朱骏声《说文通训定声》:"禾谷之聚曰积。"　治:治所,旧谓王都或地方官署所在地。这里用如动词。乌垒:城名,位于今巴音郭楞蒙古自治州轮台县东策大雅一带。清称策特尔,或称策达雅尔。《西域同文志》:"回语,谓毡庐也。旧曾安营于此,故名。"古为乌垒国地。汉宣帝神爵三年(前59),始为西域都护治所。东汉一度属莎车,曾为龟兹所并,至重设西域都护,遂又属之。唐属龟兹都督府,宋属高昌回鹘及西辽,元属别失八里。清时,先后属喀喇沙尔办事大臣、焉耆府、轮台县。　宅中:居中。《汉书·西域传》:"都护治乌垒城,去阳关二千七百三十八里,与渠犁田官相近,土地肥沃,于西域为中,故都护治焉。"

[63]判:分开。　前后:这里指车师前部和后部。　别:区分。　配:分派,派驻。　戊己:职官名,这里指戊己校尉。　寓:寄居。　宫:官府,官舍。判前后而别部,配戊己而寓宫,这里指车师分前、后两部,降汉后,汉分派戊己校尉驻守管辖,其前部则作为官府寄居之地。车师为西域小国,汉宣帝神爵二年(前60)前,称姑师。车师战略地位非常重要,其国土被天山分割为两大部分,即天山以北的准噶尔盆地南缘与天山以南的吐鲁番盆地,中间有隘口可通,为匈奴势力进入天山以南之要道。据载,自武帝天汉二年(前99)至宣帝元康元年(前65),汉匈之间展开了前后五次争夺车师的战争。其间的宣帝地节三年(前67),汉遣郑吉立军宿为车师王,并屯田境内之渠犁,且迁其部分国人于此,王治亦从交河城迁此。而匈奴则另立兜莫为王,率余众保博格达山北麓,王治务涂谷。自此,车师遂分前部、后部,或称前国、后国。随后不久,匈奴攻车师田卒,汉遂罢车师田。宣帝神爵二年(前60),匈奴日逐王降汉,汉遣郑吉迎接,并破车师,车师

遂亦降汉。车师降后,汉重又屯田故地渠犁,并于元帝初元元年(前48)置戊己校尉,主管屯田事宜。其后,车师前王复还交河城。按,关于戊己校尉,因两《汉书》记载颇多抵牾,含混不清,以致其设置时间、命名含义、官职数目、属官配置及其与西域都护的关系等一系列问题,引起后人持续争议,迄今尚无定论。尤其是"戊己校尉"究竟是一个人,还是分别为戊校尉、己校尉两个人,争议最烈。徐松于其所撰《汉书西域传补注》中认为是一个人,而名"戊己"之用意,则是"厌胜",即"西域在西,为金,匈奴在北,为水",故"戊己生金而制水",亦即"攘匈奴而安西域"。

[64] 楼兰:古西域国名,位于今吐鲁番市鄯善县及巴音郭楞蒙古自治州若羌县一带。汉初,王治扞泥城,即今罗布泊西北之古城,后更国名为鄯善,有谓都城在今若羌县东密远遗址。 报怨:报复仇怨。 伊循:城名,属楼兰国地,遗址在今若羌县东北米兰古城。 威重:威权,威势。楼兰斩而报怨,伊循田而威重,这里指汉臣傅介子刺杀亲近匈奴的楼兰王安归,以报楼兰遮杀汉使之怨,随后又另立安归之弟尉屠耆为新王,并改国名为鄯善,屯田伊循城而威镇之,事在汉昭帝元凤四年(前77)。据《汉书·西域传》及《傅介子传》记载,楼兰本为小国,但地当古丝绸之路南北分道之口,故成汉匈必争之地。为两不得罪,楼兰王首鼠两端,各质一子于汉匈双方。汉武帝征和元年(前92),楼兰王死,后王又分遣其弟尉屠耆质汉,安归质匈。后王又死,匈奴先闻,立安归为新王。汉遣使诏新王长安朝见,然其从继母之计,以新立未定为由推脱。此后,楼兰复为匈奴耳目,并"数遮杀汉使"。昭帝元凤四年,大将军霍光遣傅介子"以赐外国为名",与士卒"俱赍金币",前往楼兰,诱杀新王安归,并斩其首级,驰传长安,悬挂北门示众。随后,汉"乃立尉屠耆为王,更名其国为鄯善"。归国之际,尉屠耆向汉昭帝请求:"身在汉久,今归,单弱,而前王有子在,恐为所杀。国中有伊循城,其地肥美,愿汉遣一将屯田积谷,令臣得依其威重。"昭帝遂遣司马一人、吏士四十人,"田伊循以填抚之,其后更置都尉"。

[65] 孝武:汉武帝刘彻的谥号。刘彻(前156—前87),景帝中子,崩五柞宫,葬于茂陵,谥曰孝武,庙号世宗。《史记》卷十二有《孝武本纪》,《汉书》卷六有《武帝纪》。 哀平:指汉哀帝刘欣(前25—前1)与汉平帝刘衎(前9—6)。孝武经营,师行三十二年,指汉武帝自张骞通西域后,为规划和营治西域,与匈奴长期交战,前后长达三十二年之久。《汉书·西域传》:"自武帝初通西域,置校

尉,屯田渠犁。是时军旅连出,师行三十二年,海内虚耗。"徐松《汉书西域传补注》:"自元光二年(前133)卖马邑、诱单于、绝和亲,为用兵之始,其后连年用兵,至太初三年(前102)西域贡献,凡三十二年。"哀平相继,分割五十五国,指汉哀帝与平帝前后,西域由以前的三十六国,相继分割为五十五国。《后汉书·西域传》:"武帝时,西域内属,有三十六国。汉为置使者、校尉领护之。宣帝改曰都护。元帝又置戊己二校尉,屯田于车师前王庭。哀平间,自相分割为五十五国。"徐松《汉书西域传补注》:"分者,如姑师分为车师及山北六国,车师分为前后国,车师后国又分为乌贪訾离国,且弥国分为东西,蒲类分为蒲类后国,卑陆分为卑陆后国之类。"

[66]应:应验。　赤九:这里指东汉光武帝刘秀。《后汉书·光武帝纪》:"世祖光武皇帝讳秀,字文叔,南阳蔡阳人,高祖九世之孙也,皇考南顿君初为济阳令。以建平元年十二月甲子夜生光武于县舍,有赤光照室中。钦异焉,使卜者王长占之。长辟左右,曰:'此兆吉,不可言。'"《后汉书·耿纯传》:"时真定王刘扬,复造作谶记云:'赤九之后,瘿扬为主。'"李贤注:"汉以火德,故云赤也。光武于高祖九代孙,故云九。"　会昌:谓会当兴盛隆昌。左思《蜀都赋》:"天帝运期而会昌,景福肸飨而兴作。"刘逵注:"昌,庆也,言天帝于此会庆建福也。"赤九会昌,据称本《河图》语,然实乃刘秀用以为己鼓吹宣传之口号。《后汉书·曹褒传》:"元和二年下诏曰:'《河图》称:赤九会昌,十世以光,十一以兴。'"李贤注:"九谓光武,十谓明帝,十一谓章帝也。"诏语亦见《后汉书·律历志》:"朕闻古先圣王,先天而天不违,后天而奉天时。《河图》曰:'赤九会昌,十世以光,十一以兴。'又曰:'九名之世,帝行德,封刻政。'朕以不德,奉承大业,夙夜祇畏,不敢荒宁。"可见,其用意昭然若揭。按,王莽篡位后,西域与中原曾一度断绝往来,重又役属匈奴。而东汉之初,基本上也采取西汉初对待匈奴的妥协政策。至光武帝建武二十四年(48),原呼韩邪单于之孙比自立为单于,臣属于汉,而匈奴遂分裂为南北二部。于是,东汉集中力量,先后派窦固、班超等抗击北匈奴,再度争夺西域统治权。东汉与西域之关系比较复杂,经历了所谓"三绝三通",其间又曾重设都护,进行屯田,仿照西汉,经营西域。

[67]辏:车轮上的辐条向毂聚集,引申为凑集、聚集。《汉书·叔孙通传》:"人人奉职,四方辐辏。"颜师古注:"辏,聚也,言如车辐之聚于毂也。"　黄初:魏文帝曹丕年号(220—226)。　顺轨:谓遵从礼制法度,归顺正道。潘勖《册魏公

九锡文》:"海盗奔迸,黑山顺轨。"李善注引《魏志》曰:"黑山贼张燕率其众降,封为列侯。"黄初顺轨,指曹魏之世西域顺服并归化中原。曹魏继承东汉对西域的统治方式,册封西域诸国首领,颁发印信,并派驻职官,进行管辖。《三国志·魏书·乌丸鲜卑东夷传》:"龟兹、于阗、康居、乌孙、疏勒、月氏、鄯善、车师之属,无岁不奉朝贡,略如汉氏故事。"《三国志·魏书·文帝纪二》:"(黄初三年)二月,鄯善、龟兹、于阗王各遣使奉献,诏曰:'西戎即叙,氐羌来王,诗书美之。顷者西域外夷并款塞内附,其遣使者抚劳之。'是后西域遂通,置戊己校尉。"曹魏派驻西域的官史,还有西域长史,亦承汉而来。西域在曹魏时期,共分二十道,处于西域长史和戊己校尉名义统治之下。《魏书·西戎传》:"西域诸国,汉初开其道,时有三十六,后分为五十余。从建武以来,更相吞并,于今有二十道。"按,余太山主编《西域通史》认为:"综观整个形势,曹魏政权始终忙于在中原与蜀、吴两国争夺权利,而并未认真地经营西域,它既没有在西域建立显赫的业绩,也很少与西域诸国进行和平的交往。与前朝及后代相比,西域和曹魏政权的关系相当疏远。曹魏政权唯一能直接控制的西域地区是高昌,依靠设在高昌的西域戊己校尉,对周边地区施加影响。所以这一时期中,西域诸国保持着较大程度的独立性。"

[68]习:研习。　大乘:佛教派别,与小乘相对。公元1世纪左右由佛教大众部一些支派发展而成,自称能运载无量众生从生死大河的此岸达到菩提涅槃的彼岸,成就佛果,故名大乘,而将原始佛教和部派佛教称为小乘。　星居:散列,散居。何晏《景福殿赋》:"屯方列署,三十有二,星居宿陈,绮错鳞比。"李善注:"星,散也。"习大乘而星居,这里指东晋时期,大乘佛教在西域一些国家已经开始传播,信教的人民星罗棋布分散居住。法显《佛国记》:"在道一月五日,得到于阗。其国丰乐,人民殷盛,尽皆奉法,以法乐相娱。众僧乃数万人,多大乘学,皆有众食。彼国人民星居,家家门前皆起小塔,最小者可高二丈许。"按,关于佛教传入西域及中国内地、大乘佛教传入西域等情况,任继愈主编《中国佛教史》有介绍,可参。大致为公元前3世纪,佛教传到大夏、安息及大月氏,并越过葱岭传入中国西北地区,最后于东汉明帝时传入中国内地,而大乘佛教是在印度贵霜王朝时代传入大月氏,至东汉灵帝时传入安息,后又传入于阗等地。任继愈等还认为,"在佛教从印度向西域的传播过程中,开始传播小乘佛教,后来又传播大乘佛教,但直到公元三、四世纪,一些地方仍以小乘佛教为主。"

[69]震:震慑,威慑。　风靡:即所向风靡,喻力量所到之处,什么也阻挡不了。震先锋而风靡,这里指前凉张骏对焉耆的征伐及对西域的统治。如上所注,三国时,曹魏继承东汉,统有西域。西晋时,又沿用汉魏旧制,其在西域之威望,鼎盛一时。然至西晋末年,国势衰微,无力经营西域,而护羌校尉、凉州刺史张轨,则趁机割据河西,后由其子张茂进一步建立起前凉政权。至张茂之侄张骏执政时,焉耆已然强大至"霸西胡,葱岭以东莫不服"。而前凉与焉耆之间的冲突,遂日趋尖锐。据《资治通鉴》卷九十五记载,公元335年,张骏"遣将杨宣伐龟兹、鄯善,于是西域诸国焉耆、于阗之属,皆诣姑臧朝贡"。然焉耆王龙熙只是暂时屈服,并未彻底归顺。于是,公元345年冬,前凉对焉耆发起大规模征讨。《晋书·四夷传》:"张骏遣沙州刺史杨宣率众疆理西域,宣以部将张植为前锋,所向风靡。军次其国,熙距战于贲仑城,为植所败。植时屯铁门,未至十余里,熙又率众要之于遮留谷。植将至,或曰:'汉祖畏于柏人,岑彭死于彭亡,今谷名遮留,殆将有伏?'植单骑尝之,果有伏发。植驰击败之,进据尉犁,熙率群下四万人肉袒降于宣。"经此征讨,焉耆终为前凉所服。又据《资治通鉴》卷九十七记载,张骏"分敦煌等三郡及西域都护三营为沙州,以西胡校尉杨宣为刺史"。至此,前凉势力遂达葱岭以东整个西域地区。

[70]旧国:这里指西域原有的诸国。　六朝:即三国吴、东晋及宋、齐、梁、陈等六个建都于南京的朝代,自公元229年至589年,凡三百余年。通旧国于六朝,这里指六朝时期,西域诸国尤其是原有的一些顺服内地政权的国家继续同南朝各朝保持着通好关系。在北方,继前凉之后,前秦又讨定西域。但自后凉始,西域相继崛起柔然、突厥等部,又与北魏、西魏长期抗衡。而在南方,西域诸国尤其是旧国,则不断遣使各朝,贡献方物,《南史·夷貊列传下·西域诸国》所载甚详,可参。

[71]碛(qì)路:多沙石的道路。碛,不生草木的沙石地。开碛路于万里,这里指唐太宗时应焉耆之请,重开碛路之事。隋初,突厥汗国实际控制着西域,至炀帝时,展开平定西域之斗争,然目标未竟而隋已亡国。唐初,太宗李世民在位时,平定西域遂成重要任务之一。贞观四年(630),唐在漠北诸部配合下削平东突厥汗国,漠北突厥属部,纷纷内附。同年,唐还在伊吾设立西伊州,打开了通往西域的门户。但占据吐鲁番一带的高昌政权,早在隋末就切断了通往西域的大碛路,西域各国使节和商队,则必须要经过高昌,才能通往内地,而高昌亦借此垄

断商路,获取巨大利益。高昌西边的焉耆,以前一直通过碛路往来内地,贞观六年(632),焉耆王突骑支请求唐廷重开碛路,以便商旅往来,获太宗准许。高昌闻听,极为不满,其王曲文泰不仅有意堵塞碛路,还投顺西突厥,联合攻破焉耆五座城池,并进攻西伊州,严重威胁唐西部边疆。为此,贞观十三年(639),太宗君臣之间就征讨高昌一事,展开激烈争论。《旧唐书·西戎传》:"时公卿近臣,皆以行经沙碛,万里用兵,恐难得志,又界居绝域,纵得之,不可以守,竟以为谏。"然太宗"皆不听",并于当年十二月,诏令交河道行军大总管侯君集率大军征讨高昌。高昌王曲文泰惊慌失措,发病而死,其子曲智盛继位,兵败降唐。由于高昌为中西交通重要枢纽,与鄯善、伊吾同被称作"西域之门户",故太宗又力排众议,在高昌设立西州,与庭州、伊州互为犄角,从而牢牢控制了西域东部地区。后来,唐又几次大规模用兵,最终平定西域,并设立安西都护府及北庭都护府等进行有效行政管理,至玄宗开元十二年(753)前后,臻于全盛。按,重开碛路之事,《西域水道记》卷二《罗布淖尔所受水下》也有简略叙写:"(博斯腾)淖尔南岸东出为碛,焉耆之入中国,初由碛路。隋末闭塞,道由高昌。唐时焉耆王突骑支复开碛路,故高昌恨之。"

[72]晶杯:即精杯,又称水精杯,一种水晶材质的杯子。 宝带:又称宝钿带,西域一些国王所佩的带子。《旧唐书·西戎传》:"开元六年,(康国王突昏)遣使贡献锁子甲、水精杯、玛瑙瓶、鸵鸟卵及越诺之类。开元初,(大食)遣使来朝,进马及宝钿带等方物。"《新唐书·西域传》:"武德二年,(罽宾)遣使贡宝带、金锁、水精醆、颇黎(状若酸枣),(劫国)遣使者献宝带、玻璃、水精杯。" 偕登:谓这些贡品一起进献于唐廷。

[73]活褥:一种能捕鼠的蛇。《旧唐书·西戎传》:"(贞观)二十一年,(波斯王)伊嗣候遣使献一兽,名活褥蛇,形类鼠而色青,身长八九寸,能入穴取鼠。"

浑提:葱名。浑提葱,即今之葱头(洋葱)。《新唐书·西域传》:"(贞观)二十一年,(泥婆罗王那陵提婆)遣使入献波棱、酢菜、浑提葱。"按,《唐会要·杂录》:"浑提葱,其状如葱而白,辛嗅药,其状如兰,凌冬而青,收干作末,味如桂椒,其根能愈气疾。活褥蛇,其状如鼠而色青,身长七八寸,能入穴取鼠。"

[74]五季:即后梁、后唐、后晋、后汉、后周等五代(907—960)。 私市:指私下的民间贸易,与官市相对。五季之衰,不通私市,这里指五代末衰落之时,西域与中原断绝了百姓之间的私下贸易。唐虽控制西域,但西域反叛从未停止,尤

其是西突厥贵族与吐蕃相勾结,使得西域形势更为复杂。"安史之乱"爆发后,
吐蕃乘机攻陷河陇,西域与中原的联系遂被切断。唐德宗贞元八年(792),吐蕃
又攻陷西州,唐在西域的其他三镇,也相继陷没。至此,唐军事势力退出西域。
随后,吐蕃又与北方最强大的回鹘政权争夺西域控制权,遭受重创后,退居塔里
木盆地南缘地区。唐武宗会昌二年(842)后,吐蕃政权分崩离析,彻底退出西
域,而回鹘部落则大批西迁。五代时,回鹘在西域建立了喀喇汗王朝、高昌回鹘
王国。这段时间内,西域虽与中原一直保持着较密切的官方贸易往来,但民间私
市一度遭到严厉禁止,尤其是关于玉石、马匹等的交易。《旧五代史·外国列传
二》:"晋、汉已来,回鹘每至京师,禁民以私市易,其所有宝货皆鬻之入官,民间
市易者罪之。"按,实际上,五代时西域与中原的私市并未能够彻底禁绝,且在后
周太祖广顺元年(951)二月,还曾解除过对玉石等私市的禁令:"周太祖命除去
旧法,每回鹘来者,听私下交易,官中不得禁诘。"

[75]同庆:于阗国王李圣天的年号(912—949)。　杵:这里指降魔杵,又叫
金刚降魔杵,属古印度兵器之一,亦被佛教密宗引为降伏魔怨之法器。《新五代
史·四夷附录第三》:"晋天福三年,于阗国王李圣天遣使者马继荣来贡红盐、郁
金、牦牛尾、玉瀣等,晋遣供奉官张匡邺假鸿胪卿,彰武军节度判官高居海为判
官,册圣天为大宝于阗国王。圣天居处,尝以紫衣僧五十人列侍,其年号同庆二
十九年。于阗常与吐蕃相攻劫。匡邺等至于阗,圣天颇责诮之,以邀誓约。匡邺
等还,圣天又遣都督刘再升献玉千斤及玉印、降魔杵等。"　怀化:唐高宗显庆三
年(658)所设授予外国首领的武官散阶,其中怀化司戈为正八品下。《旧五代
史·外国列传二》:"天成三年二月,其(回鹘)权知可汗仁裕遣都督李阿山等一
百二十人入贡,明宗召对于崇元殿,赐物有差。其年三月,命使册仁裕为顺化可
汗。四年,又遣都督掣拨等五人来朝,授掣拨等怀化司戈,遣命还蕃。清泰二年
七月,遣都督陈福海已下七十八人,进马三百六十四、玉二十团。八月,敕回鹘朝
贡使、密录都督陈福海可怀化郎将,副使达奚相温可怀化司阶,监使屈密录阿拨
可归德司戈,判官安均可怀化司戈。"

[76]锡:通"赐"。赐予。硴(hòu)鳞号锡与下文独峰驼驰,这里指宋时西
域一些政权如南疆于阗李氏王朝接受宋廷册封,龟兹国进献方物之事。宋时,西
域有喀喇汗、于阗、高昌等较大政权,也有较小民族或部落如辖戛斯、乌孙、龟兹、
沙陀等。其中,于阗李氏王朝约建立于唐末,为回鹘大规模西迁至于阗新复州之

一支。后晋高祖天福三年(938),于阗国王李天圣派马继荣进贡,后晋册封李天圣为大宝于阗国王。可参上文注释[75]。至宋仁宗嘉祐八年(1063),宋廷又册封当时于阗国王为归忠保顺䃏鳞黑韩王。《宋史·外国六》:"嘉祐八年八月,(于阗)遣使罗撒温献方物。十一月,以其国王为特进归忠保顺䃏鳞黑韩王。罗撒温言其王乞赐此号也。于阗谓金翅乌为'䃏鳞','黑韩'盖可汗之讹也。罗撒温等以献物赐直少不受,及请所献独峰橐驼。诏以远人特别赐钱五千贵,以橐驼还之,而与其已赐之直。其后数以方物来献。"

[77]驰:驰献。库车一带的龟兹国,自宋太宗太平兴国元年至神宗熙宁五年(976—1072),也向宋廷持续进献方物。《玉海》卷一五四《朝贡·献方物》记载颇详,可参。其中,进献独峰橐驼即独峰驼事在宋真宗咸平四年(1001):"龟兹,回鹘别种,自称师子王,兴国元年五月遣使来贡。咸平四年二月,贡玉勒、名马、独峰橐驼、宝刀、琉璃器,自称克韩王,赐晕锦衣、金带。"

[78]珠符:元兵符名。辽时,西域一些较小民族或部落与辽均有关系,辽设相应王府进行统治。后来,辽在金打击之下濒于灭亡,而契丹贵族耶律大石率部众西逃至西域,先后降服高昌回鹘王国、东西两部喀喇汗王朝、花剌子模,于辽保大四年(1124)建立西辽,即穆斯林史料所称哈拉契丹。西辽对西域的统治,基本沿袭辽的方式,各地区、民族、部落的首领,都要佩带或使用西辽颁发的牌、印,以示臣属。13世纪初,阿尔泰山一带的乃蛮部首领屈出律在蒙古军队排挤下逃入西辽境内,并于西辽天禧三十五年(1212),篡夺直鲁古皇位,成为西辽最高统治者,随即又将其权力扩展至南疆各地。屈出律统治残暴,威逼喀什噶尔、和田等西域人民,使其臣服,还强迫南疆各地信仰伊斯兰教的民众改信佛教。屈出律为成吉思汗宿敌,因此当成吉思汗崛起并统一全蒙后,便派哲别于公元1218年率军进入西域追击。屈出律向喀什噶尔西南山中逃窜,至撒里黑忽纳,被哲别前锋曷思麦里追及而杀死。蒙古军随即乘势攻取南疆,并完全占领西域,派达鲁花赤管理各地。成吉思汗晚年时,将其所征服之地分封给四个儿子,其中西域大部地方分予次子察合台,成为四大汗国之一的察合台汗国。察合台汗国时期,南疆高昌回鹘与当地土著及部分吐蕃、契丹人融合,并吸收蒙、汉等民族成分,逐渐发展为近代维吾尔族。蒙哥汗还在西域设立别失八里和阿姆河等处行尚书省,以管辖西域广大地区。元世祖至元二十年(1283),又分设别失八里宣慰司统辖北疆军政事务、和州(火州)宣慰司统辖南疆军政事务,并于南疆实行屯田,经济得

到一定发展。至公元 14 世纪初,察哈台汗国开始逐渐分裂为东、西两部,西域大部分地方属东察合台汗国。

[79]褫:剥夺,革除。金印屡褫,指明宪宗至世宗时,吐鲁番与明屡次争夺哈密,以致哈密王金印被吐鲁番反复夺取数次。哈密地处西域与中原交通之枢纽,为天山东部战略要地。因此,明对哈密非常重视。据《明史·西域传》记载,成祖时即封哈密王安克帖木儿为忠顺王,并于永乐四年(1406)立哈密卫,颁赐金印,借以羁縻。至哈密王大都,庸懦无能,加之种族复杂,不相统属,"王莫能节制,众心离涣,国势渐衰"。于是,瓦剌、吐鲁番、沙州、罕东、赤斤等,交相侵入掳掠,尤以吐鲁番最甚。宪宗成化九年(1473),吐鲁番速檀阿力袭破其城,并"执王母,夺金印,分兵守之而去"。明廷"命李文等经略,无功而还"。十八年(1482),罕慎又联合赤斤、罕东部众共万人夜袭哈密,收复哈密八城,但不久罕慎又为吐鲁番速檀阿黑麻诱杀,再度侵占哈密。后来,阿黑麻在明朝打击和限制之下,穷蹙无路,于明孝宗弘治四年(1491),主动送还哈密王金印及所据十一城。次年(1492),明廷"厚赐阿黑麻使臣,先所拘者尽释还"。然阿黑麻旋于弘治六年(1493),又第三次侵占哈密。自此,吐鲁番与哈密之间战乱不已,哈密时存时亡。至明正德、嘉靖间,国势不振,无力应对,只能于嘉靖中期,无奈放弃哈密卫。《明史》虽然仅记载了一次吐鲁番夺取哈密王金印、后又归还之事,但从吐鲁番与明多次争夺哈密、哈密城屡次易手之情看,哈密王金印被夺,绝不止一次。而就整个西域来看,元末时,诸国又陷于分裂割据。至明时,南疆哈密、叶尔羌、阿克苏、喀什噶尔、英吉沙尔、和田等地,仍处东察合台汗国割据一方之态。而东察合台汗国虽一再遣使入贡,但并未直接归明廷统治,还不时骚扰和侵掠明西北边疆。明中叶,东察合台汗国逐渐分裂,归并于叶尔羌汗国。叶尔羌汗国主动与明廷通好,关系较为密切。明末清初,叶尔羌汗国占据南疆大部分地区,伊斯兰教迅速传播开来,势力日益强大,并逐渐演变为以伊斯哈克·瓦里和卓为首的黑山派和以玛木特·玉素布和卓为首的白山派两大敌对派系。这两大伊斯兰教派系势力,后又进一步转化为两个政派,而叶尔羌汗国大权,也为和卓所控制。康熙十七年(1678),白山派阿帕克和卓勾结卫拉特(西蒙古厄鲁特)四部之一的准噶尔部贵族噶尔丹进入南疆,被扶立为南疆傀儡王,南疆地区遂为准噶尔所操纵和控制,而叶尔羌汗国亦遂告终结。

[80]徒:空,徒然。　恢:扩大,弘扬。　大度:胸怀开阔,气量宽宏。　羁

縻:笼络,怀柔。亦作羁縻。　委:舍弃,听任。　退陬:边远一隅。陬,本谓山角落,引申为偏远地方。　错峙:同"错峙"。错杂峙立。恢大度于羁縻,委退陬以错峙,这里指明对南疆各地采取所谓羁縻之策,任其各治一隅、错杂峙立,实为徒劳而流于形式之治边方式。犹如《剑桥中国明代史》所评明所设之哈密卫:"尽管明朝皇帝在哈密设立了卫,但并未管辖该地,也不指望在该地获得税收和军事援助。卫的建立只不过是一个形式,不能解释为政治控制。"

[81]畴:疑问代词,谁。司马相如《封禅文》:"罔若淑而不昌,畴逆失而能存?"李善注引应劭曰:"畴,谁也。"　牖:通"诱"。诱导。《诗·大雅·板》:"天之牖民,如埙如篪。"毛传:"牖,道也。"　不侵不叛:既不侵扰,亦不背叛。语见《左传·襄公十四年》:"我诸戎除翦其荆棘,驱其狐狸豺狼,以为先君不侵不叛之臣,至于今不贰。"《资治通鉴·晋纪》:"使其子子孙孙永为不侵不叛之臣,此安边之良策也。"　柝:开拓。《淮南子·原道》:"廓四方,柝八极。"高诱注:"柝,开也。"　我疆我理:划分田界,定其亩垄。语见《诗·小雅·信南山》:"我疆我理,南东其亩。"毛传:"疆,画经界也;理,分地理也。"朱熹《诗经集传》:"疆者,为之大界也;理者,定其沟涂也、亩垄也。"疆理,即划分,治理。《左传·成公二年》:"先王疆理天下,物土之宜,而布其利。"杜预注:"疆,界也;理,正也。"此二句这里指以乾隆为代表的清廷平定南疆,并进行统一而有效的管辖与治理。按,此二句承先启后,在叙写清以前西域尤其是南疆之历史后,遂自然过渡至下文叙写清廷平定南疆之过程及治理南疆之成效。

[82]巍巍:崇高伟大貌。　圣代:古人对自己所处时代的美称。李白《古风》其一:"圣代复元古,垂衣贵清真。"王琦注:"圣代,谓李唐也。"　明明:明察貌。　庙谟:犹庙谋,指帝王的谋算。范晔《后汉书·光武纪赞》:"明明庙谟,赳赳雄断。"李善注:"庙谟,庙筹也。"李贤注引《淮南子》曰:"运筹于庙堂之上,决胜千里之外。"

[83]宏略:宏伟的谋略。　输:输送,传递。　秘图:神秘之图,稀世之图。此二句,语见唐人张嵩《云中古城赋》:"于是魏祖发大号,鼓洪炉,天授宏略,神输祕图,北清獯狁,南振荆吴。"

[84]天山:世界七大山系之一,东西横跨中国、哈萨克斯坦、吉尔吉斯斯坦和乌兹别克斯坦四国,全长2500公里。这里指其自东而西横贯新疆中部的东大山,长达1760公里。　阚(hǎn):阚然,阚如,形容虎声。　虓(xiāo)虎:咆哮怒

吼的虎,多以喻勇士猛将。贙,同"虎"。《诗·大雅·常武》:"进厥虎臣,阚如虓虎。"陈奂《传疏》:"阚如,阚然也。"毛传:"虎之自怒虓然。" 瀚海:常以喻指戈壁沙漠,这里代指新疆一带。 裂:撕裂,等于说歼灭。 氂貙(chū):一种猛兽,这里比喻北疆准噶尔及南疆大小和卓等叛军。氂,长而尖细的毛;貙,虎属,亦称貙虎。《尔雅》:"貙,似狸。"郭璞注:"今貙虎也,大如狗,文如狸。"

[85]定:平定。 准部:指天山北路的准噶尔部,系西蒙古厄鲁特(清称卫拉特)四部即和硕特部、准噶尔部、杜尔伯特部、土尔扈特部之一。因其首领姓绰罗斯,故又名绰罗斯部。一说,其首领为元臣孛罕后裔,始祖为也先次子额斯墨特达尔罕诺颜。 荡:荡平。 沙幕:即沙漠,这里代指北疆一带。

[86]犁其庭,扫其闾:即犁平其庭院,扫荡其居处。比喻彻底摧毁敌人。语见《汉书·匈奴传》:"近不过旬月之役,远不离二时之劳,固已犁其庭,扫其闾,郡县而置之。"

[87]固:本来,原本。 使者:这里指乌孙使者。 闻:听闻,知闻。

[88]二竖:谓危害国运之奸佞小人。这里指大和卓波罗泥都(?—1759)与小和卓霍集占(?—1759),新疆喀什噶尔人,为伊斯兰教白山派和卓玛罕默特之子。 枭獍(kòu)彀雏:这里喻指大、小和卓。旧时以为枭是一种生而食母的恶鸟,獍是一种生而食父的恶兽,故常以枭獍并举,以喻凶残狠毒、忘恩负义之人。枭,与鸱鸺相似;獍,与虎豹相似,又叫破镜。《史记·孝武本纪》:"后人复有上书,言'古者天子常以春秋解祠,祠黄帝用一枭破镜。'"裴骃《集解》引孟康曰:"枭,鸟名,食母;破镜,兽名,食父。黄帝欲绝其类,使百物祠皆用之。"彀雏,初生及幼小的鸟类。《尔雅》:"生哺彀,生嗛雏。"邢昺疏:"鸟子生,须母哺而食之,名彀,谓燕雀之属也;鸟生子而能自哺食者名雏,谓鸡雉之属。"按,玛罕默特在准噶尔统治南疆时期,被拘禁于伊犁,其死后,长子波罗泥都、幼子霍集占继续被禁锢,为准噶尔耕地。乾隆二十年(1755),清军平灭达瓦齐后,释放波罗泥都及霍集占。清廷以大和卓波罗泥都为"回部头目,令其仍归故土",招抚维吾尔人,待事毕之后再令其入京;而命小和卓霍集占仍留伊犁,掌管伊斯兰教及伊犁维吾尔人事务。起初,波罗泥都主张"招集回人,投顺天朝",但霍集占却极力反对,主张"自立国",并煽动叛乱。二十二年(1757),波罗泥都在霍集占怂恿之下,杀死前来招抚的清军副都统阿敏道及兵丁百余人,发动叛乱,史称"大小和卓之乱"。二十三年(1758)初,清廷派兵征讨。二十四年(1759)六月,清军分两

路发动总攻,波罗泥都与霍集占遁走巴达克山,被当地首领素勒坦沙于七月二十八日擒杀。素勒坦沙旋即将霍集占首级函献清廷,而波罗泥都尸首则因被盗而不知下落(三年后方被寻获,并掘出带回京师)。历时一年零四个月之久的大小和卓叛乱,终被平息。至此,继平定北疆之后,南疆也告平定,天山南北归于统一。至其过程,见下所叙。又按,赋作自注所征引圣制诗,见《十全集》卷十五《平定回部第四之四·诗五十九首·副将军富德等追及两和卓木大胜回军捷音至作歌纪事》。

[89]肉骨生死:本作生死肉骨,谓使死者复生,白骨长肉,极言恩惠之深厚。《左传·襄公二十二年》:"吾见申叔,夫子所谓生死而肉骨也。"杜预注:"已死复生,白骨更肉。" 德偝恩渝:即偝德渝恩,谓背弃了别人给予的恩德。偝,与"渝"义近,谓背弃,违背。按,自注所征引圣制文,见《十全集》卷二十一《平定回部第四之十·文八首》;所征引诗,见《十全集》卷十二《平定回部第四之一·诗二十八首》。

[90]郭吉受海上之辱:指汉武帝元封元年(前110),帝亲统大军至朔方巡边示威,并派使者郭吉往说匈奴乌维单于归顺,结果乌维大怒,扣留郭吉,并徙之北海(今贝加尔湖)。事见《史记·匈奴列传》:"是时天子巡边,至朔方,勒兵十八万骑以见武节,而使郭吉风告单于。郭吉既至匈奴,匈奴主客问所使,郭吉礼卑言好,曰:'吾见单于而口言。'单于见吉,吉曰:'南越王头已悬于汉北阙。今单于即能前与汉战,天子自将兵待边;单于即不能,即南面而臣于汉。何徒远走,亡匿于幕北寒苦无水草之地,毋为也。'语卒而单于大怒,立斩主客见者,而留郭吉不归,迁之北海上。"《汉书·匈奴传》亦据以载之。 张匡诅道旁之弧:指汉成帝河平年间(前28—前25),夜郎、钩町、漏卧之间互相攻伐,汉派太中大夫张匡前往调解,夜郎王兴不但不从,还仿照汉朝官吏形象刻一木偶,立于道边射杀,以示诅咒蔑视之意。事见《汉书·西南夷两粤朝鲜传》:"至成帝河平中,夜郎王兴与钩町王禹、漏卧侯俞更举兵相攻。牂柯太守请发兵诛兴等,议者以为道远不可击,乃遣太中大夫蜀郡张匡持节和解。兴等不从命,刻木象汉吏,立道旁射之。"郭吉张匡典故,这里借指清军副都统阿敏道奉使前往叶尔羌及喀什噶尔慰抚大小和卓时,于库车被二人设计囚禁并杀害,事在乾隆二十二年(1757)。阿敏道(?—1757),图尔格期氏,蒙古镶红旗人。《清史稿》卷三百十五有传。据载,乾隆二十一年(1756),"授镶黄旗蒙古副都统。时回酋布拉呢敦、霍集占有

异志,定边右副将军兆惠诇知之,遣阿敏道将索伦兵百、厄鲁特兵三千赴叶尔羌、喀什噶尔慰抚,且使致二渠。至库车,霍集占在焉,闭城拒我师。阿敏道斩游骑四十余,围之。城人诡言曰:'厄鲁特吾仇,虑为害。撤还即纳降。'阿敏道遂命厄鲁特兵退,仅留索伦兵百。或虑有变,阿敏道曰:'吾招抚回众,惟期于国有济,何暇他虑?'遂入,为霍集占所执"。"二十二年,上谕诸将檄霍集占送阿敏道还,不从,谋加害。库车伯克呼岱巴尔以告,阿敏道谋脱归,不克,死之。二等男署察哈尔营总旺扎勒及诸裨将绷科、耨金吹、扎木苏七、巴克萨拾,并索伦兵百人,皆从死。事平,诸有功者图形紫光阁,阿敏道列后五十功臣,加世职为骑都尉兼一云骑尉,祀昭忠祠。旺扎勒加云骑尉,绷科等皆予云骑尉世职。"另据《西域水道记》卷一《罗布淖尔所受水上》记载,阿敏道等步行逃脱后,霍集占随即派遣三百人追至巴尔楚克东北一百五十里处的衡阿喇克军台西,将其尽行杀害。按,赋作自注所征引圣制诗,见《十全集》卷十二《平定回部第四之一·诗二十八首》。

[91]敢:莫非,大约。　狼心:喻狠毒贪婪之心。　谇(huì):顺从。弗谇,不顺从。罗泌《路史》卷十七:"乃勇令曰:毋慢制,毋虐民贵臣,骄而弗谇,男女不相辟于道者,拂之四达之衢。"《十全集》卷五《初定准噶尔第二之三·文五首·平定准噶尔告成太学碑文》:"昔时准夷,弗恭弗谇。今随师行,为师候尉。"
肆:放纵,肆无忌惮。　蚁聚:如蚂蚁般聚集,形容结集者之多。　锄:根除,铲除。此二句,语本《宋大诏令集》卷二百一十九《政事七十二·武功下》:"缘蚁聚之未锄,致狼心之弗谇。"

[92]丑类:恶人,坏人。常用作对敌人的蔑称。　煽乱:煽动作乱。　怙冒:犹丕冒,谓广被之恩泽。　干:求。干诛,谓自寻死路,自取灭亡。此二句,亦本《宋大诏令集》同上卷:"于戏!丑类干诛,既已从于天讨;深仁布惠,庶永宥于吾民。"乾隆二十二年(1757)三月,大小和卓谋害阿敏道后,旋即打出"巴图尔汗国"旗号,并挟持煽动回人叛乱,一时之间,南疆诸城,相率相应。和宁《回疆通志》卷十二亦云:"自叶尔羌至库车、阿克苏、乌什、拜城、赛里木各城回人,皆为其挟持煽惑。"

[93]奋:振作。　天戈:指帝王之师。　荡平:扫荡平定。　秽颇:这里喻指大小和卓。秽,污秽;颇,偏邪。清廷将大小和卓送回南疆,本为让其招抚回部即维吾尔民众,然大小和卓野心勃勃,逆行倒施,在杀害阿敏道后,不但煽动回部

众人叛乱,小和卓霍集占还与准噶尔降人、安集延、布哈拉等地封建主相勾结,遂迫使清廷不得不采取武力平定叛乱的方略。乾隆二十三年(1758)初,任命雅尔哈善为靖逆将军,额敏和卓、哈宁阿为参赞大臣,顺德讷、爱隆阿、玉素卜为领队大臣,率军万余,以不肯服从大小和卓而投顺清廷的库车、拜城、阿克苏三城之阿奇木伯克鄂对为前导,讨伐大小和卓。清廷平定回部的战争,由此而正式拉开序幕。

[94]鹳鹅:皆军阵名。《左传·昭公二十一年》:"丙戌,与华氏战于赭丘。郑翩愿为鹳,其御愿为鹅。"杜预注:"鹳、鹅,皆陈名。"杨伯峻注:"古者兵有鹳、鹅之陈也。旧说江、淮谓群鹳旋飞为鹳井,则鹳善旋飞,盘薄霄汉,与鹅之成列正异,故古之陈法或愿为鹳也。"张衡《东京赋》:"火列具举,武士星敷,鹅鹳鱼丽,箕张翼舒。"薛综注:"鹅鹳、鱼丽,并阵名也。谓武士发于此而列行,如箕之张,如翼之舒也。"清军于乾隆二十三年三月在雅尔哈善率领下由吐鲁番进入南疆,五月初进至库车,旋即围攻库车城(位于今阿克苏地区库车市)。叛军在头目阿布都克勒木率领下,与清军交战,失利后,据城坚守。按,赋作自注所征引圣制诗,均见《十全集》卷十二《平定回部第四之一·诗二十八首》。

[95]夺气:挫伤锐气,丧失勇气。 托和鼐:亦作托和奈、托克乃,位于今阿克苏地区库车市牙哈镇托克乃村。《西域同文志》:"托和鼐,亦名雅哈托和鼐。雅哈,谓边界;托和鼐,谓路湾也。"清军屡攻库车城不克,而这时小和卓霍集占自沙雅尔率五千余人来援。清军采取典型的围点打援战法,派侍卫达克他那在托和鼐设伏,大败之,歼敌二千,霍集占逃入库车城。按,托和鼐与库车城间之距离,说法不一。清人傅恒等《西域图志》卷十五云:"托和鼐,在阿巴特西南一百四十里,西距库车城六十里。"徐松赋作自注则云:"在库车城东八十里。"

[96]褫魄:夺去魂魄。张衡《东京赋》:"罔然若酲,朝罢夕倦,夺气褫魄之为者也。"薛综注:"惘然如神夺其精气,又若魂魄亡离其身。" 鄂根河:即渭干河在库车境内之名,又名乌恰特河,系渭干河下游。今则统称渭干河,自沙雅尔(今阿克苏地区沙雅县)东南流三百五十里,经沙哈里克湖南,又东南流五里许折而向东,经玉古尔(今巴音郭楞蒙古自治州轮台县)南境注入塔里木河。《西域水道记》卷二《罗布淖尔所受水下》:"回语乌,指远处而言;恰特,村庄也。滨河旧有村庄。"霍集占逃入库车城后,曾出城迎战,清军领队大臣爱隆阿统兵截击,至鄂根河,迫其入水,又歼三千余人。重创之下,霍集占仅带八百多人,再次

逃入库车城内,遂闭门不出。按,赋作自注所征引圣制诗,见《十全集》卷十二
《平定回部第四之一·诗二十八首》)。

[97]探囊:比喻事情轻而易举。　孔易:极其容易。孔,甚,很。　纛:古代
军队或仪仗队的大旗。《西域水道记》卷二《罗布淖尔所受水下》:"追至鄂根河,
霍集占以兵三千渡河来援,左肩中矢。阵获其纛,霍集占自西门入城守。"中国
人民大学清史研究所编《清史编年》第五卷《乾隆朝上·乾隆二十三年》云:"是
役阵获大纛两杆,经辨认系霍集占的旗纛,清军始知来援库车者即霍集占。"按,
赋作自注所征引圣制诗句,见上文注释,其又云:"千余战士威风添,霍集占乃抱
头审。搴其大纛铜旗尖,咳首五色画旗幅。"

[98]长蛇:古代传说中一种凶残的大蛇。《山海经·北山经》:"大咸之山,
无草木,其下多玉。是山也,四方,不可以上。有蛇,名曰长蛇,其毛如彘豪,其音
如鼓柝。"郭璞《山海经图赞·长蛇》:"长蛇百寻,厥鬣如彘。飞群走类,靡不吞
噬。"后以喻贪残凶暴者。　遗毒:谓留下有毒之物。　困兽:被围困的野兽,喻
身处绝境之人。　抗颜:对抗天颜。傅恒等纂《平定准噶尔方略》前编卷首:
"(大小和卓)犹敢奋螳臂抗颜,行遮我将军于黑水。"

[99]一鼓:犹一举。　堂堂:谓军阵严整壮盛。耶律楚材《和孟驾之韵》:
"天兵一鼓下睢阳,旌旗整整阵堂堂。"雅尔哈善围攻库车,苦战数月,迟迟未能
破城。事先,鄂对曾建议于鄂根河增兵堵截霍集占,然雅尔哈善不听其言,不加
防备,以致霍集占于六月二十三日三更时分,率领四百余人乘间出库车城,渡鄂
根河,选精骑百余,由戈壁逃走。八月六日,守城的叛军头目阿布都克勒木亦乘
清军不备,复率四五十骑夜遁。如此一来,清军苦战数月,仅得空城一座。乾隆
盛怒之下,将雅尔哈善革职,另行委派兆惠代兵,进剿霍集占。霍集占从库车逃
往阿克苏,民众拒不开门,又逃往乌什,民众亦拒其入城,遂又往喀什噶尔方向逃
窜。霍集占逃至喀什噶尔后,与波罗泥都商定,各守一城,互为声援。于是,波罗
泥都率马步兵万余守喀什噶尔,霍集占则据守叶尔羌,负隅顽抗。在霍集占逃离
阿克苏后,阿克苏回人头目颇拉特呈献降文,故兆惠不发一矢,轻取阿克苏城。
接着,兆惠又率军向乌什进发,乌什首领霍集斯迎其入城。在霍集斯建议下,兆
惠旋即率军直逼叶尔羌。

[100]桓桓:谓军队威武雄壮。《十全集》卷二十一《平定回部第四之十·文
八首·平定回部告成太学碑文》:"桓桓我师,周行万里。"

[101]骋:尽情施展。　　射生:射生手的省文。谓精于骑射的武士。这里指由屯(生卒年不详),达斡尔族,姓孟尔丁氏,正黄旗宜卧奇屯(今内蒙古莫力达瓦达斡尔族自治旗)人。乾隆二十二年(1757),以副都统衔从征准噶尔部,擒获叛敌尼玛,领兵至伊犁。次年(1758),又从征大小和卓,以解黑水营之围有功,赐号克特尔克巴图鲁,赏一等轻车都尉兼云骑尉世职。二十四年(1759),从副将军富德至和阗。西域平定后,以功臣画像列于紫光阁。　　骁勇:犹勇猛。奋:振作。　　勋戚:有功勋的皇亲国戚。这里指明瑞(?—1768),字筠亭,富察氏,满洲镶黄旗人。乾隆二十一年(1756),以副都统衔授领队大臣征讨原辉特部台吉阿睦尔撒纳,至哈萨克境。因功擢户部侍郎,授参赞大臣,号承恩毅勇公。后随兆惠征讨霍集占有功,赐双眼花翎,加云骑尉世职。西域平定后,以功臣画像列于紫光阁。二十七年(1762),首任伊犁将军。三十年(1765),带兵镇压乌什事变。越二年,授云贵总督兼兵部尚书,率师远征缅甸,身陷绝境,逃脱二十余里后,自缢于树下。谥果烈,建旌勇祠于京师。《清史稿》卷三百二十七有传。

英贤:德才杰出的人。按,兆惠于十月六日进抵叶尔羌。又按,赋作自注所征引圣制诗,分见《十全集》卷二十一《平定回部第四之十·文八首·紫光阁五十功臣像赞·副都统克特尔克巴图鲁由屯》及卷十四《平定回部第四之三·诗三十首·赐明瑞》。

[102]奏:为,做成。　　肤公:大功。亦作肤功。奏肤公,语出《诗·小雅·六月》:“薄伐猃狁,以奏肤公。”毛传:“奏,为;肤,大;公,功也。”　　集:集合,聚集。　　爪士:即爪牙之士。本指卫士,这里犹言虎士。《诗·小雅·祈父》:“祈父!予王之爪士。”马瑞辰《通释》:“爪士,犹言虎士。《周官》虎贲氏属有虎士八百人,即此。《说苑·杂事篇》曰:‘虎豹爱爪,故虎士亦云爪士。’”　　摧坚:挫败坚锐的敌军。兆惠率军进逼叶尔羌之际,波罗泥都带三千骑兵、二千步兵自喀什噶尔来援霍集占,将叶尔羌城郊庄稼割尽,并将城郊维吾尔人通通赶进城内,坚壁清野。同时,在城东北五六里处,筑起一座高台固守。兆惠于十月六日进抵叶尔羌后,清军开始猛烈围攻,遂夺高台,声威大振,与霍集占军自凌晨战至黄昏,三战三捷,叛军只好退入叶尔羌城内。《西域水道记》卷一《罗布淖尔所受水上》亦有简略叙写,可参。

[103]兔三窟以走狡:即狡兔三窟典故,见《战国策·齐策》。这里喻指霍集占从库车城逃脱后,至喀什噶尔,后又入据叶尔羌,参上文注释[99]。　　鸡栖:

鸡栖息之所,即鸡窝。语出《诗·王风·君子于役》:"鸡栖于埘,日之夕矣,羊牛下来。"鸡连栖,谓鸡将窝连在一起,这里指波罗泥都据喀什噶尔、霍集占据叶尔羌,两城互为掎角之势,亦可参上文《注释》[99]。　苞乱:淫乱。《逸周书·时训》:"残虹不见,妇人苞乱。"朱右曾《校释》:"苞,丛也;丛乱,淫也。"亦喻作乱。这里指霍集占、波罗泥都二人联手以拒清军之事。

[104]谋:图谋,营求。　黑水:河名,又称喀喇乌苏,一作哈喇乌苏,为叶尔羌河上源。《西域同文志》:"蒙古语、回语同。哈喇,黑色;乌苏,水也。水色近黑,故名。"据《西域水道记》卷一《罗布淖尔所受水上》所述,黑水在叶尔羌城东南七十里处,其云:"泽普勒善河又东北流,潴为洴泊,水草之交,卢奴所潴,是为黑水,故回人称曰喀喇乌苏。"又云:"叶尔羌河二源,西源曰泽普勒善河,东源曰听杂阿布河,过叶尔羌城东而合,是为葱岭南河。"今则统称叶尔羌河。叶尔羌河为塔里木河四源之一,位于今喀什地区东南部,东北流经莎车县县治莎车镇,汇入塔里木河。　压卵:谓以山压卵,极言以强压弱。　齐盘:山名,即齐盘山,又称英伊什齐盘,一作英额齐盘,在叶尔羌城南。《西域同文志》:"英额齐盘,原音英伊什齐盘。英伊什,回语,下坡之谓;齐盘,帕尔西语,谓牧羊者。其地依山为庄,多游牧,故名。"《西域图志》卷十八:"英额齐盘,旧对音为英峨奇盘,在塔克布伊西南一百里。依山为庄,东北距叶尔羌城四百里。"由于兆惠所率清军人数仅有三千,加之从乌什出发,行走戈壁一千五百里,人马俱疲,不足以合围叶尔羌城,只得暂在城南黑水河畔有水草处,安营扎寨,故名黑水营。十月十三日,据侦查得知,霍集占的牧群均在城南齐盘山。于是,兆惠亲率千人,准备从河桥上南渡,攻打齐盘山下泽勒普善河南岸叛军兵营。不料,清军刚渡过四百余人,河桥忽然坍塌。此时,霍集占叛军从四面攻来,清军且战且退,凫水回营。而霍集占叛军万余人,遂亦结营,包围清军,前后长达三月之久,史称"黑水营之围"。

[105]弩末:即强弩之末,比喻力量已趋衰弱。按,赋作自注所征引圣制《平定回部碑》,即《平定回部告成太学碑》,见《十全集》卷二十一《平定回部第四之十·文八首》。而《我师》一诗,赋作自注误作《西师》,当为徐松疏忽所致。其所征引诗句,实为《我师》首二句,见《十全集》卷十三《平定回部第四之三·诗三十首》。

[106]畴:疑问代词,谁。　厉:勇猛。《左传·定公十二年》:"与其素厉,宁为无勇。"杜预注:"厉,猛也。"力战畴厉,这里指三格战死之事。三格(?—

1758),栋鄂氏,满洲正白旗人,卒谥刚勇。《清史稿》卷三百十五有传。　血勇:
犹血气之勇,古人以为生自血液的勇气。《燕丹子》卷中:"血勇怒而面赤,脉勇
怒而面青,骨勇怒而面白。"　殚:用尽,竭尽。血勇谁殚,这里指高天喜战死之
事。高天喜(? —1758),甘肃省西宁府(今青海西宁市)人,卒谥果义。《清史
稿》卷三百十五有传。河桥坍塌后,兆惠所率清军遭遇霍集占叛军猛烈遮杀。
霍集占从城中派出骑步兵一万五千人,将渡河清军团团围住。当时,总兵高天喜
在后抢修河桥,听闻兆惠陷于敌阵,处境危急,遂冲锋救援,结果被围,战至力竭
而阵亡。副都统三格护卫兆惠,亦战死。西域平定后,三格与高天喜二人均以功
臣画像列于紫光阁。按,赋作自注所征引圣制诗,分见《十全集》卷二十一《平定
回部第四之十·文八首·紫光阁五十功臣像赞》之《原副都统骑都尉又一云骑
尉三格》及《原领队大臣甘肃提督总兵官高天喜》。此外,《十全集》卷十六《平
定回部第四之五·诗四十六首》还有《惜阵亡总兵高天喜诗》。

[107]惟:语助词。　鄂:这里指鄂实。鄂实(? —1758),西林觉罗氏,满洲
镶蓝旗人,为捐躯伊犁的参赞大臣鄂容安之弟,卒谥果壮。《清史稿》卷三百十
五有传。　特:这里指特通额。特通额(? —1758),钮祜禄氏,满洲镶黄旗人,
为原定西将军策楞之子。《清史稿》卷三百十四有传。西域平定后,鄂实与特通
额二人亦均以功臣画像列于紫光阁。按,据《西域水道记》卷一《罗布淖尔所受
水上》记载,阵亡时,鄂实为前锋领侍卫,特通额为前锋侍卫。又按,《十全集》卷
二十一《平定回部第四之十·文八首·紫光阁五十功臣像赞》有《原参赞大臣前
锋统领骑都尉又一云骑尉鄂实》。

[108]义:义士的省文。谓忠烈之士,即指忠于国家、为国捐躯的人。双义,
这里指阵亡的纳穆扎尔与三泰。纳穆扎尔(? —1758),亦作纳穆札尔,图伯特
氏,蒙古正白旗人,都统拉锡之子,卒谥武毅,祀昭忠祠。《清史稿》卷三百十二
有传。三泰(? —1758),石氏,汉军正白旗人,都统观音保之子,卒谥果勇。《清
史稿》卷三百十二有传。　凛然:严肃,令人敬畏的样子。兆惠率军渡河的当日
即十月十三日,新任命接替雅尔哈善的靖逆将军纳穆扎尔与参赞大臣三泰,率精
兵二百人前赴黑水营,接应兆惠。途中,夜遇霍集占叛军三千人,仓促迎战。纳
穆扎尔身陷重围,力战矢尽,遂殁于阵。三泰坠马,徒步击贼,中创而死。据《西
域水道记》卷一《罗布淖尔所受水上》记载,纳穆札尔被肢解于叶尔羌城西门。
西域平定后,纳穆扎尔与三泰二人均以功臣画像列于紫光阁。按,赋作自注所征

引圣制诗,见《十全集》卷十四《平定回部第四之三·诗三十首》。此外,《十全集》卷二十一《平定回部第四之十·文八首·紫光阁五十功臣像赞》有《原靖逆将军三等义烈公工部尚书纳木扎尔》及《原参赞大臣三等子户部侍郎副都统三泰》。

[109]惟:语助词,用于句首或句中,以加强语气。按,赋作自注所征引圣制诗,见《十全集》卷十三《平定回部第四之二·诗五十首》,并自注云:"将军富德、参赞大臣舒赫德等闻此信,各羽檄催进,其领队大臣、侍卫等无不切齿逆回,寝皮食肉,人人同恨,计十二月中可至叶尔奇木。"

[110]顽:凶恶之人,这里指叛军。按,赋作自注所征引圣制诗,见《十全集》卷十三《平定回部第四之二·诗五十首·冬至南郊述事》,并于"背恩戕使先开衅"句下注云:"逆回大小两和卓木,为厄鲁特拘系有年矣,自大兵定伊犁,始释其囚,俾长故地。乃狼子野心,竟致反噬,戕我副都统阿敏道。衅由逆启,申讨非得已也。"

[111]窖:藏粮食的地窖。　斯:助词,起调整音节作用。　丸:弹丸。窖米树丸,这里指黑水营被围后,兆惠率军坚守待援的情况。自十月十三日黑水营被围,霍集占叛军就急于一举歼灭清军。叛军见黑水营一时难以攻破,便掘壕筑垒,起立高台,从上面对黑水营施放枪炮。十月二十二日,叛军在黑水上游掘开渠水,冲灌黑水营。兆惠等派遣官兵预先挖掘沟渠,遂趁势将水引入下游河中。如此一来,不但避免了此次水灾,而且还解决了军队吃水问题。霍集占见水攻无济于事,便又掘沟潜伏,以芦苇、土石做掩蔽,欲偷袭黑水营,但还是被清军击退。激怒之余,霍集占命叛军对黑水营密集施放鸟枪,结果弹丸都打在树上。而此时,清军则砍树为薪,并得亿万弹丸,借以补充弹药。同时又意外掘得窖藏大米等粮食,从而解决了军粮问题。按,赋作自注所征引圣制诗,见《十全集》卷十六《平定回部第四之五·诗四十六首》。

[112]作:振起,振奋。　士气:军队的斗志。　敌忾:抵抗所愤恨的敌人。钦:敬佩,仰慕。《尔雅》:"钦,敬也。"　睿算:圣明的决策。白居易《贺平淄青表》:"皇灵有截,睿算无遗。妖氛廓清,遐迩庆幸。"　烛先:洞烛机先(亦作洞烛先机)的省文。指预先知晓、洞悉决定未来形势的时机。

[113]信:果真,的确。　虎臣:喻勇武之臣。　矫矫:勇武貌。虎臣矫矫,语本《诗·鲁颂·泮水》:"矫矫虎臣,在泮献馘。"郑玄笺:"矫矫,武貌。"　振

77

旅:谓整队班师。   阗阗:众多而盛大貌。振旅阗阗,语见《诗·小雅·采芑》:
"伐鼓渊渊,振旅阗阗。"毛传:"入曰振旅,复长幼也。"高亨注:"阗阗,兵势众盛
貌。"黑水营被围之后,十一月十四日,乾隆命定边右副将军富德、参赞大臣阿里
衮、爱隆阿、福禄、舒赫德赴援兆惠,要求无论何队兵力,惟择马力有余者,作速前
往,"惟应援兆惠为要"。霍集占闻听,便拼命进攻黑水营。十一月二十二日,乾
隆又部署明春剿回之役:若援师抵叶尔羌与兆惠合兵能剿灭霍集占固佳,如一时
不能就绪,则"必应全师回至阿克苏等处",明春整兵再进。次年即乾隆二十四
年(1759)正月六日,富德督军进抵呼尔璊(今喀什地区巴楚县阿克萨克马热勒
乡),与霍集占叛军五千骑兵遭遇,展开激战。战斗持续五天四夜,刚好阿里衮
自巴里坤督解马匹到来,于是清军便分翼冲杀,将叛军击溃。战斗中,清军杀敌
千余,创伤尤众。前来助战的大和卓波罗泥都胁下中鸟枪,由部下抬回叶尔羌城
后,偷偷逃回喀什噶尔。是役,史称"呼尔璊大捷"。正月八日,正当富德在呼尔
璊等地鏖战之时,被围于黑水营的兆惠一军遥闻北面有枪炮之声,知援兵已到,
于是乘夜选兵千余,架竖云梯,分为两翼,奋力冲出,焚烧贼堡,阵斩叛军千余,生
擒五十五人。正月十四日,富德等与兆惠会合,黑水营之围遂解。兆惠等被围三
月之久,本无生望,解围之际,莫不喜极而泣。于是,两军整队,返回阿克苏,进行
休整。

    [114]螳拒隆车:同"螳臂当车"。谓螳螂奋举腿臂以阻挡车轮,喻自不量
力。   鱼游沸鼎:同"鱼游釜中"。谓鱼儿在沸腾的鼎里游动,喻危亡在即。

    [115]乘雾行空:谓乘着雾气而奔走如蛇行太空。   望风绝影:谓听到风声
就跑得无影无踪。兆惠早在乾隆二十三年(1758)八月进攻叶尔羌时,就曾派鄂
对同侍卫噶布舒、齐凌扎卜等去招抚和阗六城。和阗回人将鄂对等迎接进城,和
阗所属哈喇哈什、玉陇哈什、塔克、齐尔拉、克拉底雅等五城伯克,也相继降清。
而黑水营之围时,和卓叛军的一支曾去侵扰和阗。黑水营解围后,乾隆于二十四
年(1759)二月十九日部署救援被围的额里齐、哈喇哈什等和阗二城。二月二十
日,奉兆惠之命前往和阗解围的瑚尔起率军抵达和阗达里雅河,询知二城在伯克
鄂对及侍卫齐凌扎卜坚守下尚未失陷,但形势危急。三月三日,额里齐、哈喇哈
什为霍集占所遣回兵攻陷,和阗其他四城也相继陷落。于是,乾隆急命富德赴
援。三月十六日,又责兆惠、富德速往救援和阗。四月十六日,富德兵至和阗附
近哈塔里,与前此往援的副都统瑚尔起会合。时瑚尔起已收复二城,嗣后玉陇哈

什、齐尔拉、克拉底雅等城也相继收复。四月二十二日,富德抵达额里齐城,和阗六城的伯克、阿珲及回民数千人携壶浆跪迎。至此,和阗遂定。大和卓波罗泥都在叶尔羌受伤逃回喀什噶尔后,向小和卓霍集占提议降清,然霍集占不肯。于是大小和卓分别派人到巴达克山、浩罕等处,联系逃跑。霍集占在五月间就将家眷行李迁到叶尔羌西面羌呼勒之赫色勒塔克,准备在清军到来时能随即逃往巴达克山。按,赋作自注所征引圣制诗,见《十全集》卷十四《平定回部第四之三·诗三十首》。

[116]三单:犹言三军。《诗·大雅·公刘》:"其军三单,度其隰原,彻田为粮。"毛传:"三单,相袭也。"郑玄笺:"大国之制三军,以其余卒为羡。今公刘迁于豳,民始从之,丁夫适满三军之数。单者,无羡卒也。"乾隆二十四年(1759)六月初,清军分两路对大小和卓发起总攻。一路由富德率领,于六月二日从和阗启程,往取叶尔羌,和阗六城伯克派兵六百五十名从军效力。一路由兆惠率领,于六月十一日从乌什出发,往攻喀什噶尔。两路大军,各有一万五千余人。按,赋作自注所征引圣制《赐兆惠书扇》诗,即《赐将军兆惠书扇》,见《十全集》卷十四《平定回部第四之三·诗三十首》。而《喀什噶尔回众投诚》诗,即《哈什哈尔回众投诚诗以纪事》,亦见《十全集》卷十四。哈什哈尔,即喀什噶尔。《十全集》自注云:"回酋兄弟,分处两城,枝梧策应。命将军兆惠等,由乌什往哈什哈尔、富德等由和阗往叶尔奇木,率兵同时并进,令其首尾不救,以期俘获。"叶尔奇木,即叶尔羌。

[117]巢覆:比喻覆灭。　横奔:狂奔乱跑。　榛除息梗:意谓芟除秽草,常比喻灭除盗寇。当清军发起总攻之际,大和卓波罗泥都遂于六月二十七日抢掠喀什噶尔回人后,由玉鲁克岭(今喀什地区疏附县西南)逃往巴达克山(也作拔克达山、拔达山)汗国。小和卓霍集占则于闰六月初二日抢掠叶尔羌回人后,由伯克和罗木渡口,亦向巴达克山汗国逃去。大小和卓在羌呼勒会合后,一起继续逃往巴达克山汗国。这样,兆惠与富德两路大军顺利进入喀什噶尔、叶尔羌。

[118]耳叠双:这里指双耳山,旧作霍斯库鲁克岭,后作和什库珠克岭,位于新疆西南葱岭中、塔吉克斯坦东北部喀拉湖之西。《西域同文志》:"回语库珠克,机轴也。两峰之间,路径屈折如之,故名。"《西域图志》卷二十三:"和什库珠克达巴,旧音霍斯库鲁克,在葱岭中阿喇楚勒东一百里。乾隆二十四年,参赞大臣明瑞在此大败大小和卓。"光绪四年(1878),于其地设置卡伦,隶喀什噶尔地

方当局。十年(1884),《中俄续勘喀什噶尔界约》签订后,为沙俄所占。　仰攻:从低处向高处进攻。六月二十八日,参赞大臣明瑞领兵至霍斯库鲁克岭,见和卓叛军约六千余人据岭固守。时清军只有骑兵九百人,奋勇仰攻,鏖战三时,叛军大败,被杀被俘五百余人,其余越岭向巴达克山而逃。是役,史称"霍斯库鲁克之战"。按,赋作自注所征引圣制诗,见《十全集》卷十九《平定回部第四之八·诗五十三首·霍斯库鲁克之战》。

[119]角先折:这里喻指清军先冲断了叛军之一翼。　威逞:逞威的倒文。犹言耍威风。霍斯库鲁克之战后,富德、阿里衮、明瑞三队会合,拣选四千人往追大小和卓。七月九日,富德与明瑞率军至阿尔楚尔山(位于今塔吉克斯坦东北部)。霍集占精兵伏于阿尔楚尔两峰顶上,以诱清军深入谷口。富德与明瑞商议,决定以火器营为中军攻坚,另派两支奇兵为左右翼,攻取阿尔楚尔山。战至薄暮,叛军被杀千余人,被擒五十多人,头目阿布都克勒木等数人被剿杀,其余披靡逃窜。是役,史称"阿尔楚尔之战"。乾隆作《阿尔楚尔之战》诗以纪之,见《十全集》卷十九《平定回部第四之八·诗五十三首》。阿尔楚尔之战后,清军乘胜急追,日行百余里,于七月十日追至伊西洱库尔淖尔(又作叶什勒库勒淖尔,即今塔吉克斯坦的雅什库里湖)。该地属巴达克山界,地势险要,山高石危,隘口数十里,仅容单骑。此时,大和卓波罗泥都先占据山岭,小和卓霍集占则率军阻绝隘口,共同抗拒清军。富德等议定,先行分兵在伊西洱库尔淖尔以西通巴达克山要隘堵截,富德等尾随敌踪,整队前进。叛军拥塞,无所逃遁。富德乃令霍集斯、鄂对竖起回纛,大呼招降,降者蔽山而下。霍集占在山头阻拦,然制止不住。至十一日黎明,清军共俘获叛军一万二千余人,牲畜万计。霍集占无奈之余,夺取马匹,携其妻子、亲信三四百人,绕过山峰,与其兄波罗泥都一起逃往巴达克山汗国。阿里衮等选兵二百,越岭继续寻踪追剿。是役,史称"伊西洱库尔淖尔之战"。乾隆作《伊西洱库尔淖尔之战》诗以纪之,见《十全集》卷十九《平定回部第四之八·诗五十三首》。另,乾隆还专门撰文,在其地树立了《平定回部勒铭伊西洱库尔淖尔之碑》,以纪其功,碑文见《十全集》卷二十一《平定回部第四之十·文八首》。按,赋作自注所征引圣制诗,见《十全集》卷十五《平定回部第四之四·诗五十九首·副将军富德等追及两和卓木大胜回军捷音至作歌纪事》。

[120]馘(guó):同"聝"。战争中割取敌人的左耳以献功。《说文》:"聝,军战断耳也。"《诗·大雅·皇矣》:"执讯连连,攸馘安安。"毛传:"馘,获也。不服

者,杀而献其左耳曰馘。"这里用如名词,指所割之耳。《左传·僖公二十二年》:
"楚子使师缙示之俘馘。"杜预注:"俘,所得囚;馘,所截耳。"　心倾:倾心的倒
文。这里喻谓诚心归顺。　首:头,这里指霍集占的头颅。　函:这里用如动词,
指用匣子或封套装盛。　路迥:路途遥远,这里指巴达克山汗国地处极西偏远之
地,即赋作自注征引圣制诗所云"月窜(cuì)"(意为月窟,喻指极西之地)。大小
和卓进入巴达克山汗国后,清军遣使往谕,宣示和卓罪状,要求当地协助擒获。
当时,大小和卓抢掠村落,遭到衮都村、锡克南村等地酋长的截击。巴达克山汗
国的素勒坦沙,也在阿尔浑楚哈岭与大小和卓交战数次。七月二十八日,素勒坦
沙邀大小和卓入城,大和卓波罗泥都即入,而小和卓霍集占则率余众于城外扬
言,若将清军使者交出,情愿为素勒坦沙奴仆。被拒绝后,霍集占随即又抢掠村
庄。素勒坦沙遂将波罗泥都拘役,又领兵数千,将霍集占擒获。然而,此时素勒
坦沙首鼠两端,借词拒不呈献大小和卓。富德等一再遣使严索,至九月九日,侍
卫额尔登额派人面见素勒坦沙,据称原将霍集占送往柴扎卜拘禁,因有痕都斯坦
部遣人前来索取,霍集占又欲潜通巴达克山仇国塔尔巴斯,为免后患,乃将霍集
占、波罗泥都杀戮。经查验,霍集占之尸属实,但掩埋波罗泥都的地方却虽有血
迹而无尸骸。富德据报,相信大小和卓均已死亡。当日,素勒坦沙遣人将霍集占
首级函送京师,并将目睹波罗泥都被杀的多索不等一干人押送至京,以作证人。
至此,继平定北疆之后,南疆亦告平定,新疆南北归于统一。按,赋作自注所征引
圣制诗,分见《十全集》卷十五《平定回部第四之四·诗五十九首》之《副将军富
德奏报拔达山汗素尔坦沙献逆贼霍集占首级并以全部纳款称臣信至诗以纪事》
及《御午门受俘馘》。午门受俘,事在乾隆二十五年(1760)正月十一。当日,兆
惠等函送小和卓霍集占首级至京,行献俘礼,乾隆亲御午门楼,命悬霍集占首级
于通衢。又按,经长期查访,直至乾隆二十八年(1763)三月初一日,始由叶尔羌
办事尚书新柱查明,大和卓波罗泥都尸首被潜瘗于巴达克山汗国牌祖阿巴特,遂
由其汗素勒坦沙交出。经验明无误,将波罗泥都尸骸"盛匣封固",并其妻子属
人,派员解送京师。

[121]秉:握住,手持。　齐斧:用以征伐之斧,指象征帝王权利的黄钺。
戡乱:平定叛乱。按,赋作自注所征引圣制诗,见《十全集》卷十八《平定回部第
四之七·诗七十一首·咏拔达克山汗素尔坦沙所进斧》。据其诗序,素勒坦沙
所献之斧,为"白金镂错文,盖回制所重也"。又,素勒坦沙献斧之事,在午门受

俘前一日,时霍罕、巴达克山使臣首次入京觐见,乾隆召见两国使臣,并于丰泽园大幄处设宴款待。

[122]搴:拔取。《吴子·料敌》:"然则一军之中,必有虎贲之士,力轻扛鼎,足轻戎马,搴旗斩将,必有能者。" 嘛尼:梵文意为如意宝,据说此宝藏在海龙王脑内,若得此宝,则无宝不聚,故又称聚宝。藏传佛教加以吸收,成六字真言"唵嘛呢叭咪吽"。而将嘛尼等字以藏文形式印在旗帜之上,则称嘛尼纛。 服猛:谓降伏凶猛之敌。按,赋作自注所云《方略》,即傅恒等纂《平定准噶尔方略》,而所征之语,见其正编卷五十七。

[123]极:至,到达。《诗·大雅·崧高》:"崧高维岳,骏极于天。"郑玄笺:"极,至也。" 勃律:唐对柯尔克孜族的称谓,清则称布鲁特,可参上文注释[16]、下文注释[514]。 投烽:投弃烽火。常与"释警"连用,意谓天下太平。释警,解除警戒。彭大翼《山堂肆考》卷二百二十九《补遗·丹冥青徼》:"《文选》:'丹冥投烽,青徼释警。'丹冥,南方远地;青徼,东方远地。投去烽火,释舍戍候,言天下治平也。"按,赋作自注所征引圣制诗,见《十全集》卷十九《平定回部第四之八·诗五十三首·乌什战图补咏·献谍》。

[124]被:及,到达。这里与"极"近义对举。 筠冲:麦加古名,即赋作上文所云墨克、下文所云天方,可参上文注释[46]。按,赋作自注所征引圣制诗,见《十全集》卷十五《平定回部第四之四·诗五十九首·瀛台赐宴拔达山来使即席得句》。

[125]引凤:引来的凤凰,这里比喻美妙的声乐。 奏:演奏,吹奏。传说舜时奏《箫韶》九章而使凤凰来仪,见《书·益稷》:"箫韶九成,凤凰来仪。" 天方:即麦加,可参上文注释[46]、[124]。按,赋作自注所征引圣制诗,见《十全集》卷十五《平定回部第四之四·诗五十九首·正元太和殿朝会庸作歌》。听,赋作自注误作引,当为徐松疏忽所致。

[126]炳云:光明的彩云,这里比喻斐然的文采。 书:书写,记载。 伊洱:即伊西洱库尔淖尔。按,淖尔及碑文事,可参上文注释[119]。

[127]矼(gòng):飞至,极言到达之迅速。《字汇》:"矼,飞至也。"扬雄《甘泉赋》:"登椽栾而矼天门兮,驰间阖而入凌兢。" 窑器:陶瓷器。 龙泉:这里指龙泉盘子。按,赋作自注所征引霍罕(即浩罕)伯克纳禄博图贡龙泉盘子事,见《十全集》卷十九《平定回部第四之八·诗五十三首·咏龙泉盘子》,其序云:

"向侍卫自吐鲁番回者,曾携一盘至,亦即有事纪之,此盘乃霍罕所贡。霍罕、安集延部类相近,而霍罕为之长,旧伯克额尔德尼,今其侄纳禄博图袭为伯克。其地盖远于吐鲁番数倍,使使者贡万寿,并告新用事,因成是什录实。"

[128]写:输送。《字汇》:"写,输也。"《史记·秦始皇本纪》:"发北山石椁,乃写蜀、荆地材皆至。"这里谓进贡。　裹蹄:马蹄形的金银。　麒趾:麒麟足形的金银。《汉书·武帝纪》:"今更黄金为麟趾、裹蹄以协瑞焉。"颜师古注:"武帝欲表祥瑞,故普改铸为麟足、马蹄之形以易旧法耳。今人往往于地中得马蹄金,金甚精好,而形制巧妙。"按,赋作自注所征引圣制诗,见《十全集》卷十九《平定回部第四之八·诗五十三首》。

[129]集:集合,聚集。　和通:西蒙古厄鲁特对回人(维吾尔人)的称呼。《西域图志》卷四十八:"准噶尔人称回人为和通。"按,赋作自注所征引圣制诗,见《十全集》卷十六《平定回部第四之五·诗四十六首·海努铜印》。

[130]流:流通,特指货币的流转。　普尔:即普尔钱,为南疆维吾尔族人通行的一种铜钱。乾隆间《皇朝通志》卷八十九:"回部之叶尔羌、喀什噶尔、和阗城,旧有钱文,名曰普尔,以红铜为之,重二钱。制小而厚轮郭,外周而中无方孔。每五十钱当银一两,谓之腾格。"按,赋作自注所征引圣制诗,见《十全集》卷十七《平定回部第四之六·诗四十首·紫光阁落成锡宴联句》。又按,此句实为梁诗正(1697—1763)所作联句,而非乾隆本人所作,故不应称之为"圣制诗",当为徐松疏忽所致。

[131]佩:佩带。　偃月:即偃月刀,刀头形似半月,故名。按,赋作自注所征引圣制诗,见《十全集》卷十七《平定回部第四之六·诗四十首》。

[132]横:充溢。《礼记·祭义》:"置之而塞乎天地,溥之而横乎四海。"秋水:形容剑光冷峻明澈。韦庄《秦妇吟》:"匣中秋水拔青蛇,旗上高风吹白虎。"按,赋作自注所征引圣制诗,见《十全集》卷十六《平定回部第四之五·诗四十六首》。其序云:"逆酋小和卓木霍集占所佩,副将军富德大胜之于伊西洱所获也,凯旋奏进,诗以识之。"

[133]衔:包含,蕴含,这里指玉制的匕首把柄顶端内还含有小铁球。按,赋作自注所征引圣制诗,见《十全集》卷十九《平定回部第四之八·诗五十三首》。

[134]四喜:即四喜壶,指以文字或人物、花鸟、故事表示人生福、禄、寿、喜等四喜的一种水壶。按,赋作自注所征引圣制诗,见《十全集》卷二十《平定回部

第四之九·诗四十六首》。

[135]海青:即海东青,一种凶猛而珍贵的鸟,属雕类,主要产于黑龙江下游及附近海岛,新疆、中亚一带也有。庄季裕《鸡肋编》卷下:"鸷禽来自海东,唯青鸦最嘉,故号海东青。" 鞲(gōu):一种革制臂套,打猎时用以停立猎鹰。亦作"韝"。《说文》:"韝,射臂决也。"按,赋作自注所征引圣制诗,见《十全集》卷十八《平定回部第四之七·诗七十一首·白鹰歌》,其所云白鹰,由霍罕汗(即浩罕汗)额尔德尼进献,时为乾隆二十七年(1762)。而赋作自注所云霍罕又贡白海青事,则见《十全集》卷十九《平定回部第四之八·诗五十三首·白海青歌》,时为乾隆二十九年(1764)。

[136]石蜜:一种含糖量最高的葡萄,即无核白葡萄,主要产于吐鲁番盆地,维吾尔人称为奇石蜜食。蜜,亦作密。 包匦(guǐ):裹束而置于匣中。一说,包裹缠结。《书·禹贡》:"包匦菁茅。"蔡沉《集传》:"匦,匣也。既包而匣之,所以示敬也。"孔颖达疏引郑玄曰:"匦,犹缠结也。重之,故既包裹而又缠结也。"后以为贡物之代称。左思《吴都赋》:"职贡纳其包匦,《离骚》咏其宿莽"。按,赋作自注所征引圣制诗,见《十全集》卷十八《平定回部第四之七·诗七十一首·奇石密食》。

[137]豆:古代一种盛食物的器皿,形似高脚盘,也用作礼器。 识:认识,识别。按,赋作自注所征引圣制诗,见《十全集》卷十四《平定回部第四之三·诗三十首》。

[138]匠:木工,也泛指匠人。 镂:刻。 噭(fá)噜:这里指噭噜匦,也叫噭噜篘,为维吾尔汗王、贵族用以贮藏饮料的一种器皿,其腹围常镂刻祷祝文字。按,赋作自注所征引圣制诗,见《十全集》卷十六《平定回部第四之五·诗四十六首·咏回铜噭噜篘器叠去岁避暑山庄咏唐时回铜器韵》。真,赋作自注误作直,当为徐松疏忽所致。

[139]表:文体名,奏章的一种。 陈:述说,陈述。 噜克霭:当为波斯语,表笺之谓。 笺:供题诗写信等用的精美纸张。按,赋作自注所征引圣制诗,见《十全集》卷十八《平定回部第四之七·诗七十一首》。

[140]陀犁克:维吾尔人对史书的称呼。《西域图志》卷四十八:"回书有名《陀犁克》者,如内地之史,字书名《阿里卜》,回经名《库鲁安》,医书名《惕普奇塔普》,农书名《哩萨拉》,占候之书名《鲁斯纳默》,全书凡四百种。"按,《十全

集》卷十六《平定回部第四之五·诗四十六首·咏回铜噎噜篘器叠去岁避暑山庄咏唐时回铜器韵》序云:"叶尔奇木、哈什哈尔世,不乏一二见者,其缘起载《陀犁克》云云。"

[141]既:已,已经。　四译:四种不同语言的翻译。既通四译,这里喻指南疆的平定。按,明清两代,随着对外关系及民族内部交往的发展,语言文字的翻译日益受到统治者重视,故设置专门翻译边疆民族及邻国语言文字的机构。明称四夷馆,清初改称四译馆,乾隆十三年(1748),又与会同馆合并,更名会同四译馆,光绪二十九年(1903),裁撤之。又按,赋作自注所征引圣制诗,见《十全集》卷十八《平定回部第四之七·诗七十一首》之《上元灯词八首》其六。

[142]爰:于是,乃,表承接关系。　八城:清中期以后对塔里木盆地周围各城的统称。乾隆二十四年(1759)平定西域后,陆续在南疆建立喀什噶尔、英吉沙尔、叶尔羌、和阗、乌什、阿克苏、库车、哈喇沙尔等八城。嘉庆间,称"南八城"或"八城"。道光间,又有"东四城"与"西四城"之分,阿克苏、乌什、库车、哈喇沙尔为东四城,喀什噶尔、英吉沙尔、叶尔羌、和阗为西四城。八城各设有办事大臣、领队大臣,掌理各地军政事宜,而统辖于总理南疆事务参赞大臣。

[143]疏勒:参上文注释[2]。　参赞:职官名,即参赞大臣,这里指喀什噶尔参赞大臣。《清史稿》卷一百十七《职官四》:"喀什噶尔参赞大臣、帮办大臣,各一人。"喀什噶尔参赞大臣亦称"总理回疆事务参赞大臣",为清廷所设管理南疆的最高行政长官,统辖南疆八城事务。乾隆二十四年(1759)始设,驻喀什噶尔城(位于今喀什地区喀什市)。二十七年(1762),伊犁将军设立后,喀什噶尔参赞大臣归其节制。三十年(1765),参赞大臣移驻乌什,称乌什参赞大臣。五十二年(1787),重新移驻喀什噶尔。又,《西域水道记》卷一《罗布淖尔所受水上》:"其旧土城不成方圆,周三里七分余,东面二门,西、南面各一门。二十七年,参赞永公贵于旧城西北波罗泥都之园塞尔们庄建镇城,高一丈四尺,周二里五分,门四:东承恩、西抚羌、南彰化、北辟远。三十六年,定城名曰徕宁。"亦可参上文注释[10]。

[144]环列:围绕布列。　卫:边卫,明清时边境地区所设的卫所。这里指喀什噶尔城卫,即所谓卡伦,可参下文注释[507]、[508]。

[145]分屯:犹分驻。《汉书·赵充国传》:"愿罢骑兵,留弛刑应募,及淮阳、汝南步兵与吏士私从者,合凡万二百八十一人,分屯要害处。"　营:军营。驻喀

什噶尔军队均为换防兵,即不带家属,轮流更替,分属满营、绿营、锡伯营、索伦营等四营。其中,满营兵三百三十人,由乌鲁木齐换防;绿营六百二十五人,由西宁及乌鲁木齐等处换防;锡伯营与索伦营各九十六人,由伊犁换防。

[146]徙多:河名。《大唐西域记》卷十二《朅盘陀国》云:"朅盘陀国周二千余里,国大,都城基大石岭,背徙多河,周二十余里。"钟兴麒《西域地名考录》认为,朅盘陀国在今塔什库尔干境,徙多河即今塔什库尔干河。塔什库尔干河为叶尔羌河的主要支流之一,发源于新疆与阿富汗交界处的克克吐鲁克山,流经喀什地区塔什库尔干塔吉克自治县、克孜勒苏柯尔克孜自治州阿克陶县境内,于阿克陶县塔尔乡东部的两河口,汇入叶尔羌河。而赋作自注所云乌兰乌苏河,即今克孜勒河,发源于克孜勒苏柯尔克孜自治州乌恰县西北阿赖岭和铁列克套山,流经喀什地区疏附县、喀什市,又东北流,称喀什噶尔河。《西域水道记》卷一《罗布淖尔所受水上》:"蒙古语谓赤为乌兰,是曰乌兰乌苏河。回语谓赤为赫色勒,故又曰赫色勒河。"

[147]磐橐:这里指古疏勒国境内的磐橐城。按,赋作自注所征引《后汉书》疏勒磐橐城事,见《后汉书·西域传》:"安帝元初中,疏勒王安国以舅臣磐有罪,徙于月氏,月氏王亲爱之。后安国死,无子,母持国政,与国人共立臣盘同产弟子遗腹为疏勒王。臣盘闻之,请月氏王曰:'安国无子,种人微弱,若立母氏,我乃遗腹叔父也,我当为王。'月氏乃遣兵送还疏勒。国人素敬爱臣磐,又畏惮月氏,即共夺遗腹印绶,迎臣磐立为王,更以遗腹为磐橐城侯。" 峥嵘:高峻貌。

[148]依耐:古西域国名,王治当在今阿克陶恰尔隆乡以西与塔什库尔干塔吉克自治县交界处一带。土地贫瘠,少谷,寄田疏勒、莎车。汉宣帝神爵二年(前50),始属西域都护。三国时附于疏勒。唐时曰乌铩,为朱驹所并。 新建:这里指维吾尔语英吉沙尔,谓新建之城,可参上文注释[13]。

[149]领队:职官名,即领队大臣。这里指英吉沙尔领队大臣,隶属喀什噶尔参赞大臣。《清史稿》卷一百十七《职官四》:"英吉沙尔领队大臣一人。"注云:"兼管卡伦。"乾隆二十四年(1759),设总兵。三十一年(1766),改设领队大臣。 附庸:附属依托。沈亚之《谪掾江斋记》:"然则吾以为肝者,胆附庸其中。"

[150]架:超越,凌驾。 沙梁:状如脊梁的沙丘。 横亘:绵延横陈。实:确实,实在。 咽喉:喻指扼要之处。 婴:颈。《释名》:"喉下称婴。"这里

用如动词,系在颈上。咽喉之所婴,喻指扼要之所在。按,赋作自注所云图木舒克河,即今库山河,发自阿克陶县西南羌珲山,大致由南至北流经阿克陶县、英吉沙县、疏附县,入于沙漠。徐松曾于嘉庆二十一年(1816)四月中旬夜过其桥,见《西域水道记》卷一《罗布淖尔所受水上》。

[151]叶奇:即叶尔羌之初名叶尔奇木,急呼为叶奇,参上文注释[10]。按,赋作自注所征引圣制诗,见《十全集》卷十六《平定回部第四之五·诗四十六首·海努铜印》。

[152]和阗:参上文注释[15]。　爰:介词,犹于。　基:地基,墙脚。《说文》:"基,墙始也。"按,赋作自注所征引《西域记》于阗建城事,见《大唐西域记》卷十二《瞿萨旦那国》:"至期兵会,旗鼓相望,旦日合战。西主不利,因而逐北,遂斩其首。东主乘胜抚集亡国,迁都中地,方建城郭,忧其无土,恐难成功,宣告远近:'谁识地理?'时有涂灰外道,负大瓢,盛满水而自进曰:'我知地理。'遂以其水屈曲遗流,周而复始,因即疾驱,忽而不见,依彼水迹,峙其基堵,遂得兴功,即斯国治,今王所都于此也。城非崇峻,攻击难克,自古已来,未能有胜。"

[153]斯:这里统指叶尔羌与和阗两地。叶尔羌与和阗均产玉石,主要进贡朝廷。叶尔羌产玉之地,主要是密尔岱山、泽普勒善河,和阗产玉之地,主要是玉陇哈什河、哈喇哈什河。其中,密尔岱山意为玉山,在今喀什地区叶城县西南。泽普勒善河为叶尔羌河上源之一,流经叶城、叶尔羌,潴为黑水。玉陇哈什河又称白玉河,哈喇哈什河又称绿玉河,均在今和田地区,分别为和田河东、西源。按,《西域水道记》卷一《罗布淖尔所受水上》有记载,可参。又按,徐松回归京师后,对其挚友姚元之(1776—1852)曾详细说起过和阗与叶尔羌采玉的一些情况,见姚氏《竹叶亭杂记》卷三。

[154]粲:鲜明。这里用如动词。　琳宇:殿宇宫观的美称。　焕:光亮。这里用如动词。　丰碑:纪功颂德的高大石碑。按,显忠祠在叶尔羌城东北五里处,为纪念阵亡将军纳穆扎尔与参赞三泰所建,显佑寺在叶尔羌城东南七十里处的洗泊旁。徐松曾于嘉庆二十一年(1816)四月中下旬游览其地,见《西域水道记》卷一《罗布淖尔所受水上》。又按,《平定回部勒铭叶尔羌之碑》为乾隆二十四年己卯(1759)御制,碑文见《十全集》卷二十一《平定回部第四之十·文八首》。

[155]导:发源。郦道元《水经注·河水》:"河水又南合蒲水,西则两源并发,俱导一山。"　支:一源而分流曰支,即支流。　派别:水各分一派,分道而

流。按,赋作自注所征引张匡邺《行程记》载于阗玉河事,见《西域水道记》卷一《罗布淖尔所受水上》:"张匡邺《行程记》云:'白玉河在城东三十里,绿玉河在城西二十里,乌玉河在绿玉河西七里。其源虽一,而其玉随地而变,每岁七八月水退乃可取,谓之捞玉。'据斯以言,白者玉陇,绿者哈喇,乌者为皂洼勒。"

[156]抚:据有,占有。《左传·襄公十三年》:"赫赫楚国,而君临之,抚有蛮夷,奄征南海,以属诸夏。" 繁滋:繁殖滋生。按,和阗六城中,额里齐城在今和田市,哈喇哈什城在今墨玉县,玉陇哈什村在今洛浦县玉陇哈什镇,克勒底雅城在今于田县,齐尔拉村在今策勒县,塔克村在今策勒县恰哈乡。又,《西域水道记》卷一《罗布淖尔所受水上》云:额里齐,"回语,居民环城之谓,旧对音作伊立奇";哈喇哈什,"回语哈喇,黑色;哈什,玉也";玉陇哈什,"回语玉陇,往取也,谓往取玉";克勒底雅,"回语,意其来而未定之词,旧对音作克里雅";齐尔拉,"回语,引水入境也,旧对音作齐喇,又作策勒、作努喇";塔克,"回语,地在南山中,故以山名之"。

[157]永宁:城名,为乌什事变(参下文注释[160])次年(1766)重建乌什城(位于今阿克苏地区乌什县)后所取之名,亦可参上文注释[15]。 当:对着,向着。 孔道:大道,通道。《汉书·西域传》:"(婼羌国)去阳关六千三百里,辟在西南,不当孔道。"王先谦《补注》引王念孙曰:"孔道犹言大道,谓其国僻在西南,不当大道也。"按,如赋作自注所云,乌什城为古尉头国地。尉头,古西域国名,王治尉头谷,今乌什一带(一说今克孜勒苏柯尔克孜自治州阿合奇县以东色帕巴依地)。汉宣帝神爵二年(前60),始属西域都护。东汉以后,并于龟兹。唐为蔚头州(一名郁头州),属龟兹都督府。清为乌什辖境,光绪九年(1883)隶乌什直隶厅。

[158]腾:跳跃。 凫藻:谓凫戏于水藻,比喻欢悦。《后汉书·杜诗传》:"陛下起兵十有三年,将帅和睦,士卒凫藻。"李贤注:"言其和睦欢悦,如凫之戏于水藻也。"这里喻指乌什屯田的欢快场景。 屯开:开屯的倒文。谓开设屯田。按,赋作自注所云乌什三处屯田事,亦见《西域水道记》卷二《罗布淖尔所受水下》:"(乌什)城西南至城东有屯田三:曰宝兴,曰充裕,曰丰盈,凡五千亩,皆引毕底尔河溉之。"

[159]抗:举,张。《广雅》:"抗,张也。"《诗·小雅·宾之初筵》:"大侯既抗,弓矢斯张。"毛传:"抗,举也。"这里指乌什城西的鹰落山,像老鹰张翅而飞

貌。　城抱:抱城的倒文。谓环抱城池。

[160]负:丈恃,依仗。　牙孽:妖孽,邪恶。《汉书·五行志中之上》:"凡草物之类谓之妖,妖犹夭胎,言尚微。虫豸之类谓之孽,孽,则牙孽矣。"这里喻指乌什叛乱者赖黑木图拉。　绝:砍断,断绝。　再造:重生,复活。此二句,喻指乾隆三十年(1765)的乌什事变。据《清高宗实录》及魏源《圣武记》等记载,当时的乌什办事大臣素诚与阿奇木伯克阿卜都拉,骄奢淫逸,横征暴敛,以致民众怨声载道,伺机而起。乾隆三十年二月,素诚与阿卜都拉征派民夫,解送沙枣树,由小伯克赖黑木图拉押送。而赖黑木图拉因妻子曾被素诚奸污,故积怨在心,遂于十四日晚间,聚众起义。他们先将阿卜都拉全家杀死,随即冲入办事大臣衙门。素诚抵挡不住,先杀其子,复行自尽。随后,前往镇压的各路清军,将乌什城团团围困。赖黑木图拉在战斗中中箭而死,至七月二十八日,其子额色木图拉亦被叛变属下缚献清军,乌什事变遂以失败告终。清军入城后,遵乾隆谕令,将起义者尽行剿杀。而所余妇女,被发往伊犁,配给索伦、厄鲁特、察哈尔兵丁,老妇及幼童,则分别赏与官兵为奴。事变平定后,清廷以喀什噶尔、英吉沙尔、阿克苏诸城回民,徙居乌什。《西域水道记》卷二《罗布淖尔所受水下》亦有记载,可参。

[161]更:改,改变。　建置:建立,设置。　因时:犹顺时,谓顺应时宜。酌:斟酌,考虑取舍。　损益:减少或增加。　多寡:多少。按,乌什驻参赞大臣事,亦可参上文注释[15]、[143]。

[162]阿苏:即阿克苏,参上文注释[10]。　四达:通达四方。　经衢:必经之路。　温宿:古西域国名,今阿克苏地区温宿县一带。　姑墨:古西域国名,今阿克苏地区温宿县、阿克苏市一带。按,温宿及姑墨所在位置,历来众说纷纭。钟兴麒《西域地名考录》认为"温宿县和阿克苏市东部和新和县中西部应是汉唐姑墨国疆域,而温宿县和阿克苏市西部则是温宿国疆域",可备一说。　遗墟:犹遗址。按,赋作自注所征引圣制诗,见《十全集》卷十九《平定回部第四之八·诗五十三首·乌什战图补咏·闻变》)。

[163]擅:长于,善于。　坑冶:采矿和冶炼。唐宋以来,开采五金的矿场都称坑,矿冶业都称坑冶,并设有坑冶官。　鼓铸:指鼓风扇火,冶炼金属,铸造钱币。《汉书·终军传》:"元鼎中,博士徐偃使行风俗。偃矫制,使胶东、鲁国鼓铸盐铁。"颜师古注引如淳曰:"铸铜钱,扇炽火,谓之鼓。"　货:货币,钱。　羌胡:羌族和匈奴族,亦用以泛称古代西北部的少数民族,这里指南疆的维吾尔族。

按,关于阿克苏鼓铸之事,《西域水道记》卷二《罗布淖尔所受水下》有详细记载,可参。

[164]襟:犹如衣襟屏障于前。王勃《滕王阁序》:"襟三江而带五湖,控蛮荆而引瓯越。" 二城:这里指阿克苏下辖的拜城与赛喇木城。拜城,今阿克苏地区拜城县。《西域同文志》:"回语,富厚之意。居民富厚,多牲畜,故名。"赛喇木,一作赛里木,今拜城县东赛里木镇。《西域同文志》:"回语,安适也。居者安之,故名。旧对音为赛里木。"

[165]屈茨:龟兹的异译,参上文注释[13]。库车城,位于今阿克苏地区库车市。

[166]焉耆:即哈喇沙尔,参上文注释[13]。哈喇沙尔城,位于今焉耆回族自治县县治焉耆镇。

[167]并峙:相对耸立。 接壤:地界相连。 镇:镇守,驻守。按,库车办事大臣与喇沙尔办事大臣均设于乾隆二十四年(1759),驻军无满营,分别有绿营兵三百余、六百余,均由陕甘诸提、镇标营中定期派拨换防。

[168]惟:语助词,用于句首,以加强语气。 渠犁:古西域国名,今巴音郭楞蒙古自治州库尔勒市铁门关西南沿着孔雀河至尉犁县大西海子一带。 轮台:地名,今巴音郭楞蒙古自治州轮台县一带。 适中:谓地理位置不偏于哪一面。这里指渠犁与轮台二地,处于西域中央位置,而距离轮台不远的乌垒,又最当西域中央,故汉在此置西域都护府。《西域水道记》卷二《罗布淖尔所受水下》:"汉于此置都护,以为西域之中。" 田官:农务官署。《诗·周颂·噫嘻》:"骏发尔私,终三十里。"孔颖达疏:"王者之立田官,每三十里分为一部,令一主田之吏主之。" 相近:这里指汉代的西域都护府所在地乌垒城与渠犁田官所在地渠犁城之间,距离很近。《汉书·西域传》:"都护治乌垒城,去阳关二千七百三十八里,与渠犁田官相近。"乌垒城,位于今轮台县东策大雅乡一带。汉宣帝神爵二年(前60),匈奴日逐王降汉,汉于乌垒城置西域都护府。渠犁城,位于孔雀河屈而南的地方,约在今库尔勒市和什力克乡西南。《汉书·西域传》:"自武帝初通西域,置校尉,屯田渠犁。" 安西:即安西都护府。唐太宗贞观十四年(640),侯君集平高昌,在其地置安西都护府,治交河(今吐鲁番市西)。二十二年(648),破龟兹,移都护府至其地,即赋作自注所云玉古尔回庄,位于今轮台县城区。安西都护府管辖天山以南至葱岭以西、阿姆河流域的广大地区,还统辖安

西四镇龟兹、于阗、疏勒、碎叶的重兵。德宗贞元六年(790),治所为吐蕃攻陷。

[169]卫拉:即卫拉特,为清对漠西蒙古厄鲁特的称呼。卫拉特,蒙语音译,一说为亲近的人、同盟者、部落,一说为林中百姓。元称斡亦剌,明称瓦剌,清称厄鲁特,亦称额尔特、卫拉特。大约在明末,形成四大部联盟,分别为准噶尔、杜尔伯特、土尔扈特、和硕特。16 世纪末,卫拉特人主要分布在阿尔泰山以东科布多南北及额尔齐斯河上游到准噶尔盆地一带。17 世纪初,蒙古阿勒坦汗、喀尔喀赉瑚尔汗相继攻击卫拉特人,迫使其不得不向额尔齐斯河中游、鄂毕河及哈萨克草原西迁。明末,准噶尔部强盛,排挤其他卫拉特三部,于是从崇祯元年(1628)开始,土尔扈特部及部分和硕特人陆续迁往伏尔加河流域。　二族:这里指土尔扈特与和硕特二部。土尔扈特部的前身被认为是克呼古特部,其祖先为王罕。和硕特部的首领自称是成吉思汗之弟哈布图哈萨尔后裔,在四卫拉特中本来地位最高。　向化:归化,顺服。　来移:这里指土尔扈特与和硕特二部归国事。二部自 17 世纪初迁往伏尔加河流域后的一个半世纪中,一直同祖国保持着密切联系。他们离开祖国万里之遥,又受到沙俄严重压迫,加之与沙俄的宗教信仰、生活习惯有巨大差异,所以更加思念祖国,千方百计寻找机会迁回。在清廷征讨达瓦齐、阿睦尔撒纳叛乱时,原来未西迁的土尔扈特台吉舍棱逃往伏尔加河,告知那里的土尔扈特汗渥巴锡,说新疆还有空闲牧地,劝其返回。乾隆三十五年十二月二日(1771 年 1 月 17 日),渥巴锡率土尔扈特人起事,并与和硕特部一起,开始东返祖国。在历经千难万险、减员半数之多后,终于乾隆三十六年五月二十六日(1771 年 7 月 8 日),进抵伊犁河流域。六月五日(7 月 16 日),清军厄鲁特总管伊阿昌、硕通在伊犁河畔会见渥巴锡等。翌日(7 月 17 日),渥巴锡等前往伊犁会见参赞大臣舒赫德。至此,土尔扈特与和硕特二部历时六七个月的归国征程,宣告结束。

[170]天覆地载:天之所覆盖,地之所承载,以喻帝王仁德之广被。这里指土尔扈特归国之事,一直受到乾隆的高度重视,并得到热情照顾和妥善安排。在土尔扈特大批人马到达伊犁之前,乾隆就非常关心,唯恐伊犁将军伊勒图一人不能周全,又特命参赞大臣舒赫德前往伊犁,主持接待和安排事宜,并命陕甘总督、陕西巡抚派拨陕西库银,购买粮食、衣物、帐房等,以备急需,甚至连接济马匹牲畜等也作了安排。乾隆三十六年九月八日(1771 年 10 月 15 日),渥巴锡等还在木兰围场觐见乾隆,并受到热情款待。　立盟分旗:建立盟、分设旗,这里指清廷

对归国的土尔扈特、和硕特二卫拉特施行盟旗制度。盟旗制度，本为清廷对蒙古族的统治制度，又称札萨克制。札萨克，一作扎萨克，蒙古语音译，源出"札撒"（法令）一词，意谓支配者、尊长。旗为军政合一单位，编制佐领，安置属民，分给牧地，划定旗界。旗长称札萨克，由清廷于蒙古王公中挑选任命，基本是世袭的，其职权为战时动员本旗兵丁出战，平时总揽本旗的行政、司法、赋税、徭役、贸易等事务。旗下设佐，置佐领。盟为旗的会盟组织，合数旗而成，由清廷任命盟内各旗中的札萨克一人兼摄盟长，也有按同部诸旗建盟，以部落首领为盟长者。一般每三年会盟一次，在清大臣督查下，执行比丁、练兵、检查财务、清理民刑案件等职权。渥巴锡所率旧土尔扈特归国后，清廷封其为卓哩克图汗，部众编设为十札萨克旗，旗上设盟，称乌纳恩苏珠克图盟。舍棱所属新土尔扈特，部众编设为二札萨克旗，旗上设盟，称青色特启勒图盟。按，关于土尔扈特与和硕特立盟分旗的情况，《西域水道记》卷二《罗布淖尔所受水下》有详细记载，可参。

[171]汗：古代突厥、回纥、蒙古等族对其统治者的称号，清时亦作为蒙古族的爵号，位在亲王之上。　暨：与，同。　贝子：满语音译，意为天生贵族，清时亦作为蒙古贵族的爵号，位在贝勒之下。　授地：封予土地，这里指清廷划分给土尔扈特与和硕特二部以游牧之地。其具体情况，可参赋作自注，亦可参《西域水道记》卷二《罗布淖尔所受水下》。　有差：不一，有区别。

[172]咸：都，全部。　统：总领，综理。　哈喇沙尔：今巴音郭楞蒙古自治州轮台县、尉犁县、库尔勒市、博湖县、焉耆回族自治县、和硕县及和静县一带，参上文注释[13]。　俾：使，让。　裕勒都斯：地名。《西域同文志》："回语，星也。其地泉眼如星。旧对音为朱尔都斯。"一作珠勒都斯，今作尤勒都斯，位于天山中段南麓巴音郭楞蒙古自治州和静县尤勒都斯盆地，其地有大裕勒都斯山、小裕勒都斯山。山因河而得名，有大裕勒都斯河、小裕勒都斯河，出天山后为开都河，东南注入博斯腾湖。按，赋作自注所征引圣制诗，见《十全集》卷九《再定准噶尔第三之四·诗六十首·伊犁将军奏土尔扈特汗渥巴锡率全部归顺诗以志事》。

[173]其：这里指哈喇沙尔。　导以：导达，直达。　广安：即广安城，位于今吐鲁番市老城路。唐称安乐城，明清以来，为维吾尔族首领额敏和卓世居之地。乾隆四十四年（1779），新筑其城，周长四里，高一八尺，御赐广安，驻吐鲁番领队大臣、同知、骁骑校等官，隶乌鲁木齐都统。

[174]辟展：即辟展城，位于今吐鲁番市鄯善县政府驻地鄯善镇。《西域同

文志》:"回语,草积之谓。"原有旧城堡一座,乾隆二十四年(1759),新建吐鲁番六城,即辟展、吐鲁番、鲁克沁、色更木、哈喇和卓、托克逊,并设办事大臣一员,驻辟展,系当时吐鲁番地区行政中心。四十五年(1780),改办事大臣为领队大臣,移驻吐鲁番,受乌鲁木齐都统节制,仍驻巡检。光绪二十九年(1903),改辟展为鄯善,设县,隶吐鲁番直隶厅。　邑:与"城"义近或同,泛指城镇。

[175]倏复(xiòng):疾速远去貌。倏,忽然;复,远。　火州:城名,位于今吐鲁番市东约40公里处的高昌故城附近。东汉时,为屯垦驻地,称高昌壁。隋时,为高昌国。唐太宗贞观十四年,灭高昌,以其地为西州。元时,名火州,又名哈剌火州,曾设达鲁花赤监治之,元末为察合台汗国所并。明时,察合台汗国分裂,此地又建立过政权,国号火州,英宗年间又被东察合台汗国所并。清时,又称哈喇和卓,设吐鲁番厅,遂属之。《西域同文志》:"回语。哈喇和卓,人名。传有哈喇和卓携居其地,故名。"按,赋作自注云火州在吐鲁番城东六十里,而《西域水道记》卷二《罗布淖儿所受水下》则作七十里。又按,赋作自注所征引《欧阳圭斋集》,即元人欧阳玄(1283—1357)所著诗文集,亦称《圭斋集》《圭斋文集》《欧阳文公圭斋文集》,可互参下文注释[399]。

[176]侵淫:渐进,渐次发展。宋玉《风赋》:"夫风生于地,起于青苹之末,侵淫溪谷,盛怒于土囊之口。"李善注:"侵淫,渐进也。"　风穴:这里指风戈壁(即白龙堆,见下文注释[180])之所谓鬼谷口避风驿。按,赋作自注所云王延德(939—1006),北宋大名人,曾于宋太宗太平兴国六年(981)三月奉命出使高昌回鹘(西州回鹘),至雍熙元年(984)四月东归,所撰《西州使程记》,亦称《西州程记》《使高昌记》《王延德使高昌记》。鬼谷口避风驿,位于今哈密市十三间房稍东,为唐时伊州与西州间之驿站。而王延德至其地事,见《宋史·高昌传》:"地无水草,载粮以行,凡三日,至鬼谷口避风驿,用本国法设祭,出诏神御风,风乃息。"

[177]回猋(biāo):回风,即旋风。扬雄《甘泉赋》:"回猋肆其砀骇兮,披桂椒,郁移杨。"颜师古注:"回猋,回风也。"　砀(dàng)骇:突然跃起。马融《长笛赋》:"震郁怫以凭怒兮,耾砀骇以奋肆。"李善注引《埤苍》曰:"砀,突也。"引《广雅》曰:"骇,起也。"　堪舆:天地。扬雄《甘泉赋》:"属堪舆以壁垒兮,梢夔魖而抶獝狂。"颜师古注引张晏曰:"堪舆,天地总名也。"李善注引许慎曰:"堪,天道也;舆,地道也。"

[178]歊薄:喷薄,激荡。歊,同"喷"。常衮《故四镇北庭行营节度使扶风郡王赠司徒马公神道碑铭》:"天山瀚海,歊薄风雨。" 十不存一:谓死的可能远大于生,形容极其危险。潘李驯《查议黄河后患疏》:"黄流泛溢,青野汪洋,居民十不存一。"

[179]坛曼:平坦而宽广。司马相如《子虚赋》:"其南则有平原广泽,登降陁靡,案衍坛曼。"李善注引司马彪曰:"坛曼,平博也。" 泱漭:风沙弥漫貌。 烦冤拂郁:义近勃郁烦冤,形容旋风盘桓貌。宋玉《风赋》:"夫庶人之风,塕然起于穷巷之间,堀堁扬尘,勃郁烦冤,冲孔袭门。"李善注:"勃郁烦冤,风回旋之貌。"

[180]属:连接。风戈壁在今哈密盆地东南、罗布泊东北一带,由于绵延千里,戈壁茫茫,经年大风不断,故称。又称白龙堆,乃因这一带由砂砾、石膏泥和盐碱构成,颜色呈灰白色,阳光反射时,从远处望去,宛如一群群沙海中游弋的白龙。又常省称龙沙、龙堆。《后汉书·班超传》:"定远慷慨,专功西遐。坦步葱雪,咫尺龙沙。"李贤注:"葱岭雪山,白龙堆沙漠也。"《汉书·匈奴传》颜师古注引孟康曰:"龙堆形如土龙身,无头有尾,高大者二三丈,埤者丈余,皆东北向,相似也。"蒙古语又称噶顺。徐松《汉书西域传补注》:"即今日噶顺沙碛。"《西域同文志》:"蒙古语,味之苦者谓噶顺。地有水,味苦,故名。"

[181]域:界限。这里用如动词。 剑末:峡谷名,今克孜勒苏柯尔克孜自治州阿克陶县盖孜峡谷,为帕米尔西南门户,向以险峻著称。

[182]竭叉:古西域国名,今喀什地区塔什库尔干塔吉克自治县一带。法显《佛国记》:"其地山寒,不生余谷,唯熟麦耳。其国当葱岭之中。"

[183]峣峣(yáo yáo):高貌。 造:至,极于。 葱岭:古代对今帕米尔高原及昆仑山、喀喇昆仑山西部诸山的统称,可参上文注释[37]。 轮囷(qūn):盘曲貌。

[184]冈:山脊,山岭,这里指葱岭东冈。赋作自注所征引语,见《大唐西域记》卷十二《朅盘陀国》:"大崖东北,逾岭履险,行二百余里,至奔攘舍罗,葱岭东冈。"钟兴麒《西域地名考录》认为,奔攘舍罗即今和田地区皮山县南部的曲谷达克。 福舍:佛教所设布施修福的处所。季羡林等所著《大唐西域记校注》认为,奔攘舍罗来自梵文 punyásala,福舍之意。

[185]种:即种人,指同一部族的人,互参上文注释[16]。 休循:古西域国名,王治乌飞谷,位于今克孜勒苏柯尔克孜自治州阿克陶县西、帕米尔北部阿赖

谷地萨雷塔什(吉尔吉斯斯坦西南部)一带。原为塞种地,汉宣帝神爵二年(前60),始属西域都护。东汉属西域长史,后并于疏勒。

[186]缘:向上爬,攀援。　重闉(yīn):多重城门。闉,城门。《诗·郑风·出其东门》:"出其闉阇,有女如荼。"陈奂《传疏》:"盖曲之言限也,城之限处谓之闉,闉即城门也。"这里指铁门关,故址位于今乌兹别克斯坦沙赫里萨布兹以南约九十公里处,为中亚南北交通必经之地。玄奘西游取经,成吉思汗西征花剌子模国,都曾过此关隘。因其地两边陡崖壁立,颜色似铁,山间有狭仄小路,仅可通行,形势险要,犹如关口,故名。按,赋作自注所征引语,见《大唐西域记》卷一《羯霜那国》。又按,所征引《长春西游记》,即元代长春真人丘处机(1148—1227)弟子李志常(1193—1257)所撰《长春真人西游记》,凡二卷。

[187]悬度:山路名,《汉书·西域传》作县度。县,同"悬"。位于古乌仗那国,即今克什米尔西北部巴勒提斯坦及巴基斯坦东部吉尔吉特雅辛河流域。罽宾:古西域国名,王治循鲜城,位于今克什米尔一带。

[188]头痛身热:山名,这里指从西域前往罽宾所经之大、小头痛山及身热阪。据《汉书·西域传》记载,汉武帝时,始与罽宾相通。元帝时,一度绝而不通。成帝时,罽宾又遣使进献并谢罪,汉欲"遣使者报送其使",杜钦说大将军王凤曰:"今县度之阨,非罽宾所能越也。又历大头痛、小头痛之山,赤土、身热之阪,令人身热无色,头痛呕吐,驴畜尽然。又有三池、盘石阪,道陜者尺六七寸,长者径三十里。临峥嵘不测之深,行者骑步相持,绳索相引,二千余里,乃到县度。畜队,未半坑谷尽靡碎;人堕,势不能相收视。险阻危害,不可胜言。"

[189]险阻危害:见上文注释所引《汉书·西域传》。　嵱嵷(yǒng sǒng):山峰高低众多貌。　巁岇:山石林立峻峭貌。

[190]极于:最远到达。　大秦:古国名,亦作犁靬、海西,为古代中国史书中对罗马帝国的称呼,位于今地中海东部地区。《后汉书·西域传》:"大秦国一名犁鞬,以在海西,亦曰海西国。地方数千里,有四百余城,小国役属者数十。其人民皆长大平正,有类中国,故谓之大秦。"汉和帝永元九年(97),西域都护班超遣甘英使大秦,至条支,临海而归。桓帝延熹九年(166),大秦国王安敦遣使进贡。公元395年罗马帝国分裂后,又以大秦称东罗马帝国。按,赋作自注所云布哈尔,古国名,亦见《西域水道记》卷一《罗布淖尔所受水上》:"霍罕西十五日程,曰布哈尔,亦大国,东南距塞勒库勒三十二日程。"

《新疆赋》校注

[191]呢蟒依山：今和田地区和田县东南、策勒县南部与西藏自治区交界处的喀喇昆仑山段。清光绪间《和阗乡土志》："呢蟒依山，距州城五百八十里，山势险峻，坚冰积雪，人迹罕至。"按，其所云州城，即赋作自注所云额里齐城，为和阗六城之一，在今和田市，可参上文注释[156]。　帅阴霅(shà)阳：云时而聚集，时而散开，谓天气阴晴不定，变化无常。帅，聚集貌；霅，散开貌。扬雄《甘泉赋》："帅尔阴闭，霅然阳开。"李善注引晋灼曰："帅，聚也。霅，散也。"

[192]含冻：犹凝冰，结冰。　不若：犹言不祥或不祥的事物，指传说中的魑魅魍魉等害人之物。《左传·宣公三年》："民入川泽、山林，不逢不若。魑魅罔两，莫能逢之。"杨伯峻注："若，顺。不若，不顺，意指不利于己之物，即下文魑魅罔两之类。"　暴强：凶暴强横。按，赋作自注所征引《西域记》语，见《大唐西域记》卷一《揭职国》。

[193]甗锜(yǎn qí)：均为古炊具。甗为上下两层，中间有箅子，锜为一种三足锅。这里形容山岩攲斜，有如倾侧的甗。司马相如《上林赋》："岩陁甗锜，摧崣崛崎。"郭璞注引司马彪曰："甗，甑也；锜，釜也。上大下小，有似攲甑也。"陉：山脉中断处。马融《长笛赋》："膺峭弛，腹陉阻。"吕向注："陉，断山也。"线天：两山高耸壁立对峙，中间仅可见一缕天光者，称一线天，亦省称线天。方凤《金华游录》："有天池深广，四畔峻壁不可下；池之里有崖如两扉，而启其一；极黑暗中远望，石扉启处，天光下烛。盖洞天漏明，而人莫知其处，名一线天。"

[194]瘴疠：指瘴气，即山林间湿热蒸发能致病之气。　中人：伤害人。《楚辞·九辩》："憯凄增欷兮，薄寒之中人。"

[195]登降施(yǐ)靡：指人上上下下，山势倾斜绵延。登降，或上或下；施靡，连绵不断。扬雄《甘泉赋》："登降峛崺，单埢垣兮。"李善注："登降，上下也。"又"封峦石关，施靡乎延属"注："施靡，相连貌也。"　攀援颉颃：喻人抓手或石爬行，犹如鸟之上下翻飞。攀援，抓着东西爬行；颉颃，鸟飞上下貌。

[196]三危：山名，见《书·禹贡》："导黑水至于三危，入于南海"。按，关于其含义及其地望，历代以来，众说纷纭。而徐松据乾隆五十三年(1788)祁韵士主纂《钦定外藩蒙古回部王公表传·西藏总传》(即赋作自注所称《西藏总传》)认为，三危乃西藏三个中心区域卫、藏、喀木的统称，这也是自康熙以来清人的普遍观点。　鸟道：险峻狭窄的山路。李白《蜀道难》："西当太白有鸟道，可以横绝峨眉巅。"王琦注引慎蒙《名山记》曰："鸟道，谓连山高峻，其少低缺处，惟飞鸟

过此,以为径路,总见人迹所不能至也。"

[197]四路:这里指准噶尔通往西藏的阿里、那可桑、腾格里淖尔、阿哈雅克等四处要隘。　羊肠:喻指狭窄曲折的小路。按,赋作自注所征引班第奏言,见傅恒等纂《平定准噶尔方略》前编卷五十四。

[198]栋科:山名,即栋科尔庭山,一作净科尔庭山。据新疆社会科学院历史研究所编《新疆简史》,这里指和田南大雪山。按,赋作自注所云策妄阿拉布坦袭藏事,参下文注释[337]。

[199]天竺:印度的古称。《后汉书·西域传》:"天竺国一名身毒,在月氏之东南数千里。"《大唐西域记》卷二《三国》:"详夫天竺之称,异议纠纷,旧云身毒,或曰贤豆,今从正音,宜云印度。"　疆:国界,边界。按,赋作自注所云额讷特珂克,即指天竺。祁韵士主纂《钦定外藩蒙古回部王公表传·西藏总传》:"们那克尼尔诸山,亘阿里南二千余里,入额讷特珂克境。额讷特珂克,即古天竺国也。"

[200]喀克善山:一作喀克沙勒山,即今克孜勒苏柯尔克孜自治州阿合奇县廓克沙勒山口以东至铁什克山口一带,为阿克苏河西支发源地。

[201]凌山:即赋序所称木素尔岭,位于今阿克苏地区拜城县与伊犁哈萨克自治州昭苏县之间,参上文注释[9]。　嵚崟(qīn yín):高大貌。　屼崒(wù zú):崒屼的倒文。险峻貌。

[202]眩目:耀眼,刺眼。眩,目光昏花。　靡骨:粉身碎骨。《汉书·元后传》:"兄弟宗族所蒙不测,当杀身靡骨萃毂下,不当以无益之故有离寝门之心。"颜师古注:"靡,碎也。"

[203]骑步相持:谓行人互相扶持,跨坐在岩石上向前移动。《汉书·西域传》:"又有三池、盘石阪,道狭者尺六七寸,长者径三十里。临峥嵘不测之深,行者骑步相持,绳索相引。"　失不容发:谓不容有一丝一毫闪失,喻情势危急到极点。

[204]雪海:地名,位于阿克苏地区乌什县西北的别迭里山口(现为乌什口岸)以北,故址在今吉尔吉斯斯坦境内,距伊塞克湖不到百里。按,《西域水道记》卷二《罗布淖尔所受水下》征引杜环《经行记》云:"从安西西北千余里,有勃达岭。又北行数日,度雪海。海在山中,春夏常雨雪,故曰雪海。有细道,道傍往往有冰孔,嵌空万仞,转堕者莫知数。"　乍:忽然,猝然。　坐没:顿时覆没。

坐,遂,顿。张相《诗词曲语辞汇释》:"坐,犹遂也,顿也,遽也。"没,覆没。《史记·卫将军骠骑列传》:"破奴生为虏所得,遂没其军。"

[205]阴潜惨廪:幽深不明而寒冷危惧。扬雄《甘泉赋》:"下阴潜以惨廪兮,上洪纷而相错。"刘良注:"言台高,其下潜阴不明,其上广大光彩交错也。"李善注:"惨廪,寒貌也。" 嫛姗敠崒:匍匐而上貌。司马相如《子虚赋》:"嫛姗勃崒,上乎金堤。"李善注:"嫛姗勃崒,匍匐行也。"段玉裁《说文解字注》:"嫛姗谓徐行,勃崒谓急行。"

[206]伊犁之域:即"总统伊犁等处将军"辖区,参上文注释[6]。

[207]南河:指葱岭南河,即今叶尔羌河。 北河:指葱岭北河,即今喀什噶尔河。按,《西域水道记》卷一《罗布淖尔所受水上》:"(叶尔羌河)二源,西源曰泽普勒善河,东源曰听杂阿布河,过叶尔羌城东而合,是为葱岭南河。又东,与北河合。"又:"(喀什噶尔河)二源,北源曰乌兰乌苏河,南源曰雅璊雅尔河,过喀什噶尔城南而合,是为葱岭北河。又东至噶巴克阿克集,与南河合。" 双直如弦:谓南北二河的东西流向,犹如弓弦一样直。

[208]树枝:古树枝水,又称白玉河,清称玉陇哈什河,即今玉龙喀什河,为和田河东源。 达利:古达利水,又称墨玉河,清称哈喇哈什河,即今喀拉喀什河,为和田河西源。和田河为塔里木河四源之一,清称和阗河,亦称于阗河。《西域水道记》卷一《罗布淖尔所受水上》:"其河二源,西源曰哈喇哈什河,东源曰玉陇哈什河,过和阗城东西,至城北而合,是为于阗河。又东北,与葱岭河合。"

流玉:参上文注释[153]。 于阗:古西域国名,清称和阗,参上文注释[15]。

[209]枝水:古枝水,即今阿克苏河。 厥:代词,其。 井阑:同"井栏"。水井的围栏。按,《西域水道记》卷二《罗布淖尔所受水下》引《钦定河源纪略》云:"四水交贯,形如井栏。"

[210]计戍:古计戍水,指四源相会后阿克苏以下塔里木河段。 缘:沿着,顺着。 碛:不生草木的沙石地,这里指所谓"大戈壁",即今塔克拉玛干沙漠,位于塔里木盆地中心。

[211]拨换:古拨换河,即今库玛拉河,位于阿克苏地区温宿县境内。阿克苏河上源有二,北源即库玛拉河,发源于汗腾格里峰;西源为托什干河,发源于阿特巴什山脉。按,库玛拉河,《水经注·河水二》作姑墨川,《新唐书·地理志》作拨换河,清又称阿尔巴特水,亦称阿察哈喇河,其时已不入塔里木河,而是在阿克

苏城东一百六十里的哈喇裕勒衮军台西南处,入沙而伏。《西域水道记》卷二《罗布淖尔所受水下》有记载,可参。　　淤岸:滞塞于岸,这里指所谓"入沙而伏"。　　龟兹:古西域国名,清称库车,参上文注释[13]、[165]。　　通川:通流为川。司马相如《上林赋》:"醴泉涌于清室,通川过于中庭。"李善注:"通流为川而过中庭。"按,赋作自注所云龟兹东川,清称库克讷克岭水,即今库车河;龟兹西川,即今渭干河。其中,渭干河发源于天山南麓,原为塔里木河支流之一,徐松时代就已无水注入塔里木河。又按,关于《水经注·河水二》所记龟兹二川,《西域水道记》卷二《罗布淖尔所受水下》亦有记载,可参。

[212]敦薨:古敦薨水,清称海都河,即今开都河,又俗称通天河,源出天山山系之阿尔明山,上源为大、小珠勒都斯河,流经巴音郭楞蒙古自治州和静、和硕、焉耆、博湖等县,东南注入博斯腾湖。徐松曾于嘉庆二十一年(1816)五六月间亲渡其河,并详作考察,见《西域水道记》卷二《罗布淖尔所受水下》。　　海:这里指博斯腾淖尔,即今博斯腾湖,位于巴音郭楞蒙古自治州博湖县境内,为中国最大的内陆淡水湖。　　连城:据田余庆先生考订,位于渠犁附近,而据贾丛江先生考订,位于尉犁西南、渠犁以北,又据钟兴麒先生考订,渠犁城位于库尔勒市和什里克乡(今作和什力克乡)西南,尉犁城位于库尔勒市铁门关东北的塔什店镇。按,此二句,语见《水经注·河水二》。又按,关于敦薨之水,学术界争议颇大,迄今尚无定论。《山海经》与《水经注》均载之,后人一曰为新疆之博斯腾湖,一曰为甘肃敦煌之党河。而徐松在其《新疆赋》及《西域水道记》中,又以《水经注》之"敦薨之水"为海都河(今开都河),以《水经注》之"敦薨之渚""敦薨之浦""敦薨之薮"为博斯腾湖,则别是一家。

[213]此二句写罗布泊一带的地貌,谓广阔的盐卤之地异常坚硬,片片点缀,如层累的棋子;纵横的田沟积水波光粼粼,条条散布,如盘卧的游龙。　　刚卤:亦作刚滷,谓土地坚硬而含盐卤。《易·说卦》:"其于地也,为刚卤。"陆德明释文:"卤,咸土也。"孔颖达疏:"取水泽所停则咸卤也。"　　棋累:亦作棊累,谓如棋子叠加状。　　余溜:剩余的积水,这里谓田地排水沟中积留之水。　　龙蟠:亦作龙盘,谓如龙之盘卧状,形容雄壮绵延的样子。

[214]此二句写罗布泊一带的环境,谓禽鸟罕见,鬼魅出没,湖水蒸腾,云雾迷蒙。

[215]此二句写罗布泊一带的气候,谓阴云密布,不见星日,水色澄清,冬夏

不减。　涵:包容,包含。段玉裁《说文解字注》:"涵训容者,就受泽多之义而引申之。"涵天,谓水色澄清,遥接天际。

[216]浑浑泡泡:急流声,水涌声。《山海经·西山经》:"其源浑浑泡泡。"郭璞注:"浑浑泡泡,水渍涌之声也。"　牢兰之渊:指牢兰海,罗布泊异名之一,见东晋僧人道安所著《西域记》。后人多认为,"牢兰"一词,当为"楼兰"之异文。按,罗布泊古称极多,如幼泽、坳泽、盐泽、洞海、蒲昌海、孔雀海、临海、辅日海、牢兰海等等,元后渐趋一致,称罗布淖尔。《西域同文志》:"罗布,回语,汇水之区。淖尔为山南众水所汇,故名。"按,赋作自"刚卤棋累,余溜龙蟠"至"浑浑泡泡,牢兰之渊"对罗布泊的描述,当均据《水经注》而成。

[217]釃(shī):分,分散。《汉书·沟洫志》:"乃釃二渠以引其河。"颜师古注引孟康曰:"釃,分也。分其流,泄其怒也。"　泓:量词,用于水。按,关于河源即黄河源头的认识,历代以来,聚讼不休,可参上文注释[24]。而徐松在其《新疆赋》与《西域水道记》中的认识是一致的,尤其是在《西域水道记》卷二《罗布淖尔所受水下》中,对前代各种记载和观点专门进行了详细考辨。但徐松的认识,又遭到后世不少学者的批评。如今人冯锡时先生曾指出,"当时思想界、学术界占统治地位的仍然是河出昆仑、东注罗布淖尔,潜流地下,再出为黄河的观点",而徐松"关于黄河源的认识,既受到正统的错误学说的支配,又受到汉僧对佛教学说牵强附会的引申的影响",并批评徐松"囿于成说,固执偏见",甚至"把以前关于黄河源的争论,扰得更加混乱,自相矛盾之处也甚多"。

[218]尔其:更端之词,犹至于、至如。　菆(zōu):草丛生。《玉篇》:"菆,草也,丛生也。"菆居,这里指南疆人民以有水草丛生的绿洲为中心,形成一个个聚居地。　芁(qiú):远荒。《玉篇》:"芁,远荒之野曰芁。"芁处,这里指南疆人民聚居的各个绿洲,因之间有广袤沙漠相隔而显得荒远。南疆人民的这种居住状况,是由其自然环境所决定的,沙漠往往异常广袤,绿洲相对而言极为狭小,星星点点、大小不等的绿洲散布于大沙漠之上,从而形成一个个相互独立的小聚居地,故早在汉代,南疆各国就有"城郭诸国"之称,并与北疆各国"行国"之称相对应,可参上文注释[36]。　枢:户枢,这里代指门户。　樊:篱笆,这里指编笆墙。桑枢柳樊,谓以桑木作门户,以柳条作墙面。南疆的民居非常独特,是一种木框架编笆墙建筑体系。所谓编笆墙,就是当地居民充分利用绿洲生长的小木材和次森林带生长的树枝尤其是红柳条等编成笆子,在房屋的木构架上加密支

柱和水平撑挡,然后用泥涂抹而成。这种民居具有防风沙、抗震、隔热、通风、保温等众多实用功能,故在南疆十分普遍。

[219]瓜庐:即瓜牛庐,一种形似瓜牛(蜗牛)壳的小房屋,也泛指简陋居处。《三国志·魏书·管宁传》:"尺牍之迹,动见模楷焉。"裴松之注:"焦先及杨沛,并作瓜牛庐,止其中。以为瓜当作蜗;蜗牛,螺虫之有角者也,俗或呼为黄犊。先等作圊舍,形如蜗牛蔽,故谓之蜗牛庐。"　牖:窗。　曲突:指烟囱。《广雅》:"其唇谓之陉,其窗谓之突,突下谓之甄。"瓜庐凿牖,曲突当门,这里指南疆的旧式房屋,多系土木结构的平房,为便于通风和采光,房顶要凿开一窗,而四壁不开窗,只留门;室内进门后,正当对面有一柴灶(壁炉),用来做饭,而土炕也与之相连,用来取暖。清人七十一《西域闻见录》:"穴墙为灶,直达屋顶,宽尺余,高二三尺,与地平处,以御冬寒,谓之乌恰克。屋顶开天窗一二处,以纳阳光,谓之通溜克。"

[220]环:环绕。　鸦城:即鸦儿看城,今喀什地区莎车县城一带。鸦儿看,为叶尔羌对音,亦作鸭儿看,可参上文注释[10]。　水驿:水路驿站。按,元时莎车为察合台后王封地,曾在此与于阗(今和田地区和田市)两城建立水驿十四处。

[221]辟:开,打开。　鼠壤:鼠穴之土。一说,鼠作穴所出的土。《庄子·天道》:"鼠壤有余蔬。"成玄英疏:"见其鼠穴土中,有余残蔬菜。"按,赋作自注所征引《西域记》语,见《大唐西域记》卷十二《瞿萨旦那国》:"王城西百五六十里,大沙碛正路中有堆阜,并鼠壤坟也。闻之土俗,曰:'此沙碛中鼠大如猬,其毛则金银异色,为其群之首长,每出穴游止,则群鼠为从。'"

[222]带:连在一起。　温汤:温泉。

[223]映:映衬。　缭垣:围墙。按,赋作自注所云叶尔羌城内古塔,亦见《西域水道记》卷一《罗布淖尔所受水上》:"城内东南隅有古浮图一,高三十余丈,回人名曰图特,谓是喀喇和台国人所造,惟以砖甃,不施榱檩。"

[224]长杨:即白杨,又名毛白杨,俗名大叶杨。按,赋作自注所云博斯腾,指在南疆驿路上每隔数十里左右所建的驿亭,以供过往行人休憩。《钦定河源纪略》卷九《质实一》:"回语博斯腾,树木围合之谓,池旁树木阴蔚,故名。"

[225]沙枣:一种灌木或乔木,生长沙地,耐旱耐寒,生命力极强。按,诚如赋作所云,回疆多沙枣树,亦屡见于《西域水道记》。徐松曾于嘉庆二十一年

(1816)四月渡过叶尔羌城东南七十里处的喀喇乌苏(即黑水,参上文注释[104]),其《西域水道记》卷一《罗布淖尔所受水上》云:"渡河而南,四月沙枣作花,香中行二十里,至洗泊。"

[226]荫:树荫。　柯:树枝。

[227]朱樱:樱桃的一种。李时珍《本草纲目·果部·樱桃》:"其实熟时深红色者,谓之朱樱。"　丹若:石榴的别名。唐人段成式《酉阳杂俎》:"石榴,一名丹若。"石榴又名安石榴。《本草纲目·果部·安石榴》:"榴者,瘤也,丹实垂垂如赘瘤也。《博物志》云汉张骞出使西域,得涂林安石国榴种以归,故名安石榴。又按,《齐民要术》云凡植榴者须安僵石枯骨于根下,即花实繁茂。则安石之名义,或取此也。若木乃扶桑之名,榴花丹似之,故亦有丹若之称,傅玄《榴赋》所谓'灼若旭日栖扶桑'者是矣。"

[228]饤:贮食,盛放食品。玉饤,这里指以玉器盛放蜜父,意谓非常珍贵。蜜父:梨的别名。陶谷《清异录·蜜父蜡兄》:"建业野人种梨者,夸其味曰蜜父。"按,据赋作自注,南疆沙雅尔(今阿克苏地区沙雅县一带)的梨最优。　苹婆:即苹果。按,赋作自注所云叶尔羌(今喀什地区莎车县一带)贡苹果膏事,见《西域图志》卷三十四:"土贡:黄金四十两,葡萄二百斛,及石榴、苹果、木瓜、石榴膏、苹果膏、梨膏等。"

[229]移:移植,移栽。　巴旦:即巴旦杏,又名巴旦木。但实际上,巴旦杏并非杏,而是李属桃亚属植物。《本草纲目·果部·巴旦杏》:"巴旦杏出回回旧地,今关西诸土亦有。树如杏而叶差小,实亦尖小而肉薄。其核如梅核,壳薄而仁甘美,点茶食之,味如榛子,西人以充方物。"回回旧地,指波斯(今伊朗)。新疆种植巴旦杏的历史,已有一千三百多年,今广泛种植于南疆喀什地区英吉沙、莎车、叶城等县,约有40多个种类,营养价值极高,为传统滋补佳品。　参:即人参。　婆罗:这里指婆罗门参,又叫仙茅。原生西域,根、茎可入药,为滋补佳品。李珣《海药本草·草部·仙茅》:"叶似茅,故名曰仙茅。"按,赋作自注所征引苏颂语,见《本草纲目·草部·仙茅》。

[230]木瓜:一种落叶灌木或乔木,果实长椭圆形,色黄而香,味酸涩,经蒸煮或蜜渍后供食用,亦可入药。《本草纲目·果二·木瓜》:"木实如小瓜,酢而可食。则木瓜之名,取此义也。或云,木瓜味酸,得木之正气,故名。"　空谷:空旷幽静的山谷。　羌桃:即核桃。《本草纲目·果部·胡桃》:"(苏)颂曰:此果

本出羌胡,汉时张骞使西域,始得种,还植之秦中,渐及东土,故名之。羌音呼核如胡,名或以此。" 采撷:犹采撷,意谓采摘。 平阿:地势较为平坦的丘陵、山坡。按,赋作自注所征引圣制诗,见《十全集》卷十五《平定回部第四之四·诗五十九首》)。

[231]豌豆:据赋作自注,元人忽思慧《饮膳正要》称回回豆。 蚕豆:据赋作自注,约成书于东汉的《本草经》即《神农本草经》称胡豆。《本草纲目·谷部·蚕豆》:"此豆种亦自西胡来,虽与豌豆同名同时种,而形性迥别。《太平御览》云张骞使外国,得胡豆种归,指此也。今蜀人呼此为胡豆,而豌豆不复名胡豆矣。" 胡瓜:即黄瓜。徐光启《农政全书·树艺·蓏部》:"黄瓜,一名胡瓜。"《本草纲目·菜部·胡瓜》:"张骞使西域,得种,故名胡瓜。" 寒瓜:即西瓜。据赋作自注,见载于宋人胡峤《陷虏记》。又,《新五代史·四夷附录第二》:"(胡峤)自上京东去四十里,至真珠寨,始食菜。明日,东行,地势渐高,西望平地松林郁然数十里,遂入平川,多草木,始食西瓜。云契丹破回纥,得此种,以牛粪覆棚而种,大如中国冬瓜而味甘。"《农政全书·树艺·蓏部》:"西瓜种出西域,故之名。"亦可参《本草纲目·果部·西瓜》。

[232]茮:即花椒。茮,同"椒"。以始产于秦地,故又名秦椒。《本草纲目·果部·秦椒》:"秦椒,花椒也。始产于秦,今处处可种,最易蕃衍。" 姜:即生姜。 韭:即韭菜。 薤(xiè):一种蔬菜类植物,多年生草本,又名藠头、野韭等。鳞茎可作蔬菜,一般加工制成酱菜。 葫:即大蒜。 荽:即芫荽,又名胡荽,俗称香菜。荽,同"荽"。《本草纲目·菜部·葫》:"孙愐《唐韵》云张骞使西域,始得大蒜、胡荽。则小蒜乃中国旧有;大蒜出胡地,故有胡名。"又:"(荽)茎柔叶细而根多须,绥绥然也。张骞使西域,始得种归,故名胡荽。荽,乃茎叶布散貌。石勒讳胡,故晋地称为香荽。" 瓠:即瓠瓜。葫芦的一个变种,果实长圆形,首尾粗细略同,可食。亦称瓠子,今甘肃陇东一带方言即是。 茄:即茄子。

[233]浑心之竹:即浑心竹,当为竹子的一种。按,赋作自注所征引《湛然居士集》,为元人耶律楚材(1190—1244)撰,今存十四卷。卷六《西域河中十咏》其八云:"寂寞河中府,西来亦偶然。每春忘旧闰,随月出新年。强策浑心竹,难穿无眼钱。异同何定据,俯仰且随缘。"自注云:"西人不计闰,以十二月为岁。有浑心竹。其金铜芽钱,无孔郭。"又,卷四《再用韵纪西游事》诗自注云:"西域寻思干城,西辽目为河中府。"寻思干,又作挣思干、薛迷思干、撒麻耳干等,即今

巴基斯坦撒马尔罕城一带。因地处锡尔河与阿姆河之间,故名河中府。

[234]芭榄:植物名,其仁甘香如杏仁,花如杏花而色微淡,冬季开花。李志常《长春真人西游记》卷上:"壬午之春正月,杷榄始华,类小桃。俟秋,采其实,食之,味如胡桃。"

[235]鸡冠:即鸡冠花。《本草纲目·草部·鸡冠》:"以花状命名。" 翘秀:向上仰起。 狗尾:即狗尾花,亦称莠。《本草纲目·草部·狗尾草》:"莠,草秀而不实,故字从秀。穗形象狗尾,故俗名狗尾。" 欹斜:歪斜不正。

[236]若夫:用在句首或段落的开始,表示另提一事,犹至于。 墟:乡村集市。南疆传统的城乡集市,名为巴扎,系维吾尔语音译词,意为集市、农贸市场。亦作巴札尔、巴杂尔、巴咱尔、八栅尔等。巴扎在周期上按星期排列,每七日一集。《西域水道记》卷一《罗布淖尔所受水上》:"七日为市,曰巴咱尔。"这里所说七日一集,是指较大规模、集中性的集市,而在平时,每天也都有小集市,称呼各不相同。 百物:犹万物。这里指各种货物。 交互:互相交换。按,清代新疆地方政府对各地的巴扎进行严格管理和干预,如不断规定和调整税率、改革度量衡等,从而使之日趋规范,非常兴旺。

[237]征逐:追求。 奇赢:指商人所获的赢利。《汉书·食货志上》:"商贾大者积贮倍息,小者坐列贩卖,操其奇赢,日游都市,乘上之急,所卖必倍。"颜师古注:"奇赢,谓有余财而畜聚奇异之物也。一说,奇谓残余物也。" 奔驰:指为达到一定目的而奔走。 妇孺:妇女和儿童。

[238]红花:即红蓝花。菊科,一年生草本。高三四尺,其叶似蓝。夏季开红黄色花,可制成胭脂及红色颜料,亦可入药,有祛瘀生新、通经活血及止痛等作用。《本草纲目·草部·红蓝花》:"红蓝花,即红花也,生梁汉及西域。《博物志》云张骞得种于西域,今魏地亦种之。"按,赋作自注云叶尔羌(今喀什地区莎车县)之番红花,又称藏红花、西红花,为红蓝花的一种,多年生草本。原产欧洲,由西藏传入内地。《本草纲目·草部·番红花》:"番红花,出西番回回地面及天方国,即彼地红蓝花也。" 紫铆:又名胶虫树,一种落叶乔木。树形整齐,枝叶浓密,树皮内易寄生蚁虫,分泌紫色如胶的树脂,可用以印染及制作胭脂。《本草纲目·虫部·紫铆》:"(苏)颂曰昆仑出者善,波斯次之。" 黄牙:一种矿物质,即硫黄,又叫黄硇砂。《本草纲目·金石部·石硫黄》:"秉纯阳火石之精气而结成,性质通硫,色赋中黄,故名硫黄。含其猛毒,为七十二石之将,故药品

中号为将军,外家谓之阳侯,亦曰黄牙,又曰黄硇砂。《广州记》云生昆仑国及波斯国西方明之境,颗块莹净,不夹石者良。"按,徐松曾于嘉庆二十一年(1816)五月左右途经库车,在所谓"大鹊山"附近,随身携带了数石硇砂,并小心翼翼密封起来,不料等他返回伊犁后,"石皆化成黄粉,而砂已不见矣"。徐松回归京师后,对其挚友姚元之详细说起过此事,见姚氏《竹叶亭杂记》卷三。　白垩:一种矿物质,即白石英。司马相如《子虚赋》:"其土则丹青赭垩,雌黄白垩,锡碧金银,众色炫耀,照烂龙鳞。"郭璞注引苏林曰:"白垩,白石英也。"按,赋作自注所云回疆可浣衣白土,当为一种酸性白土,又称天然漂白土,即其本身含有大量含水硅酸,具有较强漂白性能,故在一些地方的民间,被广泛用来洗衣。

[239]蛤粉:青蛤粉,即青黛,一种青色颜料,妇女常以之画眉,或用来浸染布料,还可入药。《本草纲目·草部·青黛》:"黛,眉色也。刘熙《释名》云灭去眉毛,以此代之,故谓之黛。青黛从波斯国来。波斯青黛,亦是外国蓝靛花,既不可得,则中国靛花亦可用。"　晶盐:即水晶盐,亦作水精盐,一种晶莹明澈如水晶的盐。　素:白色,雪白。按,赋作自注所云《梁四公子记》水晶盐出高昌国事,见《太平广记》卷八十一《梁四公》。又,《北史·西域列传》:"(高昌国)出赤盐,其味甚美。复有白盐,其形如玉,高昌人取以为枕,贡之中国。"

[240]鸡舌:鸡舌香的省称,即丁香。一种常绿乔木,种仁由两片形状似鸡舌的子叶抱合而成,可榨丁香油,做芳香剂。《本草纲目·木部·丁香》:"花实丛生,其中最大者为鸡舌,击破,有顺理而解为两向,如鸡舌,故名。"　马乳:葡萄的一种,以其状如马奶头,故名。今称马奶葡萄。按,赋作自注所征引《湛然居士集》诗,分见卷六《西域河中十咏》其一及卷五《赠富察元帅七首》其六。富察、蒲察,当为音译之别。蒲察为辽代女真旧部,入清,又作富察氏,成为满清八大姓之一。这里所谓蒲察元帅(富察元帅),指在金朝曾任参知政事兼左副元帅的蒲察官奴(?—1233),《金史》卷一百一十六有传。

[241]刺草:这里指羊刺,即骆驼刺,一种有刺落叶灌木,生于沙地,是骆驼的牧草。骆驼刺的叶子在大风时容易被刺破,分泌出糖汁,经风吹日晒而凝固成圆球形糖粒,黄白色,有黏性,味甜,这就是羊刺蜜。人工采收的,称刺蜜、刺蜜、刺糖,可入药。按,赋作自注所云《北史》高昌羊刺事,见《北史·西域列传》。胡桐:胡杨的别名,因叶似梧桐叶而得名。胡杨属杨柳科落叶乔木,常生长在沙漠中,尤其是在高度盐渍化的土壤上,其透水性极强的细胞不断吸收盐分,当体

内盐分积累过多时,便能从树干的节疤和裂口处将多余的盐分自动排泄出去,形成白色或淡黄色树脂,称胡杨泪、胡桐泪。《汉书·西域传》:"(鄯善)国出玉,多葭苇、柽柳、胡桐、白草。"颜师古注:"胡桐亦似桐,不类桑也。虫食其树而沫出下流者,俗名为胡桐泪,言似眼泪也,可以汗金银也,今工匠皆用之。"《本草纲目·木部·胡桐泪》:"胡桐泪,是胡桐树脂也,故名。"按,关于胡桐泪,徐松在其《汉书西域传补注》中曾做过考证。回归京师后,挚友姚元之又进行过补正,见姚氏《竹叶亭杂记》卷八。

[242]金线矾:黄矾的别名,又叫鸡矢矾。一种硫酸盐类矿物质,单斜晶系,颜色淡黄,光泽呈绢丝状或珍珠状,微透明。《本草纲目·金石部·黄矾》:"黄矾出陕西瓜州、沙州及舶上来者为上,黄色,状如胡桐泪。人于绿矾中拣出黄色者充之,非真也。波斯出者,打破,中有金丝文,谓之金线矾,磨刀剑,显花文。"

白叠:亦作白㲲,即棉花。棉从西域引进,唐时音译为白叠,称棉布为白叠布,时属稀罕珍贵之物,主要来自西域各国的进贡。宋时,中原地区开始植棉,宋末又传入江南,并参照丝麻纺织发展棉纺织技术。按,赋作自注所征引《南史》高昌国白叠布事,见《南史·夷貊列传下·高昌国》。

[243]其或:句首语气词,表更进一步,犹或如、再如。 瑰宝:犹珍宝。大贾:大商人。 高赀:资财雄厚者,指富户。亦作高訾。

[244]迷迭:一种常绿小灌木,有浓郁的香气,可随身佩带以香衣,也可制成迷迭香,驱蚊虫、辟邪气。《本草纲目·草部·迷迭香》:"《魏略》云出大秦国。魏文帝时,自西域移植庭中。" 兜纳:即兜纳香,一种香料,也可作为药物使用,具有安神、止痛等多种功效。《本草纲目·草部·兜纳香》:"《魏略》云出大秦国,草类也。" 珊瑚:一种由珊瑚虫分泌的石灰质骨骼聚结而成的东西,状如树枝。多为红色,也有白色或黑色,鲜艳美观,供人玩赏,也可做各种精美装饰品。《本草纲目·金石部·珊瑚》:"(苏)恭曰珊瑚生南海,又从波斯国及师子国来。" 玻璃:古人认为是一种玉,或以为即水晶。《本草纲目·金石部·玻璃》:"本作颇黎。颇黎,国名也。其莹如水,其坚如玉,故名水玉,与水精同名。《玄中记》云大秦国有五色颇黎,以红色为贵。"按,赋作自注所云《元中记》,即晋人郭璞所撰《玄中记》。清人避圣祖玄烨讳,故改。

[245]齐墩:橄榄的一种,即油橄榄,常绿乔木,木犀科。墩,亦作暾。其果实称齐墩果,可榨油。《酉阳杂俎》:"齐暾树出波斯国,亦出拂林国,拂林呼为齐

虚。"　摩泽:波斯语称摩贼,即没食子,别名墨石子、无食子、没石子、无石子等,一种壳斗科植物。树枝上的虫瘿亦称没食子,由没食子蜂科昆虫没食子蜂的幼虫寄生于其幼枝上所产生,可作固气涩类中药。《酉阳杂俎》:"无石子出波斯国,波斯呼为摩贼。"　底珍:即无花果,桑科榕属,落叶灌木或乔木,因外观见果而不见花得名,别名映日果、优昙钵、阿驲、阿驿、蜜果等。其果实,亦称无花果,可供食用。《酉阳杂俎》:"阿驿,波斯国呼为阿驲,拂林呼为底珊。"　阿梨:波斯皂荚,亦作阿黎,又叫阿勃勒。《本草纲目·果部·阿勃勒》:"(陈)藏器云生拂林国,状似皂荚而圆长,味甘好吃。此即波斯皂荚也。段成式《酉阳杂俎》云彼人呼为忽野檐,拂林人呼为阿梨。荚长二尺,中有隔,隔内各有一子,大如指头,赤色至坚硬,中黑如墨,味甘如饴,可食,亦入药也。"

[246]熏陆:一种由橄榄科常绿乔木熏陆树的树脂而制成的香,也可作为药物。其形状及香气颇似松脂,色带黄。因脂汁滴如乳头,故亦称乳头香、乳香。《海药本草》:"生南海,是波斯松树脂也,紫赤如樱桃者为上。仙方多用辟谷,兼疗耳聋,中风口噤不语,善治妇人血气。能发粉酒。红透明者为上。"亦可参《本草纲目·木部·熏陆香》)。　芦荟:一种多年生常绿草本植物,又名油葱,叶大而肥厚,边缘有尖锐锯齿,叶汁可入药。亦作卢会、芦会等。《海药本草》:"卢会生波斯国,状似黑锡,乃树脂也。"按,李珣所云,当为经由芦荟叶汁凝聚而成的黑块状药材。亦可参《本草纲目·草部·芦会》)。　辟邪:即安息香树,一种落叶乔木。由其树脂为原料加工而成的香,称为安息香,呈红棕色半透明状,也可作药物。《酉阳杂俎》:"安息香树出波斯国,波斯呼为辟邪。刻其树皮,其胶如饴,名安息香。六七月坚凝,乃取之烧,通神明,辟众恶。"　醍齐:一种多年生落叶乔木,其断枝处有蜜状黄色汁液,有香气,可作药物。《酉阳杂俎》作醍齐,其云:"醍齐出波斯国,拂林呼为顶勃梨咃。七月断其枝,有黄汁,其状如蜜,微有香气,入药疗病。"

[247]逮乎:句首语气词,表更进一步,犹及至。　阿月浑:一种落叶小乔木,亦称无名木。其果实,又称无名子、胡榛子、胡亲子等,可供食用,亦可入药。《海药本草》:"无名木生岭南山谷,其实状若棒子,号无名子,波斯家呼为阿月浑子也。"亦可参《本草纲目·果部·阿月浑子》)。　骨路支:即凌霄花,原名紫葳,为落叶藤木,能借气生根,攀援它物向上生长。其茎、叶、果均可入药。又名飞藤。唐人陈藏器《本草拾遗》:"生昆仑国,苗似凌霄藤,根如青木香,越南亦有,

一名飞藤。"亦可参《本草纲目·果部·紫葳》。

[248]必斯答:即开心果。《本草纲目·果部·附录诸果·必思答》:"《饮膳正要》云:'味甘,无毒,调中顺气。出回回田地。'"宋诩《竹屿山房杂部·树畜部一·必思答》:"味甘,仁似榧仁,而色赤酸甘,有香。"　锡蔺脂:据相关记载,大概是一种波斯产的矿物质,用作药物。《本草纲目·金石部·锡吝脂》:"此乃波斯国银铆也,一作悉蔺脂。主治目生翳膜。用火烧铜针轻点,乃敷之,不痛。又主一切风气,及三焦消渴饮水,并入丸药用。"还可与其他药物配合,制成"保命丹",治疗小儿天吊(即小儿蕴热,痰塞经络,头目仰视),见胡濙《卫生易简方》卷十二《小儿》。

[249]拔兰鹿:据相关记载,大概是鹿的一种,唐时出西域薛延陀部。王溥《唐会要》卷一百《杂录故事》:"(贞观二十一年三月十一日)薛延陀献拔兰鹿,毛如牛,角大如麂。"　榾柮(gǔ duò)犀:据相关记载,说是一种千岁蛇角,又作骨咄犀、骨笃犀,可制器物,亦可供药用。《辽史》卷一百一十六《国语解》:"榾柮犀,千岁蛇角,又为笃讷犀。"《本草纲目·鳞部·蛇角》:"《大明汇典》云蛇角出哈密。"

[250]梯航:梯山航海的省文。谓长途跋涉。元稹《代曲江老人百韵》:"山泽长孳货,梯航竞献珍。"亦作梯杭。　阛阓(huán huì):古代商业市区,有垣有门,阛为市垣,阓为市门。这里借指店铺,商铺。　衒奇:炫耀奇特。盛恩《焦山赋》:"不衒奇以贾名,不近哗而招累。"亦作炫奇。

[251]众庶:众民,百姓。《韩非子·问田》:"立法术,设度数,所以利民萌,便众庶之道也。"　悦豫:喜悦,愉快。班固《两都赋序》:"是以众庶悦豫,福应尤盛。"　禜(yíng)灾:犹禳灾,意谓消除灾祸。禜,古代一种祈求神灵消除灾祸的祭祀。　蘄祜:犹祈福,意谓祈求福气。蘄,同"祈";祜,大福。按,赋作自注所征引《西域图志》语,见其卷三十二:"回人通经典者曰阿浑,为人诵经,以禳灾迎福。"阿浑,亦作阿珲、阿訇。

[252]逐臭:谓维吾尔人长期牧养驼牛马羊等牲畜,故习惯乃至喜欢其臭味。　慕毡:谓依恋动物毛皮加工而成的各种生活用品,如毡布、毡毯、毡席、毡帽及毡房等。

[253]虔:恭敬。《国语·鲁语》:"少采夕月,与大史、司载纠虔天刑。"韦昭注:"虔,敬也。"　礼拜:信教者向神行礼致敬。维吾尔人绝大部分信奉伊斯兰

教,做礼拜是他们每天都要进行的重要宗教活动,被认为是最基本的"五功"即念、礼、斋、课、朝之一。　祆神:这里指琐罗亚斯德教所尊敬的天神。《西域图志》卷三十二:"回人尊敬造化之主,以拜天为礼,每城设礼拜寺。所谓祆神,即天神。今诸回部每日五拜天,盖即其遗教也。"　祠堂:这里指伊斯兰教徒为其先贤们所建的祠堂,称玛咱尔,今作麻札,系阿拉伯语音译,意为先贤墓地。按,赋作自注"始生教主曰派噶木巴尔"等语,亦引自《西域图志》卷三十二。又,《西域水道记》卷一《罗布淖尔所受水上》亦云:"派噶木巴尔倡回教,为第一世初祖。"冯锡时先生认为,"此处之派噶木巴尔,应指穆罕默德(570—632)"。

[254]正岁:指古历夏历正月,也泛指农历正月。《周礼·天官·小宰》:"正岁,帅治官之属而观治象之法。"郑玄注:"正岁,谓夏之正月,得四时之正。"　大年:这里指伊斯兰教的开斋节,即新疆穆斯林所称肉孜节,又叫入则、鲁杂,时间为每年伊斯兰历10月1日。在清代文献中,往往以之与内地的元旦相比拟。

[255]沓沓:疾行貌。　鼖鼖:鼓声。

[256]凹睛突鼻:指眼睛凹陷、鼻子突出的维吾尔族人。突,一作凸。《十全集》卷十五《平定回部第四之四·诗五十九首·庚辰春帖子》:"从此凹睛凸鼻辈,一齐受吏验东风。"　溢郭充廛:形容人群众多而密集、拥挤而热闹。郭,外城;廛,商铺。班固《西都赋》:"人不得顾,车不得旋。阗城溢郭,旁流百廛。"李善注引郑玄《礼记注》曰:"廛,市物邸舍也。"

[257]场空兽舞:这里指大年之际以斗马羊、骆驼等而预测来年收成的活动习俗。按,赋作自注所征引《唐书》,乃《新唐书》。龟兹,今阿克苏地区库车市一带,参上文注释[13]、[211]。橐驼,即骆驼,《新唐书·西域传》作橐它。　匏巨灯圆:这里指巴罗提节,又叫油葫芦节,源自伊斯兰教的"巴罗提夜",为新疆维吾尔、乌孜别克、塔塔尔、塔吉克等信仰伊斯兰教民族的传统节日。匏,即匏瓜,葫芦的一种,但比普通葫芦要大。巴罗提,意为"伊斯兰教历第8月",故此得名"巴罗提节"。此节于每年伊斯兰历8月15日即肉孜节前四十五天举行,故赋作自注所征引《西域图志》云"大年前十五日"之说不确。这种误说,在清代文献中首见乾隆年间《西域图志》,其后《西域闻见录》《河源纪略》《西陲要略》等均沿之,而徐松亦难免受其影响。

[258]僸侏(jìn mài)兜离:即所谓僸侏(jìn mài)兜离。僸侏、兜离,均为少数民族古乐名,早在汉时就已传入内地。班固《东都赋》:"四夷间奏,德广所及,僸侏兜离,罔不

109

具集。万乐备,百礼暨。皇欢浃,群臣醉。"李善注:"毛苌《诗传》曰:'东夷之乐曰靺,南夷之乐曰任,西夷之乐曰朱离,北夷之乐曰禁。'然说乐是一,而字并不同,盖古音有轻重也。" 裘帕:皮衣与丝帕。按,赋作自注所征引圣制诗,见《十全集》卷十五《平定回部第四之四·诗五十九首》。

[259]丸剑跳:即跳丸剑,又叫弄丸剑,一种杂技,以手连抛连接丸或剑。这一杂技早在战国就有,而汉时已非常成熟和普遍,属于"百戏"之一。表演者所使之丸有小孔,迅速抛掷时会发悦耳哨声,故又称铃。张衡《西京赋》:"跳丸剑之挥霍,走索上而相逢。"张铣注:"跳,弄也;丸,铃也。挥霍,铃剑上下貌。" 都卢缘:即缘都卢,亦为一种杂技,今称爬竿戏。这一杂技在汉时也非常流行,亦属"百戏"之一。《汉书·西域传》:"(武帝)作巴俞、都卢、海中砀极、漫衍、鱼龙、角抵之戏以观视之。"颜师古注引晋灼曰:"都卢,国名也。"引李奇曰:"都卢,体轻善缘者也。"马端临《文献通考·乐考二十》:"都卢伎,缘橦之伎众矣,汉武帝时谓之都卢。都卢,国名,其人体轻而善缘也。"可见,都卢这种杂技与都卢国有着密切关系,故又称都卢寻橦。寻橦,即长竿。《方言笺疏》:"寻,长也。"《后汉书·马融传》注:"橦,旗之竿也"。张衡《西京赋》:"乌获扛鼎,都卢寻橦。"从出土的汉代文物看,所用橦有长有短,形状各异,表演方式,各种各样,令人叹为观止。按,赋作自注所征引圣制诗,见《十全集》卷十五《平定回部第四之四·诗五十九首·上元夕恭奉皇太后观灯火》)。

[260]七调:即龟兹七调,指古龟兹国的七种琵琶乐调。首见《隋书·音乐志》,分别为娑陁力、鸡识、沙识、沙侯加滥、沙腊、般赡、俟利箑。郑樵《通志》卷五十《乐略第二·历代制造》所记,乃据《隋书》而成。 五弦:即五弦琵琶,一种弹拨弦鸣乐器,简称五弦。本出龟兹,汉魏之交,传入内地,流行北朝,隋唐之时,尤为盛行。《新唐书·礼乐志》:"五弦,如琵琶而小,北国所出。旧以木拨弹,乐工裴神符初以手弹,太宗甚悦,后人习为搊琵琶。" 觱篥(bì lì):一种簧管乐器,有九孔,形似喇叭,以竹为管,管口插有芦制哨子,又称筚管、头管。亦本出龟兹,后传内地,成为隋唐燕乐及唐宋教坊乐重要乐器。《文献通考·乐考十一》有详细记载,可参。 搁(gāng):举起。 毛员:即毛员鼓,一种双面拍打的腰鼓。《旧唐书·音乐志》:"毛员鼓,似都昙鼓而稍大。"《文献通考·乐考九》:"毛员鼓,其制类昙而大,扶南、天竺之乐器也。"按,赋作自注所云龟兹乐器事,见《文献通考·乐考十九》:"龟兹伎有弹筝、竖箜篌、琵琶、五弦、横笛、笙、箫、觱篥、答

腊鼓、毛员鼓、都昙鼓、侯提鼓、鸡娄鼓、腰鼓、齐鼓、檐鼓。"

[261]楔：楔子，上粗下锐的木橛。跨高楔，又叫缘高楔，今称踩高跷，甘肃陇东一带方言则称踩高拐子。由表演者扮作各种脸谱人物形象，双腿绑于木橛较粗一头之上，以代双腿进行表演。按，赋作自注所征引圣制诗序，见《十全集》卷十七《平定回部第四之六·诗四十首》。

[262]《小天》：古龟兹舞曲名。首见《隋书·音乐志》："其歌曲有《善善摩尼》，解曲有《婆迦儿》，舞曲有《小天》，又有《疏勒盐》。"《文献通考·乐考二十一》所记，乃据《隋书》而成。又，《西域图志》卷四十："（龟兹）其曲有《小天》。"自注："原本作《小天》。查天竺有《大朝天》《小朝天》曲，亦见《通考》。此疑系《小朝天》之讹。"

[263]末陀酒：佛书对葡萄酒的一种称呼。按，赋作自注所谓《显扬圣教论》，凡二十卷，为大乘佛教唯识论宗重要论著，由古印度僧人无著撰，后由唐玄奘译，弟子释玄应注。又，唐释玄应《一切经音义》卷四十七引《显扬圣教论》第十七卷注曰："末陀酒，谓蒲桃酒也。"另外，古印度僧人世亲（又译为天亲，中国佛教称之为世亲菩萨）所著说一切有部典籍《阿毗达磨俱舍论》，后由唐玄奘译出，其中对末陀酒也有记载，其卷十四云："酝食成酒，名为窣罗。酝余物所成，名迷丽耶酒。即前二酒未熟已坏，不能令醉，不名末陀。若令醉时，名末陀酒。"

[264]腾格：一作天罡，维吾尔语，原义为银，转义为银币。清时，南疆曾通行腾格钱。丁福保《古钱大辞典》下编《圆钱类·腾格钱》引翁树培《古泉汇考》曰："回部谓之腾格钱，近人钱谱云即回子钱，形如桃核，面背皆回字。"腾格作为一种货币单位，其计量标准为五十普尔合一腾格，值银一两。阮葵生《茶余客话》卷十三："西域贡赋，以钱折粮，名曰腾格，又曰普耳。计一腾格，为钱五十文，普耳之数，又少于腾格。"按，赋作自注所征引圣制诗，见《十全集》卷十六《平定回部第四之五·诗四十六首·回部贡金至命为麒趾袅蹄以纪其事》。

[265]得斯挞：维吾尔人的一种缠头帽。按，赋作自注所征引圣制诗，见《十全集》卷十八《平定回部第四之七·诗七十一首·紫光阁锡宴联句》。又按，元人虞集《曹南王勋德碑》所谓旦耳答，为元代最盛行的纳石失之一种。纳石失，为波斯语"金锦"之义，即一种以加金艺术为主体表现的丝织物，包括以片金线或圆金线为纹纬的织金锦或织金缎以及绣金锦缎。方以智《通雅》卷三十七《衣服·布帛》："纳石失、纳贴可，皆金锦也。"　嶷嶷（nì nì）：高耸貌。

[266]额色岥:波斯语,对马的一种称呼。按,赋作自注所征引圣制诗注,亦见《紫光阁锡宴联句》。　翩翩:轻疾貌。

[267]世家:世禄之家。《汉书·食货志下》:"世家子弟富人或斗鸡走狗马,弋猎博戏,乱齐民。"颜师古注引如淳曰:"世家,谓世世有禄秩家也。"　袭职:承袭官职。《明史·职官志》:"世官九等,皆有袭职,有替职。"清廷在新疆维吾尔族中,实施札萨克旗制,旗长由当地世家担任,基本是世袭罔替的。其中,哈密设旗始于康熙三十六年(1679),主要是额贝都拉家族,其特权直至清亡之后,还受北洋军阀政府的保护。吐鲁番设旗始于乾隆十九年(1754),主要是额敏和卓家族,其特权于光绪十年(1884)新疆建省时被废除。

[268]伯克:维吾尔语,意谓官长。早在平定西域之前,维吾尔族居住地区就普遍施行伯克制度。南疆平定后,清廷除在哈密、吐鲁番施行札萨克旗制外,大部地方皆因俗设治,沿用伯克官制。清代的伯克制度,是在对旧伯克制度进行重大改革后制定和实施的。首先是废除了伯克的世袭旧制,规定各城伯克的任免要按其官职的大小由参赞大臣或办事大臣拟定奏报,请旨决定;同时对伯克的人选、职权、品秩、俸禄等都作了严格规定和限制。《西域图志》卷三十《官职二》对辟展、哈喇沙尔、库车、乌什、阿克苏、赛喇木、喀什噶尔、叶尔羌、和阗等地的各级伯克均有明确记载,可参。光绪十年新疆建省时,伯克制度随之被废除,代之以州县制。

[269]多伦:地名,位于今内蒙古锡林郭勒。　户恤:这里指南疆王公世家对多伦回等低贱农户的体恤和救济。按,赋作自注所征引《钦定外藩蒙古回部王公表传·扎萨克多罗郡王额敏和卓列传》中,曾提及乾隆二十四年(1759)清廷下议迁徙多伦回至哈喇沙尔(位于今巴音郭楞蒙古自治州焉耆回族自治县)之事,其安置事宜由额敏和卓次子素赉璊负责:"二十四年,议徙多伦回众于喀喇沙尔,素赉璊赴布古尔、库尔勒,度引水溉田、分地定居诸务。"

[270]阿珲:亦作阿浑、阿訇,伊斯兰教中通晓经典的主教,可参上文注释[251]。按,赋作自注所征引圣制诗注,见《十全集》卷十六《平定回部第四之五·诗四十六首·后回鼛行叠前作韵》。　艺娴:这里指阿珲的诵经技艺非常娴熟。

[271]识:知道,懂得。　蚕桑:养蚕与种桑。《后汉书·东夷传》:"知蚕桑,作缣布。"按,赋作自注所征引和阗有蚕事,见《新唐书·西域传》:"(于阗)初无

桑蚕,丐邻国,不肯出,其王即求婚,许之。将迎,乃告曰:'国无帛,可持蚕自为衣。'女闻,置蚕帽絮中,关守不敢验,自是始有蚕。女刻石约无杀蚕,蛾飞尽得治茧。"

[272]知:识。互文见义。　种植:栽种培植。按,赋作自注所云回人农书《哩萨拉》,见《西域图志》卷四十八,可参上文注释[140]。

[273]占毕:谓经师不解经义,但视简上文字诵读以教人。《礼记·学记》:"今之教者,呻其占毕,多其讯,言及于数,进而不顾其安。"郑玄注:"呻,吟也。占,视也。简,谓之毕。言今之师自不晓经之义,但吟诵其所视简之文,多其难问也。"　亦思替非之字:见《元史·百官志三》:"(至元)二十六年,置官吏五员,掌管教习亦思替非文字。"按,亦思替非文字究竟为何种文字,长期以来困扰着学术界。已故史学家、教育家白寿彝先生曾推测其"在元代系做关防会计之用",但并未引起重视。后又有人撰文认为是波斯文、阿拉伯文,也有人认为是一种突厥语。至1992年10月,在北京大学举行的"伊朗学在中国学术讨论会"上,伊朗学者穆扎法尔·巴赫蒂亚尔认为,亦思替非文字并非一般波斯文,而是古代波斯人所创造的一种特有文字符号系统及计算方法,用以书写政府税收事项:"亦思替非(Estifi)本意乃是获取应有之权利,或向某人取得应得之物。作为一个专有名词,其意为财产税务的核算与管理,乃是一种特殊的文字符号,用于国家文书之中,它有特定的写法与规则,国王及政府有关财务税的诏书、清算单据、税务文书等都用这种文字书写。这种文字类似缩写符号或象形文字,只表意而不标音。"

[274]测候:观测天文与气象。《明史·职官志三》:"(钦天监)监正、副掌察天文、定历数、占候、推步之事,凡日月星辰、风云气色,率其属而测候焉。"嚕斯纳默之编:即《嚕斯纳默》,测候书名,见《西域图志》卷四十八,可参上文注释[140]。按,赋作自注所征引圣制诗,见《十全集》卷十五《平定回部第四之四·诗五十九首·庚辰春帖子》,注云:"回中诸部,有相沿占候书名嚕斯呐默。今命钦天监官往测量日影,定时宪,书节气之差。"

[275]时雨:应时的雨水。按,赋作自注所征引圣制诗,见《十全集》卷十八《平定回部第四之七·诗七十一首·驻叶尔羌大臣新柱等奏报得雨诗以志慰》。

[276]灵泉:泉水的美称。

[277]精镠(liú):纯美的黄金。镠,精金,紫磨金。《尔雅》:"黄金谓之璗,

其美者谓之镠。"郭璞注:"镠,即紫磨金。"

[278]乐石:可制乐器的玉石,常用以作磬。李斯《峄山刻石文》:"今皇帝一家天下,兵不复起,群臣颂略,刻此乐石,以著经纪。"章樵注:"石之精坚堪为乐器者,如泗滨浮磬之类。"按,赋作自注所云密尔岱玉作编磬事,见《西域水道记》卷一《罗布淖尔所受水上》:"(密尔岱)山与玛尔瑚鲁克山峰峦相属,玉色黝而质坚,声清越以长。乾隆二十七年八月,叶尔羌办事采进玉特磬料十一片,二十八年三月,采进正项磬料十八片,备用磬料二十六片。皆采自密尔岱山,以准噶尔锯截之。"密尔岱山,又名辟勒山,意为玉山,位于今新疆喀什地区叶城县西南,可参上文注释[153]。

[279]盘櫃(qú):根枝交错貌。按,赋作自注所征引圣制诗,见《十全集》卷八《再定准噶尔第三之三·诗四十一首》。据诗序可知:"鄂垱者,河名;噶克义莫朵者,独树之谓。本土尔扈特所称名也。树生河源,久闻其语,今问之来使,信然。"义莫朵,赋作自注误作义莫多,当为徐松疏忽所致。

[280]蹁跹:舞姿旋转貌。按,赋作自注所云贡鹤事,见傅恒等纂《平定准噶尔方略》正编卷五十一。

[281]卢牟:犹规模。《淮南子·要略》:"原道者,卢牟六合,混沌万物。"高诱注:"卢牟,犹规模也。" 亭毒:《老子》:"长之育之,亭之毒之,养之覆之。"高亨《正诂》:"亭当读为成,毒当读为熟,皆音同通用。"后引申为养育,化育。刘峻《辩命论》:"生之无亭毒之心,死之岂虔刘之志。"李周翰注:"亭、毒,均养也。"莫知其然:不知其事原委。

[282]博望:即博望侯,张骞的封号。《汉书·张骞传》:"骞以校尉从大将军击匈奴,知水草处,军得以不乏,乃封骞为博望侯。" 侈略:夸大谋略。 致远:到达远方,这里指张骞出使西域之事。 翁孙:西汉名将赵充国的字。赵充国(前137—前52),陇西上邽(今甘肃省天水市清水县)人,被后人誉为"屯田名将"。其在平定西羌叛乱期间,放弃以前单纯军事征伐的方式,而采取万人屯田以待其敝的策略,陆续将彼五万军队消灭殆尽。卒,谥壮侯,以功德而与霍光同列,图形未央宫。《汉书》卷六十九有传。 擅美:专美,独享美名。张衡《南都赋》:"皇祖歆而降福,弥万祀而无衰;帝王臧其擅美,咏南音以顾怀。"

[283]琐琐:形容人品卑微、平庸、渺小,这里讥指唐宋时期那些筹划边境事务的平庸之辈。 何足:犹言哪里值得,哪里称得上。 语:谈论。 筹边:筹划

边境事务。

[284]避席:古人席地而坐,离席起立,以示敬意。

[285]伟:伟大。　创制:制度、事业等的创建、创造。

[286]参:并列。参天地,与天地并列为三,极言功德之盛。《中庸·尽性章》:"可以赞天地之化育,则可以与天地参矣。"扬雄《河东赋》:"参天地而独立兮,廓荡荡其亡双。"颜师古注:"天地曰二仪,王者大位,与之合德,故曰参天地。参之言三也。"按,此二句式,首见宋玉《高唐赋》:"高矣,显矣,临望远矣!广矣,大矣,万物祖矣!"又如《神女赋》:"茂矣,美矣,诸好备矣!盛矣,丽矣,难测究矣!"

[287]丹书:即丹书克,亦称噶书克,系藏语音译,意为贡折,即附有贡品的一种庆贺文书。始于明崇祯五年(1632),最初的呈递者为西藏上层贵族,后演变为清代西藏的达赖、班禅等活佛及其他上层贵族。凡皇帝即位、皇帝及皇太后寿辰等喜庆典礼,西藏上层一般都要遣使者进京呈递,以示祝贺。达赖、班禅坐床,也要分别遣使者向皇帝呈递,叩谢天恩。

[288]白雉:白色羽毛的野鸡,古时以为瑞鸟。《太平御览》卷九一七引《春秋感应符》:"王者德流四表,则白雉见。"　让:辞让。白雉之让,指周公辞让白雉于成王事,借以颂其美德。《孝经援神契》:"周成王时,越裳献白雉。"《后汉书·南蛮西南夷列传》:"交址之南有越裳国。周公居摄六年,制礼作乐,天下和平,越裳以三象重译而献白雉,曰:'道路悠远,山川岨深,音使不通,故重译而朝。'成王以归周公。公曰:'德不加焉,则君子不养其质;政不施焉,则君子不臣其人。吾何以获此赐也!'其使请曰:'吾受命吾国之黄耇曰:"久矣,天之无烈风雷雨,意者中国有圣人乎?有则盍往朝之。"'周公乃归之于王,称先王之神致,以荐于宗庙。"《汉书·西域传》:"虽大禹之序西戎,周公之让白雉,太宗之却走马,义兼之矣,亦何以尚兹!"

[289]玉关:即玉门关。汉武帝开通西域道路、设置河西四郡时设立,因西域输入玉石时取道于此,故名。汉时,玉门关为通往西域各地的门户,其故址在今甘肃省敦煌市西北约80公里处的小方盘城。　殊:异。互文见义。　珠崖:地名,亦作珠厓,位于今海南省。汉武帝南定越地之后,设南海、苍梧、郁林、合浦、交趾、九真、日南、珠厓、儋耳等郡。元帝时,珠厓等郡数次反叛,待诏金马贾捐之上疏请弃珠厓,以恤关东,乃罢珠厓郡。事见《汉书·武帝纪》及《贾捐之

传》。

[290]圣天子:这里指乾隆帝。 疆:划分,治理。义近疆理,参上文注释[81]。 葱雪:葱岭雪山。常与"龙沙"即白龙堆连用,以代指西域。《后汉书·班超梁慬传》:"定远慷慨,专功西遐。坦步葱雪,咫尺龙沙。"李贤注:"葱领雪山、白龙堆沙漠也。"《西域图志·总目》:"龙沙葱雪,道里迢遥,非前代兵力所能至。" 中冀:古指冀州涿鹿地区。相传黄帝杀蚩尤于此。《逸周书·尝麦》:"赤帝大慑,乃说于黄帝,执蚩尤,杀之于中冀。"《淮南子·地形训》:"正中冀州,曰中土。"这里与边疆相对,代指内地。

[291]变:改变,变动。变、易、革,互文见义。 朔闰:农历初一月亮运行到地球与太阳之间,地面上看不到月光,这种现象叫朔。以其出现在农历每月初一,故称初一为朔日或朔。又,农历一年与地球公转一周相比,约差十日有奇,故每数年积所余之时日为闰,而置闰月。这里朔闰连用,代指历法。 启闭:古称立春、立夏为启,立秋、立冬为闭。这里启闭连用,代指节气。

[292]佩璲:一种供佩带用的瑞玉。《诗·小雅·大东》:"鞙鞙佩璲,不以其长。"郑玄笺:"佩璲者,以瑞玉为佩。"一说,绶带。这里代指衣着服饰。

[293]语言:这里指新疆各民族的语言。 文字:这里指清代的官方文字即满文。

[294]盖:连词,连接上句或上一段,表原因。 遐思:悠远地思索。 旅獒慎德之训:周武王灭商之后,西方的旅国进献名为獒的大犬,太保召公奭担心武王会玩物丧志,于是作《旅獒》,劝谏武王要慎其德教,不要贪恋远方贡物,而应当重视贤能,安定国家,保护百姓。见《尚书·周书·旅獒》。旅,古国名。孔颖达《正义》:"西方之戎有国名旅。西旅,西方夷名。"獒,大犬。《尔雅》:"狗四尺为獒。"慎德,谓注重修身敬德。 深维:谓深思而有所启发。 大禹即叙之义:指大禹治水之后,分天下为九州,而包括雍州西戎四国在内的周边各少数民族,也都先后归顺,见《书·禹贡》。西戎,古代西北部民族的总称。即叙,排定次序,归顺。一作即序。《汉书·西域传》:"《书曰》:'西戎即序',禹既就而序之,非上威服致其贡物也。"颜师古注:"序,次也。"

[295]匪:非,表否定。 渐被:犹渐渍,浸润,引申为感化。张咏《拟富民侯传赞》:"汉洗秦弊七十年,武威文经,渐被四海。" 诚:果真,确实。 塞晏:同"塞晏"。《后汉书·申屠刚鲍永郅恽列传》:"诚不欲圣朝行诽谤之诛,以伤塞晏

之化。"李贤注引郑玄曰:"道德纯备谓之塞,宽容覆载谓之晏。"

[296]若乃:用于句子开头,表示另起一事,犹至于。　重镇:战略地位重要的城镇。　觇:窥视。　理本:至治的根本。　至计:根本大计。

[297]明农:劝勉农业。明,通"勉"。　养:蓄养,鞠养。　储兵:积蓄兵力。卫:防护,保卫。

[298]教:教育,教化。　画:同"划"。划分。　郡县:郡和县的并称。莅:治理。

[299]建长立贰:设置长官及副手。见《周礼·天官·大宰》:"乃施则于都鄙,而建其长,立其两,设其伍,陈其殷。乃施法于官府,而建其正,立其贰,设其考,陈其殷,置其辅。"

[300]作利捄弊:犹言兴利除弊。作,兴。捄,同"救"。《汉书·董仲舒传》:"将以捄溢扶衰,所遭之变然也。"颜师古注:"捄,古救字。"

[301]备:完备,齐备。

[302]夫:句首语气词,表示要发议论。　其:指示代词,这里指新疆北路,即北疆。

[303]莽平:地势平坦而广阔。《汉书·西域传》:"(乌孙)地莽平,多雨,寒,山多松樠。"颜师古注:"莽平,谓有草木而平坦也。一曰,莽莽平野之貌。"泽卤:低洼而多盐碱。《汉书·匈奴传》:"单于新破月氏,乘胜,不可击也,且得匈奴地,泽卤非可居也,和亲甚便。"

[304]浮沮:井名,位于汉时匈奴游牧区。《汉书·武帝纪》:"又遣浮沮将军公孙贺出九原,匈河将军赵破奴出令居,皆二千余里,不见虏而还。"颜师古注引公孙瓒曰:"浮沮,井名,在匈奴中,去九原二千里,见汉舆地图。"按,公孙贺出击匈奴,事在汉武帝元鼎六年(前111)秋。

[305]雍狂:犹荒远。《后汉书·乌桓鲜卑列传》:"其(乌桓)约法:若亡畔为大人所捕者,邑落不得受之,皆徙逐于雍狂之地,沙漠之中。其土多蝮蛇,在丁令西南,乌孙东北焉。"按,乌桓本为东胡支系。据《后汉书》所记"在丁令西南,乌孙东北",乌桓故地当在今新疆东部及东北部与内蒙古交界一带。匈奴强盛时,冒顿单于击破东胡,乌桓遂迁至匈奴以东乌桓山(今内蒙古自治区阿鲁科尔沁旗以北)一带。后来,汉廷又徙乌桓于上谷、渔阳、右北平、辽西、辽东五郡塞外。可参上文注释[60]。

[306]排:推开。排山,推开山岳,极言势大力猛。 浚稽:山名,即浚稽山,位于今内蒙古居延海以北、蒙古国南部鄂尔浑河以南。《史记·匈奴列传》:"汉使浞野侯破奴将二万余骑出朔方西北二千余里,期至浚稽山而还。"司马贞《索隐》引应劭曰:"在武威县北。"事在汉武帝太初二年(前103)春。天汉二年(前99)秋,李陵又于浚稽山大败匈奴,事见《汉书·李陵传》。

[307]奄:覆盖,包括。《诗·周颂·执竞》:"自彼成康,奄有四方。"郑玄笺:"奄,犹覆也。" 鲜卑:东胡的一支。又作师比、犀比等,其名有吉祥与神兽之意。秦汉时,鲜卑曾居辽东鲜卑山(今大兴安岭),附于匈奴。汉初,为匈奴所破,远窜辽东塞外。东汉时,北匈奴西迁,遂趁机进入匈奴故地漠北地区,势力渐盛。光武帝时,陷入分裂,势力顿衰,始与汉通。建武三十年(54),鲜卑大人于仇贲、满头等率种人"诣阙朝贺,慕义内属",光武帝"封于仇贲为王,满头为侯"。此后,鲜卑一直附属汉魏。《后汉书》卷九十有《乌桓鲜卑列传》。至晋初,鲜卑分为数部,其中以慕容、拓跋二氏为最著。拓跋氏建国号魏,史称北魏,后分裂成东魏和西魏,又演为北齐、北周。内迁的鲜卑人因逐渐从事农业,故至隋唐后日趋汉化,最终融入其他民族。

[308]五船:即五船道,又称伊吾道、莫贺延碛道、新道、第五道等,当为自玉门关(今甘肃敦煌市西小方盘城)至伊吾(今新疆哈密市一带)、车师后王国(今新疆乌鲁木齐市以东、吐鲁番以北一带)的一条重要古道。《汉书·西域传》:"(汉平帝)元始中(1—5),车师后王国有新道,出五船北,通玉门关,往来差近。戊己校尉徐普欲开以省道里半,避白龙堆之阨。车师后王姑句以当道为拄置,心不便也。"至东汉明帝永平十六年(73),班超击败伊吾、匈奴呼衍王败逃,遂置宜禾都尉,屯田伊吾。从这时候起,汉廷梦寐以求开通五船道的愿望,得以初步实现。后来伊吾屯田时设时撤,五船道也时断时续,但总体来说仍为通往西域的重要门户。《后汉书·西域传》:"自敦煌西出玉门、阳关,涉鄯善,北通伊吾千余里,自伊吾北通车师前部高昌壁千二百里,自高昌壁北通后部金满城五百里,此其西域之门户也。" 披:傍,靠近。亦作陂。段玉裁《说文解字注》:"披、陂,皆有旁其边之意。"《史记·五帝本纪》:"披山通道,未尝宁居。"裴骃《集解》引徐广曰:"披,他本亦作陂字。陂者,旁其边之谓也。" 六国:这里指汉时天山以北的六个国家,即所谓"山北六国",分别为东且弥、西且弥、卑陆、卑陆后国、蒲类、蒲类后国。《汉书·西域传》:"至宣帝时,遣卫司马使护鄯善以西数国。及破姑

师,未尽殄,分以为车师前后王及山北六国。"

[309]恶都奴:西域山谷名,为东汉与匈奴的边界。西汉平帝元始中,车师后王句姑、去胡来王唐兜怨恨西域都护,逃过汉军防线,率部投降匈奴。单于将其安置在左谷蠡王地面,并派遣使者告知汉廷。后至王莽当政,派五名使者到匈奴,令将二王送归。在恶都奴地界,汉使召集西域诸国国王,将句姑、唐兜二人当场斩首示众,并制定了四条制度,即"中国人亡入匈奴者,乌孙亡降匈奴者,西域诸国佩中国印绶降匈奴者,乌桓降匈奴者,皆不得受"。这四条新制,被汉使函封后交给匈奴单于,令其奉行。事见《汉书·匈奴传》。王莽这一做法盛气凌人,不但激化了汉匈矛盾,也破坏了汉朝与西域其他国家的关系,因而导致了新莽时期西域与内地的隔绝。　界:边境,边界。　乌禅幕:西域部落名,起源于哈萨克斯坦南部草原,为活动于中亚泽拉夫善河畔(今乌兹别克斯坦撒马尔罕与布哈拉之间的河流)康居国与伊犁河流域乌孙国之间的一个小国。汉武帝征和二年(前92),乌禅幕因"数见侵暴,率其众数千人降匈奴,狐鹿姑单于以其弟子日逐王姊妻之,使长其众,居右地",事见《汉书·匈奴传》。右地属新疆天山地区,乌禅幕东迁后,遂成为匈奴统治西域的重要力量。　房:古代对北方外族的贬称。

[310]垒垒嵒嶭:山势险峻不齐貌。嵒,同"岩"。　列障:谓山脉绵延,犹如屏障而布列。

[311]贡古鲁克:山名,又叫库库尔图克,位于今阿克苏地区乌什县北境。《西域水道记》卷二《罗布淖尔所受水下》有记载,可参。按,贡古鲁克山口现为中国与吉尔吉斯斯坦边界处的中方哨卡,驻边防官兵。

[312]奇喇图鲁:山名,一作奇林图鲁,位于今石河子市南的玛纳斯河与清水河之间。《西域同文志》:"准语图鲁,造端托始之谓。地为山梁发脉处,故名。"

[313]径:经过。《广雅》:"径,过也。"　纳喇特:山名,一作纳拉特,即今那拉提山,位于伊犁哈萨克自治州新源县与巴音郭楞蒙古自治州和静县西北巴音布鲁克镇交界处。纳拉特,蒙古语,意为向阳山坡;一说哈萨克语,意为高大如驼峰之马。　险隘:地势险要的关口。

[314]挺:突出。　博克达:山名,即今乌鲁木齐市东南的博格达山。《西域同文志》:"准语博克达,神圣之称,犹云圣山也。"《西域图志》卷二十一:"博克

达鄂拉,在额得墨克达巴西,天山最高峰也。" 中权:犹主峰。祁韵士《西域释地》:"乌鲁木齐博克达山,三峰峭拔入云。"按,赋作自注所云迪化州治,在今乌鲁木齐,参上文注释[13]、下文注释[402]。又按,所云《邱长春西游记》,即李志常所撰《长春真人西游记》,书中多次提到阴山,徐松认为即博克达山。后来,徐松在道光二年(1822)四月所作《长春真人西游记跋》中又云:"博克达山三峰高峙,去古城北数日程即见之,故《记》云'涉大沙陀,南望阴山,若天际银霞',诗云'三峰并起插云寒'也。轮台东为阜康县,县治在博克达山阴,故'南望阴山'。"

[315]鹿圈:地名,当在纳喇特山即今那拉提山附近。《西域水道记》卷四《巴勒喀什淖尔所受水》:"其地多鹿,谚名鹿圈。" 赴浸:犹汇聚。按,赋作自注所云昌曼河,即今伊犁哈萨克自治州新源县南的恰克皮河,发自那拉提山。《西域水道记》卷四《巴勒喀什淖尔所受水》有详细记载,可参。

[316]龙池:这里指博格达山顶及山麓的大龙潭(古称瑶池,今称天山天池)与小龙潭(今称东小天池)。 瀹瀑(xuè bào):水沸涌貌。

[317]镇:压。 双碑:这里指唐《姜行本纪功碑》与汉《裴岑纪功碑》。按,姜行本(?—643),秦州上邽(今甘肃天水市清水县)人。唐太宗贞观十四年(640)征高昌,任行军副总管,于天山北麓松树塘见汉班超所立纪功碑,遂磨去其文重刻,以陈唐之威德,是为《姜行本纪功碑》。平定高昌后,因功晋封金城郡公。十七年(643),随太宗征高丽,至盖牟城(今辽宁葫芦岛市东之塔山),中流矢而卒,谥曰襄,陪葬昭陵。《旧唐书》卷五十九有传。裴岑,生卒年不详,云中(今山西大同市)人,曾任敦煌太守。东汉顺帝永和二年(137),因北匈奴呼衍王多次扰边,遂率兵三千余诛杀之,河西四郡及汉之边境重获安宁,因勒石以纪功,是为《裴岑纪功碑》。碑本立巴里坤湖边,后没入地下。雍正七年(1729),大将军岳钟琪在屯田垦荒时发掘出土,搬迁至其幕府。十三年(1735),又移置镇西府城(今哈密市巴里坤哈萨克自治县县城)北二百余步的关壮缪祠西阶下。蒲类:即古蒲类海,今巴里坤湖,位于哈密市巴里坤哈萨克自治县西北18公里处。唐称婆悉海、婆悉厥海,元明作把思阔、八儿思阔、婆悉阔等,清称巴尔库勒淖尔、巴里坤海子。《西域同文志》:"巴尔库勒,回语。巴尔,谓有;库勒,池也。旧对音为巴里坤。淖尔,蒙古语,即回语库勒。古蒲类海也。"至蒲类之含义,众说纷纭,大致有二:一说哈萨克语,意为虎湖;一说波斯语,意为美丽之湖。 凌:

凌驾,凌空。 磴:石级,即石头台阶。 祁连:山名,这里指巴里坤南山,即今哈密市巴里坤哈萨克自治县南的巴里坤山,为天山山脉东段。清时,山上有巴里坤通哈密的盘道,由于年久失修,每当冬冷积雪之时,清军粮饷军需便无法输送,只能囤积于哈密,以待来年开春。雍正十一年(1733),大将军查郎阿令兵部员外郎阿炳安进行维修,修好之后,查郎阿遂将《姜行本纪功碑》移至山顶。按,徐松曾于其遣戍途中的嘉庆十七年(1812)亲拓《裴岑纪功碑》,又于其赐环途中的嘉庆二十五年(1820)亲拓《姜行本纪功碑》,均见《西域水道记》卷三《巴尔库勒淖尔所受水》。

[318]包络:包围环绕。 寒露之野:这里指匈奴所处的漠北一带。《汉书·匈奴传》:"辟居北垂寒露之野,逐草随畜,射猎为生,隔以山谷,雍以沙幕。"

跨蹑:跨越。 眩雷之塞:边塞名,属古乌孙国地,位于伊犁河谷。汉武帝元封年间(前110—前105),细君公主下嫁乌孙国王昆莫猎骄靡,借政治联姻,以共击匈奴。而随行汉军,遂在眩雷一带设立边塞,并驻守屯田,以助乌孙防御匈奴进攻。《汉书·匈奴传》:"是时,汉东拔濊貊、朝鲜以为郡,而西置酒泉郡以隔绝胡与羌通之路。又西通月氏、大夏,以翁主妻乌孙王,以分匈奴西方之援国。又北益广田至眩雷为塞,而匈奴终不敢以为言。"

[319]标:标识,标记。郭璞《江赋》:"标之以翠蘙,泛之以游菰。"李善注:"标,犹表识也。" 鄂博:蒙古语音译,亦作敖包、脑包,又称封包,意为堆子、石堆。内蒙古、青海、西藏、新疆等地的游牧民族,用石块或沙土垒成高堆,呈圆包状或圆顶方型,上插若干木幡杆,杆上挂着各色绸、布条,作为路标或界标。《西域水道记》卷二《罗布淖尔所受水下》:"蒙古语鄂博,垒石也。"《清史稿》卷一百三十七《兵志八》:"鄂博者,华言石堆也。其制有二:以垒为鄂博,以山河为鄂博。" 畿疆:犹言疆界。

[320]因:凭借,依靠。 淖尔:蒙古语,亦作诺尔,意为湖泊。《西域水道记》卷一《罗布淖尔所受水上》:"蒙古语谓池曰淖尔,回语曰库勒。" 险介:险要的界限。郭璞《江赋》:"滈汗六州之域,经营炎景之外。所以作限于华裔,壮天地之嶮介。"李周翰注:"介,大也,言江所以限中国与蛮夷为别天地,险大以益壮也。"李善注引郭璞《尔雅》注曰:"介,关也。"

[321]巴勒喀什:即巴尔喀什湖,位于今哈萨克斯坦境内阿拉木图州、江布尔州、杰兹卡兹甘州之间,为世界第四长湖。《西域水道记》卷四有《巴勒喀什淖

尔所受水》,其云:"蒙古语巴勒喀什,宽广之意,言其能纳众流也。"又云:"巴勒喀什淖尔者,伊犁河所潴也。"清时为新疆与沙俄的交界湖,本在新疆境内。咸丰十年(1860),沙俄强迫清廷签订《中俄北京条约》,强占了巴尔喀什湖在内的大片领土。 于斯:于此。《西域水道记》卷四《巴勒喀什淖尔所受水》引《西域图志》云:"淖尔为西北境最大泽。" 沙碛:沙漠,戈壁。 缘:环绕,沿着。《西域水道记》卷四《巴勒喀什淖尔所受水》亦云:"沿淖尔皆沙碛。" 三岛:这里指巴尔喀什湖中的三座岛屿。《西域水道记》卷四《巴勒喀什淖尔所受水》:"淖尔中有三岛,在东者曰玛呢图噶图尔罕,在西者曰察罕托海噶图尔罕,中曰阿拉克罕。" 趋:趋向。 罙入:深入。罙,同"深"。 极:穷尽。 康居:西域古国名,约位于今哈萨克斯坦巴尔喀什湖与咸海之间。汉初国小,曾"南羁事月氏,东羁事匈奴"。后渐大,东侵乌孙,南越锡尔河,入中亚农业区,并设五王,分治其地。至东汉,南方之粟弋、西方之奄蔡,均役属之。南北朝时,康居渐衰,然仍游牧其地。隋唐时,名为康国,唐高宗曾于其地置康居都督府。后被突厥打击,逐渐突厥化。有学者认为,辽金元时期中亚的康里、抗里、航里、杭里、康邻等突厥部落,均为康居苗裔。

[322]猗:通"倚"。倚靠。 宰桑:即斋桑泊,位于今哈萨克斯坦东北部阿尔泰山脉与塔尔巴哈台山脉之间的凹地。《西域水道记》卷五有《宰桑淖尔所受水》,其云:"额尔齐斯河迳玛呢图噶图勒罕卡伦北,又西北流百三十里,潴为宰桑淖尔,亦曰鸿和图淖尔。"又云:"准噶尔时,有二十四鄂拓克,各置宰桑领其众,凡六十二宰桑。宰桑者,其大臣也,西域山有称汗者,淖尔得蒙重臣之目矣。"清时本在新疆境内,隶塔尔巴哈台。同治三年即1864年10月,沙俄强迫清廷签订《中俄勘分西北界约记》,割占了斋桑湖在内的大片领土,可参上文注释[15]。 沮洳:低湿之地。《诗·魏风·汾沮洳》:"彼汾沮洳,言采其莫。"孔颖达疏:"沮洳,润泽之处。" 望:极目所及。 罗刹:俄罗斯在清时的旧译。《十全集》卷十二《平定回部第四之一·诗二十八首·西师》:"称臣许捕寇,寇更逃罗刹。"自注:"俄罗斯,一名罗叉,或曰罗刹。"陈康祺《郎潜纪闻》卷二:"俄罗斯人来边境者,国初呼为罗刹,康熙二十四年,踞雅克萨城。"《西域水道记》卷五《宰桑淖尔所受水》亦有记载,可参。

[323]科布多:地名,又作阔别列,位于今蒙古国西部科布多省。雍正八年(1730),建城于科布多河畔。乾隆二十八年(1763),因水灾迁至布延图河旁,驻

参赞大臣。　乌梁海：部落名，史称斡朗改、兀良哈、兀良合等。至其族源及含义，说法各异，有蒙古说、突厥说及混合族说等三种，意为林木中百姓、饲养驯鹿的人等。兀良哈在辽时分布于鄂嫩河上游及肯特山一带，为辽属国之一，后被蒙古部征服。清时散居于喀尔喀诸部之西，分为三部，即赋作自注所云阿勒台乌梁海、阿勒坦淖尔乌梁海、唐努乌梁海。《西域水道记》卷五《宰桑淖尔所受水》亦有详细记载，可参。按，阿勒台乌梁海居地，今属伊犁哈萨克自治州阿勒泰地区，而阿勒坦淖尔乌梁海与唐努乌梁海居地，则先后为沙俄和苏联所占，今均属俄罗斯。

[324]土尔扈：即土尔扈特，为西蒙古厄鲁特（清称卫拉特）四部之一。西迁的新、旧土尔扈特部归国后，清廷对其立盟分旗，分别统辖于科布多参赞大臣、伊犁将军，可参上文注释[169]、[170]。按，赋作自注所征引圣制诗，见《十全集》卷十《再定准噶尔第三之五·诗三十三首·布达拉庙瞻礼有作》。

[325]喀尔喀：清时漠北蒙古诸部的统称，以分布于喀尔喀河而得名。喀尔喀蒙古比卫拉特蒙古臣服清廷更早，分为三部，即赋作自注所云旧喀尔喀、内喀尔喀、外喀尔喀。祁韵士主纂《钦定外藩蒙古回部王公表传·喀尔喀左翼部总传》："盖自国初以来，喀尔喀相继归诚，名凡三：曰旧喀尔喀，归诚最早，后编入八旗，为内蒙古；曰内喀尔喀，即今隶内扎萨克之喀尔喀左右翼二部；曰外喀尔喀，其归诚较后，即今隶外扎萨克之喀尔喀土谢图汗、车臣汗、扎萨克图汗、赛因诺颜四部。"

[326]詄（dié）荡荡：空旷清朗貌。　浩茫茫：苍茫无际貌。

[327]骋：奔驰。　斜径：歪斜的小路。　涉：行走，进入。　大荒：荒远的地方。

[328]驰突：快跑猛冲。　士马：即兵马，引申指军队。

[329]偃蹇：骄横，傲慢。《左传·哀公六年》："彼皆偃蹇，将弃子之命。"杜预注："偃蹇，骄敖。"　炎汉：即汉朝。因自以火德而王，故称。《汉书·高帝纪》："汉承尧运，德祚已盛，断蛇着符，旗帜上赤，协于火德，自然之应，得天统矣。"萧统《文选序》："自炎汉中叶，厥涂渐异。"李周翰注："汉火德，故称炎。"突厥：南北朝至隋唐时西北地区的游牧民族。起初，突厥游牧于金山（今阿尔泰山）以南一带，附属柔然族。后来，建立起强大的突厥汗国。隋时，分裂为东、西两部。其中，东突厥自隋末开始衰落，至唐太宗贞观四年（630）被击溃，余部四

散,后又被回纥所攻灭亡。而西突厥则在北疆一带强盛起来,尽得乌孙故地,其疆域东起伊吾,西至雷翥海(里海,一说咸海),北抵阿尔泰山,南达于阗、疏勒。其首领阿史那贺鲁曾一度归顺唐廷,但旋又叛走,自立为沙钵略可汗,不断扰边。唐深受其苦,于高宗显庆二年(657)派苏定方征讨,生擒阿史那贺鲁,余部西迁中亚,西突厥遂亡。西突厥灭亡后,唐于其故地设置都督府及州进行管辖。　桀骜:凶悍倔强。　李唐:即唐朝。因其皇室姓李,故称。

[330]迨:及至,等到。　奇渥温:元太祖成吉思汗一族蒙古人的姓氏。《元史·太祖纪》:"太祖法天启运圣武皇帝,讳铁木真,姓奇渥温氏,蒙古部人。"亦作乞颜、奇颜、怯特、乞雅惕、其莫额德、其木德等。　失政:谓政治混乱。元统治者于1218年征服西域,大部分地区由成吉思汗次子察合台统治,可参上文注释[78]。自13世纪以来,随着察合台汗的死去,其后裔与窝阔台汗后裔之间展开了长期的激烈争斗,西北的其他蒙古诸王之间也争权夺利,陷入长期混战状态。直到元亡之时,西域一带依然"各自割据,不相统属"。

[331]马哈木(?—1417):明初蒙古瓦剌部首领,姓绰罗斯,为猛哥帖木儿长子。　寖(qīn)昌:逐渐昌盛。寖,渐。《汉书·王吉传》:"诈伪萌生,刑罚亡极,质朴日销,恩爱寖薄。"瓦剌为西部蒙古民族,元称斡亦剌惕,明称瓦剌,清称卫拉特、厄鲁特、额鲁特、漠西蒙古等,原居叶尼塞河(位于今俄罗斯境内)上游八河地区。瓦剌首领忽都合别乞与成吉思汗有世婚关系,享有"亲视诸王"的特殊地位。14世纪以来,元室衰微,瓦剌遂乘机扩大实力,逐渐强大。元亡之后,瓦剌在首领猛哥帖木儿统治下,又得以迅猛发展,势力大增。猛哥帖木儿死后,瓦剌部众分属其三个儿子马哈木、太平、把秃孛罗。约至14世纪末,瓦剌成为一个由和硕特、准噶尔、杜尔伯特、土尔扈特等四部组成的联盟。后来,东蒙古大汗本雅失里于明永乐六年即1408年被瓦剌拥立为汗,马哈木兄弟遂派人向明廷进贡,以求庇护。次年即1409年,明成祖封马哈木为特进金紫光禄大夫顺宁王,太平为特进金紫光禄大夫贤义王,把秃孛罗为特进金紫光禄大夫安乐王,此即赋作所云"其强臣分为三"。1412年,明成祖亲征本雅失里,大败之。本雅失里仓皇西奔后,旋即为马哈木所杀,蒙古汗位遂空。1415年,瓦剌染指蒙古汗位,拥立答里巴为大汗,马哈木自任太师。于是,明成祖又亲征蒙古,大败答里巴及马哈木。1417年,马哈木为鞑靼首领阿鲁台所袭杀。马哈木之子脱欢(?—1439)于1418年袭顺宁王之爵,并承太师之位,野心勃勃,于1434年袭杀阿鲁台,后又杀

死瓦剌贤义与安乐二王,兼并瓦剌诸部。1439 年,脱欢死,其子也先继位。在也先时期,瓦剌势力空前强大,对明也造成了极为严重的威胁,乃至后来于明正统十四年即 1449 年在土木堡俘获英宗,史称"土木堡之变"。

[332]阿鲁台:卫拉特蒙古在明时的称呼,清则称厄鲁特。　绰罗斯:卫拉特蒙古准噶尔、杜尔伯特部首领之姓。

[333]雄:称雄。　西海:本青海湖古称,汉末曾于青海湖东部设立西海郡,故西海也就成为青海省的别名。　自大:犹坐大。随着准噶尔部的日渐强大,卫拉特蒙古四部中的土尔扈特、和硕特部开始被迫寻求新的游牧地。明崇祯元年即 1628 年左右,土尔扈特部西迁至伏尔加河流域。1638 年,和硕特部又由其首领图鲁拜琥率领,南下青海。土鲁拜琥曾于 1606 年被藏传佛教格鲁派活佛东科尔呼图克图赠予"大国师"称号,音转为"固始",遂自称固始汗,亦作顾实汗。固始汗南下青海,是应西藏的班禅四世罗桑却吉坚赞与达赖五世阿旺罗桑嘉措之请。当时,西藏格鲁派正遭受驻牧青海的喀尔喀蒙古部却图汗的严重威胁。固始汗进入青海后,又率部进入西藏,几经征战,灭掉了格鲁派的几大敌对势力,推翻了操控卫藏政权的噶玛噶举派第巴藏巴汗势力,进而将大部分藏区纳入自己统治之下。其后,固始汗相继掌控了班禅四世与达赖五世,成为雄踞青海、西藏的实际统治者。就青海而言,固始汗先后派八个儿子率部驻扎,建立了以他为领袖的和硕特根据地,对青海尤其是西藏具有极大威慑作用。按,赋作自注所征引圣制文,见《十全集》卷五《初定准噶尔第二之三·文五首》。

[334]衍:扩展。《后汉书·文苑传·杜笃》:"夫雍州,本帝皇所以育业、霸王所以衍功、战士角难之场也。"李贤注:"衍,广也。"　北支:指卫拉特蒙古四部中留在原驻牧地的准噶尔部,分布于今塔城、乌鲁木齐、伊犁河、额尔齐斯河一带。至噶尔丹称汗的全盛时期,准噶尔汗国控制了天山南北,其势力范围西起巴尔喀什湖,北越阿尔泰山,东到吐鲁番,西南至楚河及塔拉斯河。按,赋作自注所征引《蒙古回部王公表传》文,见祁韵士主纂《钦定外藩蒙古回部王公表传·厄鲁特扎萨克多罗郡王阿喇布坦列传》。

[335]噶勒丹:即噶尔丹(1645—1697),卫拉特蒙古四部之一准噶尔部首领。准噶尔部的始祖,为也先次子额斯墨特达尔罕诺颜。后来,巴图尔继为准噶尔部首领,逐渐强大,四向扩张。清康熙四年(1665),巴图尔去世,其第五子僧格继位。十年(1671),僧格被异母兄策臣汗与巴图鲁所攻杀。僧格被杀之后,

其异母弟即巴图尔第六子噶尔丹夺取了准噶尔部统治权。十七年(1678),西藏的五世达赖赐噶尔丹可汗号,准噶尔汗国成立,遂控制了天山南北。如上所云,其辖境西起巴尔喀什湖,北越阿尔泰山,东到吐鲁番,西南至楚河与塔拉斯河。噶尔丹野心勃勃,在沙俄策动下,于康熙二十七年(1688)发动了对早已臣服清廷的喀尔喀蒙古的侵略战争。二十九年(1690),噶尔丹又以迫击喀尔喀为名,越过呼伦河而南,进至索岳尔济山,劫掠乌珠穆沁人畜。于是,康熙决计亲征,在乌兰布通(今内蒙古克什克腾旗境内)大败噶尔丹。噶尔丹侥幸逃走,然其老巢已被僧格之子策妄阿拉布坦所据,遂被迫滞留科布多地区。在这种有利条件下,三十五年(1696),康熙又率军亲征,在昭莫多(今蒙古国乌兰巴托以南的宗莫德)大败噶尔丹,但还是未能使其臣服。次年(1697),康熙第三次亲征,追剿噶尔丹残部。噶尔丹此时已众叛亲离,穷蹙无路,遂服毒自杀。　首祸:开启祸端。

[336]策妄:即策妄阿拉布坦(1665—1727),亦作策妄阿喇布坦,为僧格长子,噶尔丹之侄。康熙十年(1671),僧格被杀之后,策妄阿拉布坦与其弟索诺木阿拉布坦、丹津鄂木布附牧于噶尔丹。二十四年(1685),索诺木阿拉布坦被噶尔丹杀害,策妄阿拉布坦恐祸及自身,遂率僧格旧臣徙居博罗塔拉。噶尔丹统兵追击,败其众于乌兰乌苏。为扩展势力,策妄阿拉布坦遣使进贡清廷,借以寻求庇护。二十九年(1690),噶尔丹发动叛乱,策妄阿拉布坦遂乘机袭击科布多。三十年(1691),又攻取噶尔丹重要据点撒克里、乌兰古木等地。三十五年(1696),策妄阿拉布坦统兵千余人,驻扎阿尔泰,配合清军剿灭噶尔丹。次年(1697),噶尔丹死,策妄阿拉布坦遂尽有其地,继噶尔丹成为准噶尔首领。后来,策妄阿拉布坦多次抗击沙俄的入侵,对清廷在表面上也是恭顺有加。但自康熙五十四年(1715)开始,屡次犯边,与清廷为敌。雍正五年(1727),策妄阿拉布坦病卒(一说被其妾色特尔扎布毒死)。　召殃:犹肇殃,谓引发祸殃。按,赋作自注所征引圣制诗,见《十全集》卷十《再定准噶尔第三之五·诗三十三首·全韵诗·圣主亲征朔漠》。

[337]扰:侵扰,入侵。　卫藏:西藏的别称。西藏旧分阿里、藏(后藏)、卫(前藏)、康(一作喀木)四部,其核心区域为藏、卫,故称西藏为卫藏。策妄阿拉布坦入侵西藏,为准噶尔部继噶尔丹叛乱之后,又一次重大军事扩张举动,主要目的是控制西藏的神权,以增强其在蒙、藏社会中的号召力。当时,西藏政局动荡不安。在青藏地区执掌大权的,是卫拉特蒙古四部之一的和硕特部固始汗之

孙拉藏汗,他与专政西藏的第巴桑结嘉措之间产生了尖锐矛盾。桑结嘉措自达赖五世死后一直专政,后在清廷责问之下立仓央嘉措为六世达赖。而拉藏汗则废黜仓央嘉措,扶植己子伊西嘉措为新六世达赖。康熙四十四年(1705),桑结嘉措设计欲毒死拉藏汗,但被发觉而处死,于是其逃往准噶尔的部下,向策妄阿拉布坦搬兵报仇。经长期准备,五十五年(1716)十月,策妄阿拉布坦派大策零敦多布(亦作策零敦多卜、策凌敦多卜等)率精兵六千人,绕过戈壁,翻越和田南大雪山,涉险冒瘴,昼夜伏行,于次年(1717)七月到达藏北,又越过腾格里山,突入西藏。接着,兵分四路,于十月二十一日包围拉萨,三十日发起攻击,拉萨很快陷落。十一月一日,拉藏汗带近侍从布达拉宫东墙大门突围,被准噶尔兵追击,连人带马坠入深沟,遂遭杀害。拉萨陷落后,大策零敦多布下令洗劫,西藏陷入一片混乱。为稳定局势,大策零敦多布另派达仔娃为第巴,管理全藏事务。直到五十七年(1718)正月二十六日,康熙才获知拉藏汗固守布达拉宫遣使求救的讯息,命侍卫阿齐图、总督额伦特等探明情况后,再相机进兵。又到二月十一日,方收到拉藏汗被杀前写给朝廷的求援疏,康熙这才开始部署进兵青海及保护青海王、台吉家属之事。而拉藏汗被杀、拉萨陷落的消息,康熙是直到四月三日才由侍卫阿齐图疏报得知的。九月二十九日,总督额伦特与侍卫色楞所率清军与大策零敦多布所率准噶尔兵,于喀喇乌苏(今西藏那曲河,为怒江上游)遭遇。双方激战月余,额伦特阵亡,色楞被俘而死,五千清兵,全军覆没,史称"喀喇乌苏之战"。按,赋作自注云小策零敦多布侵藏,误,应为大策零敦多布。准噶尔部有大小两位策零敦多布,俱为巴图尔珲台吉之后,有"大者善谋小者勇"之称。《清史稿》卷五百二十三《藩部六》:"准噶尔台吉旧有策凌敦多卜二,大策凌敦多卜善谋,小策凌敦多卜以勇闻,策妄阿喇布坦及子噶尔丹策凌倚任之。"

[338]纳:收容,收留。　叛亡:背叛逃亡者。这里指罗布藏丹津(1692—?),为卫拉特蒙古和硕特部首领固始汗之孙。康熙五十三年(1714),罗布藏丹津承袭其父达什巴图尔和硕亲王爵位,成为青海和硕特贵族中唯一亲王。五十五年(1716),清廷令其与右翼贝勒察罕丹津、达颜等同领青海和硕特部,借以平衡青海蒙古各派势力。对此,罗布藏丹津深感不快。五十九年(1720),罗布藏丹津参加了清廷对侵藏准噶尔的军事行动,并扈从达赖七世进藏坐床。雍正元年(1723),青海平定,因护送达赖七世有功,清廷晋封察罕丹津为黄河南亲王,这就更加引起罗卜藏丹津不满。同年夏,罗布藏丹津暗中约定准噶尔部策妄

阿拉布坦为援,并与青海诸台吉会盟于察罕托罗海,起兵反叛。二年(1724)春,在年羹尧、岳钟琪所率清军进剿之下,罗布藏丹津仓皇大溃,着妇人衣服,遁走新疆准噶尔部,为策安阿拉布坦长子噶尔丹策零所收留。雍正遣使晓谕准噶尔部,令其交出罗布藏丹津,但毫无结果。直至乾隆二十年(1755),清军平定准噶尔,罗布藏丹津方被俘虏,同年六月被押解至京,严加监视。后死于北京,具体时间不详。

[339]阻绝:拒绝。　使命:奉命出使的人。

[340]侵轶:侵袭。《左传·隐公九年》:"彼徒我车,惧其侵轶我也。"杜预注:"轶,突也。"

[341]凶德:违背仁德的恶行。《孝经·圣治》:"故不爱其亲而爱他人者,谓之悖德;不敬其亲而敬他人者,谓之悖礼。以顺则逆,民无则焉。不在于善,而皆在于凶德。"邢昺疏:"凶谓悖其德礼也者,悖犹逆也,言逆其德礼则为凶也。"世济:世代继承。《周书·文帝纪上》:"其州镇郡县,率土人黎,或州乡冠冕,或勋庸世济,并宜舍逆归顺,立效军门。"　祸心:为祸之心,作恶的念头。　包藏:包含隐藏。祸心包藏,语本《左传·昭公元年》:"小国无罪,恃实其罪。将恃大国之安靖己,而无乃包藏祸心以图之?"

[342]赫赫:显赫盛大貌。　圣祖:康熙帝的庙号。　奋发:振奋,振作。神武:英明威武,多用以称颂帝王将相。

[343]黄屋:古代帝王专用的黄缯车盖。《史记·秦始皇本纪》:"子婴度次得嗣,冠玉冠,佩华绂,车黄屋。"裴骃《集解》引蔡邕曰:"黄屋者,盖以黄为里。"白旄:古代的一种军旗,竿头以牦牛尾为饰,用以指挥全军。

[344]指:挥。互文见义。　金戈:戈的美称。　玉斧:斧的美称。圣祖仁皇帝,即清圣祖爱新觉罗·玄烨(1654—1722),为世祖顺治帝第三子,年号康熙,1661年至1722年在位。寿六十九,谥"合天弘运文武睿哲恭俭宽裕孝敬诚信功德大成仁皇帝",庙号圣祖。康熙曾三次亲征噶尔丹:第一次为康熙二十九年(1690)七月。本月六日,清军分两路出击,一路由和硕裕亲王、抚远大将军福全统领左翼,皇长子允禔为副,出古北口;一路由和硕恭亲王、安北大将军常宁统领右翼,和硕简亲王雅布、多罗信郡王鄂札为副,出喜峰口。十四日,康熙从北京启程,于二十四日进驻博洛河屯。八月一日,清军与准噶尔在乌兰布通(今内蒙古克什克腾旗)展开大战。准噶尔军大败,噶尔丹仅带数千人狼狈逃回其根据

地科布多(今蒙古国西部科布多)。此役,史称"乌兰布通之战"。第二次为康熙三十五年(1696)二月。本月三十日,清军分三路出击,中路为主力,由康熙亲自统领,出独石口,径趋克鲁伦河;东路由黑龙江将军萨布素率领,越过兴安岭,出克鲁伦河;西路由内大臣三等伯、抚远大将军费扬古率领陕甘兵勇,由宁夏北越沙漠,沿翁金河北上,以断敌退路。五月三十日,步步进逼的西路清军与准噶尔在昭莫多(今蒙古国乌兰巴托南宗英德)遭遇,旋即展开大战。准噶尔军几乎被歼灭殆尽,噶尔丹妻阿奴中炮而亡,其本人则又狼狈流窜到塔米尔河(今蒙古国西南杭爱山附近)。此役,史称"昭莫多之战"。第三次为康熙三十六年(1697)二月。本月六日,康熙统领大军前往宁夏,由允禔随行。此时的噶尔丹,已然众叛亲离,在阿尔泰山四周游窜,属下或逃或降,已无力再作抵抗,而其子塞卜腾巴丹在哈密征粮时,又被哈密王擒献清军。噶尔丹又听闻策妄阿拉布坦将进兵阿尔泰,擒其献功,遂昼夜不安,于三月十三日服毒自尽(一说暴病而殁)。按,赋作自注所云康熙前两次亲征噶尔丹的时间有误,参上所述。而三十五年九月,实为康熙率军巡行塞北,并非亲征噶尔丹,可参中国人民大学清史研究所编《清史编年》。又,乾隆《全韵诗》有"躬劳朔漠事三征,殚死贼渠余悉平"句,其自注亦明言"是年九月,复启跸巡视塞北",可参《十全集》卷十《再定准噶尔第三之五·诗三十三首·全韵诗·圣主亲征朔漠》。

[345]无竞维人:谓国家要强盛,首先要重视人才,方能使得四方顺服。无,发语词,无实义。竞,强大、强盛。维,由,由于。亦作惟。人,才俊、贤人。语出《诗·周颂·烈文》:"无竞维人,四方其顺之。"《左传·哀公二十六年》引之,杨伯峻注:"顺,今《诗》作训。竞,强也。言惟有人则强,四方将从之。"　后先:先后。　御侮:谓抵御外侮。按,赋作自注所云费扬武,即费扬古(1645—1701),董鄂氏,满洲正白旗人,内大臣三等伯鄂硕子,后袭父爵。费扬古分别于康熙二十九年(1690)、三十五年(1696)、三十六年(1697)三次随康熙亲征噶尔丹,屡建功勋,故赋云"后先御侮"。四十年(1701),又从康熙幸索约勒济,中途疾作,被护送还京,寻卒,谥襄壮。《清史稿》卷二百八十一有传。又按,康熙三十六年(1697)三月十三日,噶尔丹服毒自尽。四月十五日,费扬古疏报康熙。康熙得知后,于行宫行庆贺礼,并在回师途中作《凯旋言怀》诗,其中有"所用惟才俊,非仅荣簪绅"句,亦可作"无竞维人"之注脚。又按,赋作自注所征引圣制诗,见《十全集》卷十《再定准噶尔第三之五·诗三十三首》。

[346]戮：杀。　　贰负：喻叛贼或罪囚。贰，离异，生二心。吴融《沃焦山赋》："近者泰阶未平，四郊多垒，贰负尚活，三苗未死。"这里指噶尔丹。　　陈尸：犹暴尸，暴露尸骸。陈，陈列。按，康熙三十六年（1697）三月十三日噶尔丹死后，策妄阿拉布坦并未立献其尸骸，直至第二年八月一日方遣使进献，当日，康熙谕令于京师城外悬挂示众。

[347]斩：戮。互文见义。　　温禺：匈奴贵族的封号。　　衅鼓：古代战争时，杀人或杀牲以血涂鼓行祭。《左传·僖公三十三年》："君之惠，不以累臣衅鼓，使归就戮于秦。"杜预注："杀人以血涂鼓，谓之衅鼓。"《左传·定公四年》："君以军行，祓社衅鼓，祝奉以从。"杜预注："师出，先事祓祷于社，谓之宜社；于是杀牲以血涂鼓鼙，为衅鼓。"斩温禺而衅鼓，语本班固《封燕然山铭》："斩温禺以衅鼓，血尸逐以染锷。"张铣注："温禺、尸逐，皆匈奴君长名号。"按，赋作自注所云康熙五十八年有误，当为五十九年。大策零敦多布侵藏，事在康熙五十五年（1716）至五十六年（1717），参上文注释[337]。五十七年（1718）九月，在喀喇乌苏之战中，清军总督额伦特与侍卫色楞双双殉国。十月十二日，康熙令十四子胤禵为抚远大将军，率兵援藏，但迟至十二月十二日方启程。五十八年（1719）三月十一日，胤禵抵达西宁，后又遵康熙谕令，就地驻守。又一直到这年十二月十八日，康熙才与议政大臣、九卿及军前召回的都统延信等，共议进兵西藏事，二十三日，再议护送达赖喇嘛格桑嘉措入藏等事。王公大臣鉴于额伦特、色楞之败，故对进兵西藏，多有犹豫。而康熙则于五十九年（1720）正月五日，力排众议，决意进兵安藏。三十日，授都统延信为平逆将军，令其率兵从青海进藏。二月十六日，又任噶尔弼为定西将军，令其率兵从四川入藏。又直至八月十九日，噶尔弼、延信等南北两路大军才进入西藏。大策零敦多布命宰桑率兵以拒噶尔弼，自己则亲率主力抵抗延信。因准噶尔兵旋即溃退，噶尔弼遂于二十三日顺利进入拉萨。接着，噶尔弼将喇嘛仓库尽行封闭，并在拉萨附近重地扎立营寨，拨兵固守，还将大策零敦多布任命为总管的五名喇嘛斩首。九月，延信等护送达赖喇嘛至西藏。大策零敦多布于延信进藏途中，在卜克河、齐嫩郭尔、绰马喇等地被大败三次，仅带随从数人逃往西部沙漠地区，后逃回伊犁。十五日，格桑嘉措被立为六世达赖喇嘛，于布达拉宫行坐床礼。至此，清廷收复西藏，政局暂告稳定。又按，延信（1673—1728）为皇太极曾孙，肃武亲王豪格之孙，猛峨多罗温郡王第三子。康熙五十七年（1718），受康熙重用，随抚远大将军允禵西征策妄阿

拉布坦。五十九年(1720),授平逆将军,收复西藏,诏封辅国公。雍正初年,进位为贝子、贝勒,后又授安西将军。五年(1727),以与阿其那等结党,又暗地结交允禵,偏袒年羹尧,且入藏时侵吞公帑十万两,总计十二项罪名,遂被夺爵并幽禁。次年(1728)六月,死于畅春园外囚所。《清史稿》卷二百一十九有传。

　　[348]会:会见,会盟。　幕地:帐幕所在之地,这里指多伦河(位于今内蒙古锡林郭勒盟多伦县城附近)。　传觞:宴饮中传递酒杯劝酒。觞,盛满酒的酒杯。《说文》:"实曰觞,虚曰觯。"康熙二十七年(1688),噶尔丹率兵三万,进攻喀尔喀,喀尔喀举族内迁者,昼夜不绝。随后,喀尔喀诸部又遭沙俄劫掠,其各部台吉二十八人,遂于九月八日各率所属,入边请降,而土谢汗等,也均愿内附。不久,车臣汗所部十万余人,因惧噶尔丹劫掠,亦来归附。三十年(1691)二月初,乌兰布通之战中大败的噶尔丹,在向其根据地科布多溃退途中,又趁机劫掠喀尔喀。三月十四日,康熙为"抚绥安辑"喀尔喀,决定在四月间于多伦河举行会盟阅兵仪式。四月十二日,康熙启程前往,三十日,抵达多伦河,命尚书马齐等将喀尔喀诸汗、济农、台吉等列为九等,分别叙赏。五月二日,康熙于行宫前黄幄升座,受喀尔喀汗、台吉等三十五人朝见,行三跪九叩礼毕,以次序坐,同时安排喀尔喀七旗与内蒙古四十九旗,于帐外各自列座。接着奏乐,举行大宴,命诸汗及大台吉进近御前,亲赐御酒。后又赏赐有差,并将内附喀尔喀诸部妥善安置。五月七日,康熙动身回京,内蒙古四十九旗、喀尔喀诸部汗、王、贝勒、贝子、公、台吉等,分别跪送。康熙对此行颇感满意,告谕随行官员:"昔秦兴土石之工修筑长城,我朝施恩于喀尔喀,使之防备朔方,较长城更为坚固。"

　　[349]戢:约束,使收敛。　梵天:本指印度教的创造之神,后为佛教吸纳为护法神之一。这里代指藏传佛教领袖达赖喇嘛。　安堵:犹安居。按,瑚毕勒罕,亦作呼毕勒罕、呼必勒罕,为蒙古语音译,意为转世或化身。土伯特,亦作图伯特、图白忒,为"吐蕃"一词的音变,在清代文献中常以指称西藏及其附近地区。又按,赋作自注所云第六辈达赖喇嘛,即格桑嘉措,于康熙五十九年(1720)九月十五日由清廷册立,参上文注释[347]。而西藏的六世达赖,先后有三位:第一位是仓央嘉措,为第巴桑结嘉措所立,后被拉藏汗废黜;第二位是伊西嘉措,为拉藏汗之子;第三位即格桑嘉措。后来,西藏当地对清廷所册立的格桑嘉措不予承认,人们在习惯上将其视为七世达赖。直至乾隆四十八年(1783),清廷才默认格桑嘉措为七世达赖,仓央嘉措为六世达赖。如此一来,西藏政局,方又暂

告稳定。又按,赋作自注所征引圣制《平定西藏碑文》,可参文渊阁《四库全书》集部七《圣祖仁皇帝御制文集第四集卷二十三》。

[350]狸貒:即狐狸,借指奸诈狡猾的人。貒,古同"貉"。哺乳动物,外形像狐。 封狼:即大狼,借指奸诈凶恶的人。 貐:古书上说的一种大如狗纹如狸的猛兽。狸貒有子,封狼生貐,互文见义,这里喻指准噶尔首领策妄阿拉布坦长子噶尔丹策零(1695—1745,亦作噶尔丹策凌、噶勒丹策凌)。雍正五年(1727)冬,策妄阿拉布坦死,噶尔丹策零争得汗位,其后不断扩充军力,相继设立独立军事组织"昂吉",组建千人炮兵部队"包沁"。自雍正八年(1730)冬开始,噶尔丹策零屡次犯边,与清军交战,互有胜负。至十二年(1734),双方议和,以阿尔泰山为界,由此而进入十年和平时期。后来,噶尔丹策零与沙俄展开长期对抗,有力维护了民族主权和尊严。乾隆十年(1745),准噶尔汗国爆发瘟疫,九月,噶尔丹策零病死于伊犁。噶尔丹策零死后,其次子策妄多尔济那木扎尔与长子喇嘛达尔扎互争汗位,部内大乱。

[351]克肖:相似。 厉吻:凶戾的嘴巴。 苏:苏醒。这里喻指噶尔丹策零一直虎视眈眈,窥伺边陲。按,赋作自注云雍正五年(1727),噶尔丹策零集兵窥边。又按,雍正九年(1731)十一月十二日,雍正敕谕靖边大将军、顺承亲王锡保:"逆贼噶尔丹策零者,狂悖冥顽,父子济恶,妄欲侵陵我属国,窥伺我边陲。"

[352]世宗:雍正帝的庙号。雍正帝即清世宗,称世宗宪皇帝,名爱新觉罗·胤禛(1678—1735),为圣祖康熙帝第四子,年号雍正,1723年至1735年在位。寿五十八,谥"敬天昌运建中表正文武英明宽仁信毅大孝至诚宪皇帝",庙号世宗。 震怒:盛怒,大怒,旧常用于君主。 载:句首句中语气词,起加强语气的作用。 弯:拉弓。 星弧:弧矢星。在天狼星东南,共九星,八星如弓形,外一星像矢,故名。又名天弓,故常用以指代弓箭。弯星弧,这里喻指雍正派大军征讨噶尔丹策零。

[353]靖远宁远:这里分别指靖远大将军傅尔丹与宁远大将军岳钟琪。傅尔丹(?—1752),瓜尔佳氏,满洲镶黄旗人。康熙二十年(1681),袭三等爵,兼佐领,授散秩大臣。四十三年(1704),授正白旗蒙古都统。雍正七年(1729),授靖逆将军,出北路,征讨噶尔丹策零。翌年,奏请于科布多筑城,并移驻科布多城。时噶尔丹策零用计,被围于和通淖尔(位于今蒙古国科布多西约二百里),大败,罢官削职。十三年(1735),受侵吞军饷案牵连,下狱治罪。乾隆四年

(1739)，与岳钟琪出狱。十三年(1748)，征大小金川(今四川西北部一带)，署川陕总督，后授黑龙江将军。十七年(1752)冬卒，谥温悫。《清史稿》卷二百九十七有传。岳钟琪(1686—1754)，字东美，号容斋，四川成都人。康熙五十九年(1720)，奉命率军随定西将军噶尔弼入藏，击败准噶尔兵。雍正二年(1724)，加奋威将军，随年羹尧平定罗卜藏丹津叛乱。次年，兼甘肃巡抚、署川陕总督。七年(1729)，授宁远将军，出西路，征讨噶尔丹策零。后遭诬陷，削爵夺职，下狱治罪。乾隆四年，与傅尔丹出狱。十四年(1749)正月，随经略大学士傅恒参与大金川之战，轻骑入勒乌围，说降大金川土司沙罗奔，金川平定。十五年(1750)，又奉命出征，平定西藏珠尔默特叛乱。十九年(1754)，又平定四川陈琨起义，病卒于回师途中，谥襄勤。岳钟琪沈毅多智略，御士卒严，而与同甘苦，人乐为用。雍正屡奖其忠诚，遂命专征。终清之世，汉族大臣拜大将军，满洲士卒隶麾下受节制，唯岳钟琪一人而已。既废复起，大金川之役，傅恒倚以成功。乾隆将其列入五功臣中，称之为"三朝武臣巨擘"。《清史稿》卷二百九十六有传。　判道：分道，分路。判，分，分开。　徂：往，前往。　诛：讨伐，征讨。按，雍正出兵征讨噶尔丹策零，是从战略全局着眼，未雨绸缪，经过长时间精心准备和周密部署的。一切就绪后，雍正七年(1729)二月十八日，命诸王、内阁、九卿、八旗大臣详议此事，还特谕强调，噶尔丹、策妄阿拉布坦二人世济其恶，扰害生灵，现噶尔丹策零亦甚属凶暴，将来必至生事妄为，则喀尔喀蒙古、青海、西藏必被其扰，甚属可虑。留此余孽不除，实为众蒙古之巨害、国家之隐忧。据《啸亭杂录》卷三记载，廷议时众大臣意见分歧很大，发生了激烈争辩。大学士朱轼等以为天时未至，不宜出兵，而张廷玉则力主出兵，并荐举傅尔丹为帅。实际上，雍正本人早就决意出征，故最终决定"命将兴师，以彰天讨"。三月十二日，雍正下令清军分两路进讨，以领侍卫大臣、三等公爵傅尔丹为靖远大将军，出北路；以川陕总督、三等公爵岳钟琪为宁远大将军，出西路。两路大军先后于六月二十二日、七月二十一日出发，后分别进驻阿尔台(阿尔泰)、巴尔库尔(巴里坤)。噶尔丹策零得知消息后，于十月十二日派使者特磊诈称，若雍正帝能宽恕其以往之事，即将先前逃到准噶尔、清廷索要而未果的青海和硕特蒙古首领罗卜藏丹津解送至京。雍正轻信噶尔丹策零，遂召回傅尔丹与岳钟琪等，留副将军巴赛、纪成斌分别代理军务，并决定暂缓一年进兵。

[354]靖边绥远：这里分别指靖边大将军锡保与绥远将军马尔赛。锡保

（？—1742），爱新觉罗氏，顺承忠郡王诺罗布子。康熙五十六年（1717），袭父爵。雍正三年（1725），掌宗人府事，在内廷行走。七年（1729）三月，署振武将军，师讨噶尔丹策零，驻阿尔台（阿尔泰）。九年（1731），进封顺承亲王，命守察罕叟尔（今蒙古国扎布特哈朗特南）。噶尔丹策零遣其将大策零敦多布、小策零敦多布、多尔济丹巴入犯科布多（今蒙古国科布多），锡保命副将策凌等击败之。十一月，授靖远大将军。次年（1732）七月，又败敌于额尔德尼昭（即光显寺，位于今蒙古国首都乌兰巴托以西约三百六十五公里的鄂尔浑河畔）。十一年（1733），疏请驻守乌里雅苏台（今蒙古国扎布哈朗特），从之。寻以噶尔丹策零兵越境罪，罢大将军职，削爵。《清史稿》卷二百十六有传。马尔赛（？—1732），马佳氏，满洲正黄旗人，大学士、三等公图海孙。康熙间，迭授护军统领、镶黄旗蒙古都统、领侍卫内大臣，掌銮仪卫事。雍正二年（1724），加赠图海一等公。六年（1728），授武英殿大学士，兼吏部尚书。九年（1731），授抚远大将军，征讨噶尔丹策零，因奏章无主见，辗转不定，改授抚远将军，驻归化城（今内蒙古呼和浩特市旧城）以北翁渡地方。十一月六日，又改为绥远将军，驻克拜达里克（位于今蒙古国西南部）。十年（1732）秋，噶尔丹策零大举内犯，马尔赛不从靖远大将军锡保调遣，拒不发兵追击，以致贻误军机，遂于十二月被处斩。《清史稿》卷二百九十七有传。按，策凌（？—1750），一作策棱（徐松《新疆赋》又作策楞），博尔济吉特氏，成吉思汗嫡裔，蒙古喀尔喀部人。康熙二十七年（1688）投奔清廷，四十五年（1706）娶和硕纯悫公主，授和硕额驸。后从征准噶尔，屡建功勋。雍正间，进封多罗郡王、和硕亲王，后授札萨克。额尔德尼昭之战后，策凌声名鹊起，受赐"超勇"。后参与清廷与准噶尔的三次边界议定，主张准噶尔游牧地应以阿尔泰山为界。乾隆十五年（1750），病笃而卒，谥曰襄。《清史稿》卷二百九十六有传。　驱逆：驱赶叛逆之人。逆，叛逆，背叛。这里用如名词。　亡逋：消灭逃亡之人。逋，逃亡，逃跑。这里用如名词。

[355]姑衍：山名，即姑衍山，在今蒙古国乌兰巴托东，土拉河上源附近之汗山。　封山：封狼居胥山。狼居胥山，即今蒙古国之肯特山。封，古封禅礼之一。山顶筑土坛以祭天称作封，山下辟场地以祭地称作禅。均为大功告成、以纪胜利之祭祀天地仪式。　票骑：亦作骠骑，即骠骑将军，西汉名将霍去病的封号。据载，霍去病曾于汉武帝元狩四年（前119）大破匈奴，封狼居胥山，禅姑衍山。《史记·匈奴列传》："出代二千余里，与左贤王接战，汉兵得胡首虏凡七万余级，左

贤王将皆遁走。骠骑封于狼居胥山,禅姑衍,临瀚海而还。"这里以票骑借指总兵樊廷、副将冶大熊等抗击噶尔丹策零的清军将领。樊廷(? —1738),又名王刚,甘肃武威人。曾从征乌蒙、青海、西藏,积功累迁肃州总兵。雍正八年(1730)十二月二十一日,乘清军疏于防范,噶尔丹策零突然发兵二万余,袭击库舍图(山岭名,亦作阔舍图,即哈密至巴里坤的天山隘口之巅)卡伦,将西路清军数万马匹、骆驼抢走大半。留守当地的樊廷与冶大熊等率二千人御之,转战七昼夜,与总兵张元佐等军合,杀贼无算,尽还所盗。寻擢陕西固原县镇提督,从宁远大将军查郎阿出师屯兵哈密南山。乾隆元年(1736),授总统提督,领兵驻哈密。越二年,病卒于哈密,归葬凉州,谥勇毅。《清史稿》卷三百十七有传。冶大熊(? —1756),四川成都人。康熙季年入伍,从征西藏。雍正时,累迁陕西庄浪营参将,旋加副将衔,命赴巴里坤军。雍正八年,噶尔丹策零犯克舍图,与总兵樊廷等力战杀贼。寻授直隶山永协副将,命署湖北彝陵镇总兵。乾隆元年,以副将发湖广,寻授衡州协副将,平定苗、瑶之乱,擢镇筸镇总兵。十三年(1748),从征金川,后授云南提督,加左都督衔。后又授哈密总兵,署安西提督。二十年(1755),赴巴里坤验马驼,因疏报不实而下部议罪,复为总督黄廷桂所劾,命夺官,逮京治罪。次年四月,行至西安,卒。《清史稿》卷三百十一有传。按,此句自注中将库舍图之战系于雍正五年,当为徐松疏忽所致。而后文"牲畜徙迹于波罗之庭"句自注又云"雍正八年,准噶尔袭库舍图卡伦,盗驼马",时间上则是对的。

[356]涿邪:山名,亦作涿涂,在今蒙古国南戈壁省古尔班赛汗山。一说,即巴里坤之东沙漠中的尼赤金山。　　外捍:外围防御力量。据《后汉书·南匈奴列传》记载,东汉章帝时,南匈奴日逐王被立为呼韩邪单于,与北匈奴皋林温禺犊王交恶。南匈奴单于归顺汉朝,多次抵御北匈奴。建初元年(76),北匈奴欲还居涿邪山,南匈奴闻知后,大败之。元和二年(85),南匈奴又在涿邪山大败北匈奴,斩温禺犊王首级。论曰:"匈奴争立,日逐来奔,愿修呼韩之好,以御北狄之冲,奉籓称臣,永为外捍。天子总揽群策,和而纳焉。"这里以单于借指喀尔喀土谢图汗部札萨克和硕亲王博尔济吉特·丹津多尔济(? —1738)。雍正九年(1731)三月初至六月底,噶尔丹策零兵分两路,一路不断骚扰并牵制西路清军,另一路由大小策零敦多布率领,进攻北路清军。大小策零敦多布采取诈降和诱敌深入之计,于六月二十九日以三万余兵力将傅尔丹的北路军万余人围困于和

通淖尔(即和通泊,在阿尔泰山东侧,今蒙古国科布多西北五约百里处)。经过激战,清军损兵折将,伤亡惨重,仅由傅尔丹率残兵二千人于七月一日突围,逃回科布多城。此役为清军与准噶尔交战史上损失最为惨重的一次,史称"和通淖尔之战"。战后,雍正又调兵遣将,令靖边大将军锡保与丹津多尔济亲王加强防御。八月十一日,大小策零敦多布留兵四千为后援,领兵二万四千进犯科布多,见清军防守严密,无隙可乘,遂令海伦鄂尔哲等领兵三千往掠喀尔喀,小策零敦多布之子曼济领兵三千往鄂尔海、锡拉乌苏等地抢掠牲畜。丹津多尔济与郡王策凌等,遵锡保之命,合兵向大小策零敦多布驻地苏克阿尔达胡(今内蒙古通辽市阿尔达胡拉)进击。九月二十一日,以六百人夜袭敌营,诱准噶尔守军至鄂登楚克(一作鄂登楚勒,又作欧登楚尔,其地不详)大营,列阵力战。二十二日,阵斩准噶尔将领喀喇巴图鲁,并擒杀数百人。二十五日,曼济亦被击败。大小策零敦多布闻讯,率军越阿尔泰山退走。

[357]铤鹿:快速奔逃的鹿,比喻处于穷途末路铤而走险的人。铤鹿走险,语本《左传·文公十七年》:"小国之事大国也,德,则其人也,不德,则其鹿也,铤而走险,急何能择?"杜预注:"铤,疾走貌,言急则欲荫莽于楚,如鹿赴险。" 槛(jiàn)虎:被关在牢笼里面的猛虎,比喻失去往日威势的人。 嵎:同"隅"。负嵎,依恃险要地势。槛虎负嵎,语本《孟子·尽心下》:"有众逐虎,虎负嵎,莫之敢撄。"赵岐注:"撄,迫也。虎依阪而怒,无敢迫近者也。"铤鹿,槛虎,互文见义,这里喻指噶尔丹策零。

[358]绁(xiè):拴系,捆绑。 觭:通"奇"。单的,不成对。 等:犹如,等同于。 拉朽而摧枯:即摧枯拉朽,意谓摧折枯枝朽木,比喻极易办到。雍正九年(1731)九月,鄂登楚克之战失利后,噶尔丹策零仍不甘心,后又致书喀尔喀蒙古各部,以"法教相同"为由,诱其反叛清廷。十年(1732)七月,噶尔丹策零率大军三万人由北路进犯,绕避察罕廋尔清军大营,出杭爱山,欲侵袭喀尔喀蒙古,抢掠哲布尊丹巴胡土克图。因哲布尊丹巴已由库伦徙帐多伦泊,无所得。探知额驸策凌率军赴本博图山,遂袭其牧地,掠策凌二子及牲畜等以去。策凌闻讯大怒,断发誓天,反旆驰救,于八月四日追及噶尔丹策零于额尔德尼昭(汉名光显寺,位于今蒙古国首都乌兰巴托以西鄂尔浑河畔)。绕间道出山背,于五日黎明时分,居高临下,迅猛突击。噶尔丹策零所率大军,被斩杀万余,"尸遍山谷,河流尽赤",而策凌部则仅伤数十人。当两军激战时,亲王丹津多尔济所率右翼兵

观望不前,致噶尔丹策零率残兵从推河(位于今蒙古国巴彦洪戈尔省)方向逃走。此役,史称"额尔德尼昭之战"。

[359]穆穆:端庄静穆貌,形容智慧深邃,多用以称颂帝王将相。　高宗:乾隆帝的庙号。　并包兼容:兼容并包的倒文。犹兼容并蓄,谓广泛搜罗,将所有各方面都包容在一起。

[360]维:句首语助词。　初年:这里指乾隆初年。　罢役:犹停战。《后汉书·乌桓鲜卑列传》:"(汉武帝)既而觉悟,乃息兵罢役。"　术:方法,策略。据赋作自注,二术这里指噶尔丹策零对清廷所采取并依恃的两种策略,一为窥边,一为激怒。　坐攻:安坐而攻,极言克敌制胜之易。　逼介:迫近,靠近。　易道:整饬道路。　戎索:戎人之法。《左传·定公四年》:"启以夏政,疆以戎索。"杜预注:"大原近戎而寒,不与中国同,故自以戎法。"　沟封:谓掘地为沟,堆土为封,以划定边界。《周礼·地官·大司徒》:"而辨其邦国都鄙之数,制其畿疆而沟封之。"郑玄注:"沟,穿地为阻固也;封,起土界也。"贾公彦疏:"谓于疆界之上设沟,沟为封树,以为阻固也。"雍正十年(1732)的额尔德尼昭之战后,噶尔丹策零元气大伤,不得不于次年(1733)冬向清廷请和。后几经协商,直至乾隆四年(1739)十二月二十日,方正式达成以定界为中心的协议:大体上以阿尔泰山梁为界,准噶尔人在山后游牧,喀尔喀人在山前游牧,并恢复和加强了双方之间的经济联系。按,赋作自注所云见圣制《西师》诗注不确,实为《洪范九五福之四曰攸好德联句》诗自注,见《十全集》卷五十二《再定廓尔喀第十之六·诗三首》。

[361]天亡:谓上天使之灭亡。　魄夺:夺魄的倒文。这里谓噶尔丹策零之死。　蜗有角而自战:同在蜗牛角内而互相争斗,因以喻内部之争。语本《庄子·则阳》:"有国于蜗之左角者曰触氏,有国于蜗之右角者曰蛮氏,时相与争地而战,伏尸数万,逐北旬有五日而后反。"　鱼终烂而内讧:鱼腐烂先从内脏开始,因以喻内乱而亡。语本《公羊传·僖公十九年》:"梁亡,此未有伐者。其言梁亡何?自亡也。其自亡奈何?鱼烂而亡也。"噶尔丹策零有三子:长子达尔札、次子策妄多尔济、三子策妄达什。乾隆十年(1745),噶尔丹策零病死,准部大乱。后由次子策妄多尔济继位,然旋即于十五年(1750)被杀,长子达尔札取得汗位。十七年(1752),沙俄派人欲收买和硕特拉藏汗之孙阿睦尔撒纳和准噶尔大策凌敦多布之孙达瓦齐,以推翻其南侵障碍达尔札。但阴谋很快被识破,阿睦尔撒纳与达瓦齐遂一起逃奔哈萨克避难,后又潜回原驻牧地塔尔巴哈台。当

年十一月二十七日,达瓦齐在阿睦尔撒纳鼓动下,铤而走险,绕道至伊犁,杀死达尔札,夺得汗位。然达瓦齐残暴荒淫,倒行逆施,准部复乱。十八年(1753)冬,杜尔伯特部首领三车凌(即车凌、车凌乌巴什、车凌蒙克)因不愿介入权力之争,故分别率部投附清廷,乾隆让其暂住乌里雅苏台。而随着阿睦尔撒纳势力的膨胀,达瓦齐与之逐渐水火不容,准部内乱加剧。十九年(1754)秋,阿睦尔撒纳为达瓦齐所败后,遂投顺清廷,并极力劝说出兵征讨达瓦齐,实乃借此使自己上台,以统治整个厄鲁特四部。

[362]运算:运筹谋划。 风霆:比喻威势。乾隆为完成平定西域夙愿,了结自康熙以来"数十年未了之局",遂决计乘此有利时机,彻底平定准噶尔。其所采取的策略,乃以准攻准:"此次即满兵亦不多用,仍以新归顺之厄鲁特攻厄鲁特。"故册封阿睦尔撒纳为亲王,和硕特台吉班珠尔为郡王,还起用了早已投顺的达瓦齐部宰桑萨喇尔。乾隆二十年(1755)二月,经过精心准备之后,清军分两路出兵,征讨达瓦齐:北路以班第为定北将军,阿睦尔撒纳为副,出乌里雅苏台;西路以永常为定西将军,萨喇尔为副,出巴里坤。两路各拥兵二万五千,马七万匹,带两月粮草,计划在博尔塔拉河(位于今新疆博尔塔拉蒙古自治州博乐市南)会师。

[363]六十载:这里指自康熙二十九年(1690)策妄阿拉布坦袭击噶尔丹根据地科布多,至乾隆二十年(1755)清廷出兵征讨达瓦齐,前后长达六十五年之久。 鸱张:像鸱鸟张翼一样,比喻嚣张凶暴。按,赋作自注所征引圣制诗,见《十全集》卷四《初定准噶尔第二之二·诗四十九首·平定准噶尔告祭太庙述事》。

[364]廿五人:这里指阿玉锡等夜袭达瓦齐军营的二十五人。 致果:谓极其勇敢地杀敌立功。《左传·宣公二年》:"杀敌为果,致果为毅。"孔颖达疏:"能杀敌人,是名为果,言能果敢以除贼;致此果敢,乃名为毅,言能强毅以立功。"由于达瓦齐不得人心,而阿睦尔撒纳、萨赖尔、三车凌、班珠尔等率同清军进讨的部众,又均系准噶尔的同族,因此对伊犁的准噶尔人产生了极大影响,使其斗志瓦解而纷纷归降。这样,两路清军几乎兵不血刃,长驱直入,于乾隆二十年(1755)四月底顺利在博尔塔拉河会师。达瓦齐望风而遁格登山(位于今伊犁哈萨克自治州昭苏县苏木拜河东岸),结营固守。五月十四日,清军两路逼近格登山。至夜,阿睦尔撒纳派侍卫喀喇巴图鲁阿玉锡(为新近投顺的准噶尔宰桑)等三人带

领二十二骑突袭达瓦齐军营,其部众惊溃奔窜,自相践踏,达瓦齐仅率二千余人逃脱。黎明,阿玉锡等收其四千余众而回。按,赋作自注所征引圣制诗,见《十全集》卷四《初定准噶尔第二之二·诗四十九首》。

[365]浆:一种用米熬成的酸汁,汉时称截浆,用以代酒。　筈:箭杆。乾隆二十年五月十九日,据阿睦尔撒纳奏报称,进兵至伊犁,沿途厄鲁特、回人等牵羊携酒,迎叩马前。《十全集》卷四《初定准噶尔第二之二·诗四十九首·西师底定伊犁捷音至诗以述事》亦云:"无战有征安绝域,壶浆箪食迎王师。"自注曰:"据副将军阿睦尔撒纳等奏称,大兵至伊犁,部众持羊酒迎犒者,络绎载道。妇孺欢呼,如出水火。自出师以来,无血刃遗镞之劳,牧边扫穴,实古所未有。"

[366]檄:这里指用以晓谕的檄文。　舸:大船。　条枝:亦作条支,西域古国名。领土西起小亚细亚、叙利亚,东至伊朗高原东部。汉宣帝元康二年(前64),为罗马所灭。唐高宗龙朔元年(661),设条支都督府,属安西都护府,治所在诃达罗支国伏宝瑟颠城(今阿富汗喀布尔南加兹尼)。因伊犁在古条枝境,故这里以代指伊犁。　阻害:阻碍妨害。　格登:山名,蒙古语,意为高起的后脑骨。《西域同文志》:"准语格登,脑后骨高之象。山形拱起如脑骨然,故以名之。"位于今伊犁哈萨克自治州昭苏县西南五十公里的苏木拜河东岸。山顶有纪功碑,即乾隆《平定准噶尔勒铭格登山之碑》,至今还屹立原处,为新疆重点文物保护单位。　驶駊(pó é):山峰高大貌。乾隆二十年(1755)五月十四日夜,达瓦齐逃离格登山后,即翻越库鲁克岭向南疆喀什噶尔方向逃走。阿玉锡等返回,而达勒当阿、青衮扎卜等领兵分道追蹑。同时,清军晓谕阿克苏、图尔璊(即乌什)维吾尔人,若达瓦齐出现,务必将其擒获解送。因此,图尔璊阿奇木伯克霍集斯于各山隘处设卡伦瞭望。六月八日,达瓦齐驻扎于喀什噶尔交界处,霍集斯佯称自己因病不能前来,而遣其弟携带羊酒往迎,请达瓦齐入城暂住。达瓦齐以前曾有恩于霍集斯,故丝毫未起疑心,放心前往。结果,霍集斯伏兵林中,将达瓦齐及其子等七十余人擒获。二十四日,霍集斯将达瓦齐父子押赴清军大营,交给将军班第等。至此,准噶尔全境荡平,尽入版图。按,赋作自注所征引圣制诗,见《十全集》卷四《初定准噶尔第二之二·诗四十九首·西师底定伊犁捷音至诗以述事》;所征引圣制文,见卷五《初定准噶尔第二之三·文五首》。

[367]举:举凡的省文。犹言凡是,所有,表示总括。　集赛:蒙古语,更番、轮值、执勤之意,为准噶尔掌管喇嘛事务的机构,建置略如鄂托克,由宰桑统领。

初为五集赛,后增其四,成九集赛,共统辖六千余喇嘛和一万零六百户属民。
图什墨:图什墨尔的省文。蒙古语,官员、官吏之意,为准噶尔参与最高政务的大臣,处理一切有关鄂托克和昂吉的重大事件。　　昂吉:蒙古语,分支、部分之意,为台吉所属领地组织,统辖于准噶尔汗或珲台吉。准噶尔共有二十一昂吉,而每一昂吉近五千户,由卫拉特各部有权势的台吉分领。　　鄂拓克:蒙古语,部落、屯营之意,为准噶尔基本的经济单位和军事单位。共有二十四鄂拓克,而每一鄂拓克要根据人数多寡,为准噶尔汗提供数百至一千人的军队。按,赋作自注所征引圣制文,见《十全集》卷十一《再定准噶尔第三之六·文九首》;所征引圣制诗,见卷七《再定准噶尔第三之二·诗四十六首》。

[368]委质:臣服,归附。邵伯温《闻见前录》:"钱俶在本国岁修职贡无阙,今又委质来朝,若利其土宇而留之,殆非人主之用心,何以示信天下也?"一作委贽。

[369]乘隙:利用机会。按,赋作自注所征引圣制《开惑论》,见《十全集》卷十一《再定准噶尔第二之六·文九首》。

[370]食桑:犹言蚕食。这里用如名词,意为被食之桑,借指阿睦尔撒纳当初为达瓦齐所败,其地尽失。　　诈:欺骗,假装。这里谓阿睦尔撒纳之所以投顺清廷,只是穷蹙无路之际的一种欺骗手段,实际上却一直觊觎卫拉特四部总台吉(洪台吉)之位,因此当其野心不能满足时,便立即反叛。乾隆二十年(1755)六月二十四日,达瓦齐为霍集斯所擒献,准噶尔叛乱遂被平灭。而关于如何处理准噶尔部善后事宜,乾隆曾设想过"众建而分其势,俾之各自为守"的方式,以避免再次形成割据局面。为此,他在出兵征讨达瓦齐之前,就曾于正月十七日晓谕军机大臣:"准噶尔平定之后,朕意将四卫拉特封为四汗,俾各管其属。封车凌为杜尔伯特汗、阿睦尔撒纳为辉特汗、班珠尔为和硕特汗。"而此计很快为阿睦尔撒纳所闻,这显然不能满足其觊觎卫拉特总台吉的野心。因此在行军途中,阿睦尔撒纳时时以总台吉自居,还一路招降纳叛,广结党羽,其不良居心,已露端倪。乾隆据定北将军班第的多次汇报,曾密谕留心防范,甚至将其擒拿,以绝后患,无奈因留驻伊犁的清军人数太少,无法对其下手。这种情况下,乾隆只好下令让阿睦尔撒纳于九月间到热河避暑山庄觐见,同四部台吉一起受封,还特意嘱咐班第等"毋致惊疑"。然阿睦尔撒纳早有警觉,故一再拖延,后于觐见途中,借机逃跑,并煽动叛乱。八月二十六日,定北将军班第、参赞大臣鄂容安等带五百兵丁

在乌兰图库勒(今伊犁哈萨克自治州尼勒克县南乌兰达坂)时,被叛军包围,后奔至哈什河古渡口察罕拜牲地方(即尼勒克县城东 12 公里处的科克浩特浩尔蒙古族乡),力竭自尽。乾隆二十一年(1756)正月,阿睦尔撒纳又潜回伊犁,纠集党羽。这样,清廷不得不再度进军讨伐,分西、北两路,约三四万兵力,长驱直入,并力进剿。按,赋作自注所征引圣制诗,见《十全集》卷五十二《再定廓尔喀第十之六·诗三首·洪范九五福之四曰攸好德联句》。

[371]脱兔:脱逃之兔,喻行动非常迅疾。乾隆二十一年(1756)二月,清军攻入伊犁,阿睦尔撒纳惊慌失措,逃入哈萨克境内。三月七日,乾隆谕令定边左副将军达勒当阿等拣选索伦兵一二千名,前往哈萨克边境索要阿睦尔撒纳,但未有任何结果。直至五月九日,乾隆才获悉阿睦尔撒纳已逃入哈萨克中玉兹阿布赉苏丹处躲藏,遂传谕新补授的定西将军达勒当阿直入哈萨克,悉力搜捕。按,赋作自注所征引圣制诗,见《十全集》卷八《再定准噶尔第三之三·诗四十一首·大西门楼前较射叠旧韵作》。

[372]樊崇(?—27):字细君,琅邪(今山东诸城)人。公元 18 年,樊崇在莒县(今山东莒县东北)集合饥民百余人起义,称为赤眉军。25 年,赤眉军建立以西汉远支皇族刘盆子为帝的政权,并进入长安,然此时刘秀亦称帝洛阳,两政权间遂爆发尖锐冲突。27 年,赤眉军失利,被迫肉袒投降。刘秀曾问樊崇:"得无悔降乎?"而樊崇果然随即悔降,又于同年夏谋反,结果被杀。事见《后汉书·刘玄刘盆子列传》。按,赋作自注所征引圣制诗,见《十全集》卷六《再定准噶尔第三之一·诗四十三首·冬夜怀军前十四韵》。

[373]彭宠(?—29):字伯通,宛县(今河南南阳)人。在刘秀建立东汉政权的过程中,彭宠功劳甚高,封建忠侯,号大将军。刘秀称帝后,彭宠居功自傲,期望受到特别封赏,然未能如愿,遂心怀不满。后来,彭宠举兵造反,攻打素有积怨的幽州牧朱浮。朱浮以书质责,对彭宠冷嘲热讽,将其比喻成一头识见浅薄、少见多怪的辽东猪,并嘲笑其居功自傲、自不量力。结果,彭宠在一次熟睡中被其苍头所杀,后来还被夷灭全族。事见《后汉书·彭宠列传》及《朱浮列传》。按,赋作自注所征引圣制诗,见《十全集》卷八《再定准噶尔第三之三·诗四十一首·俄罗斯驿致叛贼阿睦尔撒纳死尸信至诗以纪事》。

[374]蜂蚁:喻叛乱者。按,赋作自注所征引圣制诗,见《十全集》卷六《再定准噶尔第三之一·诗四十三首·双烈诗》。

[375]肆:恣纵,放肆。　螗:一种似蝉而小的虫子,背表绿色,头有花冠,鸣声清圆。　蜩:即蝉。阿睦尔撒纳发起叛乱后,准噶尔台吉噶勒藏多尔济、辉特台吉巴雅尔等群凶亦相继响应,起兵作乱。按,赋作自注所征引圣制文,见《十全集》卷十一《再定准噶尔第三之六·文九首》。

[376]明驼:善走的骆驼。古驿站边疆地区,往往以之驰送军书和情报。吴景旭《历代诗话》卷二十三:"明驼者,腹下有毛,夜能明,日驰三百里。"英和《卜魁城赋》云:"策塞卫以引重,跨明驼以游冶。"早在乾隆二十年(1755)六月始,众多伊犁喇嘛宰桑就曾劫掠军台,交通为之断绝。至二十一年(1756)六月,喀尔喀和托辉特郡王青滚杂卜又尽撤其所设台站卡座,并煽惑喀尔喀一并撤驿。乾隆得知消息后,于二十七日密谕定西将军达勒当阿等将青滚杂卜拿解。按,赋作自注所征引圣制诗注,见《十全集》卷六《再定准噶尔第三之二·诗四十三首·频闻》之"集赛驰明驼"句下。

[377]火轮:藏传佛教词语,指一种用灯火冲动轮转的转经轮。火轮夜烧,这里代指阿睦尔撒纳叛乱时固勒扎庙被焚之事。固勒扎庙又叫金顶寺,在伊犁河北岸固勒扎(位于今伊犁哈萨克自治州伊宁市),与伊犁河南岸海努克(位于今伊犁哈萨克自治州察布查尔锡伯自治县)的海努克庙(又叫银顶寺)隔河相望,相传均为准噶尔部首领噶尔丹策零(一说策妄阿拉布坦)在位时所建。乾隆二十一年(1756)秋末,阿睦尔撒纳由哈萨克窜回新疆塔尔巴哈台。次年即二十二年(1757)春,他又窜至伊犁,发动暴乱,而为阻止清军进兵,遂纵火焚毁固勒扎庙。按,赋作自注所征引圣制诗,见《十全集》卷六《再定准噶尔第三之二·诗四十三首·固尔札庙火用唐韩愈〈陆浑山火和皇甫湜〉韵并效其体》。

[378]甄:古代作战阵形的一翼。《正字通》:"甄,阵名。"《晋书·周访传》:"使将军李恒督左甄,许朝督右甄,访自领中军。"按,赋作自注所征引圣制文,见《十全集》卷十一《再定准噶尔第三之六·文九首》。

[379]骑:一人一马为一骑。乾隆二十二年(1757)三月,清军又兵分两路,进剿阿睦尔撒纳:以左副将军成衮扎布为定边将军,与参赞大臣舒赫德,由裕勒都斯进兵;以右副将军兆惠为伊犁将军,与参赞大臣富德,由额琳哈毕噶尔进兵。兆惠军行至库陇癸山(位于巴尔喀什湖南,伊犁河北),以少胜多,大败准噶尔军。此役,史称"库陇癸之战"。在清军追剿之下,加之准噶尔地区爆发大规模天花,阿睦尔撒纳辗转躲藏,无处容身,只好再次逃入哈萨克。六月七日,清军追

至爱呼斯河(即阿亚古兹河,位于巴尔喀什湖东北),哈萨克汗阿布赉表示,情愿将哈萨克全部归顺,并决定将逃入境内的阿睦尔撒纳擒献。六月十九日,阿睦尔撒纳率二十人至阿尔察图哈萨克军营,欲投奔阿布赉。阿布赉告以明早相见,随即暗中散其马匹牲只。阿睦尔撒纳警觉,遂同妻子及亲信等八人挟六骑乘夜逃遁。阿睦尔撒纳既为清军所追捕,又不见容于哈萨克,只得被迫渡过额尔齐斯河,于七月二十八日逃至俄国塞米巴拉特要塞。按,赋作自注所征引圣制诗注,见《十全集》卷七《再定准噶尔第三之二·诗四十六首·永恬居》之"贮待缚渠献"句下。

[380]系:系颈,谓拴住脖颈,常用以指擒获敌人。　颉利:为唐时东突厥可汗,姓阿史那氏,名咄苾,太宗贞观四年(630),被擒送长安,东突厥遂亡。这里借指准噶尔首领阿睦尔撒纳。　缨组:结冠的丝带。《礼记·檀弓上》:"有子盖既祥而丝屦组缨。"孔颖达疏:"綦组为缨。"曹植《七启》:"华组之缨,从风纷纭。"李善注:"缨,冠系也。"系颉利以缨组,这里借指误传擒获阿睦尔撒纳之事。其原委大致如下:乾隆二十一年(1756)二月十三日,乾隆自圆明园启銮,往谒孔林。就在此时,定西将军策楞奏报,已将阿睦尔撒纳擒获。乾隆旋改行程,谒泰陵以告捷,对策楞等封赏有差,并以军务告竣,颁谕宣示中外。然二十六日,当銮驾进入山东之时,乾隆始知策楞所报阿睦尔撒纳被擒一事,竟属误报。原来,此事系由侍卫福昭等误报,称台吉诺尔布等于正月二十一日于雅木图岭(一作雅玛图岭,位于今巩留县西北部)擒获阿睦尔撒纳。参赞大臣玉保即以红旗驰报策楞,而策楞不知虚实,亦遽尔飞章入奏,露布贺捷。至玉保得知福昭乃属误报,而阿睦尔撒纳相距仅一程,趱行即可追及,但他并未领兵追剿,只遣人转告策楞。是时,策楞与玉保亦仅隔一程,但他又托言无马,径回伊犁。就这样,致使阿睦尔撒纳缓兵之计得逞,并由库陇癸岭逃入哈萨克境内。乾隆盛怒之下,于四月二日明发谕旨,宣示定西将军策楞等误报阿睦尔撒纳就擒、未能及时追捕致使其飘然远逸等节节失误之处,随即以西路专任达勒当阿、北路专任哈达哈,令二人领兵擒拿阿睦尔撒纳。五月,令将策楞解京治罪,玉保亦被革去参赞大臣之职。按,策楞(?—1756),钮祜禄氏,满洲镶黄旗人,尹德长子。乾隆初为御前侍卫,累迁广州将军、两广总督、两江总督。十三年(1748),袭爵为二等公,移川陕总督,寻专领四川。后随大学士傅恒征金川,任参赞,以功加太子太保。十五年(1750),参与平定西藏叛乱,并制定《西藏善后章程》。后署南河总督,又改授两广总督。

十九年(1754),受召参与平定准噶尔达瓦齐及阿睦尔撒纳之乱,累授定边左副将军、副都统、参赞大臣、定西将军。二十一年(1756)十二月六日,于槛送所擒喀尔喀和托辉特郡王青滚杂卜赴京途中,遭遇准噶尔兵,被其戕害。《清史稿》卷三百十四有传。又按,赋作自注所征引圣制诗,见《十全集》卷六《再定准噶尔第三之一·诗四十三首·南苑行宫叠旧作韵》。

[381]落兰:地名,疑指楼兰(即今新疆巴音郭楞蒙古自治州罗布泊西面的楼兰古城一带)。按,赋作自注所征引圣制诗,见《十全集》卷六《再定准噶尔第三之一·诗四十三首》,其自注又云:"盖蒙古相传语,疑楼兰,乃以音韵相近而讹书耳。"

[382]扫:消灭,消除。 猂猇(hàn xiāo):泛指狂悍之人。亦作猇猂、猇悍。《汉书·霍去病传》:"诛猇悍,捷者虏八千余级。"王先谦《补注》:"猇悍,犹言狂悍也。" 叛换:凶暴跋扈。左思《魏都赋》:"云撤叛换,席卷虔刘。"张载注:"叛换,犹恣睢也。"赋作所云青滚杂卜(? —1756),本为喀尔喀和托辉特郡王。乾隆十九年(1754)十二月四日,青滚杂卜曾任北路参赞大臣,随定边将军班第征讨达瓦齐,与当时的定边左副将军阿睦尔撒纳相处时间较久,受其影响较大。二十年(1755)七月,奉命撤回和托辉特地区,与阿睦尔撒纳暗中有密切联系。八月,阿睦尔撒纳发动叛乱。二十一年(1756)三月,青滚杂卜又任参赞大臣,随北路定边左副将军哈达哈进剿阿睦尔撒纳,而五月下旬,却又断然离开队伍,回到和托辉特地区。六月,青滚杂卜发动了震动整个喀尔喀的叛乱,尽撤其所设台站卡座,并煽惑喀尔喀一并撤驿,致使清军驿道中梗,后勤不济,此即上文所云"明驼昼绝"。这时,清军正在全力追剿阿睦尔撒纳,单凭北路乌里雅苏台军营兵力,根本无法对付青滚杂卜叛乱。于是,乾隆采取先会盟晓谕,然后进兵镇压的策略。当时,藏传佛教蒙古地区最大的活佛三世章嘉受乾隆委托,对喀尔喀地区最大活佛二世哲布尊丹巴施加压力,指令他出面安定局势。迫于压力,哲布尊丹巴召集诸札萨克王、贝勒、贝子、公、台吉会盟,宣读乾隆谕旨。九月,乾隆任命赛音诺颜部成衮扎布接任哈达哈的定边左副将军之职,调兵镇压青滚杂卜。十一月,成衮扎布率军进入和托辉特地区,青滚杂卜组织的和托辉特和乌梁海诸鄂托克纷纷被击溃,被迫后撤。参赞大臣纳木扎勒带索伦兵追捕至与俄罗斯交界的杭哈奖噶斯地方,将在沙漠中迷失道路的青滚杂卜等数人抓获,槛送京师受戮。按,赋作自注所征引圣制《开惑论》语,见《十全集》卷十一《再定准噶尔第三

之六·文九首》。

[383]靖:止息,平定。　包沁:蒙古语,意为炮兵。《西域水道记》卷三《巴尔库勒淖尔所受水》:"准噶尔谓司炮卒曰包沁,守汛卒曰扎哈沁,各领以宰桑。"

轩嚣:喧嚣。据徐松《西域水道记》可知,阿克诸尔(一作阿克珠勒)等归附清军,事在乾隆十九年(1754)正月,而包沁煽动作乱,事在乾隆二十年(1755)。其卷三《巴尔库勒淖尔所受水》:"有扎哈沁宰桑祸木特者,游牧额尔齐斯河南之布拉干察罕托海地,乾隆十九年被擒而降,授内大臣职,领其部,参赞阿睦尔撒纳军。寻包沁宰桑阿克珠勒亦降,祸木特兼领之,授三等信勇公。阿逆叛,执之,不屈死。"卷五《噶勒札尔巴什淖尔所受水》:"乾隆二十年,阿睦尔撒纳叛,包沁总管阿克珠勒等踰阿勒坦,掠守汛侍卫齐彻布、台吉达玛璘等牧产。巴雅尔什第偕达尔济雅驰赴布拉干,路击之。"按,赋作自注所征引圣制诗,见《十全集》卷六《再定准噶尔第三之一·诗四十三首·舒布图铠巴图鲁奇彻布歌》。官军,赋作自注误作官兵,当为徐松疏忽所致。

[384]藁街:街道名,位于汉时长安城南门内,为属国使节馆舍所在地。亦作稾街。当时,往往于藁街悬挂少数民族首领的头颅,以示惩戒。也借指对边疆少数民族战争的巨大胜利。乾隆二十二年(1757)七月二十八日,阿睦尔撒纳逃至塞米巴拉特要塞后,俄国人旋即将其送到雅米舍沃,三十一日,又送到托博尔斯克。八月二十日(俄历九月二十一日),阿睦尔撒纳因患天花而病死。按,赋作自注所云阿睦尔撒纳死后俄罗斯以其尸送入边之说不确。当时,清廷与沙俄关系异常紧张,大有一触即发之势。因此,当阿睦尔撒纳逃入沙俄境内后,乾隆也未敢轻易下令进一步追剿。一直到十二月四日,参赞大臣富德奏报,阿睦尔撒纳患天花身亡之事属实。二十三年(1758)正月七日,沙俄派人至中俄边境,请清廷遣人前往塞楞格城或恰克图边界验看阿睦尔撒纳尸体。十七日,乾隆得知后,命宰桑寨多尔济即遣琳丕勒多尔济速往恰克图验看,并将阿睦尔撒纳尸体解送京师。旋因琳丕勒多尔济于中途径病故,又改派亲王齐巴克雅喇木丕勒及三泰前往。经二人验尸,确实无误,然俄方拒不交尸。至二月二十九日(1758年4月6日),乾隆认为既然阿睦尔撒纳之死属实,则其尸体解送与否可不必深究,遂宣谕中外,了结此事。

[385]葱海:古人认为葱岭水分流东西,西入大海,东为黄河之源,后因以泛指葱岭一带的湖泊,或引申指边疆遥远的地域。　氛:氛祲的省文。意为妖气,

多喻指灾祸或叛贼。刘禹锡《贺枭斩郑注表》："逆贼郑注已枭首讫，氛祲殄灭，华夏义安。"氛消，这里指准噶尔叛乱最终被平定。按，赋作自注所征引圣制诗，见《十全集》卷九《再定准噶尔第三之四·诗六十首·阅伊犁将军明瑞奏章因成口号》。

[386]天罚：上天的诛罚。旧时帝王自谓禀承天意行事，其诛罚不臣者或叛逆者，常以此为名。　龚行：奉行。龚行天罚，语出《尚书》。《后汉书·宦者列传》："虽袁绍龚行，芟夷无余，然以暴易乱，亦何云及！"李贤注引《尚书》曰："龚行天罚。"班固《东都赋》："龚行天罚，应天顺人，斯乃汤武之所以昭王业也。"再定：这里指清廷在平定准噶尔的过程中，先后经历初定和再定两次。按，赋作自注所云平定伊犁武功，亦即前后两次平定准噶尔武功，曾被乾隆自恃为其所谓"十全武功"中的二功，参下文注释[631]。

[387]神谟：犹神谋，神算。谟，谋略，计谋。　三朝：这里指康、雍、乾三朝。按，清廷平定北疆准噶尔部，要从康熙二十九年（1690）七月出兵征讨噶尔丹开始算起，一直到乾隆二十二年（1757）九月平定阿睦尔撒纳叛乱为止，先后历经康雍乾三朝，耗时67年之久。

[388]花门：本为山名，在居延海北三百里。唐初，曾在花门设立堡垒，以抵御北方外族，至天宝时，为回纥占领，后因以之为回纥代称。这里借指准噶尔部。龛暴：平定暴乱。龛，通"戡"。谢灵运《述祖德诗》："拯溺由道情，龛暴资神理。"吕向注："龛，胜也。"按，赋作自注所征引圣制诗，见《十全集》卷七《再定准噶尔第三之二·诗四十六首》。

[389]迟速：缓慢与迅速。实迟速之相辽，谓缓慢与迅速之间实在相隔太远，这里极言平定北疆准噶尔部之不易，同时又盛赞乾隆帝的功绩。

[390]既：连词，相当于既然。　戢：收藏（兵器）。　柯：斧柄，这里代指兵器。　摄：收拢，敛聚。《庄子·胠箧》："将为胠箧探囊发匮之盗而为守备，则必摄缄縢，固扃鐍，此世俗所谓知也。"成玄英疏："摄，收。必须收摄箱囊，缄结绳约，坚固扃鐍，使不慢藏。"　麾：古代供指挥用的旌旗。戢柯，摄麾，互文见义。这里意谓战争结束。

[391]廓：扩大，拓展。《方言》："张小使大谓之廓。"　周道：大路。《诗·小雅·四牡》："四牡骓骓，周道倭迟。"朱熹集传："周道，大路也。"　物：选择，观察。《周礼·地官·载师》："掌任土之法，以物地事授地职，而待其政令。"郑玄

注："物,物色之,以知其所宜之事而授农牧衡虞。"《左传·昭公三十二年》:"计丈数,揣高低,度厚薄,仞沟洫,物土方,议远迩。"杜预注:"物,相也,相取土之方面远近之宜。"　土宜:谓不同的地方,适宜不同的人或作物的生长。《逸周书·度训》:"土宜天时,百物行治。"《周礼·地官·大司徒》:"以土宜之法,辨十有二土之名物。"孙诒让《正义》:"即辨各土人民、鸟兽、草木之法也。"物其土宜,意谓要观察和掌握各地所适宜的人民、风俗、物产等固有的各方面情势,从而采取相应的建设、开发、管辖等。《隋书·经籍志》:"昔者先王之化民也,以五方土地,风气所生、刚柔、轻重、饮食、衣服各有共性,不可迁变,是故疆理天下,物其土宜,知其利害,达其志而通其欲,齐其政而修其教,故曰'广谷大川异制,人居其间异俗'。"

　　[392]俶(chù):始。《诗·小雅·大田》:"俶载南亩,播厥百谷。"郑玄笺:"俶,始也;载,事也。"朱熹《集传》:"取其利耜而始事于南亩,既耕而播之。"山北:这里指天山之北。　镇西:即镇西府。雍正七年(1729)筑巴里坤城(位于今哈密市巴里坤哈萨克自治县县城巴里坤镇),九年(1731)设安西厅,乾隆三十八年(1773)升格为府,定名为镇西府,领宜禾、奇台二县,隶属甘肃省布政使司,辖地相当于今巴里坤哈萨克自治县、伊吾县一带,可参上文注释[6]。　宜禾:即宜禾县(今哈密市巴里坤哈萨克自治县),乾隆三十八年设,与镇西府同治。咸丰五年(1855),撤府设镇西直隶厅,裁宜禾。　奇台:即奇台县(今昌吉回族自治州奇台县),乾隆四十年(1775)设,沿袭至今。　相比:互相联合,编在一起。《吴子·治兵》:"乡里相比,什伍相保。"　惟:只是,只有,用来限定范围。守令:秦汉以下,指郡守与县令,至宋明清,指知府与知县。　攸司:所主,所管。攸,助词,相当于"所"。班固《西都赋》:"虎贲赘衣,阉尹阍寺,陛戟百重,各有攸司。"李贤注:"攸,所也。司,主也。"按,赋作自注所云山北六国,见《汉书·西域传》,分别为东且弥、西且弥、卑陆、卑陆后国、蒲类、蒲类后国等六国,可互参上文注释[308]。又按,赋作自注云乾隆二十八年(1763)设镇西府,当为徐松疏忽所致。而其《西域水道记》卷三《巴尔库勒淖尔所受水》则明言:"乾隆三十八年,升为府,改城为镇西府城,增门名东承恩、西得胜、南沛泽、北拱极,领宜禾、奇台二县。"

　　[393]循名考实:按其名而求其实,要求名实相符。循,依照。考实,考按实情。　纠厉成规:不论奖赏还是惩罚,均据现成章。纠厉,亦作纠励,指奖赏和

惩罚。此二语,见三国·魏·傅嘏《难刘劭考课法论》:"夫建官均职,清理民物,所以务本也;循名考实,纠励成规,所以治末也。"

[394]弊:判断,判决。《周礼·天官·大宰》:"以八法治官府。八曰官计,以弊邦治。"郑玄注:"弊,断也,所以断群吏之治。" 六计:古代监督和考察官吏的六项内容。《周礼·天官·小宰》:"以听官府之六计,弊群吏之治,一曰廉善,二曰廉能,三曰廉敬,四曰廉正,五曰廉法,六曰廉辨。"贾公彦疏:"六者不同,既以廉为本,又计其功过多少而听断之,故云六计。"亦称六廉。 均职:均衡职权。 应:受,接受。《尔雅》:"应,受也。" 四科:汉代以德行举士的四条标准。《汉书·元帝纪》:"(永光元年)二月,诏丞相、御史举质朴、敦厚、逊让、有行者,光禄岁以此科第郎、从官。"李贤注引颜师古曰:"始令丞相、御史举此四科人以擢用之。而见在郎及从官,又令光禄每岁依此科考校,定其第高下,用知其人贤否也。" 廉事:考察政绩。廉,考察,视察。《管子·正世》:"过在下,人君不廉而变,则暴人不胜,邪乱不止。"尹知章注:"廉,察也。"事,职守,政绩。《尔雅》:"事,勤也。"《左传·昭公二十五年》:"为政事庸力行务。"杜预注:"在君为政,在臣为事。"乾隆时,北疆的巴里坤、乌鲁木齐等地区,在行政上一度归甘肃布政使管辖,实行州县制。这是为了适应当时大规模招募认垦、移民垦地迅速增加的需要而采取的行政管理制度。起初,清廷于巴里坤、乌鲁木齐设置直隶厅,管理移民行政事务。随着移民人口的激增和耕地面积的扩大,行政管理事务日益繁杂,于是在乾隆三十八年(1773),对原有的行政建制进行调整,于巴里坤设镇西府,领宜禾、奇台二县。还于乌鲁木齐设迪化直隶州,领昌吉、阜康、绥来三县。同年,又于乌鲁木齐设镇迪道,驻巩宁城,辖迪化直隶州、镇西府。如此一来,在北疆东部就形成了1道、1府、1直隶州、5县的行政建制。而实际上,这些府、州、县受伊犁将军和甘肃巡抚的双重管辖。

[395]间:间或,断断续续。 戎卫:禁卫之兵。 列营:分布的阵营。 相次:依为次第,相继。《周礼·考工记·画缋》:"画缋之事,杂五色,青与白相次也,赤与黑相次也,玄与黄相次也。"郑玄注:"此言画缋六色所象,及布采之第次。"清廷设立镇西府后,鉴于其重要的战略地位,故在此长期驻兵,以为攻防据点。其中,镇西府下辖各城,分别驻扎有满营兵和汉营兵(满营兵指的是满洲兵,汉营兵指的是绿旗兵)。

[396]屹屹:高大挺立貌。 会宁:即会宁城,俗称巴里坤满城,乾隆三十七

年(1772)建,在巴里坤城东南约半里处(今哈密市巴里坤哈萨克自治县境内)。《西域水道记》卷三《巴尔库勒淖尔所受水》:"(巴里坤)城东南半里,乾隆三十七年建会宁城,周六里三分,高丈六尺。门四:东宣泽、西导丰、南光被、北威畅。驻领队一人,满营兵九百一十二人。"按,蒲类,古西域国名,辖今新疆巴里坤盆地及其周边地区。《汉书·西域传》:"蒲类国王治天山西疏榆谷,去长安八千三百六十里,西南至都护治所千三百八十七里。"徐松在赋作自注中云,疑会宁城与疏榆谷相近,可备一说。后来,李光廷(1812—1880)进而在其《汉西域图考》卷一认为:"蒲类国治天山疏榆谷,在伊吾北,今为巴里坤地。"然今人钟兴麒先生在其《西域地名考录》中则又认为李说不确,并据岑仲勉先生的观点,认为疏榆谷在绥来县即今新疆昌吉回族自治州玛纳斯县东之呼图壁县雀尔沟镇。关于巴里坤、蒲类,还可互参上文注释[6]、[317]。

[397]汤汤:水流盛大貌。　木垒:河名,源于今昌吉回族自治州木垒哈萨克自治县与吐鲁番市鄯善县交界的天山北部,北流经木垒县城,再北,没入戈壁。《西域同文志》:"准语木垒,河湾也。地有河流环抱,故名。"雍正间,曾于河边筑木垒城,乾隆十九年(1754),清军征讨准噶尔部达瓦齐,驻兵于此。　釜:一种古炊器,即无脚之锅,相当于现在的锅。按,赋作自注所云木垒驻兵之事,在雍正九年和十年(1731—1732)。其间颇为曲折多变,不仅木垒驻兵最终被罢撤,岳钟琪本人也因此而受到雍正痛斥,并被罢免宁远大将军之职,调回京师,由吏部尚书、陕西总督查郎阿署理大将军事务。傅恒等纂《平定准噶尔方略》前编卷二十八至三十记此事颇详,可参。

[398]望:从远处看。《玉篇》:"望,远视也。"　孚远:即孚远城,乾隆四十年(1775)于古城西南所筑,设满营,驻防兵计一千名,为天山北麓乌鲁木齐以东最大军事城堡(位于今昌吉回族自治州吉木萨尔县县治吉木萨尔镇)。古城,乾隆三十五年(1770)建,设绿营,驻防兵计二百名,因靠近古老的唐朝墩,故名(位于今昌吉回族自治州奇台县县治奇台镇)。　孤悬:犹孤立,谓无所依靠。　径蹊:蹊径的倒文。指小路。　环:环绕,围绕。　托垒:水名,据赋作自注,即阿布达尔托垒水,俗称磨河,当为新疆昌吉回族自治州奇台镇东北的水磨河,发源于阜康市西南部北天山东段博格达山的阿布力哈斯木达拉山。现已干涸多年。畎浍(quǎn kuài):田间水沟。《书·益稷》:"予决九川距四海,浚畎浍距川。"郑玄注:"畎浍,田间沟也。"亦泛指溪流、沟渠。　赞皇:指晚唐名相李德裕(787—

850),字文饶,赵郡赞皇(今河北省赞皇县)人,曾晋封为赞皇伯,食封七百户,故世称李赞皇。《旧唐书》卷一百七十四及《新唐书》卷一百八十均有传。　旧基:这里指时李德裕所筑北庭都护府旧址,当地俗称破城子,位于今新疆昌吉回族自治州吉木萨尔县城(即赋作自注所云济木萨城)北,现为全国重点文物保护单位。徐松曾于赐环途中进行过细致调查,并确认此地即唐北庭都护府旧址。见其《西域水道记》卷三《巴尔库勒淖尔所受水》。

[399]岂:表推测,相当于莫非。　鳖思:城名,即《长春真人西游记》所云鳖思马城,当为蒙古语另一音译,元时一般称作别失八里城。按,赋作自注所云欧阳圭斋,即元代著名学者欧阳玄(1283—1357),字原功,号圭斋,浏阳(元时属江西,即今湖南浏阳市)人。《元史》卷一百八十二有传。欧阳玄撰有《高昌偰氏家传》一书,记载祖地在高昌(今吐鲁番高昌故城)一带显赫一时的偰氏家族之事。偰,音xiè。可互参上文注释[175]。

[400]讶:表意外,相当于诧异。　龙兴:这里指龙兴西寺,当在北庭都护府旧址。按,赋作自注所称北庭端府,即指唐北庭都护府。端府,为都护府的合音,乃元人之讹称。

[401]迪化:即直隶迪化州,乾隆三十八年(1773)设,治巩宁城(在今乌鲁木齐市),可参上文注释[13]、[314]、[394],及下文注释[402]。

[402]巩宁:即巩宁城,乾隆三十八年筑,为迪化州治所,驻乌鲁木齐都统。同治三年(1864),毁于战火,现存其遗址。按,赋作自注所征引圣制诗,见《十全集》卷九《再定准噶尔第三之四·诗六十首·伊犁将军舒赫德奏伊犁客民愿入屯田户籍事诗以志慰》。

[403]县三:这里指迪化州所领阜康、吉昌、绥来等三县,分见下文注释[404]、[406]、[407]。　丞倅(cuì):指副职。丞、倅,皆佐贰之官。据赋作自注,这里指迪化州所辖呼图壁巡检及济木萨县丞。呼图壁,位于今新疆昌吉回族自治州呼图壁县,乾隆二十八年(1763)设巡检。济木萨,位于今昌吉回族自治州吉木萨尔县,乾隆四十一年(1776)设县丞。

[404]易:更改,替代。　金满:唐县名,武则天长安二年(702)置,代宗宝应元年(762)改为后庭县,清作济木萨,位于今新疆昌吉回族自治州吉木萨尔县一带,可参上文注释[398]。　阜康:清县名,乾隆四十一年(1776)置,为迪化州所辖三县之一。现为新疆昌吉回族自治州阜康市。按,清廷平定准噶尔后,于乾隆

二十五年(1760)在特讷格尔地方建阜康堡,二十八年(1763)筑阜康城,至四十一年又置阜康县。特讷格尔,即阜康堡一带在明时之称。徐松亦曾于嘉庆二十五年(1820)初赐环途中进行过细致调查,并确认此地为唐金满县地。

[405]迭屑:元时对基督教徒的统称,又译作也里可温,即唐《大秦景教流行中国碑》所见"达娑",为袭用波斯人对基督教徒之称。

[406]昌吉:清县名,乾隆三十八年(1773)置,为迪化州所辖三县之一。现为新疆昌吉回族自治州昌吉市。　二水:这里指赋作自注所云昌吉河与罗克伦河,今分别称头屯河与三屯河。头屯河(昌吉河)发源于新疆乌鲁木齐市与昌吉市交界的南部山区即天山山脉天格尔峰北麓,东北流经硫磺沟镇,昌吉市东,又北流入沙山子水库。三屯河(罗克伦河)也发源于天格尔峰北麓,北流至昌吉市西南,分为东西两支,东支流入老龙河,西支流入大沙河。《西域水道记》卷三《额彬格逊淖尔所受水》均有记载,可参。　交歧:犹交错。

[407]缭:缠绕,围绕。　峻垣:高而陡峭的墙。　靖远:即靖远关,位于今新疆昌吉回族自治州玛纳斯县玛纳斯镇凤凰路。靖远关筑于乾隆四十二年(1777),在当时绥来县治康吉城与绿营驻地遂宁城之间。　放:正当。《管子·小问》:"桓公放春三月观于野。"郭沫若等《集校》引洪颐煊曰:"放字,古通作方。"引尹桐阳曰:"放,方也,当也。"　绥来:清县名,乾隆四十四年(1779)置,为迪化州所辖三县之一。现为新疆昌吉回族自治州玛纳斯县。

[408]尔其:更端之词,犹言至于,至如。　中枢握宪,都统建庭:意谓巩宁城驻乌鲁木齐都统,为清廷在北疆中东部一带(迪化州)的军政统治中心。握宪,指掌控军政法令。庭,指乌鲁木齐都统署衙。

[409]北极:山名,即今位于乌鲁木齐市中部、西大桥北侧乌鲁木齐河东岸的红山,呈东西走向,又叫虎头山、上方山等。　距:犹言盘踞。　后户:本义为后门,这里指巩宁城后,亦即其北。

[410]福寿:山名,即今位于乌鲁木齐市西南侧、沙依巴克区的雅玛里克山,约呈南北走向,又叫灵应山、妖魔山等。　导:犹言引导。　前楹:本义为前柱,这里指巩宁城前,亦即其南。

[411]阿勒塔齐:河名,即乌鲁木齐河,发源于依连哈比尔尕山天格尔峰胜利达坂的一号冰川,上游又名大西沟,干流经后峡、前峡出山,穿越乌拉泊洼地后向北流经乌鲁木齐市区,至尾闾湖东道海子(即赋作自注所云苇荡)。　直:径

直,直接。 界道:划为一道疆界。孙绰《游天台山赋》:"赤城霞起而建标,瀑布飞流以界道。"李善注:"谓为道疆界也。"

[412]屯:戍守,驻防。 八旗:清代满族的军队组织和户口编制制度,以旗为号,分正黄、正白、正红、正蓝、镶黄、镶白、镶红、镶蓝八旗。据赋作自注,巩宁城满营兵丁移自凉州(今甘肃武威市一带)、庄浪(今甘肃庄浪县一带)。 简:挑选,选择。 九镇:据赋作自注,迪化城绿营中营兵丁移自安西(今甘肃瓜州县一带)、甘州(今甘肃张掖市一带)、凉州、河州(今甘肃临夏回族自治州临夏县一带)、延绥(今陕西延安市及榆林市一带)、宁夏(今宁夏银川市一带)、兴汉(今陕西安康市及汉中市一带)、西宁(今青海西宁市一带)、固原(今宁夏固原市一带)等九镇。

[413]犀渠:古代传说中的兽名。《山海经·中山经》:"(釐山)有兽焉,其状如牛,苍身,其音如婴儿,是食人,其名曰犀渠。"袁珂《校注》引郝懿行曰:"犀渠,盖犀牛之属也。"犀渠之甲,即犀甲,指用犀渠皮革制成的铠甲。 缦胡:粗而没有纹理的帽带,为古代士兵的一种冠缨。左思《魏都赋》:"三属之甲,缦胡之缨。"

[414]浮游:漫游,遨游。班固《西都赋》:"若乃观其四郊,浮游近县。" 郊遂:犹郊野。张衡《西京赋》:"便旋闾阎,周观郊遂。"高步瀛《义疏》引郑司农曰:"遂,谓王国百里之外。" 阡陌:田界。《史记·秦本纪》:"(商鞅)为田开阡陌。"司马贞《索隐》引《风俗通》曰:"南北曰阡,东西曰陌。河东以东西为阡,南北为陌。"

[415]六道七道:这里指位于迪化州治巩宁城东的六道湾、七道湾两个村庄。据《西域图志》卷十记载,在巩宁城周围,自头道湾至九道湾,共有九个这样的村庄。 二堡:这里指位于六道湾的惠徕堡与七道湾的屡丰堡(均位于今乌鲁木齐市水磨沟区),建于乾隆二十七年(1762),毁于同治三年(1864)。据《西域图志》卷十记载,当时共建有六个这样的屯堡。祁韵士《西陲要略》:"惠徕堡在巩宁城东五里,为六道湾中营屯堡。屡丰堡在巩宁城东二十里,为七道湾中营屯堡。" 联:联结,接续。 辑怀:城名,乾隆二十七年建于古牧地(亦作古木地,即赋作自注所云孤穆第,位于今乌鲁木齐市米东区)。 是:指示代词,复指前面提到的人或事。这里指惠徕堡、屡丰堡、辑怀城三地。 中营:这里指和宁《三州辑略》所称乌鲁木齐提督下辖的本标"中、左、右、城守四营"之中营。

[416]乐全宝昌,怀义宣仁:分别为巩宁城西的四个屯堡,可参《西域图志》卷十。

[417]星罗:如天星罗列貌,谓多而密。　畛畷(zhěn zhuì):田间小路。左思《吴都赋》:"其四野则畛畷无数,膏腴兼倍。"刘逵注:"畛畷,谓地广道多也。"李善注引《说文》曰:"畷,两陌间道也。"　绮错:如绮纹之交错。　沟塍(chéng):沟渠田埂。班固《西都赋》:"沟塍刻镂,原隰龙鳞。"李善注引郑玄曰:"遂广深各二尺,沟倍之。"又引《说文》曰:"塍,稻田之畦也。"

[418]瓯窭污邪:狭小的高地和地势低下的田。《史记·滑稽列传》:"瓯窭满篝,污邪满车。"张守节《正义》:"窭音楼。瓯楼谓高地狭小之区,得满篝笼也。"司马贞《索隐》引司马彪曰:"污邪,下地田。"　流种火耕:火耕流种的倒文。犹言火耕水耨,为古代一种原始的耕种方式,即先用火烧去杂草,然后引水播种。《后汉书·文苑传上·杜笃》:"田田相如,锸镢株林,火耕流种,功浅得深。"李贤注:"以火烧所伐林株,引水溉之而布种也。"

[419]钟:古容量单位,春秋时齐国公室的公量,合六斛四斗。《左传·襄公二十九年》:"饩国人粟,户一钟。"杜预注:"六斛四斗曰钟。"后亦有合八斛及十斛之制。　实:语助词,用于句中,以加强语意。　获:收获。　百室:一族或一族的人。《诗·周颂·良耜》:"以开百室,百室盈止,妇子宁止。"郑玄笺:"百室,一族也。"朱熹《集传》:"百室,一族之人也。"　盈:谓口粮丰足。

[420]野处不昵:虽在乡野居住而不与那些庸人相亲近,古代称这样的人为"秀民",即德才优异的平民。语本《国语·齐语》:"是故农之子恒为农,野处而不昵,其秀民之能为士者,必足赖也。"　乡校之英:地方学校中的英才。乡校,古代地方学校。《左传·襄公三十一年》:"郑人游于乡校,以论执政。"杜预注:"乡校,乡之学校。郑国谓学为校。"

[421]高凤漂麦:这是关于东汉南阳(今河南南阳市)人高凤的一个典故,形容专心读书。《后汉书·高凤列传》:"高凤字文通,南阳叶人也。少为书生,家以农亩为业,而专精诵读,昼夜不息。妻尝之田,曝麦于庭,令凤护鸡。时天暴雨,而凤持竿诵经,不觉潦水流麦。妻还怪问,凤方悟之。其后遂为名儒,乃教授业于西唐山中。"　承宫听经:这是关于东汉琅邪姑幕(今山东诸城市北)人承宫的一个典故,形容勤奋苦学。《后汉书·承宫列传》:"承宫字少子,琅邪姑幕人也。少孤,年八岁为人牧豕。乡里徐子盛者,以《春秋经》授诸生数百人,宫过息

庐下,乐其业,因就听经,遂请留门下,为诸生拾薪。执苦数年,勤学不倦。经典既明,乃归家教授。"

[422]肄:学习,练习。　蛾术:比喻日积月累、坚持不懈,终会学有所成。《礼记·学记》:"蛾子时术之。"郑玄注:"蛾,蚍蜉也。蚍蜉之子,微虫耳,时术蚍蜉之所为,其功乃复成大垤。"这里用如名词,指基础性的经典读物,即后文所云《诗》《书》等。　宾:这里用如动词,有学习宾客之礼的意思,即后文所云"习仁让"。　《鹿鸣》:原为《诗》之篇目,见《诗·小雅》,主旨为表达盛情款待宾客之意。

[423]《诗》《书》:即《诗经》与《尚书》。　蔼蔼:和气貌。　仁让:仁爱谦让。　蒸蒸:纯厚貌。按,赋作自注所云迪化州及镇西府学额之详情,可参《西域图志》卷三十六《学校》。

[424]至:表示另提一事,犹言至于。　其:这里指迪化州。　缀:联结,连缀。　庆绥:城名,位于今乌鲁木齐市西乌苏市附近的奎屯河畔,建于乾隆四十八年(1783)。按,赋作自注所云库尔喀喇乌苏之地,因河得名。据谭其骧主编《中国历史地图集》,大致包括今新疆乌苏市、奎屯市及克拉玛依市南部、博尔塔拉蒙古自治州精河县一带,其西北端将艾比湖囊括在内。库尔,即库尔河(今名奎屯河);喀喇乌苏,维吾尔语,意为黑水。库尔喀喇乌苏,为奎屯河流经乌苏段河流的称呼。

[425]枕:临近,靠近。《汉书·严助传》:"会稽东接于海,南近诸越,北枕大江。"颜师古注:"枕,临也。"　嘉德:城名,俗称达坂城,位于今乌鲁木齐市东南达坂城区,建于乾隆四十七年(1782)。《西域图志》:"(喀喇巴尔噶逊山)原建嘉德城,在迪化城东南一百八十里,今谓之达坂城。"按,赋作自注所云喀喇巴勒噶逊,一作喀拉巴尔噶逊,地名,蒙古语,意为黑虎城,位于今乌鲁木齐市达坂城区,四面环山,为天山南北两路交通要道。齐克达巴罕,山名,位于今达坂城区。达巴罕,满语,意为岭。《西域水道记》卷一《罗布淖尔所受水上》:"凡岭,国语曰达巴罕,蒙古语、回语曰达巴,西番语曰拉。"和宁《三州辑略》:"齐克达巴罕在乌鲁木齐城南二百三十里喀喇巴尔噶逊营东十里,山颠崎岖,道途磽砾,七上七下,俗名七个达坂。"

[426]安阜:城名,位于今新疆博尔塔拉蒙古自治州精河县境内的精河东侧,建于乾隆四十八年(1783)。　扼要:占据或控制要冲。　晶河:即今新疆精

河县之精河,旧称石漆河。《西域同文志》:"准语晶,谓蒸笼也。河滨沙土温暖如蒸,故名。"《西域水道记》卷三《喀喇塔拉额西柯淖尔所受水》:"石漆河,或晶河之旧称。"

[427]霜:这里喻指洁白的盐粒。　泛:漂浮。　熬波:指煮海水为盐。张融《海赋》:"若乃漉沙构白,熬波出素,积雪中春,飞霜暑路。"姚宽《西溪丛语》卷上:"盖自岱山及二天富,皆取海水炼盐,所谓熬波也。"　场:这里指盐场。户:住户,人家。　载:登记,载籍。　淘金:用水选法以淘盘洗涤泥土、沙砾或其他物质而获取金子。　籍:这里指登记册,户口簿。按,赋作自注所云昂吉尔图淖尔,即柴窝堡湖,又称柴鄂博海、鄂们淖尔,位于今乌鲁木齐市东南博格达峰下柴窝堡盆地,为天然冷水性湖。傅恒等《河源纪略》卷十:"蒙古语昂吉,部落之分地也;图,有也。旧有伯克居此,故名。"喀喇塔拉额西柯淖尔,即艾比湖,一名布尔哈齐淖尔(一作布勒哈齐淖尔),俗称盐海,位于今博尔塔拉蒙古自治州东北部境内,为新疆第一大咸水湖。《西域同文志》:"准语布勒哈齐,谓伏流之水旋出地上汇成大泽也。"奎屯河,今仍沿其名,位于今塔城地区乌苏市及伊犁州直属之奎屯市,发源于额林哈毕尔噶山(今称依连哈比尔尕山,位于伊犁哈萨克自治州尼勒克县北部)婆罗科努达坂北端。《西域同文志》:"准语奎屯,谓冷。犹云冷水河也。"济尔噶朗河,即四棵树河,又作吉尔格特河,亦称多木达喀喇乌苏,流经今塔城地区乌苏市西大沟镇、四棵树镇等区域,在甘家湖白梭梭林自然保护区汇入奎屯河。《西域同文志》:"准语济尔噶朗,谓安居之地。滨河多水草,居者安之,故名。"《西域水道记》卷三《喀喇塔拉额西柯淖尔所受水》对上述诸水及其产盐产金等情形,均有详细记载,可参。

[428]展:扩大,扩展。　托里:地名,当在今新疆博尔塔拉蒙古自治州精河县治精河镇西的托里乡一带。《西域图志》卷十一:"托里在晶河西六十里,地有小水,清圆如镜。"　莽罝(làng):广大空旷貌。　陕(qū):利用山谷等有利地形,建围栏以蓄养家畜或捕猎禽兽。《说文》:"陕,依山谷为牛马圈也。"左思《吴都赋》:"陕以九疑,御以沅湘。"李善注引刘逵曰:"陕,阑也,因山谷以遮兽也。"

奎屯:河名,可参上文注释。而赋作自注所云济尔噶朗,当在今塔城地区乌苏市、伊犁州直属之奎屯市西南一带。《西域图志》卷十三:"济尔噶朗在乌兰哈勒噶东南十里,踰一小岭,至其地,西北距图斯库勒一百余里。"　汯汩(hóng gǔ):水势浩瀚汹涌貌。　领:统帅,管辖。《古今韵会举要·梗韵》引方氏曰:"承上令下谓之领。" 布延图:这里指布延图亲王,为土尔扈特部首领阿玉奇的曾孙策伯克多尔济(? —1778)率旧部跟随渥巴锡于乾隆三十六年(1771)归国后所受爵号,与赋作自注所提及的毕锡呼勒图郡王、济尔哈朗贝勒等是同时受封的。而赋作自注所云和博克萨里,在今伊犁哈萨克自治州塔城地区和布克赛尔蒙古自治县一带。《西域水道记》卷五《宰桑淖尔所受水》:"和博克、萨里相承,为一处地名。考之准语,和博克,汲水器也,以皮为之,其地有井,居人往汲,故以名地;萨里,谓马股,言地形似之。" 塔巴台:这里指塔尔巴哈台城(即绥靖城),在今伊犁哈萨克自治州塔城地区塔城市,可参上文注释[15]。 直北:正北方。按,赋作自注所征引圣制诗,见《十全集》卷十《再定准噶尔第三之五·诗三十三首·哈萨克马》。

[429]绥靖:城名,即塔尔巴哈台城,可参上文注释[15]。 金墉:犹言金城,谓坚固之城墙。潘岳《西征赋》:"金墉郁其万雉,峻崝峭以绳直。" 雅尔:地名,位于今哈萨克斯坦的乌尔扎尔地区。《西域同文志》:"雅尔,回语,坎也。地形少卑,故名。"《西域图志》卷十一:"雅尔在塔尔巴噶台西北二百里,旧为准噶尔伊克明阿特部游牧之所,车凌班珠尔之昂吉。"同治三年(1864),《中俄勘分西北界约记》订立后,雅尔地方被割让予沙俄。 雪碛:大雪覆盖的沙石、沙漠地带,这里指雅尔地方多沙石的雪山,为旧城即肇丰城所在。 面:朝向,面向。额米尔:河名,一作额密勒,即今伊犁哈萨克自治州塔城地区额敏县南的额敏河。额敏河为塔城地区最大水系,发源于塔尔巴哈台山与齐吾尔喀叶尔山交汇处,西南流经塔城市、裕民县,注入哈萨克斯坦的阿拉湖。 潐漾(yūn wān):水回旋貌。 负:背倚,背靠着。 楚呼楚:山名,位于今塔城市额敏河段北。 崱屴(zè lì):山峰高大峻险貌。按,赋作自注所云塔尔巴哈台城搬迁重建之事,亦可参上文注释[15]。

[430]四部:这里指塔尔巴哈台所辖的厄鲁特、察哈尔、土尔扈特、哈萨克等四个游牧部落,均以札萨克旗制安置。厄鲁特部设六佐领,系乾隆二十九年(1764)及四十二年(1777)两次从乌鲁木齐移驻。察哈尔部设一佐领,系乾隆二十九年从乌鲁木齐移驻。土尔扈特部这里指乾隆三十六年(1771)随渥巴锡从伏尔加河迁徙归国的旧土尔扈特北路三旗,设十五佐领。哈萨克部指从乾隆三十年(1765)起陆续来归者,四十二年编设为投诚哈萨克一佐领。另,上述各佐领皆不设札萨克旗长,唯厄鲁特六佐领上设一总管,其佐领及总管皆由塔尔巴哈

台参赞大臣兼辖,而上尔扈特北路一盟三旗设一盟长,隶塔尔巴哈台参赞大臣兼辖,归伊犁将军节制。　环居:围绕布列。

　　[431]六营:这里指驻扎塔尔巴哈台的满营、绿营、锡伯营、索伦营、察哈尔营、厄鲁特营等六个兵屯营地。其所驻官兵,主要是换防军。满营兵七百二十名、锡伯营兵一百三十名、索伦营兵一百三十名、察哈尔营兵一百七十名、厄鲁特营兵一百六十名,俱由伊犁换防,而绿营兵八百名,则由陕甘省换防。　齐辟:一起开设。

　　[432]蛮陬夷落:即蛮夷陬落,指边远地区少数民族居住之地。陬落,部落。界:界限,边界。　袭险重固:谓天然之险要。扬雄《城门校尉箴》:"幽幽山川,径塞九路,盘石唐芒,袭险重固。"张樵注:"此天地自然之险。"　国:地方,地域。　伊犁之域:即"总统伊犁等处将军"辖区,可参上文注释[6]、[206]。按,因塔尔巴哈台地理位置十分重要,故乾隆二十五年(1760)讨平准噶尔部阿睦尔撒纳叛党巴雅尔后,清廷就开始筹划在此驻兵布防及进行有效管辖等事宜。据《皇朝文献通考》卷十一及一百九十一记载,此事当由满洲正白旗人、大学士阿桂(1717—1797)于乾隆二十六年(1761)首先正式提议。但由于清廷当时正全力以赴筹划伊犁驻兵与屯田等事宜,故拖延至二十九年(1764),方于塔尔巴哈台雅尔地方开始逐步建城及驻兵。又直至四十年(1775),才终于正式设置塔尔巴哈台统辖驻防及屯田官兵的参赞大臣一员、专管东路卡伦的协办领队大臣一员、专理游牧领队并兼管西路卡伦的领队大臣一员,并设章京、侍卫、同知等官。

　　[433]翼翼:庄严雄伟貌。　乌孙:西域古国名,参上文注释[32]。　柢:树的主根,引申为事物的根基。按,赋作自注所云总会,指伊犁地区为清时新疆的政治、军事、经济及文化等中心。《清高宗实录》卷六百七十三"乾隆二十七年十月乙巳"条载乾隆上谕:"伊犁为新疆都会,现在驻兵屯田,自应设立将军总管事务。"又"乾隆二十七年十月壬子"条载军机大臣等奏:"伊犁当戡定之初,为新疆总汇,奉旨设立将军。"

　　[434]峻岨:高陡险阻。　豁险:深邃险要。　握:掌握,控制。　肯綮:指筋骨结合的地方,喻要害或关键。王休《清清堂赋》:"欲知清浊两途之肯綮,实分乎公私一念之初萌。"

　　[435]善塔斯岭:即善塔斯达巴罕。据谭其骧主编《中国历史地图集》,位于惠远城西南约八百里的伊塞克湖北岸(在今吉尔吉斯斯坦境内)。　周崎:环绕

耸立。

[436]伊列之川:这里指伊犁河。伊犁河古称伊列水、伊丽河、伊里水、亦力河、亦列河、亦烈河、帝帝河等,发源于伊犁谷地周边天山山系的哈尔克山、伊连哈比尔尕山等众多山脉冰川区,由特克斯河、巩乃斯河、喀什河三水在雅玛图汇合而成。今新疆伊犁河段位于天山北支婆罗科努山与南支哈尔克山之间,流经伊犁河谷八县一市,在霍城县三道河西出新疆与哈萨克斯坦交界处,注入巴尔喀什湖。伊犁河是今新疆最大的冰川融水及降雨混合型内陆河,也是重要的一条国际河流,全长 1236 千米,在新疆境内约 442 千米。 九十余水:据赋作自注所称,伊犁河所汇之河水,可名者就有九十九条。亦可参《西域水道记》卷四《巴勒喀什淖尔所受水》。 横骋:犹横流,横亘。《西域水道记》卷四《巴勒喀什淖尔所受水》:"伊犁河亘伊犁南北之中:伊犁北境,汉匈奴地;南境,乌孙地。"

[437]广轮:犹言广袤,谓土地面积广大。《周礼·地官·大司徒》:"以天下土地之图,周知九州岛之地域广轮之数。"贾公彦疏引马融曰:"东西为广,南北为轮。"胡行简《题江山万里图后》:"广轮所及,东南西北,相距各万里。"

[438]阴阳既度,日星斯揆:这里是借用《周易参同契》之语,谓伊犁将军所驻老惠远城是符合阴阳标准、经过精心测度而修建的。《周易参同契》为东汉魏伯阳所著道教经典,主要依托易象而阐述炼丹原理和方法,后世注家甚多。其有云:"阴阳为度,魂魄所居。阳神日魂,阴神月魄。魂之与魄,互为室宅。性主处内,立置鄞鄂。情主营外,筑固城郭。城郭完全,人物乃安。"又云:"玄冥难测,不可画图。圣人揆度,参序立基。四者混沌,径入虚无。余六十卦,张布为舆。龙马就驾,明君御时。和则相从,路平不陂。邪道险阻,倾危国家,可不慎乎?"其大意和要点,是说明在修身时必须要符合阴阳转化之道,同时还要有正确的方法和谨慎的态度,否则危害无穷。度,标准,这里用如动词,意谓合乎标准。揆,测度,意为有依据地预计和推测。

[439]拓:扩建。 旧筑:这里指乾隆二十八年(1763)所建老惠远城(位于今伊犁哈萨克自治州霍城县县治水定镇南 15 公里的伊犁河北岸、惠远镇老城村南端),由当时的伊犁将军明瑞(?—1768)在伊犁河北岸相度地形而建,乾隆赐名,为伊犁九城(惠远城、惠宁城、绥定城、广仁城、瞻德城、拱宸城、熙春城、塔勒奇城、宁远城)之首。 一成:这里指扩建后老惠远城的占地面积。方十里为一成。《左传·哀公元年》:"夏少康有田一成,有众一旅。"杜预注:"方十里曰

成。"《西域水道记》卷四《巴勒喀什淖尔所受水》："五十八年（1793），将军保公宁于城东展筑二百四十丈，共一里三分三厘有奇，新旧城共十里六分三厘。"雉：古时计算城墙面积的单位。《礼记·坊记》："都城不过百雉。"郑玄注："雉，度名也，高一丈，长三丈。"按，同治十年（1871），沙俄入侵伊犁，老惠远城先后遭受兵火及水患，以致其半倾于惊涛巨浪中。光绪八年（1882），复于其西北十五里处筑新城，是为新惠远城，今为惠远镇政府驻地。

[440] 澒（hòng）溶：水深广貌。　汪洋：水宽广无际貌。　渺弥：水流旷远貌。

[441] 堤：河堤，堤坝。　捍御：防卫，抵御。　不陊（duò）不阤（zhì）：意谓河堤坚固，从不崩毁。陊，坠落；阤，崩塌。

[442] 挽：牵引，拉。《左传·襄公十四年》："或挽之，或推之。"杜预注："前牵曰挽。"　方舟：两舟并连。《庄子·山木》："方舟而济于河，有虚船来触舟，虽有惼心之人不怒。"成玄英疏："两舟相并曰方舟。"　漕：通过水道运送粮食。车运谷曰转，水运谷曰漕。　粟：五谷之一，亦泛指粮食。　咸：都，全部。　转轮：犹转运。轮，船只的轮子。　檥（yǐ）：谓调整船只使之靠岸。《史记·项羽本纪》："于是项王乃欲东渡乌江，乌江亭长檥船待。"裴骃《集解》引如淳曰："南方人谓整船向岸曰檥。"按，赋作自注所云固勒扎，又作固尔札，地名，位于伊犁河北岸（今伊犁哈萨克自治州伊宁市一带）。其地建有小堡，还有渡口，附近有粮仓。至其漕运情形，可参《西域水道记》卷四《巴勒喀什淖尔所受水》。

[443] 瞻德：城名，伊犁九城之一，乾隆四十五年（1780）筑，位于伊犁河北岸察罕乌苏地方（今伊犁哈萨克自治州霍城县清水河镇政府驻地）。同治十年（1871），沙俄入侵伊犁后被毁。　广仁：城名，亦伊犁九城之一，乾隆四十五年筑，位于伊犁河北岸乌克尔博罗素克地方（今伊犁哈萨克自治州霍城县芦草沟镇政府驻地）。同治十年（1871），沙俄入侵伊犁后亦被毁。　倚：靠着。

[444] 达：到达，通到。　绥定：城名，伊犁九城之一，乾隆二十七年（1762）筑，位于伊犁河北岸乌哈尔里克地方（今伊犁哈萨克自治州霍城县县治水定镇）。　驰道：本指供君王行驶车马的道路。《礼记·曲礼下》："岁凶，年谷不登，君膳不祭肺，马不食谷，驰道不除，祭事不县。"孔颖达疏："驰道，正道，如今之御路也，是君驰走车马之处，故曰驰道也。"后亦泛指供车马驰行的大道。迤逦：曲折绵延貌。　夹：在左右两边。左思《魏都赋》："长庭砥平，钟虡夹陈。"

吕向注:"夹,对;陈,布也。言相对布于长庭。" 浓荫:浓密的树荫。 飔:凉风。 隐:隐蔽,遮蔽。 金椎:亦作金槌,为一种捶击器具,常用于帝王仪仗。

云:这里指祥云。按,《宋史·乐志十五》载无名氏《熙宁二年仁宗英宗御容赴西京会圣宫应天禅院奉安一首》,其云:"九清三境,飚驭杳难追,功烈并巍巍。洛都不及西巡到,犹识睟容归。三条驰道隐金槌,仙仗共逶迤。珠宫绀宇申严奉,亿载固皇基。"这是一首鼓吹曲词,其主旨显然与《新疆赋》相一致,即导扬盛美。赋作以上数句,当为徐松有意化用。

[445]惠宁:城名,伊犁九城之一,乾隆三十一年(1766)筑,位于伊犁河北岸巴彦岱地方(今伊宁市巴彦岱镇干沟村)。同治十年,沙俄入侵伊犁后被毁。熙春:城名,亦伊犁九城之一,乾隆四十五年(1780)筑,位于伊犁河北岸哈喇布拉克地方(今伊宁市汉宾乡城盘子村)。同治十年(1871),沙俄入侵伊犁后亦被毁。 是:语助词,无实义。 犄角:对峙,并立,谓如同牛角或羊角相向而对貌。

[446]睋:眺望,观看。班固《西都赋》:"于是睎秦领,睋北阜。"李善注:"睋,视也。" 宁远:城名,伊犁九城之一,乾隆二十七年(1762)筑,位于伊犁河北岸固勒扎地方(今新疆伊宁市)。同治十年,沙俄入侵伊犁后被毁。 曦:阳光。 都纲:本指西藏喇嘛的诵经室。魏源《圣武记》卷五:"其大喇嘛坐床者四人,曰西勒图,其诵经室曰都纲。"也借指大寺。《西域水道记》卷四《巴勒喀什淖尔所受水》:"都纲,大寺也。"这里指金顶寺,即固勒札(一作固尔札)庙,于乾隆二十二年(1757)阿睦尔撒纳叛乱时被烧毁,可参上文注释[377]。 高阜:高的土山。 崛峍:高峻貌。 俯瞰:从高处往下看。 贞珉:石刻碑铭的美称。据赋作自注,这里指当时矗立于宁远城东北约半里处山冈上的两座纪念平定准噶尔之役的石碑,均由乾隆御制碑文,以四种文字镌刻,正面为满文、汉文,阴面为蒙文、藏文。其中《平定准噶尔勒铭伊犁之碑》碑文,见《十全集》卷五《初定准噶尔第二之三·文五首》;《平定准噶尔后勒铭伊犁之碑》,见《十全集》卷十一《再定准噶尔第三之六·文九首》。 万祀:犹永祀,意谓永久纪念。

[447]塔勒奇城:城名,伊犁九城之一,乾隆二十六年(1761)筑,位于伊犁河北岸绥定城西(今伊犁哈萨克自治州霍城县三道河乡塔尔吉村)。 拱宸:城名,亦伊犁九城之一,乾隆四十五年(1780)筑,位于霍尔果斯河东岸(今伊犁哈萨克自治州老霍城镇新疆生产兵团农四师62团场驻地)。同治十年,沙俄入侵伊犁后被毁。 西靡:意谓拱宸城位于惠远城、塔勒奇城以西的霍尔果斯河岸

边。靡,边,崖。《史记·司马相如列传》:"明月珠子,玓瓅江靡。"裴骃《集解》引郭璞曰:"靡,崖也。"司马贞《索隐》引应劭曰:"靡,边也。"　　背山:意谓塔勒奇城在塔勒奇山阳面。　　面山:意谓拱宸城位于霍尔果斯山阴面。　　嵬嶷(wéi nì):高大貌。　　崎嶬(qí yí):险峻貌。

[448]乱:横渡。《诗·大雅·公刘》:"涉渭为乱。"孔颖达疏:"水以流为顺,横度则绝其流,故为乱。"　　库陇癸:山名,又作库陇奎,位于今哈萨克斯坦巴尔喀什湖南、伊犁河北。《西域同文志》:"准语,寒也。山径多寒,故名。"同治三年(1864),《中俄勘分西北界约记》订立后,库陇癸山为沙俄所占。按,赋作自注所云乾隆二十三年(1758)兆惠大败叛党四宰桑(均为阿睦尔撒纳余众)事,可参《西域水道记》卷四《巴勒喀什淖尔所受水》及《西域图志》卷二十二。圣制《库陇癸之战》诗,见《十全集》卷十九《平定回部第四之八·诗五十三首》。

[449]徒:但,只。张衡《西京赋》:"徒观其城郭之制,则旁开三门,参涂夷庭。"　　街冲:街道交会处。左思《魏都赋》:"内则街冲辐辏,朱阙结隅,石杠飞梁,出控漳渠。"李善注引杜预《左氏传》注曰:"冲,交道也。"　　辐辏:集中,聚集。《汉书·叔孙通传》:"明主在上,法令具于下吏,人人奉职,四方辐辏,安有反者?"颜师古注:"辏,聚也,言如车辐之聚于毂也。"　　闾巷:小的街道,即里巷。旁通:向四方通达。郭璞《江赋》:"爰有包山洞庭、巴陵地道,潜达旁通,幽岫窈窕。"

[450]卌五:即四十五。卌,四十。　　守:掌管。《左传·昭公二十年》:"山林之木,衡鹿守之。"孔颖达疏:"此置衡鹿之官,守山林之木。"　　严更:指警戒夜行的更鼓。班固《西都赋》:"周以钩陈之位,卫以严更之署。"薛综注:"严更,督行夜鼓。"　　谯楼:指城门上的瞭望楼。谯,通"瞧"。瞭望。周祈《明义考·地部》:"古都为楼以望敌阵,兵列于其间,下为门,上为楼,或曰谯门,或曰谯楼也。"　　衢:四通八达的道路。

[451]北向:朝北,向北。　　恋阙:谓留恋宫阙,比喻心不忘君。王棨《诏遣轩辕先生归罗浮旧山赋》:"当九重之宫里,思山之意则深;及万里之途中,恋阙之诚不浅。"　　呼嵩:据《汉书·武帝纪》,元封元年(前110)正月诏曰:"朕亲登嵩高,御史乘属、在庙旁吏卒咸闻呼万岁者三。"后因以指对君主祝颂。　　眄:望。《广雅》:"眄,视也。"　　枛(gū)棱:宫阙上转角处的瓦脊。班固《西都赋》:"设璧门之凤阙,上枛棱而栖金雀。"吕向注:"枛棱,阙角也。"李贤注引《说文》

曰:"枊棱,殿堂上最高之处也。" 天表:犹天外。 腾:上升。 星纬:星辰。
熊熊:光盛貌。按,赋作自注所云圣制两碑文,均见《十全集》卷十一《再定准
噶尔第三之六·文九首》。

[452]升:进奉,进献。 馨香:指用作祭品的黍稷。馨,香气远闻。 房
祀:祠堂,庙宇。《后汉书·桓帝纪》:"丁巳,坏郡国诸房祀。"李贤注:"房,谓祠
堂也。"亦作房祠。 咸:都,全部。 肸蠁(xī xiǎng):比喻神灵感应。左思《蜀
都赋》:"天帝运期而会昌,景福肸蠁而兴作。"韦昭注:"肸蠁湿生虫,蚊类是也,
大福之兴,如此虫腾起矣。" 宗工:尊官。《书·酒诰》:"越在内服,百僚庶尹,
惟亚惟服宗工,越百姓里居,罔敢湎于酒。"孔传:"服事尊官,亦不自逸。"

[453]阐:发扬。《广韵》:"阐,大也。" 幽光:谓潜隐的光辉,常用以指人
的品德。 贞孝:志节坚贞,性行孝悌。 厉俗:激励世俗。 移风:转变风气。

[454]协:合,共同。《国语·周语》:"稷则遍诫百姓,纪农协功。"韦昭注:
"协,同也。"《书·盘庚下》:"尔无共怒,协比谗言予一人。"孔传:"汝无共怒我,
合比凶人而妄言。" 南讹:指夏时耕作及劝农等事。《书·尧典》:"申命羲叔,
宅南交,平秩南讹,敬致。"孔传:"讹,化也。掌夏之官,平叙南方化育之事,四时
同之,亦举一隅。"亦作南为。《史记·五帝本纪》:"申命羲叔,居南交。便程南
为,敬致。"司马贞《索隐》:"春言东作,夏言南为,皆是耕作营为劝农之事。" 宣
闿:城门名,即老惠远城的南门。 首:首先,首要。 教稿:教导农耕。 明农:
劝勉农业。明,通"勉"。

[455]值:遇到,碰上。 旱潦:旱灾和水灾。潦,通"涝"。 祈报:祭名。
春祈丰年,秋报神功。又遇水旱则祈,既如愿而报。《礼记·郊特牲》:"祭有祈
焉,有报焉。"郑玄注:"祈,犹求也。谓祈福祥求永贞也,谓若获禾报社。" 聿:
语助词,无实义。 启佑:开导佑助。《书·君牙》:"启佑我后人,咸以正罔缺。"
孔传:"开助我后嗣。"

[456]猎猎:象声词,形容风吹旌旗发出的声音。 冬冬:象声词,形容敲
鼓声。

[457]沈沈(tán tán):宫室深邃貌。 幕府:本指将帅在外的营帐,亦泛指
军政大吏的府署。 奕奕:神采焕发貌。 元戎:主将,统帅。按,乾隆二十七年
(1762)设"总统伊犁等处将军",简称"伊犁将军",驻惠远城(即老惠远城),为
清廷平定准噶尔、回部之后直至新疆建省以前在该地区所设立的最高军政长官,

统辖伊犁等天山南北十五个地区。伊犁将军之下，又置都统、参赞大臣、办事大臣、领队大臣等职官，分驻天山南北，分管本地事务。其中，伊犁与塔尔巴哈台地区设参赞大臣，由伊犁将军直辖；南疆八城及乌鲁木齐一带则由喀什噶尔参赞大臣与乌鲁木齐都统分别综理，听伊犁将军节制。

[458]戟：古兵器名，合戈矛为一体，长柄，可以直刺和横击。这里泛指各种兵器。　就伍：谓各就各位。　司：官吏，方面之长。　简：即用于书写的竹片，这里泛指各种文书。　趋公：谓克己奉公。李焘《续资治通鉴长编》卷三百四十八："盖武人不能省阅朝廷颁付法式，致废而不举，兼上无主司赴诉，纵有晓职守者，其趋公之心亦无从得伸。"

[459]广：广泛。　诹咨：意谓咨询。诹，咨询，商量。《说文》："诹，聚谋也。"《诗·小雅·皇皇者华》："载驰载驱，周爰咨诹。"毛传："咨事为诹。"　队帅：即队率，亦即赋作自注所云领队，为军中小职官名，通常是一队兵卒的首领。《汉书·袁盎传》："君乃为材官蹶张，迁为队帅。"颜师古注引如淳曰："队帅，军中小官。"　交：交相。　翊赞：辅助，辅佐。　和衷：和睦同心。

[460]察嘉肺：犹言体察民情。明·傅淑训《孝昌条议序》："二年中，平亭嘉肺，民自不冤。"

[461]典琛币：犹言管理财帛。左思《魏都赋》："寳幏积墥，琛币充牣。"吕向注："珠玉曰琛，布帛曰币。"

[462]磨城：磨坊，即磨面粉等的作坊。　麹（qǔ）：麹坏的省文。大麦煮熟，称麹坏。《释名》："煮麦曰麷。麷，麹也。煮熟，亦麹坏也。"麷，大麦古称。　糗（qiǔ）：炒熟的米麦等谷物。《说文》："糗，熬米麦也。"

[463]倾：用尽，竭尽。　羽山：山名。道教传说，山上多铜，颛顼高阳氏曾铸羽山之铜为宝鼎，各献一所于有洞之山。诸多道教典籍如梁陶弘景《真诰》、唐王松年《仙苑编珠》、宋陈田夫《南岳总胜集》等，均载此事。　输：转运，运送。按，赋作自注所云宝伊钱局，简称宝伊局，又叫伊犁鼓铸局，设于乾隆四十年（1775），历乾、嘉、道、咸、同五朝，凡九十一年。其所铸钱币，属内地制钱体系，正反面分别铸印汉文与满文"宝伊"二字，大多属红钱，材质铜为主，酌加铅与锌，习称新疆红钱，独具地域特色和民族风格。关于宝伊钱局详情，可参乾隆朝《皇朝文献通考》卷十八及《钦定历代职官表》卷十六，亦可参《西域水道记》卷四《巴勒喀什淖尔所受水》。

[464]班:同"办"。治理。《荀子·君道》:"君者何也? 曰能群也。能群也者何也? 曰善生养人者也,善班治人者也。"梁启雄注:"班与办同,治也。"驵(zǎng)骏:马健壮貌。 宛马:古西域大宛所产名马。《汉书·张骞传》:"初,天子发书《易》,曰'神马当从西北来'。得乌孙马好,名曰'天马'。及得宛汗血马,益壮,更名乌孙马曰'西极马',宛马曰'天马'云。"英和《卜魁城赋》云:"大宛不得而过之,渥洼亦非所伦也。"

[465]审:仔细地,详尽地。《广韵》:"审,详审也。" 和弓毁(jī)摩:意谓用弓前先对其进行调试、拂拭、摩擦。语见《周礼·冬官·考工记》:"弓人和弓毁摩。"郑玄注:"和,调也。毁,拂也。将用弓,必先调之、拂之、摩之。"

[466]莅:来,到。 平:谓平抑物价。《韵会》:"平,平物贾也。" 质剂:古代贸易券契质和剂的并称。长券叫质,用以购买马牛之属;短券叫剂,用以购买兵器珍异之物。后世合同,即本于此。《周礼·天官·小宰》:"七曰听卖买以质剂。"郑玄注:"质剂,两书一札,同而别之,长曰质,短曰剂。傅别、质剂,皆今之券书也。"《周礼·地官·质人》:"凡卖价者质剂焉,大市以质,小市以剂。"郑玄注:"质剂者,为之券藏之也。大市人民马牛之属,用长券;小市兵器珍异之物,用短券。"左思《魏都赋》:"质剂平而交易,刀布贸而无算。"

[467]届:至,到。 肃:整饬,整肃。 军容:指军队和军人的礼仪法度、风纪阵威和武器装备等。左思《吴都赋》:"军容蓄用,器械兼储。"刘逵注:"军容,军之容表,言矛剑等也。"

[468]市肆:市场中的店铺。 僁嚃(sè tà):谓多言不止,声音嘈杂。左思《吴都赋》:"僁嚃幂泺,交贸相竞。"吕向注:"僁嚃,言语不止貌。"嵇康《琴赋》:"飞纤指以驰骛,纷僁嚃以流漫。"李善注:"僁嚃,声多也。" 相竞:互相竞争。竞,同"竞"。竞争,争着。 货贝:货物,商品。 隐赈:众盛,富饶。隐,通"殷"。左思《蜀都赋》:"邑居隐赈,夹江傍山。"刘逵注:"隐,盛也;赈,富也。"告丰:宣告丰收。

[469]禄糈:官俸与粮饷。 焉:于此,用以复指前置宾语。 筹:筹措。兴屯:兴办屯田。 是:此,这,用以复指前置宾语。 务:要务。

[470]惟:语助词,用于句首或句中,以加强语气。 熟券:这里指有家室的兵丁,清称携眷兵、眷兵。 番休:轮流休息。 辟:开垦。 新田:开垦两年的田地。《尔雅》:"田一岁曰菑,二岁曰新田,三岁曰畬。" 分布:散布。

[471]沟七里:这里指七里沟。据《西域水道记》卷四《巴勒喀什淖尔所受水》所载,七里沟当在惠宁城(位于今伊宁市巴彦岱镇干沟村)之西。

[472]河三条:这里分别指头道河、二道河、三道河,依次分布于塔勒奇城(位于今霍城县三道河乡塔尔吉村)以东。据《西域水道记》卷四《巴勒喀什淖尔所受水》所载,头道河在塔勒奇城东十里,二道河在头道河东十里,三道河又在二道河东二十里。　溇:水沟,小渠。　注:灌注,流入。

[473]占:占星,即观察星象以推断吉凶。　填星:即土星。填,通"镇"。古人认为土星每二十八年运行一周天,每年镇守二十八宿中的一宿,故名。《史记·天官书》:"历斗之会以定填星之位。"司马贞《索隐》引晋灼曰:"常以甲辰之元始建斗,岁镇一宿,二十八岁而周天。"　书年:记录年成。年,年成,五谷成熟。《说文》:"年,谷熟也。"

[474]健儿:指军卒,士兵。　应募:响应招募。按,赋作自注所征引圣制诗,见《十全集》卷九《再定准噶尔第三之四·诗六十首》。

[475]法:效法。　百亩:一百亩土地。亦作百畮。《周礼·地官·大司徒》:"不易之地,家百畮。"郑玄注:"畮,古亩字。"　周彻:周代的田税制度。通常为"什一而税",即抽取十分之一的税率。《广雅》:"彻,税也。"《论语·颜渊》:"哀公问于有若曰:'年饥用不足,如之何?'有若对曰:'盍彻乎?'"何晏注:"周法,什一而税谓之彻。彻,通也,为天下之通法。"《孟子·滕文公上》:"夏后氏五十而贡,殷人七十而助,周人百亩而彻,其实皆什一也。"赵岐注:"家耕百亩者彻,取十亩以为赋。名虽异而多少同,故曰皆什一也。"　制:仿制。　公田:古代井田制度下,把土地划成井字形,分为九区,中区由若干农夫共同耕种,将收获物全部缴给统治者,称为"公田",同中区以外的"私田"相对称。《诗·小雅·大田》:"雨我公田,遂及我私。"朱熹《集传》:"公田者,方里而井,井九百亩,其中为公田,八家皆私百亩,而同养公田也。"　殷助:商代的田税制度。所谓"殷人七十而助",实与"周人百亩而彻"税率相同,均为"什一而税"。

[476]鱼椮(sēn):为诱捕鱼而在水中放置的积柴。《尔雅》:"椮谓之涔。"郭璞注:"今之作椮者,聚积柴木于水中,鱼得寒,入其里藏隐,因以薄围捕取之。"　水戽(hù)一种溉田汲水的旧式农具。亦称戽斗。

[477]产以恒:即恒产,指土地、田园、房屋等不动产。《孟子·梁惠王上》:"无恒产而有恒心者,惟士为能。"焦循《正义》:"恒产者,田里树畜,民则恃以长

养其生者也。"这里指伊犁旗屯中的所谓"私业",即"已分之田",是划分给各旗的,各旗将其视为自己恒久的产业,因而耕种比较勤快,收效也明显。 地:田地。这里指伊犁旗屯中的所谓"公产",即"未分之田",亦即赋作前文所云"公田",不是划分给各旗的,各旗"视公产不如私业",因而从事耕种的闲散余丁不能尽力,这就极大地影响到其收成,远远比不上"已分之田",尤其是那些不能浇水灌溉的田地,生产极不景气,以致大片大片地被陆续抛荒。 骛:力求,追求。《尔雅》:"骛,务强也。"邢昺疏:"骛谓驰骛,务谓事务,二者皆以力勉强。"

[478] 郭外:城郭之外。这里指老惠远城(位于今伊犁哈萨克自治州霍城县县治水定镇南 15 公里的伊犁河北岸、惠远镇老城村南端)城外。 受廛:谓接受居地而为民。廛,一名男劳力所居之屋舍。《孟子·滕文公上》:"远方之人,闻君行仁政,愿受一廛而为氓。" 指:指向,向着。 河湾:这里指西河湾。据《西域水道记》卷四《巴勒喀什淖尔所受水》所载,在老惠远城东十余里,这一带有大片"民稻田",即赋作自注所云张尚义等报垦的稻田。徐松曾亲历其地,称"宛成江乡风景"。 沿溯:这里指沿伊犁河所经西河湾一带的河流段而下。侨寄:寄居异地。 胥:全,皆。《诗·小雅·角弓》:"尔之远矣,民胥然矣。"郑玄注:"胥,皆也。言王女不亲骨肉,则天下之人皆知之。" 识:知道,懂得。盖藏:储藏。《礼记·月令》:"命百官,谨盖藏。"郑玄注:"谓府库囷仓有藏物。"

有素:由来已久。按,赋作自注所征引圣制诗《伊犁客民愿入屯田户籍》,见《十全集》卷九《再定准噶尔第三之四·诗六十首·伊犁将军舒赫德奏伊犁客民愿入屯田户籍事诗以志慰》;《伊犁各城户口耕牧情形》,见《十全集》卷十《再定准噶尔第三之五·诗三十首·伊犁将军保宁奏伊犁各城户口耕牧情形诗以志慰》。

[479] 限:限制,限定。 畹(wǎn):土地面积单位。说法不一。《说文》以三十亩为一畹,王逸《离骚注》以十二亩为一畹。 名田:以私名占有田地。《史记·平准书》:"贾人有市籍者及其家属,皆无得籍名田,以便农。"司马贞《索隐》:"谓贾人有市籍,不许以名占田也。"《汉书·食货志上》:"限民名田,以澹不足。"颜师古注:"名田,占田也。各为立限,不使富者过制,则贫弱之家可足也。" 惠:赠,赐。 髡(kūn)钳:古刑罚,即剃去头发,用铁圈束颈。亦作髡钳。《史记·季布栾布列传》:"乃髡钳季布,衣褐衣,置广柳车中。" 守戍:戍守,防守保卫。按,赋作自注所云《楚词注》,即东汉王逸所撰《楚辞章句》,凡十七卷。

[480]表:加以标记,标明。　隙地:空闲之地。　西区:这里指赋作自注所云塔勒奇城(位于今伊犁哈萨克自治州霍城县三道河乡塔尔吉村)一带的遣屯田地,即所谓西地。　陟:登,升。　高粱:这里指赋作自注所云喇嘛寺沟(在绥定城,位于今伊犁哈萨克自治州霍城县县治水定镇西北芦草沟镇附近)东山一带的遣屯田地,即所谓中营东梁。　傃:向,向着。《玉篇》:"傃,向也。"

[481]畴:壅土,培植。《淮南子·俶真训》:"今夫树木者,灌以瀿水,畴以肥壤,一人养之,十人拔之,则必无余蘖。"高诱注:"畴,壅壤。"　畚锸:泛指挖运泥土、整修田地的用具。畚,盛土器;锸,起土器。按,赋作自注所征引圣制诗,见《十全集》卷九《再定准噶尔第三之四·诗六十首·麦熟再迭杜甫〈送高三十五书记〉诗韵》。

[482]集:召集,调集。　耕回:这里指从事回屯耕种的维吾尔族人。清称南疆维吾尔族称为缠回、土回、回人、回子等,故有此称。按,赋作自注所征引圣制诗,见《十全集》卷八《再定准噶尔第三之三·诗四十一首·驻伊犁大臣阿桂等奏报二麦大熟因用杜甫〈送高三十五书记〉诗韵》。

[483]沃壤:肥美的土地。　春稽:地名,又称春济,位于伊犁河南、察林河东,即今哈萨克斯坦东南阿拉木图省东部春贾(即春稽之异译)一带。旧系准噶尔牧地,乾隆三十年(1765)设卡伦于此,并开设屯田。光绪七年(1881)《中俄伊犁条约》签订后,为沙俄所割占。

[484]纳总:向官府交纳供马牛食用的禾草。总,指束禾,即连穗带秆的禾把子。《书·禹贡》:"五百里甸服,百里赋纳总。"孔传:"禾稿曰总,入之供饲国马。"这里指纳粮。　河渡:渡口。这里指固勒扎渡口,位于伊犁河北岸(今伊犁哈萨克自治州伊宁市一带),可参上文注释[442]。

[485]污莱:荒地。《诗·小雅·十月之交》:"彻我墙屋,田卒污莱。"毛传:"下则污,高则莱。"孔颖达疏:"莱者,草秽之名。"王先谦集疏:"卒,尽也。田不治,则下者污而水秽,高者莱而草秽。"　填阏(yù):淤泥。《汉书·沟洫志》:"渠成而用溉,注填阏之水,溉舄卤之地四万余顷,收皆亩一钟。"颜师古注:"填阏,谓壅泥也。言引淤浊之水灌盐卤之田,更令肥美,故一亩之收至六斛四斗。"

[486]时风:应时的风。　被:承受。　甘澍:甘雨。澍,及时的雨水。

[487]屡丰:屡屡丰收,经常丰收。　青黄:谓未熟与已熟的庄稼。接乎青黄,意谓旧粮尚未吃完,新粮又已接续。按,赋作自注所征引圣制诗,见《十全

167

集》卷九《再定准噶尔第三之四·诗六十首·麦熟再叠杜甫〈送高三十五书记〉诗韵》。

[488]荒服:古五服之一,指距离京师二千到二千五百里的边远地方。服,谓服事天子;荒,指边远地区。商时,在王畿外围,以五百里为一区划,由近及远,分侯服、甸服、绥服、要服、荒服,合称为五服。《书·益稷》:"弼成五服,至于五千。"孔传:"五服,侯、甸、绥、要、荒服也。"泛指边远地区。左思《魏都赋》:"髽首之豪,镂耳之杰,服其荒服,敛衽魏阙。" 臻:至,及,达到。按,赋作自注所征引圣制诗,见《十全集》卷九《再定准噶尔第三之四·诗六十首·伊犁将军舒赫德奏伊犁客民愿入屯田户籍事诗以志慰》。臻,赋作自注误作增,当为徐松疏忽所致。

[489]麦:粮食作物名,即麦子。二麦,这里指大麦和小麦。 登:成熟。《孟子·滕文公》:"五谷不登,禽兽逼人。"朱熹注:"登,成熟也。" 大有:《易》卦名,即乾下离上。象征大而多。《易·大有》:"象曰:火在天上,大有。"这里谓大丰收。 叠:叠韵,指赋诗重用前韵。亦作迭韵。三叠,这里指乾隆叠韵的三首诗,分别为辛巳年即乾隆二十六年(1761)所作《驻伊犁大臣阿桂等奏报二麦大熟因用杜甫〈送高三十五书记〉诗韵》,见《十全集》卷八《再定准噶尔第三之三·诗四十一首》;甲申年即乾隆二十九年(1764)所作《麦熟再叠杜甫〈送高三十五书记〉诗韵》及《伊犁大熟三叠杜甫〈送高三十五书记〉诗韵》,均见《十全集》卷九《再定准噶尔第三之四·诗六十首》。 赓:连续,继续。《书·益稷》:"乃赓载歌曰。"伪孔传:"赓,续。" 天章:指帝王的诗文。

[490]至:犹言至于,表示另提一事。 设兵:设置军队,布置军队。

[491]屹屹:气势雄宏貌。 两营:这里指惠远城满营与惠宁城满营。实:确实,实在。 维:维系,护持。 驻防:驻扎与防守。清时,以八旗兵分驻各省要地,称为驻防。新疆的驻防,总体呈北重南轻态势,即大部分驻军布置于北疆,南疆驻军则仅约北疆五分之一。而北疆的驻防,又以伊犁为中心。伊犁将军驻守惠远城,以惠远、惠宁两城满营为核心,以伊犁九城之绥定、广仁、瞻德、拱宸、熙春、塔勒奇等六城绿营为拱卫,又以索伦、察哈尔、锡伯、厄鲁特等四营布列四境作为屏蔽,从而形成一个井然有序、严密坚固的驻防体系。

[492]西安:这里指西安府,为清时陕西省省治。 滦阳:这里指热河厅,亦称热河,今河北承德市一带。 凉州:这里指凉州府,今甘肃武威市一带。 庄

浪:这里指庄浪县,隶平凉府,今甘肃庄浪县一带。　六千君子:本指春秋时越国国君勾践以心腹六千人组成的中军,亦称君子军。《国语·吴语》:"(越王)以其私卒君子六千人为中军。"韦昭注:"私卒君子,王所亲近有志行者,犹吴所谓贤良,齐所谓士。"这里借指惠远与惠宁两城的六千余名满营官兵。　守节知方:谓忠于职守,懂得礼法。节,准则。方,礼法。按,赋作自注所征引圣制文,见《十全集》卷二十一《平定回部第四之十·文八首》。实胜寺,乾隆十三年(1748)建,其侧还有石筑碉堡,位于今北京市西北香山西麓。

[493]绿旗:指汉兵。因以绿旗做标志,故又称绿旗兵、绿营兵。伊犁除满营外,还有绿营一镇,兵丁三千名,驻守之外,主事屯田,设屯镇总兵官一员统辖之。　习农:娴习农事。　是:此,这,用以复指前置宾语。　长:善,擅长。按,赋作自注所征引圣制诗,见《十全集》卷八《再定准噶尔第三之三·诗四十一首·驻伊犁大臣阿桂等奏报二麦大熟因用杜甫〈送高三十五书记〉诗韵》。

[494]关西:古地区名。汉唐等时期,泛指函谷关或潼关以西的地区。　虎士:谓勇猛如虎之战士。《周礼·夏官·序官》:"虎贲氏下大夫二人,中士十有二人,府二人,史八人,胥八十人,虎士八百人。"郑玄注:"不言徒曰虎士,则虎士徒之选有勇力者。"　迁地能良:谓迁移到他处能更好。乾隆间《皇朝通典》:"各处应行拨派之兵中有情愿携家前往者,听其移驻,水土既习,迁地能良,于是定满洲兵为驻防,绿旗兵为驻守。"

[495]别:分为。　屯:绿旗兵的基本建制单位。每屯兵丁为一百名,设屯正千总一员、屯副经制外委一员。关于伊犁的绿营建制及其屯数变更,可参乾隆间《钦定八旗通志》卷一百一十八。

[496]相望:互相能够看见,谓距离很近。

[497]移:迁移,这里指调兵。　索伦:少数民族名,即今鄂温克族。清时,亦以"索伦部"来统称索伦及达斡尔、鄂伦春等族,赋作即是。伊犁的索伦营,兵丁一千零十八名,编为八旗八佐领,分左右两翼。　自:从,由。　拜牲(shēn):蒙古语,意为土瓦屋。　格尔:蒙古语,意为毡庐。　异壤:犹言天壤之别。按,赋作自注所云达虎尔,亦作达呼尔,少数民族名,即今达斡尔族。撒玛勒河,亦作撒玛尔河,当位于今哈萨克斯坦塔尔迪库尔干东南科克塔尔一带。奎屯河,当位于塔尔迪库尔干东南科内罗连一带。霍尔果斯河,今为新疆伊犁哈萨克自治州霍城县西面与哈萨克斯坦的交界河。科河,在霍尔果斯河以东,当位于今霍城县

西北的克干平原。又按,赋作自注所征引圣制诗,见《十全集》卷十《再定准噶尔第三之五·诗三十三首》)。

[498]骋:尽情施展,放任无约束。　骑射:骑马和射箭。　曾:表相承,相当于则。《淮南子·修务训》:"我曾无有闾里之闻,穷巷之知者何?"高诱注:"曾,则也。"　不数:数不清,无数。王符《潜夫论·思贤》:"近古以来,亡代有三,秽国不数。"彭铎校正:"不数,即无数。"　蹶张:指以脚踏强弩,使之张开,意谓勇健有力。蹶,踩,踏。《史记·张丞相列传》:"申屠丞相嘉者,梁人,以材官蹶张,从高帝击项籍,迁为队率。"裴骃《集解》引徐广曰:"勇健有材力开张。"引如淳曰:"材官之多力,能脚蹋强弩张之,故曰蹶张。"亦作蹩张。

[499]察哈尔:部落名,属蒙古族。察哈尔部在辽时达到极盛,其最后一位大汗为林丹汗。天聪六年(1632),林丹汗为后金所败,察哈尔部遂灭,漠南蒙古尽入后金版图。后来,林丹汗之子额哲被皇太极封为贝勒,所部被安置于义州(今辽宁义县)。康熙十四年(1675),额哲之孙布尔尼起兵反叛,旋即被清廷镇压,林丹汗一族遂绝嗣。清廷将察哈尔部众改编为总管制八旗,迁于宣化、大同边外,成为内属蒙古部落。乾隆二十六年(1761),设察哈尔都统一人、副都统二人,驻张家口。三十一年(1766),裁汰副都统一人,留一人驻张家口。关于察哈尔部简史,亦可参《西域水道记》卷三《喀喇塔拉额西柯淖尔所受水》。伊犁的察哈尔营,兵丁一千八百三十七名,编为八旗,分左右两翼。　赛喇木:湖泊名,又称察罕赛喇木淖尔、赛里木淖尔,今称赛里木湖,位于新疆博尔塔拉蒙古自治州温泉县南。《西域同文志》:"赛喇木,回语,安适之谓。淖尔水色近白,其旁居者安之,故名。"元人丘处机称其为天池,徐松亦曾于嘉庆二十一年(1816)秋七月左右亲历其地。　疆:边界。

[500]择:挑选。　畏吾:这里指漠西蒙古卫拉特部,参上文注释[169]。分隶:分别隶属。这里指抽调卫拉特人分别补充察哈尔营之左右两翼。　驰:疾行。　两翼:即伊犁察哈尔营左右两翼。　莫当:无人能挡。当,抵挡。按,赋作自注所征引圣制诗,见《十全集》卷九《再定准噶尔第三之四·诗六十首·咏土尔扈特汗渥巴锡所进匙叉匕首》)。

[501]错处:交错而处,杂处。　九城:这里指前文所述伊犁九城。　捍卫:护卫,保卫。　河阳:这里指伊犁河北岸。阳,山之南或水之北。

[502]猗:倚靠。　锡伯:少数民族名,历代以来又作失韦、室韦、矢比、锡、

什伯、实伯、犀毗等,明末清初,始定今名。　八屯:这里指伊犁的锡伯营,兵丁一千零一十八名,调自盛京(今辽宁沈阳市),编为八旗八佐领,每旗为一屯,总共有八屯。今新疆伊宁市西南察布查尔锡伯自治县,即由锡伯营发展而来。　夹:在左右两边。　双渠:这里指锡伯营的旧渠与新渠,相去十余里。《西域水道记》卷四《巴勒喀什淖尔所受水》有详细记载,可参。　泱泱:水深广貌。

[503]资:蓄积。段玉裁《说文解字注》:"资者,积也。"这里指畜养。　鸡豚:鸡和小猪,这里泛指各种禽畜。　乐利:快乐与利益,犹言幸福。《礼记·大学》:"小人乐其乐而利其利。"郑玄注:"圣人既有亲贤之德,其政又有乐利于民。"赵东曦《饮酎用礼乐赋》:"且夫一人作睹而卿大夫效媚焉,万民乐利而邦家孔固焉,天子固联臣民为一体者也。"

[504]缮:制造,整治。《左传·隐公元年》:"大叔完聚,缮甲兵,具卒乘,将袭郑。"王力注:"缮,修理,制造。"　甲矢:铠甲和箭,这里泛指各种武器。按,赋作自注所云撒袋,亦作撒带,即櫜鞬,古代一种盛装弓和箭的囊袋,櫜盛箭,鞬装弓,多以皮革制成。弓囊为上宽下窄袋形,箭囊为长方包形,二物合称为撒袋。

[505]至:犹言至于,表示另提一事。　厄鲁:厄鲁特,即漠西蒙古卫拉特部,可参上文注释[169]。　遗种:后代。　滋:通"孳"。滋生,繁殖。　爱马:满语,意谓部落。亦作爱曼。　繁昌:犹繁盛。按,赋作自注所征引圣制诗,见《十全集》卷九《再定准噶尔第三之四·诗六十首·广安寺瞻礼六韵》;所云元至元六年(1269)敕,见《元史·顺帝本纪三》:"辛卯,诏各爱马人不许与常选。"

[506]沙毕纳尔:蒙古语,谓喇嘛庙的属民,汉译庙丁。这里指乾隆三十六年(1771)随渥巴锡归国的大喇嘛罗卜藏丹增所率一蒙古部落,共八百六十七人,被编入厄鲁特营右翼下五旗,设四佐领,游牧于特克斯河下游一带。可参《西域水道记》卷四《巴勒喀什淖尔所受水》。　达什达瓦:这里指蒙古准噶尔部小策零敦多布之子达什达瓦所率部落。乾隆十五年(1750),达什达瓦于准噶尔内乱中被喇嘛达尔札所杀。二十年(1755)八月,其妻率部东迁至巴里坤,投顺清廷。所部先被安置于鄂尔坤(今蒙古国鄂尔坤河流域),后迁至热河(今河北承德市一带)。二十九年(1764),清廷又从热河抽调五百人,迁至伊犁,被编为鲁特营左翼上三旗,设一昂吉,游牧于特克斯河及察林河一带。亦可参《西域水道记》卷四《巴勒喀什淖尔所受水》。　判:分,分开。　上三:指伊犁厄鲁特营左翼上三旗。　下五:指伊犁厄鲁特营右翼下五旗。　亘:连绵不断,伸展开去。

《广韵》:"亘,通也。"班固《西都赋》:"自未央而连桂宫,北弥明光而亘长乐。"南山:这里当指今新疆伊犁哈萨克自治州特克斯县南的哈尔克他乌山与新源县南的那拉提山。 障:界限。《尔雅》:"障,畛也。"陆德明释文:"障,又界也。"郝懿行《义疏》:"障、畛,皆有界限之义,界限所以隔别也。"

[507]边卫:明清时边境地区所设的卫所。

[508]卡伦:蒙古语,意为边台、台站,指在边地要隘处设置的官兵戍守、瞭望的军事哨所。亦作喀伦。《西域图志》卷三十一:"洎乎荡平西域,全隶版图,地周二万余里,为之遍置军台,而于其严疆要隘设卡伦,以资捍卫。"《西域水道记》卷一《罗布淖尔所受水》:"卡伦,边界戍守之所。"其职责,不单是戍守和瞭望,而是非常广泛和综合,大致包括稽查游牧、稽查贸易、征收赋税、管理出入、管理矿山、警卫台站、传递文书等等;其形式,大致有常设卡伦、移设卡伦、添撤卡伦等三种。关于新疆各地的卡伦详情,可参《西域图志》三十及卷三十一等。 布克申:满语音译,指临时增设、规模较小的哨所。一般位于卡伦与卡伦之间的途中,除负责瞭望之外,还常供换防官兵临时食宿用。

[509]檬:同"柝"。巡夜打更敲的梆子。《周礼·夏官·挈壶氏》:"凡军事,悬壶以序聚檬。"郑玄注:"谓击檬,两木相敲,行夜时也。"引郑司农曰:"以次更聚击檬,备守也。" 筹巡:递筹巡察。新疆的卡伦,有一整套较为完善的巡察会哨制度。平时,每一卡伦都有驻卡(亦作住卡)官兵,执行防守等任务,称"坐卡"。晚上,驻卡官兵聚居于本卡伦内,同时配有专门负责巡夜的人员。白天,驻卡官兵要按照规定路线,在卡伦与卡伦之间执行巡察任务。两卡伦之间规定的递筹巡察路线,称"开齐"。相邻两座卡伦间,在适中之地往往立有会哨鄂博(蒙古语,意为石堆),作为界限,各卡伦只能在各自限定的区段内巡察,不能越界。驻卡官兵每天例行巡察至会哨鄂博的过程,称"走开齐"。在巡察到会哨鄂博时,与相邻卡伦官兵之间进行互相沟通、汇报巡察途中的情况,以期声息灵通,称"会哨"。会哨完毕时,两座卡伦执行巡察任务的官兵,相互之间还要交换木牌,以作为完成本次巡察任务的凭证,称"递筹"。另外,在边境卡伦,除日常巡察会哨之外,还要定期进行规模较大、路线较长的巡边活动。新疆巡边,始于乾隆二十四年(1759),从三十年(1765)起,成为定制,每年分春、秋两次。然至嘉庆初,国势日蹙,边境多事,巡边路线不断缩短,地点不断减少,遂致巡边制度逐渐废弛。

[510]无恒:不固定。这里指移设卡伦,多数是专为管理游牧而设置的,随着游牧民族不同季节而逐水草迁徙。《新疆识略》卷十一《边卫》:"住卡官兵,有时在此处安设,有时移向彼处,或春秋两季递移,或春冬两季递移,或春夏秋三季递移者,是谓移设之卡伦。"　贵因:重在沿袭。这里指常设卡伦,为常年设置,地点固定不变。《新疆识略》卷十一《边卫》:"历年不移而设有定地者,是谓常设之卡伦。"

[511]视地:谓根据当地季节变化。　递易:交替,更换。这里指添撤卡伦,有固定地点,按季节设撤。《新疆识略》卷十一《边卫》:"其地虽有卡伦,而有时安设,过时则撤者,是谓添撤之卡伦。"

[512]凡:连词,相当于则。裴学海《古书虚字集释》:"凡,犹则也。"　非常:突如其来的事变,突发事件。　执禁:犹拘禁。　匪:非,表否定。　过所:古代过关津时所用凭证,即通行证。《资治通鉴·后汉隐帝乾祐二年》:"行道往来者,皆给过所。"胡三省注:"盛唐之制,天下关二十六,度关者从司门郎中给过所,犹汉时度关用传也。"杨慎《丹铅续录·过所》:"过所者,今之行路文引也。"
臻:至,及,达到。

[513]大宛:古西域国名,又称破洛那、钹汉、钹汗那、拔汉那等,位于今乌兹别克斯坦费尔干纳盆地一带,王治贵山城(今乌兹别克斯坦费尔干纳北卡桑赛)。清时,古大宛国地为浩罕汗国。浩罕,亦作霍罕、敖罕、郭酣、蒿汉,都城浩罕,为18世纪由游牧部落乌孜别克人建立的一个封建汗国。浩罕汗国又有安集延城(亦作安吉延,今乌兹别克斯坦费尔干纳盆地安集延市一带),清遂以安集延代称浩罕汗国,又将乌孜别克人称为安集延人。浩罕汗国于乾隆二十四年(1759)内附,成为清藩属国,然至光绪二年(1876),又为沙俄所灭,设为费尔干纳省,今则属乌兹别克斯坦。

[514]布露:亦为唐时对柯尔克孜族的称谓,清又称布鲁特,可互参上文注释[16]、[123]。

[515]苏对:西域古国名,即苏对沙那,又称苏鲁沙那、率都沙那、苏都识匿、乌什鲁沙那、堵利瑟那、劫布呾那、东曹国等。汉时,为大宛国贰师城地,位于飒秣建与俱战提之间,即今塔吉克斯坦索格特州乌拉秋别(以前称乌拉提尤别)地区。唐时,为大食役属。可参《新唐书·西域列传》。　贵山:城名,即汉时大宛国都城,今乌兹别克斯坦卡桑赛。按,清时,苏对与贵山均为哈萨克汗国地。又

按,赋作自注所云恭见圣制诗,非确指某一诗作。经初步统计,《十全集》提及苏对的诗作概有四首,提及贵山的诗作概有十五首,兹不必一一罗列。

[516]别:划分,分为。　三准:这里指投附清廷的哈萨克汗国的三个部落。哈萨克汗国是明成化二年(1465)由哈萨克人在中亚楚河流域建立的宗法制封建汗国,至噶尔丹时期,为准噶尔所吞并。之后,哈萨克人常与准噶尔人发生冲突。其时,哈萨克首领为头克汗(1680—1718),汗国分裂为赋作所云三准,称中、大、小三玉兹。玉兹,突厥语音译,也译作帐,意为部分、方面。乾隆二十年(1755),清廷初步平定准噶尔,解除了其对哈萨克汗国的威胁,三玉兹遂先后内附。关于赋作所云哈萨克三部,《西域水道记》卷四《巴勒喀什淖尔所受水》有详细记载,可参。　典属:原指典属国,为秦汉时负责属国的官员,秩二千石,负责少数民族事务。《汉书·百官公卿表第七上》:"典属国,秦官,掌蛮夷降者。武帝元狩三年昆邪王降,复增属国,置都尉、丞、候、千人。属官,九译令。成帝河平元年,省并大鸿胪。"这里指清时理藩院下属之典属清吏司。理藩院为专管少数民族事务的机构,典属清吏司主掌蒙古各部的封爵、置邮驿、颁屯田、互市政令等事务,同时兼稽游牧内属的察哈尔、额鲁特、乌梁海、哈萨克等各部事务。

[517]差:差别,有差。　六品:这里指赋作自注所云清廷册封布鲁特头人的六种官阶,自二品至七品。据祁韵士《西陲总统事略》卷十一记载,这些册封的布鲁特头人,多为因配合或支持清廷平定西域而立功者,达一百多位。　外臣:犹藩臣。

[518]通市:通关市,指边境上的通商。《资治通鉴·魏文帝黄初二年》:"初,太祖既克蹋顿,而乌桓浸衰,鲜卑大人步度根、轲比能、素利弥、加厥机等因阎柔上贡献,求通市。"胡三省注:"通关市,以其土物与中国互市也。"

[519]纳:交纳,贡献。　赆:进贡的财礼。　来宾:前来宾服。古代指藩属朝贡天子。《管子》:"王施而无私,则海内来宾矣。"班固《东都赋》:"自孝武之所不征,孝宣之所未臣,莫不陆詟水栗,奔走而来宾。"吕延济注:"自孝武孝宣帝以来不能征讨臣服者,皆恐惧而来宾服。"

[520]恤:体恤,救济。　卉服:用绨葛做的衣服。《汉书·地理志上》:"岛夷卉服。"颜师古注:"卉服,绨葛之属。"常借指边远地区少数民族。　无远:谓无论多远之处。按,赋作自注所征引圣制诗,见《十全集》卷十五《平定回部第四之四·诗五十九首》。

[521]察:审查,考察。　藕丝:莲藕中的纤维,这里借指粗糙脆弱的布料。甄:考察,鉴别。按,赋作自注所征引圣制诗,见《十全集》卷十《再定准噶尔第三之五·诗三十三首》,其自注云:"向以织造制办新疆所用绸缎,恐希图省费,不能如式,或如白居易所云藕丝蛛网之弊,因命该管官严行稽核,俾一例整齐,运送伊犁。所换哈萨克马牛羊,亦皆臕壮博硕,加以伊犁水草丰茂,字养蕃息,所发布帛,与换得牲畜,均资实用也。"

[522]若夫:犹至于,表示另提一事。　考牧:谓牧事有成。《诗·小雅·无羊序》:"无羊,宣王考牧也。"郑玄笺:"厉王之时,牧人之职废,宣王始兴而复之,至此而成,谓复先王牛羊之数。"孔颖达疏:"牧事有成,故言考牧也。"　咏:歌颂,赞颂。　马政:古代政府制定的对官马进行牧养、训练、采购及使用等相关的一整套管理制度。《礼记·月令》:"(季秋之月)天子乃教于田猎,以习五戎,班马政。"孔颖达疏:"班马政者,谓班布乘马之政令。"　颁:同"班"。发布,颁布。

[523]均齐:均衡,齐整。这里指伊犁牧厂的均齐制度。伊犁牧厂为新疆规模最大的官方牧厂,分孳生厂与备差厂两大类,孳生厂指专门从事牲畜繁殖的牧厂,备差厂指主要供应差派服役的牧厂。伊犁牧厂由伊犁将军下属的驼马处分司,其中马厂由厄鲁特、察哈尔两营共辖。各畜种的均齐取孳,都有年限和定额,就马而言,规定不论牝牡,孳生本马三匹,每三年限孳一匹,以为定额。均齐制度的建立和严格执行,有力保证了伊犁牧厂各畜种的可持续发展。　立:制定,订立。

[524]脱朵:金代所设分掌诸畜的职官名。与其并列的,还有扫稳一职,二者分别又称索约勒、图伊达,俗谓牛马群子,简称群子。这里代指清时负责管理伊犁牧厂各牧群的基层官员如千把总、外委等。　便:异便的省文。犹言分别。《庄子·秋水》:"夫精小之微也,垺大之殷也,故异便。"高亨《新笺》:"异便,犹云分别耳。"这里指所谓扫稳与脱朵"分掌诸畜"。按,赋作自注所征引《金史》,见其《百官志三》。

[525]絷(zhì):绊缚马足。《诗·小雅·白驹》:"絷之维之,以永今朝。"毛传:"絷,绊。维,系也。"　騜:毛色黄白相间的马。《尔雅》:"黄白,騜。"郝懿行《义疏》:"黄色兼有白者名騜。"　驳:马毛色不纯。这里用如名词,谓毛色不纯的马。　纲:系束。《周礼·夏官·马质》:"纲恶马。"郑玄注:"纲,以縻索维纲狎习之。"　骊:毛色深黑的马。《诗·鲁颂·駉》:"有骊有黄,以车彭彭。"毛传:

"纯黑曰骊。" 驙(zhān):脊背黑色的白马。《广雅》:"白马黑脊,驙。"

[526]骖:乘,驾驭。《楚辞·涉江》:"驾青虬兮骖白螭,吾与重华游兮瑶之圃。"王逸注:"虬螭,神兽,宜于驾乘。" 駃騠(jué tí):古代北方所产良马,为公马母驴所生。《说文》:"駃,駃騠,马父嬴子也。"段玉裁注:"盖当作'马父驴母嬴也'六字。"按,嬴,同"骡"。《史记·鲁仲连邹阳列传》:"苏秦相燕,燕人恶之于王。王按剑而怒,食以駃騠。"司马贞《索隐》引《字林》曰:"北狄之良马也,马父嬴母"王力按:"此嬴疑当作驴。" 调:调教,指训练野兽或牲畜。 駮䮗(bá hán):古代西域所产良马。《玉篇》:"駮䮗,蕃中马也。"

[527]征:求取,索取。《孟子·梁惠王上》:"山下交征利,而国危矣。"赵岐注:"征,取也。" 异种:指动植物的奇特品种。杨维桢《些马赋》:"主福得良骏,良骏几累仆。意者西域异种,神物所忌,恐非主厩中物也。" 汗血:汉时西域大宛国所产良马,即汗血马,或俗称汗血宝马。世人以为其流汗如血,故称。《史记·大宛列传》:"得乌孙马好,名曰天马。及得大宛汗血马,益壮,更名乌孙马口西极,名大宛马曰天马云。"《汉书·武帝纪》:"四年春,贰师将军广利斩大宛王首,获汗血马来。"颜师古注引应劭曰:"大宛旧有天马种,蹑石汗血,汗从前肩髆出,如血,号一日千里。"《后汉书·东平宪王苍传》:"其光武皇帝器服,中元二年已赋诸国,故不复送。并遗宛马一匹,血从前髆上小孔中出。常闻武帝歌天马,沾赤汗,今亲见其然也。"按,徐松在赋作自注中,对世人关于"汗血马"的传统认识作了有力辩证和澄清。另外,徐松在其《汉书西域传补注》卷上亦云:"《武纪》应劭注曰:'大宛旧有天马种,蹑石汗血。汗从前肩髆出,如血,号一日千里。'按,汗从前肩髆出者,本《后书·东平王苍传》语。今伊犁马之强健者,前髆及脊柱往往有小疮出血,名曰伤气。必在前肩髆者,以用力多也。前贤未目验,故不知其审。"可备一说。

[528]整:整备,整治。张衡《思玄赋》:"将答赋而不暇兮,爰整驾而亟行。"隽乘:指骏马。张协《七命》:"天骥之骏,逸态超越,斯盖天下之隽乘,子岂能从我而御之乎?"亦作俊乘、骏乘。 屈产:春秋晋地名,产良马。《公羊传·僖公二年》:"请以屈产之乘与垂棘之白璧,往必可得也。"何休注:"屈产,出名马之地。"一说,为晋屈地所产。《左传·僖公二年》杜预注:"屈,晋地名,产良马。"杨伯峻《春秋左传注》进一步解释为:"屈即北屈,在今(山西省)吉县东北,产为动词。屈产之乘,犹言北屈所产之马。何休注《公羊》、赵岐注《孟子》俱以屈产为

地名,乐史《太平寰宇记》因附会谓今山西省石楼县有屈产泉,此邑有骏马,名马饮此水者良。难于置信。"而徐松在赋作自注中征引《众经音义》,以屈为屈支,即西域古国龟兹,则又别为一说。

[529]埒(liè):等同,齐等。《国语·晋语》:"叔向、子产、晏婴之才相等埒。"《史记·平准书》:"故吴诸侯也,以即山铸钱,富埒天子。"　迹:功劳,事迹。按,赋作自注所征引圣制诗,见《十全集》卷十八《平定回部第四之七·诗七十一首》。

[530]参:埒。互文见义。　班:序列,等级。《广雅》:"班,序也。"《孟子·万章下》:"周室班爵禄也如之何?"赵岐注:"班,列也。"按,赋作自注所征引圣制诗,见《十全集》卷十六《平定回部第四之五·诗四十六首》。

[531]骋:奔驰。

[532]服:驾驭,乘。《易·系辞下》:"服牛乘马。"《诗·郑风·叔于田》:"卷吾服马。"郑玄注:"服马,犹乘马也。"《史记·乐书》:"牛散桃林之野而不复服。"张守节《正义》:"服,亦乘也。"

[533]腾:骋。互文见义。

[534]效:模仿,师法。

[535]庌(yǎ):马棚。《说文》:"庌,庑也。"段玉裁注:"庑,所以庇马凉也。"《周礼·夏官·圉师》:"圉师掌教圉人养马,春除蓐,衅厩,始牧;夏庌马,冬献马。"郑玄注:"庌,庑也。庑,所以庇马者也。"

[536]步:这里指马的步伐。

[537]容与:悠闲自得貌。

[538]斓斑:色彩错杂貌。

[539]盖:句首语气词。　两龙呈才于夏后:这是关于夏启的一个神话传说。夏后,即夏朝的建立者夏启。两龙,传说夏启成仙后所乘的两条龙。《山海经·海外西经》:"大乐之野,夏后启于此儛九代,乘两龙,云盖三层,左手操翳,右手操环,佩玉璜,在大运山北。"江淹《赤虹赋》:"禀傅说之一星,乘夏后之两龙。"　飞黄应瑞于帝轩:这是关于黄帝的一个神话传说。帝轩,即黄帝轩辕氏。飞黄,神马名,被视为一种吉祥的象征,传说黄帝乘飞黄升天而去。《山海经·览冥训》:"于是日月精明,星辰不失其行,风雨时节,五谷登孰,虎狼不妄噬,鸷鸟不蛰搏,凤皇翔于庭,麒麟游于郊,青龙进驾,飞黄伏皂,诸北、儋耳之国,莫不

献其贡职。”高诱注:“飞黄,乘黄也,出西方,状如狐,背上有角,寿千岁。”颜延之《赭白马赋》:“昔帝轩陟位,飞黄服皂。”

[540]冠:冠以,加在前面。　七驺(zōu):七个驾御车马的吏役。《礼记·月令》:“(季秋之月)命仆及七驺,咸驾。”郑玄注:“七驺,谓趣马,主为诸官驾说者也。”说,通“脱”。驾说,谓驾车、脱车。孔颖达疏引皇侃曰:“天子马有六种,种别有驺,则六驺也。又有揔主之人,并六驺为七,故为七驺。”　锡号:赐予封号。锡,同“赐”。封赐。　启:开。启一笑,谓博得一笑。　天颜:帝王的容颜。

[541]泛观:纵观,广泛地浏览。司马相如《上林赋》:“于是乎周览泛观,缜纷轧芴,芒芒恍忽,视之无端,察之无涯。”　坰:郊野,远郊。《诗·鲁颂·坰》:“駉駉牡马,在坰之野。”毛传:“坰,远野也。邑外曰郊,郊外曰野,野外曰林,林外曰坰。”　蕃阜:牲畜孳生繁盛。《周礼·地官·牧人》:“牧人,掌牧六牲而阜蕃其物,以供祭祀之牲牷。”贾公彦疏:“阜,盛也;蕃,息也;物,谓毛物。言使肥盛蕃息,各有毛物。”　虞:古职官名,掌管山泽,调驯鸟兽。《书·舜典》:“帝曰:俞!咨益,汝作朕虞。”《毛诗正义·秦风·秦谱》:“尧时有伯翳者,实皋陶之子,佐禹治水。水土既平,舜命作虞官,掌上下草木鸟兽,赐姓曰嬴。”亦称虞人。张衡《东京赋》:“岁惟仲冬,大阅西园,虞人掌焉,先期戒事。”

[542]衔尾:谓牲畜前后相接。《汉书·匈奴传》:“如遇险阻,衔尾相随。”颜师古注:“衔,马衔也;尾,马尾也。言前后单行,不得并驱。”　错:杂乱,相互交错。　牟:牛叫声。　圆(yà):骆驼叫声。　群讙:成群地喧闹。讙,通“喧”,喧哗,喧闹。《荀子·儒效》:“此君子义信乎人矣,通于四海,则天下应之如讙。”杨倞注:“讙,喧也。”

[543]陟:登。　巘:小山。　降:下。　原:原野,宽广平坦之地。瞻:向前望或向上望。　麓:山脚。

[544]顺:顺应,依顺。《释名》:“顺,循也,循其理也。”　长养:抚育培养。长,抚养,蓄养。《老子》:“大道无名,长养万物。”　舨(ǎo)蔓:草木盛长蔓延貌。　禁:禁止,制止。　樵苏:砍柴刈草。《史记·淮阴侯列传》:“臣闻千里馈粮,士有饥色,樵苏后爨,师不宿饱。”裴骃《集解》引《汉书音义》曰:“樵,取薪也。苏,取草也。”　滋毓:培植养育。《广韵》:“滋,莳也。毓,养也。”

[545]柽(chēng)柳:又称赤柽、河柳、红柳等。柽柳科落叶小乔木,赤皮,枝条纤细,多下垂。夏季开淡红色小花。主要生长于平原、沙地及盐碱地。枝干

可编制箩筐,嫩枝和叶可入药,性平味甘咸,能诱发痧疹。可参李时珍《本草纲目·木部·柽柳》。　蔺蔘(xiāo shēn):枝干萧疏耸立貌。　河壖(ruán):河边之地。《汉书·沟洫志》:"五千顷故尽河壖弃地,民茭牧其中耳。"颜师古注:"谓河岸以下,缘河边地素不耕垦者也。"亦作河壩。　松榓(mán):又称檰、松心木等。一种古书所记树木,其树心木质似松木。按,徐松推测大概是杉松,可备一说。又,今国家中医药管理局《中华本草》一书则认为是杆木,一种松科乔木,又称杆、红杆,亦可备一说。　翁郁:草木茂盛貌。　岩曲:山的曲折处。皇甫浞《小征赋》:"苟委顺而弘观兮,从吾好而自足。终秉末以绝荣兮,永放歌于岩曲。"

[546]神蓘:这里指沙参。蓘,同"参"。多年生草本植物,叶长椭圆形,四片轮生,花冠钟形,萼片狭长,紫色。根粗味苦,可入药,作祛痰剂。可参《本草纲目·草部·沙参》。　侪:等同,相当,匹敌。　功:这里指功效、药效。　上党:地名,主要指今山西东南部的长治、晋城两市,是由群山包围起来的一块高地,地势高峻险要,为自古以来兵家必争之地。这里指上党所产人参,即党参。古以人参产于上党山谷者为名贵,故有此称。多年生草本植物,花黄绿色,结蒴果,成熟时黄褐色。根入中药,有补中益气功效。可参《本草纲目·草部·人参》。

[547]支连:黄连的别名。多年生草本植物,根茎可入药,性寒味苦,泻心火,化湿热,主治湿热泻痢、目赤、口疮等症。可参《本草纲目·草部·黄连》。齐:侪。互文见义。　品:这里指品质、质量。　巴蜀:地名,今重庆与四川一带。秦汉时,曾设巴郡与蜀郡。这里指巴蜀所产黄连。古以黄连产于巴蜀川谷者为名贵。

[548]四叶之菜:即四叶菜,又称田字苹、四叶苹等。苹科多年水生草本植物,生长水田或沟塘中。根状茎纤细,叶由四枚倒三角形小叶组成,呈十字形,外缘半圆形。可全草入药,性寒味甘,有清热解毒、利水消肿功效,外用可治疮痈、毒蛇咬伤。也可平时食用。

[549]千岁之谷:千岁谷,亦作千穗谷,即籽粒苋。据赋作自注,又名回子谷。苋科一年生高产优质牧草,也可作观赏用。茎高大,叶卵形,有长柄。夏秋开花,如谷穗状,有紫色、深红色、绿色等各种不同颜色。其籽粒富含蛋白质,故可食用。

[550]麦子之瓜:麦瓜,实即南瓜。按,赋作自注所云色碧,为其未成熟时颜

色,成熟后则为橙黄色、橙红色等。塔勒奇,位于今新疆伊犁哈萨克自治州霍城县三道河乡塔尔吉村一带。

[551]剪:这里形容柳叶如剪刀铰过一样。　柳叶之菊:这里指一种柳树之花。瞻德城,位于今伊犁哈萨克自治州霍城县清水河镇政府驻地一带。库尔喀喇乌苏城,这里指旧城,位于今乌鲁木齐市西的乌苏市附近奎屯河畔西南一带。

[552]佩:与囊为连文。佩囊,一种古人随身系带、用以盛放零星物品的小口袋。许应亨《内咎赋》:"披蒺藜以为衣兮,又纫之以为裳。席荆棘以自娱兮,杂犹茨以佩囊。"　解:打开,解开。　鹿葱:石蒜科多年生草本植物,地下有鳞茎,夏日生花轴,轴顶生数花,花淡红紫色。按,鹿葱得名之由,明人王象晋所著《群芳谱》云:"因鹿喜食之,故名。"又,因鹿葱花色与萱草花色稍相似,古人曾误认为鹿葱即萱草,直至明人贾思勰《齐民要术》、朱橚《救荒本草》、徐光启《农政全书》、李时珍《本草纲目》等,皆是。其中,李时珍《本草纲目·草部·萱草》释名云:"其苗烹食,气味如葱,而鹿食九种解毒之草,萱乃其一也,故又名鹿葱。"李时珍稍后,农学家王象晋(1561—1653)则开始修正前人误说,在其所撰《群芳谱》中认为,鹿葱与萱草二者,实"各自一种",而"《本草》注萱,云即今之鹿葱,误"。再后来,清康熙年间内阁学士汪灏(1658—?)等编纂的《广群芳谱》一书,曾转录过《群芳谱》之说。然徐松在赋作中,并未参考或采纳《群芳谱》及《广群芳谱》之说,仍沿袭前人,当为其未睹所致。又,古人认为萱草适宜于孕妇佩带,故赋作云"佩"。

[553]盛:盛放,把东西放进容器里。　莺粟:即罂粟。罂粟科二年生草本植物,叶长椭圆形,夏季开花,花瓣四片,红、紫或白色。果实球形,未成熟时划破表皮,流出乳状白液,可制鸦片,又含吗啡和其他生物碱,故有镇痛、镇咳和止泻等功效,但常用能成瘾。果壳亦入药。按,据赋作自注,清嘉庆时期,伊犁一带已成片栽种罂粟。又,徐松在其《西域水道记》卷四《巴勒喀什淖尔所受水》中,还曾叙及位于塔勒奇城(今新疆伊犁哈萨克自治州霍城县三道河乡塔尔吉村一带)由流放伊犁的清代书画家、故江南盐巡道朱尔赓额(生卒年不详)所筑戍馆"且园"中,也是"圃中裂畦,布种莺粟,繁如云锦"。

[554]羊乳:即枸杞。落叶小灌木,叶子披针形,花淡紫色,浆果卵圆形,红色。中医以果实、根皮入药,果实称枸杞子。可参《本草纲目·木部·枸杞》。

垂垂:低垂貌。

[555]鸥头:草鸥头,即贯众,又称贯渠、贯节、凤尾草等。多年生草本蕨类植物,根曲有尖嘴,黑须丛簇,状如伏鸥。叶丛生,绿似鸡翎。根茎可入药,性寒味苦,有清热解毒、止血杀虫功效,可作止血剂和驱虫剂。可参《本草纲目·草部·贯众》。　簇簇:丛聚貌。

[556]金:金色。　散:分散,散开。　地丁:这里指蒲公英,又称黄花地丁、婆婆丁等。菊科多年生草本植物,头状花序,似白绒球,花罢飞絮,絮中有子,落处即生。性寒苦甘,有清热解毒、利尿散结功效。可参《本草纲目·菜部·蒲公英》。

[557]攒:簇拥,聚集。　石竹:石竹花,又称洛阳花、石柱花、绣竹等。因其茎具节,膨大似竹,故名。石竹科多年生草本植物,花顶生枝端,单生或成对,也有呈圆锥状聚伞花序,花径不大,但花朵繁茂,观赏性极强。其花色多样,五彩缤纷,而赋作所述,仅为红色。

[558]菝葀(bá kuò):即薄荷。多年生草本植物,茎有四棱,叶子对生,花呈红、白或淡紫色,茎叶常入药,有清凉味。可参《本草纲目·草部·薄荷》。　桂荏:即紫苏,又称赤苏、白苏等。一年生草本植物,茎呈方形,花淡紫色,种子可榨油,嫩叶可食用,叶、茎和种子均可入药,有止咳、祛痰及利尿功效。可参《本草纲目·草部·苏》。

[559]芣苢:即车前子,又称马舄、多轮菜等。多年生车前科草本植物,叶丛生于基部,叶片卵椭圆形,花淡绿色,果实纺锤形。叶和种子可以入药,有利尿、镇咳、止泻功效。可参《本草纲目·草部·车前》。　萹蓄:又称扁竹、扁蔓、竹片菜等,俗称蝴蝶花、道生草。一年生草本植物,叶狭长似竹,初夏于节间开淡红色或白色小花,入秋结子,嫩叶可入药,性苦微寒,有利尿杀虫、除湿止痒功效。可参《本草纲目·草部·萹蓄》。

[560]豨莶:又称希仙、猪膏母、狗膏等,俗称黏糊菜。一年生草本植物,叶卵形对生,头状花序,中医以全草入药,有祛风湿、强筋骨功效。可参《本草纲目·草部·豨莶》。　犿(xìn)蒿:即青蒿,又称草蒿、方溃、香蒿等。二年生菊科草本植物,叶互生,细裂如丝,有特殊气味。茎叶可入药,有清热解暑、除蒸截疟功效。可参《本草纲目·草部·青蒿》。

[561]苁蓉:又称大芸。多年生寄生植物,有草苁蓉、肉苁蓉之别,茎叶均黄褐色,而草苁蓉花淡紫色,肉苁蓉花紫褐色。苁蓉是一种非常名贵的中草药,甘

而性温,咸而质润,具有补肾壮阳、固精保肝等功效,中医称其为地精、金笋,素有"沙漠人参"之称,曾被西域各国作为进贡朝廷的珍品。以其补而不峻,故有从容之号。从容,和缓之貌。可参《本草纲目·草部·肉苁蓉》。 苜蓿:又称牧宿。汉武帝时,张骞使西域,始从大宛传入。苜蓿为一年生或多年生豆科草本植物,是一种非常普遍的畜草,同时还是西北等地贫困农民的重要蔬菜。故,李时珍将其列入菜部。可参《本草纲目·菜部·苜蓿》。

[562]勤母:即贝母,又称苦菜、空草、药实等。多年生草本植物,叶长似韭,花黄绿色,下垂像钟,其鳞茎可入药,有止咳祛痰、清热散结功效。可参《本草纲目·草部·贝母》。 益母:即茺蔚,又称益明、野天麻等。两年生草本植物,茎直立方形,基部叶有长柄、略呈圆形,茎部叶掌状多裂、裂片狭长。夏天开花,花淡紫色。坚果有棱。茎叶及果实可入药,有活血祛淤、调经消水功效。可参《本草纲目·草部·茺蔚》。

[563]黄结:即山豆根。以其蔓如大豆,故名。豆科常绿灌木,叶互生,花白色蝶形,荚果紫黑色。根茎节状,质坚硬,微有豆腥气,味极苦,可入药,有消火解毒、消肿止痛功效。可参《本草纲目·草部·山豆根》。 黄良:即大黄。蓼科多年生草本植物,叶大花小,花淡黄色。根茎粗壮,性寒味苦,可入药,有攻积导滞、泻火解毒功效。可参《本草纲目·草部·大黄》。

[564]皂物:柞栗之类。《周礼·地官·大司徒》:"一曰山林,其动物宜毛物,其植物宜皂物,其民毛而方。"郑玄注引郑司农曰:"皂物,柞栗之属。" 核物:核果之类。《周礼·地官·大司徒》:"三曰丘陵,其动物宜羽物,其植物宜核物,其民专而长。"郑玄注:"核物,李梅之属。" 难悉数而更仆:犹更仆难数,极言事物纷繁。语本《礼记·儒行》:"遽数之,不能终其物;悉数之,乃留更仆未可终也。"陈澔《集说》:"卒遽而数之,则不能终言事;详悉数之,非久留不可。仆,臣之摈相者。久则疲倦,虽更代其仆,亦未可得尽言之也。"

[565]变常:改变常道。 征怪:征兆怪异。 荧听:使人听了感觉淆乱。 骇目:使人看了感到吃惊。

[566]没:埋没。 骭:胫骨,也指小腿。 葩:华美。这里描写的是雪莲,为菊科多年生草本植物,叶长椭圆,花深红色,瓣薄而狭。雪莲生长于新疆、青海、西藏、云南等高寒地带,是一种高山稀有的名贵中草药,有活血通络、散寒除湿、滋阴壮阳等功效。按,新疆所产雪莲,主要是天山雪莲,又名雪荷花,当地维

吾尔语称塔格依力斯。又按,关于新疆雪莲,清人纪昀在其《阅微草堂笔记·滦阳消夏录三》中有详细记载。而徐松应该没有亲眼见过,在《西域水道记》中也未提及,其赋作自注所述情状,均引自《阅微草堂笔记》。

[567]啄:啄啄的省文。指禽鸟呼食声。这里描写的是冰雀,又名雪燕,为水剃科鸟类。常将巢筑于冰堆、冰山和冰原上,只有繁殖时节,才会躲到冰洞或岩石缝隙中。按,徐松曾于嘉庆二十年(1815)十二月严冬时刻,在霍诺海(位于今伊犁哈萨克自治州察布查尔锡伯自治县境内)见到过冰雀。可与《西域水道记》卷四《巴勒喀什淖尔所受水》互参。

[568]雀芋:一般认为是乌头,即附子,一种中草药。多年生毛茛科植物,株高三四尺,块根常两个并连,纺锤形或倒卵形,外皮黑褐色。秋月开花,蓝紫色。叶茎有毒,根尤剧,含乌头碱,性热味辛,可入药,对虚脱、水肿、霍乱等有疗效。也被人们视为芋的一种,常煮熟食用。可参《本草纲目·草部·乌头》。雀芋还被古代造酒家作为酒曲,甚或以其汁液封存酒瓮,所出之酒,后劲极强。可参《佩文韵府·去声·芋·雀芋》及明人方以智《通雅·植物·草》。按,雀芋之名,首见唐人段成式《西阳杂俎·广动植之四·草篇》:“雀芋状如雀头,置干地反湿,置湿地复干。飞鸟触之堕,走兽遇之僵。”　处:处于。　暵(hàn):干旱。

翘滋:谓植物生长旺盛。按,赋作自注所云“湿死干活”,是生长在新疆伊犁戈壁石缝的一种花草。又据说,当地人喜欢采摘回家,用细绳系住,挂在墙壁、屋檐、窗户等处,花朵不但不干,还会长出嫩芽,先是绿色,后来会变得与细绳颜色一样,而如果将细绳换成另一种颜色,其花色又会随之改变。又按,流放新疆的清代文人,在其诗作中也多有对这种神奇花草的咏唱。如祁韵士《西陲竹枝词·干活草》:“微生若寄性宜干,小草无根碎叶攒。一点水星沾不得,时从壁上把来看。”再如方士淦《伊江杂诗》:“恶湿偏宜燥,孤高性独成。托根从石骨,结缕挂雕楹。野烧不须畏,春风应有情。爱居下流者,污辱总偷生。”自注云:“草名湿死干活,人家从石上采来,系于窗户间,开花颇好。”

[569]石油:古代又称石脑油、石漆等,并将其制成药丸,主治小儿惊风、化痰,还可杀虫、治疮等。可参《本草纲目·金石部·石脑油》。玛纳斯,即今新疆昌吉回族自治州玛纳斯县一带。《西域同文志》:“准语玛纳,巡逻之谓。地容游牧,巡逻者众,故名。”　腾烛:如烛光般腾起。

[570]竫(jìng):竫人,亦作靖人,传说中的一种小矮人。《山海经·大荒东

经》:"有小人国,名靖人。"郭璞注:"《诗含神雾》曰:'东北极有人长九寸。'殆谓此小人也。"《列子·汤问》:"从中州以东四十万里,得焦侥国,人长一尺六寸。东北极有人,名诤人,长九寸。" 嬉:游戏,玩耍。 红柳之娃:红柳娃,又称红柳孩,指乌鲁木齐附近深山中的一种小矮人。清代文献,多有记载,如傅恒等《西域图志》卷四十七《杂录一》、纪昀《阅微草堂笔记》卷三《滦阳消夏录三》及赵尊客《榆巢杂识》卷下等。按,徐松应该也没有亲眼见过,在《西域水道记》中也未提及,其赋作自注所述情状,与雪莲一样,均引自《阅微草堂笔记》。

[571]核:核桃,这里指青田核。 注:注入。 青田:青田酒。据晋人崔豹《古今注·草木》记载,乃一种产自乌孙国的特大型果核所盛水而变化出的美酒:"乌孙国有青田核,莫测其树、实之形。至中国者,但得其核耳。得清水,则有酒味出,如醇美好酒。核大如六升瓠,空之以盛水,俄而成酒。刘章(当为璋)得两核,集宾客设之,常供二十人之饮。一核尽,一核所盛,以(当为已)复中饮。饮尽,随更注水,随尽随盛。不可久置,久置则苦不可饮。名曰青田酒。" 醙:美酒名。

[572]尤:表程度,相当于尤其、尤为。 《齐谐》:一般认为是古书名,为志怪之书,早已亡佚。同时,也有人认为是人名。《庄子·逍遥游》:"齐谐者,志怪者也。"陆德明《释文》:"司马(彪)及崔(譔)云人姓名,简文(帝)云书。"成玄英疏:"姓齐名谐,人姓名也;亦言书名也,齐国有此俳谐之书也。" 载:录。互文见义。 《计然》:一般认为是古书名,又称《范子计然》,为农商之书,传为范蠡(前536—前448)所著。同时,也有人认为是人名。《史记·货殖列传》:"昔者越王勾践困于会稽之上,乃用范蠡、计然。"裴骃《集解》引徐广曰:"计然者,范蠡之师也。"《汉书·货殖列传》:"昔粤王勾践困于会稽之上,乃用范蠡、计然。"颜师古注先引孟康曰:"计然者,范蠡所著书篇名耳,非人也。谓之计然者,所计而然也。"而后自注曰:"计然者,濮上人也,博学无所不通,尤善计算,尝南游越,范蠡卑身事之,其书则有《万物录》。"李时珍《本草纲目·果部·秦椒》集解中,曾引《范子计然》曰:"蜀椒出武都,赤色者善;秦椒出陇西、天水,粒细者善。"按,关于齐谐、计然究竟为人名抑或书名的论争,长期以来,从未停止,乃至今日,未有定论。综合来看,当以书名为妥。

[573]纵:放,发。《玉篇》"纵,放也。" 猎者:犹言猎人。 传言:谓互相传话,以遍告众士,使悉知晓。宋玉《高唐赋》:"传言羽猎,衔枚无声,弓弩不发,

罘罳不倾。"李善注:"相传言语,遍告众士。"　贲育:战国时勇士孟贲和夏育的并称,后以泛称勇士。《韩非子·守道》:"战士出死,而愿为贲育。"司马相如《美人赋》:"臣闻物有同类而殊能者,故力称乌获,捷言庆忌,勇期贲育。"颜师古注:"孟贲,古之勇士也,水行不避蛟龙,陆行不避豺狼,发怒吐气,声响动天。夏育,亦猛士也。"按,赋作自注所云行围,是狩猎活动的一种方式和制度,与合围相对。围,指狩猎的围场。清统治者十分重视军队行围活动,并将其作为"家法"而长期贯彻执行。实际上,这是一种军事操练,其目的不在猎取动物,而在于提高战斗力。高士奇《扈从东巡日录·哈达围猎》:"我朝行围讲武,使其习熟弓马,谙练队伍。"就新疆而言,历任伊犁将军每年秋季要到哈什行围,冬季则到塔勒奇行围,而尤以哈什行围最为盛大,时称"哈什围"。

[574]河干:河边,河岸。按,赋作自注所云哈什,河名,今作喀什,为伊犁河支流,贯穿新疆伊犁哈萨克自治州尼勒克县。据《西域水道记》卷四《巴勒喀什淖尔所受水》记载,在哈什河谷,沿河北岸,自东而西,凡十围场。又据永保《伊犁总统事宜·营务处应办事宜》记载,参与哈什行围的,主要为惠远城满营、锡伯营、索伦营、察哈尔营、厄鲁特营官兵,人数每次多达千余人。徐松曾于嘉庆二十四年(1819)秋,随同伊犁将军晋昌参与过哈什行围。

[575]笳:笳笛,古代军队中用以指挥和节度士兵的一种乐器。《吴子·应变》:"凡战之法,昼以旌旗幡麾为节,夜以金鼓笳笛为节。麾左而左,麾右而右;鼓之则进,金之则止;一吹而行,再吹而聚。不从令者,诛。"　空谷:犹深谷。

[576]踤:通"萃"。聚集。扬雄《长杨赋》:"帅军踤阹,锡戎获胡。"李善注引《汉书音义》曰:"踤,聚也。"吕向注:"阹,围阵也。"　储胥:栅栏,藩篱。扬雄《长杨赋》:"搤熊罴,拕豪猪,木雍枪累,以为储胥。"李善注引苏林曰:"木拥栅其外,又以竹枪累为外储胥也。"引韦昭注曰:"储胥,蕃落之类也。"　属:佩,系。《左传·僖公二十三年》:"若不获命,其左执鞭弭,右属櫜鞬,以与君周旋。"杨伯峻注:"属音烛,着也。"　櫜箙(gāo fú):用来收藏弓和箭的两种用具。櫜,装弓的袋子。《左传·昭公元年》:"伍举知其有备也,请垂櫜而入。"杜预曰:"櫜,弓衣也。"《国语·齐语》"诸侯之使垂櫜而入,稛载而归。"韦昭注:"櫜,囊也。"箙,盛箭的器具。《说文》:"箙,弩矢箙也。"《玉篇》:"箙,矢器也,藏弩箭为箙。"《周礼·夏官·司弓矢》:"中春献弓弩,中秋献矢箙。"郑玄注:"箙,盛矢器也,以兽皮为之。"

[577]跃:跳,跳跃。 骡骎(kūn tú):一种马身而牛蹄、善登高的马。《尔雅》:"骡骎,枝蹄趼,善升甗。"郭璞注:"骡骎,亦似马而牛蹄。"邢昺疏:"骡骎,马名。"亦作昆骎。张衡《西京赋》:"陵重巘,猎昆骎。"薛综注:"昆骎,如马,歧蹄。" 驶:马行疾速。唐释慧琳《一切经音义》卷六十六引《仓颉篇》曰:"驶,马行疾也。" 骥騄:一种千里马。王充《论衡·案书》:"故马效千里,不必骥騄;人期贤知,不必孔墨。"

[578]摼:古"牵"字。拉,挽。扬雄《羽猎赋》:"钩赤豹,摼象犀。"韦昭注:"摼,扼也。" 貒(tuān):猪獾,一种鼬科哺乳动物。《方言》:"獾,关西谓之貒。"李时珍《本草纲目·兽部·貒》:"貒,即今猪獾也,处处山野间有之。穴居,状似小猪形,体肥而行钝。其耳聋,见人乃走。短足短尾,尖喙褐毛,能孔地,食虫蚁、瓜果。其肉带土气,皮毛不如狗獾。" 蹸:踏,蹈。扬雄《羽猎赋》:"蹸松柏,掌蒺藜。"李善注:"蹸,踏也。" 麖(jīng):水鹿,又称马鹿、黑鹿。形体高大粗壮,栗棕色,耳大而直立,四肢细长,尾密生蓬松的黑棕色毛。性机警,善奔跑。雄的有角,为名贵药材。《山海经·中山经》:"(尸山)多苍玉,其兽多麖。"郭璞注:"似鹿而小,黑色。"

[579]搏:搜捕,捕捉。《说文》:"搏,索持也。"《集韵》:"搏,捕也。"《国语·晋语》:"平公射鴳,不死,使竖襄搏之。" 羚(líng):羚羊。四肢细长,蹄小而尖,有角,尾长短不一。角可入药,肉味鲜美,毛皮可制褥子。《尔雅》:"羚,大羊。"郭璞注:"羚羊,似羊而大,角圆锐,好在山崖间。" 蹈:踩,踏。《说文》:"蹈,践也。"枚乘《七发》:"履游麖兔,蹈践麎鹿。" 麛(mí):幼鹿。《礼记·内则》:"秋宜犊麛,膳膏腥。"陆德明《释文》:"麛,鹿子也。"

[580]罦(fú):同"罦"。古代一种捕捉鸟兽的网。《说文》:"罦,覆车也。或从孚。"《广韵》:"罦,覆车网也。" 鷮鷮:雉即野鸡的两种。《尔雅》:"江淮而南,青质五采皆备成章曰鷮。"郭璞注:"即鷮雉也。"《尔雅》:"鷮,鷮雉。"郭璞注:"即鷮鸡也,长尾,走且鸣。"《尔雅》将鷮雉与鷮雉列于雉类之首,后世因以为野鸡的代称。 罝(jū):古代一种捕捉兔子的网。《说文》:"罝,兔网也。"《尔雅》:"鸟罟谓之罗,兔罟谓之罝。"郭璞注:"罝,犹遮也。"邢昺疏引李巡曰:"兔自作径路,张罟捕之也。然则张网遮兔,因名曰罝。" 扑朔:雄兔奔跑时脚步扑腾貌。语出《乐府诗集·横吹曲辞五·木兰诗之一》:"雄兔脚扑朔,雌兔眼迷离。两兔傍地走,安能辨我是雌雄!"后世因以为兔子的代称。按,罦、罦、罝

(chōng)与下文的繄(bì)、罬(zhuó),均为同一物即覆车网的五种异名。《尔雅》:"繄谓之罿。罿,罬也。罬谓之罦,罦,覆车也。"郭璞注:"今之翻车也,有两辕,中施罥以捕鸟。"邢昺注引孙炎曰:"覆车网,可以掩兔者也。一物五名,方言异也。"又按,罿、罿、繄、罬,这里均用如动词。

[581]鵌鼵(fú tū):指一种鸟与一种鼠。因其同穴而居,故并称。《尔雅》:"鸟鼠同穴,其鸟为鵌,其鼠为鼵。"郭璞注:"鵌似鵽而小,黄黑色。穴入地三四尺,鼠在内,鸟在外。今在陇西渭源县鸟鼠同穴山中。"按,徐松于嘉庆二十一年(1816)秋途经伊犁赛喇木淖尔(即赛里木湖,位于今新疆博尔塔拉蒙古自治州温泉县南)时,曾有幸亲睹过鵌鼵,见《西域水道记》卷五《赛喇木淖尔所受水》。回归京师后,其挚友姚元之又进行过补证,见姚氏《竹叶亭杂记》卷八。

[582]鷟鸑(zhuó yuè):即鸑鷟,传说中的一种鸟名,凤属。《国语·周语上》:"周之兴也,鸑鷟鸣于岐山。"韦昭注引三君曰:"鸑鷟,凤之别名也。《诗》云:'凤皇鸣矣,于彼高冈。'其在岐山之脊乎?"按,赋作自注所云鸜鹆(qú yù),同"鸲鹆",鸟名,俗称八哥。所征引圣制诗,见《十全集》卷八《再定准噶尔第三之三·诗四十一首》。

[583]熊罴:即熊和罴,两种野兽名,熊属。罴即棕熊,俗称人熊或马熊,熊的一种。毛通常呈棕褐色,能爬树,会游泳。胆可入药。《尔雅》:"罴,如熊,黄白文。"郭璞注:"似熊而长头高脚,猛憨多力,能拔树木。"　竦諜(sǒng zhé):惊恐,惊惧。扬雄《羽猎赋》:"徒角抢题注,蹙竦諜怖。"李善注引《尔雅》曰:"竦,慴惧也。"　奔衄(nù):犹溃败。《南史·贼臣传·侯景》:"景所乘白马,每战将胜,辄踯躅嘶鸣,意气骏逸,其有奔衄,必低头不前。"衄,挫折,失败。《后汉书·段颎传》:"巨兵累见折衄。"李贤注:"伤败曰衄。"

[584]关:关住,夹住。　胜:颈项。《说文》:"胜,项也。"《玉篇》:"胜,颈也。"扬雄《羽猎赋》:"徒角抢题注,蹙竦諜怖,魂亡魄失,触辐关胜。"李善注:"触辐关胜,言触车辐,因关其颈也。"张铣注:"题,额也;注,谓冲也。言惊走之甚,或角抢地、额相冲,或自车辐而关其颈胜颈也。"　洞:贯穿,穿透。

[585]掩泽挂山:谓倒毙的猎物覆盖了川泽,飞落的肉片倒挂于山峰。张协《七命》:"澜漫狼藉,倾榛倒壑,殒骘挂山,僵踣掩泽,薮为毛林,隰为丹薄。"李善注引张揖《上林赋》注曰:"掩,覆也。"吕延济注:"落肉挂于山峰,僵毙掩于川泽。"　风毛雨肉:指狩猎时禽兽毛肉纷飞的情状。亦作风毛雨血。班固《西都

赋》:"飑飑纷纷,矰缴相缠。风毛雨血,洒野蔽天。"张铣注:"风毛雨血,言毛血杂下如风雨。"

[586]方:正当,正在。 郁怒:气势盛积。傅毅《舞赋》:"马材不同,各相倾夺,或有蹞埃赴辙,霆骇电灭,或有宛足郁怒,般桓不发。"李善注:"郁怒,气迟留不发也。" 息:停止,平息。 肆:表程度,相当于极、甚。 盐利:卖盐的利益。 止:息。互文见义。 戮:杀。肆盐利而止戮,意谓行围官兵必待盐商们赚足利益,方肯停止杀戮猎物。因猎物之肉,需食盐腌制,故云。

[587]聊浪:浪游,放纵不羁。扬雄《羽猎赋》:"储与乎大浦,聊浪乎宇内。"李善注:"聊浪,放荡也。"左思《吴都赋》:"悠悠旆旌者,相与聊浪乎昧莫之垌。"刘逵注:"聊浪,放旷貌。" 洲淤:水中小块陆地。司马相如《上林赋》:"出乎椒丘之阙,行乎洲淤之浦。"李善注引《方言》曰:"水中可居者曰洲,三辅谓之淤也。" 巡行:出行巡察,巡视。 沟渎:沟渠,田间水道。按,赋作自注所云都尔伯勒津回庄,位于今伊犁哈萨克自治州尼勒克县尼勒克镇东北阿日喀什古城遗址一带。

[588]搜:搜寻,搜求。 梵书:指佛经。 片石:指石碑。按,唐古特,亦作唐古忒,即吐蕃的音译,为清代文献对青藏地区及当地藏族的称谓。唐古特文,即藏文。徐松于嘉庆二十四年(1819)秋参与哈什行围途中,曾对哈什河与额琳摩多水交汇处的吉勒苏胡岭(位于今伊犁哈萨克自治州尼勒克县木斯镇一带)石崖上的蒙文和藏文经咒进行过细致考察,并"与从者就马上携数石而归",称"番僧见之,辄先顶礼",参《西域水道记》卷四《巴勒喀什淖尔所受水》)。

[589]奠:奠祭,祭祀。 双烈:这里指以身殉节的定北将军班第(?—1755)与参赞大臣鄂容安(1714—1755)。 遗躅(zhuó):犹遗迹。按,乾隆二十年(1755)八月二十六日,班第与鄂容安二人在乌兰库图勒(今伊犁哈萨克自治州尼勒克县南乌兰达坂)被阿睦尔撒纳叛军包围,后奔至哈什河古渡口察罕拜牲地方(位于尼勒克县县城东12公里处的科克浩特浩尔蒙古族乡),双双力竭自尽,参上文注释[370]。乾隆闻知,作《双烈诗》,以志纪念,见《十全集》卷六《再定准噶尔第三之一·诗四十三首》。又按,据徐松记载,双烈碑位于哈什围场之一博罗布尔噶苏水(今博尔博松河,位于伊宁市东约五十公里处伊宁县与尼勒克县的交界处)侧,他还于嘉庆二十四年(1819)参与哈什行围时,曾亲历其地,并"展拜碑下",可参赋作自注及《西域水道记》卷四《巴勒喀什淖尔所受

水》。但今人杨秉新认为,双烈碑当在哈什河出托海水库(位于伊宁县境内的喀什河中游)进入托海大峡谷的北岸。杨氏还认为,徐松《西域水道记》及其所引《班第传》所称班第等殉难地在乌兰库图勒之说也有误,应该在察罕拜牲。

[590]考:考求,考寻。　山城之古驿:这里指元人耶律楚材《湛然居士集》卷六《再过西域山城驿》诗所记之山城驿。王国维校注元代佚名《圣祖亲征录》认为“山城驿在寻思干、蒲华之间”,即乌兹别克斯坦布哈拉与撒马尔罕二城之间。

[591]镜:明察。这里为双关语,亦形容池水明净。　天池:这里指赛里木湖,清称赛喇木淖尔,位于今新疆博尔塔拉蒙古自治州温泉县南,参上文注释[499]。　澄绿:清澈碧绿。

[592]寻:寻觅,探求。　沙井:泉水从沙石中涌出而形成的井,新疆处处有之。这里指耶律楚材《湛然居士集》卷二《丁亥过沙井和移剌子春韵二首》其二所载之沙井,至其具体位置,徐松实言未知。

[593]访:查访,探寻。　故宫:旧时的宫殿,这里指耶律楚材《湛然居士集·西域河中十咏》其七所载之故宫。按,另据《湛然居士集》,其所云故宫,指所谓西戎梭哩单故宫,在寻思干,即今乌兹别克斯坦撒马尔罕。寻思干,《湛然居士集》作沁斯干,卷五《河中春游有感五首》其一自注云:“沁斯干有西戎索哩单故宫在焉。”

[594]订:订正,改正。　种羊:指木棉,即棉花。按,西域旧传有所谓骨种羊,种骨而生,还有所谓垄种羊,种脐而生,据说为产于拂菻国(东罗马帝国及其所属西亚、地中海沿岸一带)的羊。这种传闻,自唐末五代以后,盛行于世,如《旧唐书·西戎传》、元人刘郁《西使记》、明人黄瑜《双槐岁钞》等,乃至清代,仍赓续不绝。

[595]问:征询,询问。　秃鹿:秃鹿麻,即棉布。按,秃鲁麻,又作秃鲁马,据《长春真人西游记》所载,为阿里马(亦作阿力麻,中亚古城名,曾为察合台汗国都城,其遗址位于今新疆伊犁哈萨克自治州霍城县西北克干平原的克干山南麓)出产的一种所谓“种羊毛织成”的帛。而实际上,所谓“种羊毛”,指的就是棉花,所谓帛,指的就是棉布。

[596]证:验证,证实。　四十八桥:指公元1218年成吉思汗西征时,二太子察合台率部在果子沟所架设的四十八座桥梁。果子沟,亦名塔勒奇沟或称塔

勒奇山峡,全长28千米,位于今新疆伊犁哈萨克自治州霍城县城东北四十公里处,为通往中亚和欧洲的丝路北新道咽喉,元清两代均有驻军把守。徐松在遣戍新疆期间,曾实地考察果子沟,而四十八桥遗址,时剩四十二桥,参其《长春真人西游记跋》一文及《西域水道记》卷四《巴勒喀什淖尔所受水》。 迹:遗迹,遗址。

[597]辨:判别,区分,这里指正邪之辨。 九十六种:指古印度九十六种外道。《大毗婆沙论》:"信有因果,不愚因果,如是正见,九十六种外道所无。"族:这里指宗教的种类。按,外道一词的梵语原意,为神圣而应受尊敬的隐遁者,在佛教徒看来,它们都是佛教以外的教派,故名。起初并无贬斥之意,后来渐用以指持异见邪说者,意近或等同邪道、异端等词。又按,西域九十六种,见元人耶律楚材《西游录序》:"鲁语有云:'必也正名乎!'又云:'思无邪!'是正邪之辨,不可废也。夫杨朱、墨翟、田骈、许行之术,孔氏之邪也;西域九十六种,此方毗卢、糠瓢、白经、香会之徒,释氏之邪也;全真、大道、混元、太一、三张左道之术,老氏之邪也。至于黄白、金丹、导引、服饵之属,是皆方技之异端,亦非伯阳之正道。"

[598]弛旆:解开旌旗的垂旒,意谓停止狩猎,整顿旌旗,准备返回。旆,古代旌旗末端形如燕尾的垂旒飘带。曹植《七启》:"于是骊钟鸣鼓,收旌弛旆。"计鲜:计算新鲜猎物的数量。张协《七命》:"于是撤围顿罔,卷旆收鸾。虞人数兽,林衡计鲜。"李善注引孔安国《尚书》传曰:"鸟兽新杀曰鲜。" 示:以示,借以表明。 从禽:追逐禽兽,谓狩猎。从,同"纵"。左思《蜀都赋》:"若夫王孙之属、郊公之伦,从禽于外,巷无居人。"刘良注:"从禽,猎也。" 不黩:不敢轻慢不敬。黩,亵渎,轻慢。《公羊传·桓公八年》:"亟则黩,黩则不敬。君子之祭也,敬而不黩。"何休注:"黩,渫黩也。"唐释慧琳《一切经音义》卷八十八引顾野王云:"黩,犹慢也。"按,"从禽"一词,往往带有滥杀生灵、不敬上天、耽于游乐、荒废政务、骚扰民众等意,故赋云"不黩"。

[599]于是:连词,表承接。 申:约束。《汉书·文帝纪》:"上亲劳军,勒兵,申教令,赐吏卒,自欲征匈奴。"李善注:"申,谓约束之。" 宪度:法度。考:考正。 礼乐:礼与乐的合称。

[600]展:省视,视察。《周礼·春官·肆师》:"大祭祀,展牺牲。"郑玄注:"展,省阅也。" 明禋(yīn):洁敬,指明洁诚敬的献享。《书·洛诰》:"伻来毖殷,乃命宁予以秬鬯二卣,曰明禋,拜手稽首休享。"蔡沉《集传》:"明,洁;禋,敬

也,以事神之礼事公也。"　洁:清洁,干净。《诗·小雅·楚茨》:"洁尔牛羊,以往烝尝。"孔颖达疏:"乃鲜洁尔,王者所祀之牛羊,以往为冬烝秋尝之祭也。"粢酎:祭祀用的谷物和清酒。粢,即粢盛,指盛放在祭器内以供祭祀的谷物;酎,酒的代称。

[601]陈:摆放,陈列。　簠簋(fǔ guǐ):簠与簋,两种盛黍稷稻粱的礼器。《礼记·乐记》:"簠簋俎豆,制度文章,礼之器也。"《诗·秦风·权舆》:"于我乎,每食四簋。"陆德明《释文》:"内方外圆曰簋,以盛黍稷,外方内圆曰簠,用贮稻粱,皆容一斗二升。"《周礼·地官·舍人》:"凡祭祀,共簠簋,实之陈之。"郑玄注:"方曰簠,圆曰簋,盛黍稷稻粱器也。"　列:陈。互文见义。　斝(jiǎ)爵:斝与爵,两种盛酒或温酒的礼器。爵,青铜制,形似雀,有三足;斝,同斚,似爵而较大。《诗·大雅·行苇》:"或献或酢,洗爵奠斝。"《说文》:"斝,玉爵也。夏曰盏,殷曰斝,周曰爵。或说,斝受六升。"

[602]举耤:举行耕耤礼。耤,古代帝王亲耕之田。亲耕以劝农。《说文》:"耤,帝耤千亩也。古者使民如借,故谓之耤。"后作藉。　报功:为酬报功德而举行祭祀。王充《论衡·祭意》:"凡祭祀之义有二,一曰报功,二曰修先。"班固《白虎通·社稷》:"王者所以有社稷何? 为天下求福报功,人非土不立,非谷不食。"

[603]六宗:亦称六神,古代所尊祀的六种神祇。《书·舜典》:"肆类于上帝,禋于六宗,望于山川,徧于群神。"但具体六宗之神,诸家解说不一,有谓天、地、春、夏、秋、冬者,有谓日、月、雷、风、山、泽者,有谓天宗日月星辰、地宗岱河海者,有谓四时、寒暑、日、月、星、水旱者。可详参清人俞正燮《癸巳类稿·虞六宗义》)。　昭:彰明,显扬。《尔雅》:"昭,见也。"诸葛亮《出师表》:"论其刑赏,以昭陛下平明之理。"　秩:秩祀,指依礼分等级举行之祭。《孔丛子·论书》引孔子曰:"高山五岳定其差,秩祀所视焉。"许宗鲁《东岳》:"秩祀严东土,明禋冠五宗。"

[604]八蜡:周代每年农事完毕后,于建亥之月(十二月)举行的一种祭祀名称。《礼记·郊特牲》:"八蜡以祀四方,四方不成,八蜡不通,以谨民财也。"郑玄注:"四方,四方有祭也。其方谷不熟,则不通于蜡焉,使民谨于用财。蜡有八者:先啬一也,司啬二也,农三也,邮表畷四也,猫虎五也,坊六也,水庸七也,昆虫八也。"孔颖达疏:"言蜡祭八神,因以明记四方之国,记其有丰稔有凶荒之异

也。"但具体八蜡之神,诸家解说也不一,有分猫虎为二,而去昆虫者,有去昆虫而增百种者,有去先啬、昆虫而增百种,又分猫虎为二者。可详参清人钱大昕《潜研堂集·答问五》。　致:表示,表达。　恪:恭敬。《书·盘庚上》:"先王有服,恪谨天命。"孔传:"敬谨天命。"按,耤田与蜡祭,相为始终,耤田于春天举行,蜡祭于冬天举行。

[605]班:颁布,这里指颁布祭祀伊犁地区山川的祀典(即记载祭祀礼仪的典籍)。　浮沈:古代一种祭川的仪式。亦作浮沉。《尔雅》:"祭川曰浮沉。"郭璞注:"投祭水中,或浮或沉。"　庪(guǐ)县:古代一种祭山的仪式。庪,埋藏。县,同"悬"。《尔雅》:"祭山曰庪县。"郭璞注:"或庪或县,置之于山。"邢昺疏:"庪县,祭山之名也。庪谓埋藏之,县谓县其牲币于山林中,因名祭山曰庪县。"一说,庪为一种器物架。《公羊传·僖公三十一年》:"山川有能润于百里者,天子秩而祭之。"徐彦疏引汉李巡曰:"祭山以黄玉及璧,以庪置几上,遥遥而眠之,若县,故曰庪县。"　肃:整饬,整肃。　献酬:谓饮酒时主客互相敬酒。《诗·小雅·楚茨》:"献酬交错,礼仪卒度,笑语卒获。"郑玄笺:"始,主人酌宾为献。宾既酌主人,主人又自饮酌宾曰酬。"　交错:指古代祭毕宴饮时互相敬酒的程序。东西正对面敬酒为交,斜对面敬酒为错。《诗·小雅·楚茨》同上,孔传:"东西为交,邪行为错。"

[606]举:举行,举办。　释奠:即释奠礼,古代在学校设置酒食以奠祭先圣先师的一种典礼。释,设置;奠,祭品。释奠,谓陈设祭品以祀神。《礼记·文王世子》:"凡学,春官释奠于其先师,秋冬亦如之。凡始立学者,必释奠于先圣先师。"郑玄注:"释奠者,设荐馔酌奠而已。"至魏正始二年(241)始,释奠礼以祭祀孔子为主。又至唐玄宗开元二十八年(740)始,进而形成定制,每年于仲春(夏历二月)及仲秋(夏历八月)上旬丁日祭祀孔子,称作丁祭。　币:奠币,祭祀时所用的币帛等物。　爰:语助词,以调节语气及音节。　舞羽:古代一种乐舞,即手执翟雉的尾羽而舞蹈。　歔籥:即吹籥。歔,古同"吹"。籥,古代管乐器,形状似排箫。按,祭孔时要举行释奠佾舞,又称丁祭佾舞、祭孔佾舞,简称佾舞。

[607]党庠:古代的乡学。党,地方户籍编制单位,周代以五百家为一党。庠,商代称学校为庠。《礼记·学记》:"古之教者,家有塾,党有庠。"这里指伊犁惠远和惠宁两城所设义学、清书学。义学,指用公款或私资举办的免费学校。清书学,指满文学校。清书,谓满文。另,惠远城还设有敬业学,是在原来各种学科

基础上设置的新学科,教授内容有《圣谕广训》及满文、汉文,要求"讲明孝悌忠信、礼义廉耻诸大端",从而使学生以此为"他日立身行己之根本"。敬业学的学生,是从旗学、义学及八旗闲散童蒙中挑选出的聪慧者。　践节:践行节操,即以"孝悌忠信、礼义廉耻"等为"立身行己之根本"。　里尹:古代里中主事的人,这里指赋作自注所云满营协领等官。　申约:申明约令。

[608]莅:临视,监临。　校比:考核评定。《周礼·地官·党正》:"以岁时涖校比。"亦作比校。《国语·齐语》:"合群叟,比校民之有道者,设象以为民纪。"韦昭注:"比,比方也。校,考合也。"　读:宣讲,宣读。　邦法:管理百姓的通法,亦泛指国家大法,这里指《圣谕广训》。　戒:纠正错误,警戒众人,即上《周礼·地官·党正》所云"纠戒"。　钦若:敬顺。《书·尧典》:"乃命羲和,钦若昊天,历象日月星辰,敬授民时。"孔传:"敬顺昊天,敬记天时以授人也。"按,据赋作自注,每月朔望(夏历每月初一日和十五日),都要在伊犁敬业学宣读《圣谕广训》。而这也是全国各地的惯例,自康雍一直延续至清末。所谓《圣谕广训》,指雍正二年(1724)颁发的官方教育读本,主要内容为康熙"上谕十六条"及雍正时对其逐条进行的解释。所谓十六条,分别为敦孝弟以重人伦、笃宗族以昭雍睦、和乡党以息争讼、重农桑以足衣食、尚节俭以惜财用、隆学校以端士习、黜异端以崇正学、讲法律以儆愚顽、明礼让以厚民俗、务本业以定民志、训子弟以禁非为、息诬告以全善良、诫匿逃以免株连、完钱粮以省催科、联保甲以弭盗贼、解仇忿以重身命。

[609]介胄:犹甲胄,指铠甲和头盔。刘向《九叹·愍命》:"韩信蒙于介胄兮,行夫将而攻城。"王逸注:"介,铠也。胄,兜鍪也。"亦泛指兵器。按,人无介胄,可以《圣谕广训·训子弟以禁非为》解释:"从来教万民、训子弟,党正、族师月吉读法,岁时校比,师田行役,则合卒伍而简兵器,朝夕告诫,人知自爱,不敢偶蹈于非休哉,何风之隆欤!"地无沙漠,亦可以《圣谕广训·训子弟以禁非为》解释:"浮惰者惩之,勤苦者劳之,务使野无旷土、邑无游民,农无舍其耒耜,妇无休其蚕织。即至山泽园圃之利、鸡豚狗彘之畜,亦皆养之有道、取之有时,以佐农桑之不逮,庶几克勤本业而衣食之源溥矣!"

[610]兴:宾兴的省文。本指周代举贤之法,谓乡大夫自乡小学荐举贤能而宾礼之,以升入国学。《周礼·地官·大司徒》:"以乡三物教万民,而宾兴之。"郑玄注:"兴,犹举也。民三事教成,乡大夫举其贤者能者,以饮酒之礼宾客之。

既,则献其书于王矣。"许谦《送尉彦明赴开化教谕序》:"诵《诗》《书》六艺之文,以广见闻;孝弟忠信之实,以敦德行。故宾兴以示劝,简绌以致罚。" 三物:即三事,为古代学校教育的主要内容,分别指六德、六行、六艺。《周礼·地官·大司徒》:"以乡三物教万民,而宾兴之。一曰六德:知、仁、圣、义、忠、和。二曰六行:孝、友、睦、姻、任、恤。三曰六艺:礼、乐、射、御、书、数。"郑玄注:"物,犹事也。" 束修:自我约束修整。《后汉书·和熹邓皇后纪》:"先公既以武功书之竹帛,兼以文德教化子孙,故能束修,不触罗网。"李贤注:"言能自约束修整也。" 愻:同"逊"。谦逊,恭顺。 五品:即五常,指旧时的五种伦常道德。《书·舜典》:"帝曰:'契,百姓不亲,五品不逊。'"孔传:"五品,谓五常。"孔颖达疏:"品,谓品秩,一家之内尊卑之差,即父母兄弟子是也。教之义、慈、友、恭、孝,此事可常行,乃为五常耳。" 文莫:黾勉,努力。《论语·述而》:"子曰:'文莫吾犹人也,躬行君子,则吾未之有得。'"杨慎《升庵经说·文莫解》:"《晋书》栾肇《论语驳》曰:'燕齐谓勉强为文莫。'陈骙《杂识》云:'《方言》侔莫,强也。凡劳而勉,若云努力者,谓之侔莫。'"

[611]扬:显露,彰明。 缉熙:光明貌,常用以形容皇帝的文德。 变:这里指民风的改变。 畅:通,达。 皇风:犹言大风,常用以指称皇帝的教化。颂声:歌颂之声,尤指颂扬帝王盛德。 作:产生,兴起。

[612]且夫:犹况且,表示承接上文,更进一层。 玉盘:一种玉制的盘子。据乾隆相关诗作,为成对的一双,传为昆仑玉所制,曾为西王母所用,准噶尔部将其奉为传世之宝,后来达瓦齐、阿睦尔撒纳各有一只,平定准噶尔后,先后为清军所获,于乾隆二十三年(1758)、二十七年(1762)分别进献,见《十全集》卷八《再定准噶尔第三之三·诗四十一首·玉盘谣》。赋作自注所征引圣制《玉盘谣》诗序,见同卷《玉盘谣叠旧作韵》)。 石钵:一种僧人的食器。据乾隆相关诗作,为帝青石即一种青色宝玉所制的佛钵,康熙五十五年(1716)策妄阿拉布坦侵藏,将其掠回准噶尔,平定准噶尔后,清军得自其部落,于乾隆二十四年(1759)进献。赋作自注所征引圣制《帝青石佛钵诗》序,见《十全集》卷八《再定准噶尔第三之三·诗四十一首·帝青石佛钵诗用皮日休韵》。 所以:用以,用来。纪:记载,记录。 袭美:谓美事接踵相继。这里系巧妙化用晚唐作家皮日休(约834—约883)的字,而源于乾隆诗序"因赓袭美之章"一语。 告成:犹大功告成,这里指平定北疆准噶尔之功。

[613]铜印:一种铜制的印章。据乾隆相关诗作,为雍正四年(1726)铸成,颁发给厄鲁特后旗札萨克毛海(《西域水道记》作茂海)。雍正九年(1731),毛海叛,将铜印献给策妄阿拉布坦长子、时准噶尔汗噶尔丹策零。乾隆二十五年(1760),伊犁办事大臣伊柱获铜印于海努克(今伊犁哈萨克自治州察布查尔锡伯自治县的海努克乡),遂进献。赋作自注所征引圣制《海努铜印》诗,见《十全集》卷十六《平定回部第四之五·诗四十六首》。徐松遣戍新疆期间,曾夜宿海努克军台,实地考察海努克庙(即银顶寺),参其《西域水道记》卷四《巴勒喀什淖尔所受水》)。　铁章:一种铁制的印章。据乾隆所作《铁章记》,为准噶尔首领策妄阿拉布坦乞自达赖喇嘛,乾隆二十年(1755),平定达瓦齐叛乱后为清军所得,遂进献。赋作自注所征引圣制《铁章记》文,见《十全集》卷五《初定准噶尔第二之三·文五首》。　诏:教导,告诫。《庄子·盗跖》:"夫为人父者,必能诏其子;为人兄者,必能教其弟。"陆德明《释文》:"诏,如字,教也。"　知惧:知道惧怕。

凛盈:犹戒盈,意谓警惕自满。凛,畏惧貌;盈,谓自满。按,"凛盈"一词,乾隆在其诗作中尤为喜用,如上《海努铜印》:"天骄猖獗今何有,蠲忿因之益凛盈。"他如《闻京师得雨志慰》:"慰即近于泰,怵然益凛盈。"《西直门外》:"时若问心何以报,凛盈勑己慎几微。"《复雪》:"稠叠天恩讶何遇,凛盈惟益励勤虔。"

[614]均碗:指均窑所造瓷碗。均窑为宋初于河南禹州市神垕镇钧台建立的瓷窑,居宋代五大名窑之首。其所烧制的瓷器,称作钧瓷,极其名贵。据乾隆相关诗作,为乾隆四十一年(1776)乌鲁木齐屯田军士在垦地时所得,由都统索诺穆策凌在入觐时进献。经鉴定,为元代所仿造。赋作自注所征引圣制《题均窑碗》诗,见《十全集》卷二十《平定回部第四之九·诗四十六首》。　鼓尊:指唐鼓腔尊,为一种腹部鼓起状的酒器。据乾隆相关诗作,亦为乾隆四十一年乌鲁木齐屯田军士所得,由都统索诺穆策凌进献。经鉴定,为唐代所造。赋作自注所征引圣制《题唐鼓腔尊》诗,亦见《十全集》卷二十。　志:记,记录。　和众:使百姓和顺。　安氓:使百姓安定。古称百姓为氓。

[615]刚甲:铁铠。据乾隆相关诗作,曾为土尔扈特汗阿玉奇所服,乃其家族传世之宝。阿玉奇曾孙策伯克多尔济率旧部跟随渥巴锡于乾隆三十六年(1771)归国后,乾隆册封其为布延图亲王。乾隆四十年(1775),策伯克多尔济入觐时进献。赋作自注所征引圣制《刚甲行》诗,见《十全集》卷九《再定准噶尔第三之四·诗六十首》。　错刀:金错刀。据乾隆相关诗作,亦为阿玉奇家族传

世之宝,由策伯克多尔济堂叔、土尔扈特汗渥巴锡归国后,于乾隆三十七年(1772)进献。赋作自注所征引圣制《金错刀》诗,见《十全集》卷九《再定准噶尔第三之四·诗六十首》。 嘉:赞扬,表彰。 归顺:归附投诚。 表诚:表达诚意。按,赋作自注云金错刀与刚甲皆土尔扈特汗所献之说有误,当为徐松未加详审所致。其实,刚甲为策伯克多尔济所献,可参乾隆《刚甲行》诗序。另外,祁韵士主纂《钦定外藩蒙古回部王公表传·扎萨克和硕布延图亲王策伯克多尔济列传》亦明确记载:"四十年,(策伯克多尔济)以年班入觐……献祖阿玉奇所服刚甲,盖世守物也。"

[616]在昔:往昔,从前。陆机《叹逝赋》:"惨此世之无乐,咏在昔而为言。" 龙堆:即白龙堆,又称风戈壁,主要位于吐鲁番、哈密一带,参上文注释[180]。 靖:安,安定。 小丑:这里指准噶尔叛乱者。丑,指恶人,多指敌人。 纵横:放肆,恣肆。按,赋作自注所云回部,主要指吐鲁番和哈密的维吾尔人。而龙堆未靖,主要指雍正时期吐哈一带局势的动荡不安,即清廷与准噶尔对两地的激烈争夺。

[617]瓜沙:瓜州和沙州,即今甘肃酒泉市下辖的瓜州县和敦煌市一带。堡:土筑的小城,主要用于军事防御。按,噶尔丹死后,策妄阿拉布坦继为准噶尔汗,不断侵扰吐鲁番与哈密两地。至康熙五十九年(1720),清军先后控制了哈密和吐鲁番,并对准噶尔严加防范。而此时,沙俄也乘机对策妄阿拉布坦施压,企图迫其臣服。策妄阿拉布坦权衡利害,开始寻求与清廷和解,但借机请求通商贸易、与喀尔喀蒙古划界及划给吐鲁番等。至雍正新立,忙于巩固统治,遂答应了策妄阿拉布坦的请求。雍正三年(1725),清军开始从吐鲁番撤回,而曾协助清军防守的维吾尔人头目托克忒玛木特担心准噶尔报复,遂率部属鲁克察克、皮禅二族共计六百五十户随军东撤。四年(1726),被安置于肃州金塔寺、甘州威虏堡诸地,给田耕种,以资生计。雍正五年(1727),策妄阿拉布坦死去,长子噶尔丹策零继为准噶尔汗,与清廷关系又逐渐恶化。九年(1731),准噶尔侵扰吐鲁番清军大营,并围攻鲁克沁城(今吐鲁番市鄯善县城西四十五公里处的鲁克沁镇),受到以额敏和卓为首的维吾尔民众顽强抵抗,后被清军击退。十年(1732),准噶尔大将色布腾率军又不停骚扰吐鲁番,而当地驻防清军因兵力分散,疲于应付。在这种情势下,雍正决计放弃吐鲁番,并同意鲁克沁万余名维吾尔人也内迁。十一年(1733),被安置于瓜州五堡,亦给田耕种,并蠲免赋税。

　　[618]张岳:这里指西路清军副将军张广泗与宁远大将军岳钟琪。张广泗(?—1748),号敬斋,汉军镶红旗人。早年以监生入赀,授知府。康熙六十一年(1722),选授贵州思州府知府。雍正四年(1726),调云南楚雄府知府,辅助鄂尔泰平定苗族叛乱,因功调贵州黎平府知府。后擢贵州按察使,授贵州巡抚。十年(1732),准噶尔侵扰哈密,张广泗为西路副将军,由鄂隆吉(今新疆巴里坤哈萨克自治县下涝坝乡西北一带)至木垒,发现此地不宜驻兵,遂上奏弹劾宁远大将军岳钟琪。岳钟琪被革职召回,而张广泗护大将军印,后移军巴里坤。寻以查郎阿为大将军,授张广泗正红旗汉军都统。十三年(1735),授湖广总督。乾隆元年(1736),平定贵州苗乱,升云贵总督,兼领巡抚。十一年(1746),金川土司莎罗奔反,授张广泗为川陕总督,主持金川军务。至十三年(1748)十二月,以失误军机罪,被解京处斩。《清史稿》卷二百九十七有传。岳钟琪(1686—1754),《清史稿》卷二百九十六有传,亦可参上文注释[353]。　移营:这里指雍正九年(1731)西路清军始驻木垒而十年(1732)又移驻巴里坤之事,亦可参上文注释[397]。

　　[619]黔首:指平民百姓。《礼记·祭义》:"明命鬼神,以为黔首则。"郑玄注:"黔首,谓民也。"孔颖达疏:"黔首,谓万民也。黔,谓黑也。凡人以黑巾覆头,故谓之黔首。"《史记·秦始皇本纪》:"二十六年,更民名曰黔首。"　效命:献身报效。　鲁陈:城名,即赋作上文自注所云鲁克沁,今新疆吐鲁番市鄯善县鲁克沁镇。明称柳城,一名鲁陈,见《明史·西域传》。清又称鲁克察克、鲁克沁。《西域同文志》:"鲁克察克,回语,攒簇之谓,其地居民稠密,故名。"《西域图志》卷十四:"鲁克察克,旧对音为鲁克沁。"按,雍正九年(1731),准噶尔围攻鲁克沁城,越四旬余,不下,复以木梯三百攻哈喇和卓城(位于今新疆吐鲁番市二堡乡),而回众拒,斩五百余级。后闻清军将至,遂弃甲械逃窜。见祁韵士主纂《钦定外藩蒙古回部王公表传》卷一百零九《吐鲁番回部总传》,徐松所据,当即此。

　　[620]牲畜徙迹:这里指库舍图卡伦的骆驼和马匹被准噶尔盗至伊犁波罗塔拉之事。时为雍正八年(1730),但前文提及时,误记为雍正五年(1727)。可互参上文注释[355]。　波罗:地名,即波罗塔拉,又作博罗塔拉,今新疆博尔塔拉蒙古自治州首府博乐市一带。《西域同文志》:"准语塔拉,平甸。以博罗名,犹云青畴也。"康熙雍正时,为准噶尔汗策妄阿拉布坦建庭之所。清廷平定准噶尔后,于乾隆二十九年(1764)移察哈尔左营驻其地,并置领队大臣以统之。

[621]方：正当，正在。　三陇：山名，又叫三断，为玉门关外沙漠中的石山，位于今甘肃敦煌市党河西。《后汉书·李陈庞陈桥列传》："北匈奴数断西域车师、伊吾，陇沙以西使命不得通。"李贤注引《广志》曰："流沙在玉门关外，东西数百里，有三断名曰三陇也。"《西域图志》卷二十："三陇山在鸣沙山西南八十里党河西，东距敦煌县城一百二十里。形如山字，巨石中断，形势自鸣沙山西走，迤逦八十里，至党河而断，河西三峰卓立。"　阻远：险阻而遥远。按，赋作自注所征引圣制诗，见《十全集》卷十二《平定回部第四之二·诗二十八首》。

[622]遄：迅速，急忙。　遄征：疾速征伐。曹植《应诏》："弭节长骛，指日遄征。"李善注引毛传曰："遄，疾也。"六月遄征，本指周宣王五年（前823）六月北伐玁狁之事，为周宣中兴期间的一次巨大胜利，《诗·小雅·六月》专咏此事。这里借指乾隆二十四年（1759）六月，清军分两路对大小和卓发动总攻，继平定北疆之后，南疆亦告平定，天山南北归于统一，参上文注释[120]。按，赋作自注所征引圣制诗，见《十全集》卷十六《平定回部第四之五·诗四十六首·上巳日凯宴成功诸将上》。

[623]经：经过，往来。　内咄：河谷名，为汉时西域郁立师国王治所在地，位于今新疆昌吉回族自治州吉木萨尔县三台镇附近。　极：至，到达。　卑阗：城名，为汉时西域康居国王治之一部分，位于今中亚泽拉夫善（那密水）南岸。

[624]不闭户以居：形容社会安定，治安良好。户，家门。《礼记·礼运》："盗窃乱贼而不作，故外户而不闭。"孔颖达疏："外户而不闭者，扉从外阖也，不闭者，不用关闭之也。重门击柝，本御暴客，既无盗窃乱贼，则户无俟于闭也。但为风尘入寝，故设扉耳，无所捍拒，故从外而掩也。"　不赍（jī）粮以行：形容经济繁荣，商旅兴旺。赍，携带。《汉书·食货志下》："干戈日滋，行者赍，居者送。"颜师古注："赍，谓将衣食之具以自随也。"按，此二句，当本《新唐书》卷五十一《食货一》："贞观四年，米斗四五钱，外户不闭者数月，马牛被野，人行数千里不赍粮，民物蕃息，四夷降附者百二十万人。是岁，天下断狱，死罪者二十九人，号称太平"。而《资治通鉴》卷一百九十三《唐纪九·太宗文武大圣大广孝皇帝上之中》亦云："是岁，天下大稔，流散者咸归乡里，斗米不过三四钱，终岁断死刑才二十九人，东至于海，南极五岭，皆外户不闭，行旅不赍粮，取给于道路焉。"这里为借贞观之治而称颂乾嘉盛世。

[625]丁壮：青壮年人。　烽燧：即烽火，为古代边防报警的两种信号。白

天放烟叫烽,夜间举火叫燧。《墨子·号令》:"居高便所树表。表,三人守之。比至城者三表,与城上烽燧相望。昼则举烽,夜则举火。"　耆老:老年人。　钲鼓:古代作战时用的两种乐器。钲,古乐器,有长柄,形似钟而狭长,又名丁宁。古代作战,以钲鼓作为进击与退却的号令。击鼓进军,鸣钲止兵。《诗·小雅·采芑》:"钲人伐鼓,陈师鞠旅。"毛传:"伐,击也。钲以静之,鼓以动之。"按,赋作"而今日者"数句尤其是所谓"不见烽燧,不闻钲鼓",不尽合乎新疆局势的实际,而只是为了表达"导扬盛美"的主旨,故难免有掩盖矛盾、粉饰太平的强烈意味。实际上,西域自乾隆时期平定之后,并不安宁。这在徐松遣戍之前、期间、之后,都是如此。如乾隆三十年(1765)的乌什叛乱,《新疆南路赋》即有叙写:"负地险以牙孽,绝根株于再造"。再如嘉庆二十年(1815)的孜牙墩叛乱,《西域水道记》也有叙写,而徐松自己更是"佐谳狱""摄幕府行"即辅助参赞大臣长龄前往喀什噶尔重新审结该案的当事人。另外,浩罕汗国虽然表面上为清廷藩属,但一直对新疆虎视眈眈,兴风作浪,或采取军事进攻,或扶植地方势力。而就在徐松赐环回京的嘉庆二十五年(1820),又爆发了受浩罕和英国等外国势力支持的张格尔叛乱,直至道光六年(1826),方被平息。再后来,沙俄不断展开蚕食,英国势力也接踵而至。新疆之局势,在清朝中后期可以说未有宁日。

[626]回:邪。《诗·小雅·小旻》:"谋犹回遹,何日斯沮。"朱熹《集传》:"回,邪;遹,辟。"　贞:正。《易·颐》:"居贞之吉,顺以从上也。"《易·师》:"贞,正也。"

[627]矧(shěn):连词,表更进一步,犹言况,何况。董仲舒《悲士不遇赋》:"使彼圣人其蹀周遑兮,矧举世而同迷。"　移兵:犹调兵。　金军:即签军。金元时,每遇战争或边事,往往签发所有汉人丁壮当兵,谓之签军。汪藻《论侨寓州郡札子》:"比金人入寇,多驱两河人民,列之行阵,号签军。"《金史·兵志》:"故混源刘祁谓金之兵制最弊,每有征伐及边衅,辄下令签军,使远近骚动,民家丁男,若皆强壮,或尽取无遗。"　扰:扰乱。

[628]节饷:犹节省军费。饷,兵饷,指军队的粮食或俸给。　度支:指经费开支。　赢:盈余。

[629]事变:事物变化。　康:安顺,这里指战事顺利。按,此句意谓清廷平定西域的军事进展,变得越来越顺利,最终大功告成。而这里正是援引乾隆的本意,故可以其《十全集》卷二十《平定回部第四之九·诗四十六首·安远庙》之

"迹乖成事顺,功就赖天培"句与其自注"回部悉平,西陲底定,盖屡变屡安,适成我事"等语来解释。又按,赋作自注所征引圣制文,见《十全集》卷十一《再定准噶尔第三之六·文九首》。

[630]天培:天所佑助。《广韵》:"培,助也。" 倾:倾覆。这里指战局逆转。按,此句意谓清廷之所以能平定西域,实有赖于上天的佑助,而敌人虽然一再企图逆转战局,但终究还是自取灭亡。而这里也是援引乾隆本意,故可以其《安远庙》之"迹乖成事顺,功就赖天培"句与其自注"西师之役,自乙亥春两路进兵,遂擒达瓦齐,定准噶尔诸部,乃二酋(指大小和卓)孤恩助恶,屡抗官军,赖天恩助顺,狡谋莫逞",以及《平定准噶尔后勒铭伊犁之碑》之"天之所培者,人虽倾之,不可殪也,天之所覆者,人虽栽之,不可殖也,嗟汝准噶尔,何狙诈相延,自作之孽,难逭活也"等语来解释。按,赋作自注所征引圣制碑文,即《平定准噶尔后勒铭伊犁之碑》,见《十全集》卷十一《再定准噶尔第三之六·文九首》。

[631]钦惟:发语词,犹言敬思。 十全:这里指乾隆自诩的所谓"十全武功",见《十全集》卷五十三《再定喀尔喀第十之七·文二首·十全记》:"平准噶尔为二,定回部为一,扫金川为二,靖台湾为一,降缅甸安南各一,即今二次受廓尔喀降,合为十。" 扬武:振扬武功。按,赋作自注所征引圣制诗,见《十全集》卷四十九《再定喀尔喀第十之三·诗十八首·廓尔喀拉特纳巴都尔遣使悔罪乞降因许其请命凯旋班师志事》。

[632]庙筭:朝廷或帝王对战事进行的谋划。亦作庙算。筭,古"算"字。《孙子·计》:"夫未战而庙算胜者,得算多也;未战而庙算不胜者,得算少也。"张预注:"古者兴师命将,必致斋于朝,授以成算,然后遣之,故谓之庙算。"这里指康熙对亲征噶尔丹战事尤其是三十五年(1696)昭莫多之战的运筹帷幄,见《十全集》卷十《再定准噶尔第三之五·诗三十三首·全韵诗·圣祖亲征朔漠》,在赋作自注所征引"岂惮军书治旁午,每申庙筭谕先庚"句下有乾隆的自注,概言:"先是,圣驾驻苏德图,谕费扬武。费扬武承命即行,并遵圣主指授,至昭莫多,大败其众。自此一战,噶尔丹遂胆落,势亦穷蹙矣。噶尔丹之败衄,实费扬武一人之功,而费扬武之所以能克敌制胜,实皆禀承先机庙算也。"对此,《新疆北路赋》前文亦有叙写,可参"无兢维人,后先御侮"句及自注,亦可参上文注释[344]、[345]。 先庚:谓颁布命令前先行申述。《易·巽》:"先庚三日,后庚三日,吉。"孔颖达疏:"申命令谓之庚。民迷固久,申不可卒,故先申之三日;令

著之后,复申之三日,然后诛之。民服其罪,无怨而获吉矣。"

[633]利:有利,利于。　申酉:地支第九位和第十位,用以纪月,分别指农历七月和八月。　怨复:复怨的倒文。犹言复仇。古人认为,农历七八月是利于复仇的时间。宋人魏仲举所编《五百家注昌黎文集》卷四载韩愈《和皇甫湜陆浑山火用其韵》一诗,其中有"月及申酉利复怨"句,汇注云:"洪曰:'谓七八月多水潦也。'孙曰:'申,七月,酉,八月,此玄冥复怨之时。'韩曰:'水生于申,火死于酉,故水至申而利,火至酉而怨。'"按,赋作自注所征引圣制诗,见《十全集》卷六《再定准噶尔第三之一·诗四十三首·固尔札庙火用唐韩愈〈陆浑山火和皇甫湜〉韵并效其体》。据其内容,所谓"申酉复怨",指乾隆二十二年(1757)再定准噶尔即平定阿睦尔撒纳叛乱之事。正是这年七月二十八日,阿睦尔撒纳溃逃俄国,八月二十日,旋又患天花而病死。

[634]符:符合,相合。　乙亥:天干第二位和地支末一位,互相搭配,用以纪年。　荡平:谓平定寇乱。按,赋作自注所征引圣制碑文,见《十全集》卷五《初定准噶尔第二之三·文五首》,概言:"在古周宣,二年乙亥,淮夷是平,《常武》诗载。越我皇祖,征噶尔丹,命将祃旗,亦乙亥年。今也偃卧,知乐人生,曰匪准夷,曰我臣仆。"据其内容,所谓"乙亥荡平",指周宣王二年(前826)平定江淮东夷部族从而成就宣王中兴、清康熙三十四年(1695)誓师亲征噶尔丹从而决胜昭莫多、乾隆二十年(1755)剿灭达瓦齐从而初定准噶尔,均为乙亥年。

[635]献馘:指战争中割取敌人的左耳,献上以计数论功。亦可参上文注释[120]。　白练:白色的熟绢。古代献俘时,以白练系颈,牵引俘虏。按,赋作自注所征引圣制诗,见《十全集》卷七《再定准噶尔第三之二·诗四十六首·五更》。

[636]露布:古时军旅中的一种告捷文书。封演《封氏闻见记》:"露布,捷书之别名也。诸军破贼,则以帛书建诸竿上,兵部谓之露布。"　红旌:红色的旗帜。古代战争中,以红旗为识,驰送捷报。按,赋作自注所征引圣制诗,见《十全集》卷六《再定准噶尔第三之一·诗四十三首·黄新庄行宫叠去岁韵》。

[637]犹且:尚且,还。　理昭:谓事理昭彰。　虔巩:谨敬操劳,多用以形容帝王的勤政。班固《典引》:"虔巩劳谦,兢兢业业。"吕向注:"虔,敬也;巩,劳也。"按,赋作所征引圣制诗,见《十全集》卷十六《平定回部第四之五·诗四十六首·上巳日凯宴成功诸将士》。

[638]德体：指德之体性。　好生：爱惜生灵，多用以形容帝王的仁德。《书·大禹谟》："好生之德，洽于民心。"按，赋作所征引圣制诗，见《十全集》卷十二《平定回部第四之二·诗二十八首·西师》。

[639]《西师》：这里指乾隆所作《西师》一诗，见《十全集》卷十二《平定回部第四之一·诗二十八首》。该诗作于乾隆二十三年（1758），对西师过程中的平准之役进行了全面回顾，并对由平准之役和平回之役所引发的各种舆论与指责，做了详细解释。　《开惑》：这里指乾隆所作《开惑论》一文，见《十全集》卷十一《再定准噶尔第三之六·文九首》。该文作于乾隆二十四年（1759），由于整个西师之役已经大功告成，故特意效仿汉代王褒《四子讲德论》之"遗意"，以明确"宣示中外"，并详细解答了关于平准之役和平回之役的各种质疑与困惑。按，乾隆在四十九年（1784）所作《南巡记》一文中，曾总结其一生，认为自己干了两件大事，"一曰西师，二曰南巡"。所谓西师，即指乾隆十九年至二十四年（1754—1759）平定西域之事；而所谓南巡，则指乾隆十六年至四十九年（1751—1784）六巡江南之事。

[640]弆（jǔ）：收藏，保藏。唐释玄应《一切经音义》卷十三："弆，藏也。"引《通俗文》曰："密藏曰弆。"　军俘：这里指俘获的军器。　致美：尽美，极美。《论语·泰伯》："菲饮食而致孝乎鬼神，恶衣服而致美乎黻冕，卑宫室而尽力乎沟洫。"　肆夏：本为古乐《九夏》之一，属于《诗》之"颂"类。《周礼·春官·大司乐》："王出入则令奏《王夏》，尸出入则令奏《肆夏》，牲出入则令奏《昭夏》。"这里代指战争结束后举行的定功戢兵仪式。按，赋作自注所征引圣制诗，见《十全集》卷十七《平定回部第四之六·诗四十首》。

[641]藏：弆。互文见义。　灵纛：这里指所谓得胜灵纛。纛，大旗。据纪昀等增纂《国朝宫史》卷十五《宫殿五》及朱铨等校补《皇朝礼器图式》卷十七《武备五》记载，乾隆为了嘉奖平定西域的功臣，于二十五年（1760）将紫光阁修葺一新，图傅恒、兆惠等五十人画像于阁上，并弆藏得胜灵纛及俘获军器。其中得胜灵纛共计七杆，均以功臣命名，分别为兆惠纛、富德纛、明瑞纛、巴禄纛、鄂傅什纛、温布纛、由屯纛。　用戒：为了防备。用，表目的，相当于为了、为的是。佳兵：意谓好用兵、好战。陈子昂《送著作佐郎崔融等从梁王东征》："王师非乐战，之子慎佳兵。"岳珂《桯史·逆亮辞怪》："金酋亮既立，遂肆暴无忌，佳兵苛役，以迄于亡。"按，赋作自注所征引圣制诗，见《十全集》卷十七《平定回部第四

之六·诗四十首》。

[642]子大夫:大夫的美称。　侈:夸大,夸耀。左思《三都赋》:"侈言无验,虽丽非经。"吕延济注:"侈,大也。经,常也。若大言而无征验者,虽华丽不可以为常。"　昆仑:传说中西北一带的山名,见《淮南子·原道训》:"经纪山川,蹈腾昆仑,排闾阖,沦天门。"高诱注:"昆仑,山名也,在西北,其高万九千里。"昆仑山主要位于新疆南部和西藏北部之间,故这里代指南疆。　炫:侈。互文见义。栗广:传说中西北一带的原野名,见《山海经·大荒西经》:"有神十人,名曰女娲之肠,化为神,处栗广之野,横道而处。"郭璞注:"栗广,野名。"栗广,昆仑,互文见义,也代指南疆。

[643]骋:尽情施展,放任无约束。　舌人:古时指翻译人员。《国语·周语中》:"故坐诸门外,而使舌人体委与之。"韦昭注:"舌人,能达异方之志,象胥之官也。"王志坚《表异录·地理》:"译语人曰象胥,又曰舌人。"　博辩:从多方面论说,雄辩。　泥:拘泥,不变通。　旧史:指先前的史书。　争鸣:就各自的看法和观点进行争辩。

[644]东都主人:班固《西都赋》中所虚构的人物。　所由:所自,表原因和根据。　兴叹:发出感叹。　知德:懂得道德。班固《东都赋》中,东都主人曰:"知德者鲜矣!"　乌有先生:司马相如《子虚赋》中所虚构的人物。　复将:又将,表递进和强化。　设诮:拟设讥讽。　见轻:被人看轻。司马相如《子虚赋》中,乌有先生曰:"是何言之过也!"

[645]言辞未毕:这里指乌孙使者的话还没有说完。毕,结束,完毕。

[646]瞤(tì)然:失意而视貌。瞤,瞝的讹文。《说文》:"瞝,失意视也。"气下:谓勇气低落,信心不足。　幡然:剧变貌,形容转变很快。　意改:改意的倒文。谓改变心思。

[647]称:称颂,颂扬。

[648]大顺:这是孔子所描绘的一种儒家理想社会,其核心内容是伦常天道,礼法标准,社会和谐,见《礼记·礼运》,概言:"天子以德为车、以乐为御,诸侯以礼相与,大夫以法相序,士以信相考,百姓以睦相守,天下之肥也,是谓大顺。"　积:辐辏,积聚。　将:如果,假若。　开:开创,创造。　必:必然,必定。因:沿袭,承袭。　大同:这是孔子所描绘的一种儒家太平盛世,其核心内容是天下为公、平等相爱,社会安定,亦见《礼记·礼运》,概言:"大道之行也,天下为

公,选贤与能,讲信修睦,故人不独亲其亲,不独子其子,使老有所终,壮有所用,幼有所长,矜寡孤独废疾者皆有所养,男有分,女有归,货恶其弃于地也,不必藏于己,力恶其不出于身也,不必为己,是故谋闭而不兴,盗窃乱贼而不作,故外户而不闭,是谓大同。"   至:极点,极致。   虽:纵使,即使。   离逖:远离,遥远。《书·多方》:"我则致天之罚,离逖尔土。"孔颖达疏:"我则致天之罚于汝身,将远徙之,使离远汝之本土。"亦作离邀。   亲:亲爱,亲近。

[649]猗:叹词,表赞美,常用于句首。   圣清:清人对本朝的美称。汪由敦《平定金川赋》:"我圣清之廓,帝纮而恢皇纲也。"乾隆间《大清一统志·表》:"盖我圣清合元启泰,得一奉宸,屯启云雷,离乘日月。"   煦谕:对帝王谕旨的美称。下文所叙诸种祥瑞之事,多见载于顺、康、雍等朝谕旨及朱批谕旨,故称。   默:无形,暗中。   契合:符合。   鸿钧:指天道。

[650]卿云:即庆云,古人视为祥瑞的一种五色彩云。《竹书纪年》卷上:"十四年,卿云见,命禹代虞事。"《史记·天官书》:"若烟非烟,若云非云,郁郁纷纷,萧索轮囷,是谓卿云。卿云见,喜气也。"   昭贶(kuàng):彰显上天或神灵的赐赠。贶,赐赠之物。苏颋《睿宗受禅制》:"朕爰初践极,喜气呈祥,天人叶心,象纬昭贶,官名有纪,年号用凭,可大赦天下。"   缛藻:繁密绚丽的色彩。缛,繁多,繁密;藻,绚丽,华美。李君房《海人献文锦赋》:"当其彩缕方织,鸣梭静闻,绚霞光于阴火,缀缛藻于卿云。"按,赋作自注所云庆云之事,分见《圣祖仁皇帝实录》卷一百十七与《世宗宪皇帝实录》卷八十九。

[651]绳河:即银河,也叫天河。古纬书言王者德至云汉,则天河直如绳,故称。《御定佩文韵府》卷二十二二:"纬书:天子神圣,则天河直如绳。"彭大翼《山堂肆考》卷二:"(天河)曰绳河,言如绳之直也。"   表瑞:犹呈瑞。   清沦:澄澈的河水。沦,水上的小波纹。《诗·魏风·伐檀》:"坎坎伐轮兮,置之河之漘兮,河水清且沦猗。"毛传:"小风水成文,转如轮也。"这里指黄河水清,古人亦视其为祥瑞。《易纬乾凿度》卷下:"天之将降嘉瑞应,河水清三日。"按,赋作自注所云河清之事,均见乾隆间《皇朝文献通考》卷二百六十八《物异考》。

[652]驯象:驯养的象。《汉书·武帝纪》:"元狩二年,南越献驯象、能言鸟。"颜师古注引应劭曰:"驯者,教能拜起周章,从人意也。"   凿山:谓凿山通道。《史记·平准书》:"唐蒙、司马相如开路西南夷,凿山通道千余里,以广巴蜀,巴蜀之民罢焉。"   思茅:今云南普洱市思茅区。宋称思摩,元称思么,明称

思毛,清雍正十三年(1735),设思茅厅,隶普洱府。按,赋作自注所云《皇朝通考》,即乾隆间《皇朝文献通考》,事见其卷二百六十八《物异考》。

[653]鹅(duò)鸠:一种雉属鸟名,即沙鸡,亦名突厥雀。《尔雅》:"鹅鸠,寇雉。"郭璞注:"鹅大如鸽,似雌雉,鼠脚无后指,岐尾,为鸟憨急群飞,出北方沙漠地。"郝懿行《义疏》:"今莱阳人名沙鸡也。"亦可参《本草纲目·禽部·突厥雀》。　怀音:比喻不善之人有感于恩惠而归化。《诗·鲁颂·泮水》:"翩彼飞鸮,集于泮林。食我桑黮,怀我好音。"郑玄笺:"怀,归也。"孔颖达《正义》:"恶声之鸟,食桑黮而变音,喻不善之人感恩惠而从化。"后多以喻敌对势力感恩归化于己方,尤指周边少数民族政权感恩归化于内地政权。李百药《赞道赋》:"总人灵以胥悦,极穹壤而怀音。赫矣盛唐,大哉灵命!"　辽海:这里指辽东,即辽河以东地区,今辽宁东部和南部。按,赋作自注所征引乾隆间《皇朝文献通考》之事,见其卷二百六十八《物异考》。

[654]东风受吏:这里指新疆各部归顺清廷,接受统治。东风,即东方之风,比喻帝王威德。受吏,受命于吏,指接受朝廷统治。《西域图志》卷二十六《岁祭阿里玛图郭勒文》:"朕既缵武功,用敷文命。东风受吏,聿彰柔远之谟;溟海来王,共叶安澜之庆。"《十全集》卷十五《平定回部第四之四·庚辰春帖子》:"从此凹睛凸鼻辈,一齐受吏验东风。"　西母来宾:这里指西藩属国臣服清廷,朝贡天子。西母,即西王母,以代指下文各西藩属国。来宾,前来宾服,指藩属朝贡天子。传说在黄帝、舜、周穆王时,西王母曾多次来宾。如《竹书纪年》卷上:"(舜)九年,西王母来朝。西王母之来朝,献白环、玉玦。"卷下:"(周穆王)十七年,王西征昆仑丘,见西王母。其年,西王母来朝,宾于昭宫。"又如宋人罗泌所撰《路史》卷四十六引《集仙录》称:"黄帝在位,西王母使乘白鹿,授地图。"

[655]诞:大。《书·汤诰》:"王归自克夏,至于亳,诞告万方。"孔传:"诞,大也。"班固《典引》:"诞略有常,审言行于篇籍,光藻朗而不渝耳。"颜师古注:"诞,大也。言殷周二代政化之迹,大略有常也。"　发祥而流庆:指帝王受命于天,并显现吉祥,流庆于子孙。发祥,呈现吉利征象;流庆,流播吉庆幸福。语出班固《典引》:"发祥流庆,对越天地者,焉奕乎千载。"李贤注:"言发祯祥以流庆于子孙。"　钟:全部赋予。《正字通》:"天所赋予亦曰钟。"杜甫《望岳》:"造化钟神秀,阴阳割昏晓。"　运会:时运际会,时势。阮籍《清思赋》:"托精灵之运会兮,浮日月之余晖。"　庚辰:天干第七位和地支第五位,互相搭配,用以纪年。

这里指乾隆二十五年(1760),即平定西域的次年。这年十月初六日,乾隆第十五子出生,即赋作自注所云"笃生圣人"。笃生,谓得天厚佑而生。其初名永琰,立皇太子后,讳名颙琰,丙辰年(1796)正月初一日,即皇帝位,改元嘉庆,是为清仁宗。

[656]甲子:天干首位和地支首位。古代用干支纪年或纪岁数时,六十组干支轮一周,称一个甲子,共六十年。嘉庆帝自乾隆二十五年(1760)诞生,至嘉庆二十四年(1819),岁数刚好为一个甲子即六十,即赋作自注所云"圣寿六旬"。早在这年正月初一日,嘉庆帝就以本年十月为六旬万寿而颁诏全国,至十月初六日始,举办了盛况空前的庆祝活动。　闿:开启,开创。《说文》:"闿,开也。"段玉裁注:"本义为开门,引申为凡启导之称。"王安石《首善自京师赋》:"闿承师论道之基,先飨饩下;广成俗化民之谊,甫暨寰中。"　帝夏与皇春:清时臣子用以称颂帝王统治时期的美称。阿桂等《八旬万寿盛典·盛事》:"阅皇春与帝夏,岁月遂多;兼松寿与栢贞,门间宜表。"彭元瑞《万寿恭纪五言排律一首用八庚全韵序》:"圣人挈乾瑞坤倪之精,积帝夏皇春之算,躬履百顺,庆跻八旬。"按,赋作"诞发祥而流庆"至"闿帝夏与皇春"数句及自注"今嘉庆二十四年"等语,为徐松赐环回京之际所增补。

[657]尼西尔宛:当为古时阿富汗的一位圣明君主。　德化:盛美德性的教化。按,赋作自注所云,征引自傅恒等纂《平定准噶尔方略》前编卷十八"乾隆二十七年辛未"条,其云:"叶尔羌办事都统新柱等疏奏爱乌罕等处情形。新柱等奏言:八月初五日,土伯特拉达克汗策旺那木扎尔遣人致书,臣等译看其书,云'闻爱乌罕头目爱哈黙特沙恃强攻痕都期坦部落,取扎纳巴特城,以阿奇木伯克守之,自居拉固尔城,又克什米尔部落旧头目名塞克专,爱哈黙特沙令其往见,不从,遂遣人统众数万攻之,塞克专迎战败溃,为其下人执送,爱哈黙特沙颇能体恤农商人等,如古之尼西尔宛时,羊虎同居,并不相害'等语,臣等复书,奖其诚悃,办令起程。"乾隆二十七年,即1762年。爱乌罕,即阿富汗。爱哈黙特沙,即艾哈迈德汗(1724—1773),为第一个统一的阿富汗民族国家杜兰尼王朝(1747—1818)建立者,后被大多数阿富汗人尊奉为"巴巴"(国父)。

[658]素赍璊佛、鲁斯塔木、伊斯干达里:当为中亚和新疆一代传说中的人物。鲁斯塔木,亦作鲁斯塔姆,为波斯传说中身高力强的一位勇士和民族英雄。其余二人,均不详。　鸿仁:广博深厚的仁慈。　大勇:超乎寻常的勇敢。　威神:赫奕神明的威严。按,赋作自注所云,亦征引自《平定准噶尔方略》,见其正

编卷七十八"乾隆二十四年庚申"条,兹不赘录。

[659]超:超越,胜过。 四洲与四主:佛经认为,在须弥山周围环绕的咸海中,有四大部洲,其中人类居住和生活的赡部洲,又有四主统治。《大唐西域记》卷一《三十四国》:"(咸)海中可居者,大略有四洲焉:东毗提诃洲、南赡部洲、西瞿陀尼洲、北拘卢洲。赡部洲地,有四主焉:南象主,则暑湿宜象;西宝主,乃临海盈宝;北马主,寒劲宜马;东人主,和畅多人。"

[660]比伦:犹言比拟,比类,匹敌。《魏书·崔楷传》:"其实上叶御灾之方,亦为中古井田之利。即之近事,有可比伦。"

[661]表:这里指贡表,为朝贡时上给皇帝的一种表文。 署:签,题。 一千年:这里指以伊斯兰历纪年的1083年,与其相对应的是公元1673年,也就是康熙十二年。按,赋作自注所征引《吐鲁番总传》,即祁韵士主纂《钦定外藩蒙古回部王公表传》卷一百零九《吐鲁番回部总传》。

[662]地拓:拓地的倒文。谓开辟土地,扩充疆域。这里指清廷平定准噶尔和回部即北疆和南疆,亦即平定西域所拓展的统治面积,当时为二百余万平方公里。按,赋作自注所征引圣制文,见《十全集》卷二十一《平定回部第四之十·文八首》。

[663]永戴:永远尊奉。戴,尊奉,推崇,拥护。《国语·周语上》:"庶民不忍,欣戴武王。"韦昭注:"戴,奉也。" 如天覆育:谓如同上天所养育。覆育,庇护养育。 圣人:封建时代对帝王的尊称。按,赋作自注所云乾隆二十三年(1758)右部哈萨克图里拜表文事,征引自傅恒等纂《平定准噶尔方略》正编卷六十一。

207

参 考 文 献

一、辞　　书

臧励龢等编:《中国古今地名大辞典》,商务印书馆香港分馆民国二十年(1931)发行。

许慎撰,徐铉校定:《说文解字》,中华书局1963年版。

傅恒等奉敕撰:《钦定西域同文志》,《景印文渊阁四库全书》第二三五册,台湾商务印书馆1981年发行。

谭其骧主编:《中国历史地图集(清时期)》,中国地图出版社1987年版。

许慎撰,段玉裁注:《说文解字注》,上海古籍出版社1988年版。

广东、广西、湖南、河南辞源修订组,商务印书馆编辑部编:《辞源(合订本)》,商务印书馆1988年版。

汉语大字典编辑委员会编:《汉语大字典(缩印本)》,湖北辞书出版社、四川辞书出版社1992年版。

纪大椿主编:《新疆历史词典》,新疆人民出版社1994年版。

中国社会科学院语言研究所词典编辑室编:《现代汉语词典(修订本)》,商务印书馆1996年版。

夏征农主编:《辞海(1999年版缩印本)》,上海辞书出版社2000年版。

王力主编:《王力古汉语字典》,中华书局2000年版。

文物出版社编:《中国历史年代简表》,文物出版社2001年版。

史为乐主编:《中国历史地名大辞典》,中国社会科学出版社2005年版。

钟兴麒编著:《西域地名考录》,国家图书馆出版社2008年版。

《新疆地名大词典》编纂委员会编著:《新疆地名大词典》,中国大百科全书出版社 2012 年版。

赵逵夫主编:《历代赋鉴赏辞典》,上海辞书出版社 2017 年版。

二、著　作

法式善:《槐厅载笔》,嘉庆四年(1799)刻本。

徐星伯:《新疆赋》原刻本,即道光四年(1824)刻本。

徐松:《西域三种》,道光九年(1829)北平隆福寺文奎堂刻本。

英和:《恩福堂笔记》,道光十七年(1837)刻本。

许乃穀:《瑞芍轩诗钞》,同治七年(1868)刻本。

和宁等:《西藏等三边赋》,光绪癸未(1883)元尚居校刊本。

李鸿章等纂修:《畿辅通志卷二二六·列传三四·国朝·顺天·大兴县·徐松》,《畿辅通志》第十九函,光绪十年(1884)古莲花池刻本。

方士淦:《东归日记》南清河王氏刻本,王锡祺编《小方壶斋舆地丛钞》第二帙第二册,光绪十七年(1891)上海著易堂印行。

徐松:《汉书西域传补注》,光绪二十年(1894)广雅书局刻本。

徐遇春等重修,徐祺等续修:《管溪徐氏宗谱》,光绪丙申(1896)木活字印本。

徐松:《西域水道记五卷汉书西域传补注二卷新疆赋一卷》,光绪癸卯(1903)上海文瑞楼石印本。

徐松:《西域四种》,上海鸿文书局石印本。

阮葵生:《茶余客话》铅印本,商务印书馆民国三年(1914)印行。

徐世昌:《大清畿辅先哲传卷二五·文学传七·徐松》,《大清畿辅先哲传》第二函,民国六年(1917)天津徐氏刻本。

缪荃孙辑:《星伯先生小集》,《烟画东堂小品》第七册"徵卷",民国九年(1920)江阴缪氏刻本。

中华书局编:《清史列传卷七十三·文苑传四·徐松》,《清史列传》第七十三册,民国十七年(1928)上海中华书局铅版。

沈垚:《落帆楼文稿》连筠簃丛书本,《丛书集成初编》第二五三六册,商务印书馆民国二十五年(1936)印行。

曾问吾:《中国经营西域史》,上海商务印书馆民国二十五年(1936)发行。

徐松辑:《宋会要辑稿》,中华书局1957年版。

向达:《唐代长安与西域文明》,生活·读书·新知三联书店1957年版。

商衍鎏:《清代科举考试述录》,生活·读书·新知三联书店1958年版。

班固著,颜师古注:《汉书》,中华书局1962年版。

范晔撰,李贤等注:《后汉书》,中华书局1965年版。

詹宣猷等修,蔡振坚等纂:《建瓯县志》民国十八年(1929)铅印本,《中国方志丛书·第九十五号》,台湾成文出版社有限公司1967年印行。

《回疆志》清乾隆年间抄本,《中国方志丛书·西部地方·第一号》,台湾成文出版社有限公司1968年出版。

祁韵士辑:《西陲要略》清道光十七年(1891)刊本,《中国方志丛书·西部地方·第二号》,台湾成文出版社有限公司1968年出版。

和宁:《三州辑略》清嘉庆十年(1805)修旧抄本,《中国方志丛书·西部地方·第十一号》,台湾成文出版社有限公司1968年印行。

宗源瀚等原纂修,徐则恂等修订:《浙江全省舆图并水陆道里记》民国四年(1915)石印本,《中国方志丛书·华中地方·第四七号》,台湾成文出版社有限公司1970年印行。

唐煦春等修,朱士黻等纂:《上虞县志》清光绪十七年(1891)刊本,《中国方志丛书·华中地方·第六三号》,台湾成文出版社有限公司1970年印行。

魏征、令狐德棻:《隋书》,中华书局1973年版。

李恢垣:《汉西域图考》,光绪壬午(1882)阳湖赵氏寿谖草堂活字印本,台湾乐天出版社1974年印行。

刘昫等:《旧唐书》,中华书局1975年版。

欧阳修、宋祁:《新唐书》,中华书局1975年版。

储家藻修,徐致靖纂:《上虞县志校续》清光绪二十五年(1899)刊本,《中国方志丛书·华中地方·第二〇一号》,台湾成文出版社有限公司1975年印行。

龙赓言纂修:《万载县志》民国二十九年(1940)刊本,《中国方志丛书·华中地方·第二七六号》,台湾成文出版社有限公司1975年印行。

龚自珍:《龚自珍全集》,上海人民出版社1975年版。

王琦注:《李太白全集》,中华书局1977年版。

赵尔巽等:《清史稿》,中华书局 1977 年版。

钱泳撰,张伟校点:《履园丛话》,中华书局 1979 年版。

新疆社会科学院历史研究所编著:《新疆简史》,新疆人民出版社 1980 年版。

朱保炯、谢沛霖编:《明清进士题名碑录索引》,上海古籍出版社 1980 年版。

顾廷龙校阅:《艺风堂友朋书札(上)》,《中华文史论丛》增刊,上海古籍出版社 1980 年版。

顾廷龙校阅:《艺风堂友朋书札(下)》,《中华文史论丛》增刊,上海古籍出版社 1981 年版。

孟森:《明清史讲义》下册,中华书局 1981 年版。

刘勰著,周振甫注:《文心雕龙注释》,人民文学出版社 1981 年版。

徐珂编撰:《清稗类钞》,中华书局 1981 年版。

《历代西域诗选注》编写组编:《历代西域诗选注》,新疆人民出版社 1981 年版。

吴蔼宸选辑:《历代西域诗钞》,新疆人民出版社 1982 年版。

司马迁:《史记》,中华书局 1982 年版。

姚元之撰,李解民点校:《竹叶亭杂记》,中华书局 1982 年版。

吴丰培辑:《新疆四赋》清缮复印本,中央民族学院少数民族古籍整理出版规划领导小组编《民族古籍丛书》,中央民族学院出版社 1982 年影印。

沈元泰等纂:《道光会稽县志稿》绍兴王氏钞本,《中国方志丛书·华中地方·第五五一号》,台湾成文出版社有限公司 1983 年印行。

袁行云:《许瀚年谱》,齐鲁书社 1983 年版。

李柏荣著,陈新宪校点:《魏源师友记》,岳麓书社 1983 年版。

徐松撰,赵守俨点校:《登科记考》,中华书局 1984 年版。

魏源撰,韩锡铎、孙文良点校:《圣武记》,中华书局 1984 年版。

黄文炜:《重修肃州新志》,甘肃省酒泉县博物馆 1984 年翻印。

纪大椿编著:《新疆地方志简介》,吉林省图书馆学会编辑《中国地方志详论丛书之十三 吉林省图书馆学会丛书之四十三》,吉林省地方志编纂委员会、吉林省图书馆学会 1985 年版。

朱汝珍辑:《词林辑略》,周骏富辑《清代传记丛刊》第 16 册《学林类 18》,台湾明文书局 1985 年印行。

缪荃孙纂录:《续碑传集卷七八·文学三·徐松》,周骏富辑《清代传记丛刊》第 115 册《综录类 4·续碑传集(五)》,台湾明文书局 1985 年印行。

脱脱等:《宋史》,中华书局 1985 年版。

任继愈主编:《中国佛教史》第一卷,中国社会科学出版社 1985 年版。

〔美〕费正清等编,中国社会科学院历史研究所编译室译:《剑桥中国晚清史.1800—1911》,中国社会科学出版社 1985 年版。

葛洪:《西京杂记》,中华书局 1985 年版。

傅恒等奉敕撰:《御定平定准噶尔方略》,《景印文渊阁四库全书》第三五七—三六一册,台湾商务印书馆发行。

傅恒等奉敕撰:《钦定皇舆西域图志》,《景印文渊阁四库全书》第五〇〇册,台湾商务印书馆发行。

清高宗撰,彭元瑞编:《高宗诗文十全集》武英殿聚珍版丛书本,《丛书集成新编》第六八册,台湾新文丰出版公司印行。

徐松撰,刘肇隅录:《徐星伯说文段注札记》一卷,《丛书集成初编》第七二册,台湾新文丰出版公司印行。

徐松:《东朝崇养录》四卷,民国七年(1918)双照楼刊松林丛书本,《丛书集成续编》第五三册,台湾新文丰出版公司印行。

徐松:《西域水道记校补》一卷,晨风阁丛书本,《丛书集成续编》第二二三册,台湾新文丰出版公司印行。

王谠撰,周勋初校证:《唐语林校证》,中华书局 1987 年版。

《清实录》影印本,中华书局 1987 年版。

洪良品纂,缪荃孙覆辑:《光绪顺天府志卷一百三·人物志十三·先贤十三·国朝·徐松》及《光绪顺天府志卷一百二十六·艺文志五·顺天人著述三·国朝·徐松》,周家楣、缪荃孙编纂《光绪顺天府志》第十三册及第十六册,北京古籍出版社 1987 年版。

马积高:《赋史》,上海古籍出版社 1987 年版。

陈元龙编:《历代赋汇》,江苏古籍出版社、上海书店 1987 年版。

刘锦藻编纂:《清朝文献通考》,浙江古籍出版社 1988 年版。

陈伯海、朱易安编撰:《唐诗书录》,齐鲁书社 1988 年版。

丁世良、赵放主编:《中国地方志民俗资料汇编·西北卷·新疆维吾尔自治区》,书目文献出版社 1989 年版。

西北民族学院历史系等编:《古代开发西北人物志》,兰州大学出版社 1990 年版。

杜联喆:《清代名人传略·徐松》,[美]恒慕义主编,中国人民大学清史研究所《清代名人传略》翻译组译《清代名人传略》中册,青海人民出版社 1990 年版。

[英]崔瑞德,[英]鲁惟一编,杨品泉等译:《剑桥中国秦汉史·公元前 221 年至公元 220 年》,中国社会科学出版社 1992 年版。

杨钟羲撰,刘承干校:《雪桥诗话余集》,北京古籍出版社 1992 年版。

谢巍编:《中国历代人物年谱考录》,中华书局 1992 年版。

费振刚、胡双宝、宗明华辑校:《全汉赋》,北京大学出版社 1993 年版。

清国史馆修:《清国史·文苑传卷五八·徐松传》,《清国史》嘉业堂钞本第一二册,中华书局 1993 年影印。

缪荃孙辑:《徐星伯先生事辑》光绪二十七年(1901)刻本,《艺风堂文集》卷一,沈云龙主编《近代中国史料丛刊》第九十五辑,台湾文海出版社有限公司印行。

周轩:《清宫流放人物》,紫禁城出版社 1993 年版。

徐松辑,高敏点校:《河南志》,中华书局 1994 年版。

洪湛侯:《中国文献学新编》,杭州大学出版社 1994 年版。

乌丙安:《中国民间信仰》,上海人民出版社 1995 年版。

中国第一历史档案馆编:《光绪宣统两朝上谕档》第八册,广西师范大学出版社 1996 年版。

缪荃孙著,孙安邦点校:《云自在龛随笔》,《民国笔记小说大观》第二辑,山西古籍出版社 1996 年版。

梁章钜等编著,白化文、李鼎霞点校:《楹联丛话全编》,北京出版社 1996 年版。

徐松撰,李健超增订:《增订唐两京城坊考》,三秦出版社 1996 年版。

郭维森、许结著:《中国辞赋发展史》,江苏教育出版社 1996 年版。

纪昀等原著,四库全书研究所整理:《钦定四库全书总目(整理本)》,中华书局 1997 年版。

薛宗正主编：《中国新疆古代社会生活史》，新疆人民出版社 1997 年版。

梁启超撰，朱维铮导读：《清代学术概论》，上海古籍出版社 1998 年版。

钟敬文主编：《民俗学概论》，上海文艺出版社 1998 年版。

缪荃孙辑：《徐星伯先生事辑》光绪二十七年（1901）刻本，《艺风堂文集》卷一，北京图书馆编《北京图书馆藏珍本年谱丛刊》第 137 册，北京图书馆出版社 1999 年影印。

玄奘、辩机原著，季羡林等校注：《大唐西域记校注》，中华书局 2000 年版。

上海古籍出版社编，丁如明等校点：《唐五代笔记小说大观》，上海古籍出版社 2000 年版。

曹础基：《庄子浅注》，中华书局 2000 年版。

马大正主编：《中国边疆经略史》，中州古籍出版社 2000 年版。

中国人民大学清史研究所编：《清史编年》，中国人民大学出版社 2000 年版。

荣苏赫、赵永铣编著：《蒙古族文学史》第三编，内蒙古人民出版社 2000 年版。

马积高：《历代辞赋研究史料概述》，中华书局 2001 年版。

许结：《中国赋学历史与批评》，江苏教育出版社 2001 年版。

余冠英注译：《诗经选》，人民文学出版社 2002 年版。

杨伯峻译注：《论语译注》，中华书局 2002 年版。

王先谦：《汉书补注》清光绪二十六年（1900）王氏虚受堂刻本，《续修四库全书》第二六八—二七〇册，上海古籍出版社 2002 年影印。

徐松：《汉书西域传补注》清道光九年（1829）张琦刻本，《续修四库全书》第二七〇册，上海古籍出版社 2002 年影印。

吴广成：《西夏书事》清道光五年（1825）小岘山房刻本，《续修四库全书》第三三四册，上海古籍出版社 2002 年影印。

杨学可撰，徐松校补：《明氏实录》清光绪赵氏刻仰视千七百二十九鹤斋丛书本，《续修四库全书》第三五〇册，上海古籍出版社 2002 年影印。

张鉴：《西夏纪事本末》清光绪十一年（1885）刻半厂丛书初编本，《续修四库全书》第三八七册，上海古籍出版社 2002 年影印。

阮元撰，罗士琳续补：《畴人传》清嘉庆道光阮氏琅嬛仙馆刻本，《续修四库全书》第五一六册,上海古籍出版社 2002 年影印。

李元度辑:《国朝先正事略》清同治八年(1869)循陔草堂刻本,《续修四库全书》第五三八—五三九册,上海古籍出版社 2002 年影印。

张穆:《顾亭林先生年谱》清道光二十四年(1844)刻本,《续修四库全书》第五五三册,上海古籍出版社 2002 年影印。

长龄:《长文襄公自定年谱》清道光二十一年(1841)桂丛堂刻本,《续修四库全书》第五五七册,上海古籍出版社 2002 年影印。

周家楣、沈秉成、薛福辰修,张之洞、缪荃孙纂:《(光绪)顺天府志》清光绪十二年(1886)刻本,《续修四库全书》第六八三册,上海古籍出版社 2002 年影印。

徐松:《西域水道记》稿本,《续修四库全书》第七二八册,上海古籍出版社 2002 年影印。

震钧、唐元素:《天咫偶闻》清光绪三十三年(1907)甘棠转舍刻本,《续修四库全书》第七三〇册,上海古籍出版社 2002 年影印。

张穆撰,何秋涛补:《蒙古游牧记》清同治六年(1907)祁氏刻本,《续修四库全书》第七三一册,上海古籍出版社 2002 年影印。

徐松撰,张穆校补:《唐两京城坊考》清道光二十八年(1848)杨氏刻连筠簃丛书本,《续修四库全书》第七三二册,上海古籍出版社 2002 年影印。

松筠纂修:《新疆识略》清道光元年(1821)武英殿刻本,《续修四库全书》第七三二册,上海古籍出版社 2002 年影印。

李志常:《长春真人西游记》宛委别藏清抄本,《续修四库全书》第七三六册,上海古籍出版社 2002 年影印。

黄叔璥撰,戴璐等续补:《国朝御史题名》京畿道藏板,《续修四库全书》第七五一册,上海古籍出版社 2002 年影印。

宋礼部太常寺纂修,徐松辑:《中兴礼书》清蒋氏宝彝堂抄本,《续修四库全书》第八二二、八二三册,上海古籍出版社 2002 年影印。

叶宗鲁纂修,徐松辑:《中兴礼书续编》清蒋氏宝彝堂抄本,《续修四库全书》第八二三册,上海古籍出版社 2002 年影印。

姚元之:《竹叶亭杂记》清光绪十九年(1893)阳湖汪洵署检本,《续修四库全书》第一一三九册,上海古籍出版社 2002 年影印。

陆继辂:《合肥学舍札记》清光绪四年(1878)兴国州署刻本,《续修四库全书》第一一五七册,上海古籍出版社 2002 年影印。

俞正燮:《癸巳类稿》清道光十三年(1833)求日益斋刻本,《续修四库全书》第一一五九册,上海古籍出版社 2002 年影印。

韩泰华:《无事为福斋随笔》清光绪刻本,《续修四库全书》第一一八一册,上海古籍出版社 2002 年影印。

梁章钜:《楹联丛话》清道光二十年(1840)桂林署斋刻本,《续修四库全书》第一二五四册,上海古籍出版社 2002 年影印。

严可均:《铁桥漫稿》清道光十八年(1838)四录堂刻本,《续修四库全书》第一四八八册,上海古籍出版社 2002 年影印。

胡敬:《崇雅堂诗钞》清道光二十六年(1846)刻本,《续修四库全书》第一四九四册,上海古籍出版社 2002 年影印。

胡敬:《崇雅堂删余诗》清道光二十六年(1846)刻本,《续修四库全书》第一四九四册,上海古籍出版社 2002 年影印。

李兆洛:《养一斋文集》清道光二十三年活字印二十四年(1844)增修本,《续修四库全书》第一四九五册,上海古籍出版社 2002 年影印。

孙尔准:《泰云堂集》清道光刻本,《续修四库全书》第一四九五册,上海古籍出版社 2002 年影印。

陆继辂:《崇百药斋文集》清嘉庆二十五年(1820)合肥学舍刻本,《续修四库全书》第一四九六册,上海古籍出版社 2002 年影印。

陆继辂:《崇百药斋三集》清道光八年(1828)安徽臬署刻本,《续修四库全书》第一四九七册,上海古籍出版社 2002 年影印。

吴荣光:《石云山人诗集》清道光二十一年(1841)吴氏筠清馆刻本,《续修四库全书》第一四九七册,上海古籍出版社 2002 年影印。

邓廷桢:《双砚斋诗钞》清末刻本,《续修四库全书》第一四九九册,上海古籍出版社 2002 年影印。

张澍:《养素堂文集》清道光十五年(1835)枣华书屋刻本,《续修四库全书》第一五〇六册,上海古籍出版社 2002 年影印。

斌良:《抱冲斋诗集》清光绪五年(1879)崇福湖南刻本,《续修四库全书》第一五〇八册,上海古籍出版社 2002 年影印。

钱仪吉:《衍石斋记事续稿》清道光刻咸丰四年(1854)蒋光焴增修光绪六年

(1880)钱彝甫印本,《续修四库全书》第一五〇九册,上海古籍出版社 2002 年影印。

程恩泽:《程侍郎遗集》清咸丰五年(1855)伍氏刻粤雅堂丛书二编本,《续修四库全书》第一五一一册,上海古籍出版社 2002 年影印。

徐宝善:《壶园诗钞选》清道光刻本,《续修四库全书》第一五一六册,上海古籍出版社 2002 年影印。

董祐诚:《董方立文甲集》清同治八年(1869)刻董方立遗书本,《续修四库全书》第一五一八册,上海古籍出版社 2002 年影印。

吴振棫:《花宜馆诗钞》清同治四年(1865)刻本,《续修四库全书》第一五二一册,上海古籍出版社 2002 年影印。

祁寯藻:《馤𪤚亭集》清咸丰刻本,《续修四库全书》第一五二二册,上海古籍出版社 2002 年影印。

李星沅:《李文恭公遗集》清同治五年(1866)李概等刻本,《续修四库全书》第一五二五册,上海古籍出版社 2002 年影印。

沈垚:《落帆楼文集》民国七年(1918)嘉业堂刻吴兴丛书本,《续修四库全书》第一五二五册,上海古籍出版社 2002 年影印。

何绍基:《东洲草堂诗钞》清同治六年(1867)长沙无园本,《续修四库全书》第一五二九册,上海古籍出版社 2002 年影印。

张穆:《月斋文集》清咸丰八年(1858)祁寯藻刻本,《续修四库全书》第一五三二册,上海古籍出版社 2002 年版。

叶名澧:《敦夙好斋诗全集续编》清光绪十六年(1890)叶兆纲刻本,《续修四库全书》第一五三六册,上海古籍出版社 2002 年影印。

余太山主编:《西域通史》,中州古籍出版社 2003 年版。

赵云田主编:《北疆通史》,中州古籍出版社 2003 年版。

张国杰、程适良主编:《中国民俗大系·新疆民俗》,甘肃人民出版社 2004 年版。

刘光华主编:《西北通史》第一卷,兰州大学出版社 2004 年版。

尹伟先主编:《西北通史》第四卷,兰州大学出版社 2005 年版。

杨曾文主编,中国社会科学院世界宗教研究所佛教研究室编:《中国佛教基础知识》,宗教文化出版社 2005 年版。

徐松著，朱玉麒整理:《西域水道记(外二种)》,中华书局 2005 年版。

许结:《赋体文学的文化阐释》,中华书局 2005 年版。

赖洪波:《伊犁史地文集》,香港银河出版社 2005 年版。

侯德仁:《清代西北边疆史地学》,群言出版社 2006 年版。

梁启超:《中国近三百年学术史》,上海三联书店 2006 年版。

陈文新主编,鲁小俊(上),鲁小俊、苗磊(下)分册主编:《中国文学编年史·清前中期卷(上、下)》,湖南人民出版社 2006 年版。

陈文新主编,王同舟分册主编:《中国文学编年史·晚清卷》,湖南人民出版社 2006 年版。

蔡家艺:《清代新疆社会经济史纲》,人民出版社 2006 年版。

〔英〕崔瑞德、〔美〕牟复礼编,杨品泉等译:《剑桥中国明代史·1368—1644》下卷,中国社会科学出版社 2006 年版。

缪荃孙著,黄明、杨同甫标点:《艺风藏书记》,《中国历代书目题跋丛书》第二辑,上海古籍出版社 2007 年版。

郭丽萍:《绝域与绝学:清代中叶西北史地学研究》,生活·读书·新知三联书店 2007 年版。

计有功辑撰:《唐诗纪事》,上海古籍出版社 2008 年版。

徐世昌等编纂,沈芝盈、梁运华点校:《清儒学案》,中华书局 2008 年版。

伏俊琏:《俗赋研究》,中华书局 2008 年版。

孙福轩:《清代赋学研究》,浙江大学出版社 2008 年版。

杨伯峻编著:《春秋左传注》,中华书局 2009 年版。

左眉:《静庵文集》《静庵诗集》,清同治十三年(1874)铅印本,《清代诗文集汇编》第三九八册,上海古籍出版社 2010 年影印。

晋昌:《戎旃遣兴草》,清嘉庆二十五年(1825)刻本,《清代诗文集汇编》第四五六册,上海古籍出版社 2010 年影印。

徐松:《新疆赋》,清读有用书斋刻本,《清代诗文集汇编》第五三六册,上海古籍出版社 2010 年影印。

姚元之:《使沈草》,清道光二年(1822)刻本,《清代诗文集汇编》第五四一册,上海古籍出版社 2010 年影印。

姚元之:《鷹青集》,清道光二十三年(1843)刻本,《清代诗文集汇编》第五四一册,上海古籍出版社 2010 年影印。

周腾虎:《餐芍华馆诗集》,清光绪十九年(1893)活字本,《清代诗文集汇编》第六六三册,上海古籍出版社 2010 年影印。

缪荃孙辑,杨璐整理:《艺风堂杂钞》,中华书局 2010 年版。

赵逵夫主编:《历代赋评注》,巴蜀书社 2010 年版。

来夏新:《近三百年人物年谱知见录(增订本)》,中华书局 2010 年版。

戴良佐编著:《西域碑铭录》,新疆人民出版社 2012 年版。

张文昌:《制礼以教天下——唐宋礼书与国家社会》,台湾大学出版中心 2012 年版。

袁郊撰,李军评注:《〈甘泽谣〉评注》,中国社会科学出版社 2013 年版。

池万兴、严寅春校注:《〈西藏赋〉校注》,齐鲁书社 2013 年版。

马积高主编:《历代辞赋总汇》,湖南文艺出版社 2014 年版。

朱玉麒:《徐松与〈西域水道记〉研究》,北京大学出版社 2015 年版。

刘瑞明编著:《〈山海经〉新注新论》,甘肃文化出版社 2016 年版。

三、论　　文

陈垣:《记徐松遣戍事》,《国学季刊》第六卷三号,民国二十五年(1936)七月,后收入陈乐素、陈智超编校《陈垣史学论著选》中册,上海人民出版社 1981 年 5 月。

开封师范学院历史系中国古代史教研室:《〈宋会要辑稿〉的史料价值及其存在问题》,《开封师院学报》1962 年第 2 期。

冶秋:《夜读偶记》,《文物》1963 年第 5 期。

李永宁:《敦煌莫高窟碑文录及有关问题(一)》,《敦煌研究》1982 年第 1 期。

李永宁:《敦煌莫高窟碑文录及有关问题(二)》,《敦煌研究》1982 年第 2 期。

车锡伦:《清代剧作家陆继辂及其〈洞庭缘〉传奇》,《扬州师院学报》1982 年 Z1 期。

王聿均:《徐松的经世思想》,台湾"中央研究院"近代史研究所编《近世中国经世思想研讨会论文集》,1984 年 4 月。

史广超:《〈宋会要辑稿〉的前世现世和来世》,《历史研究》1984 年第 4 期。

田余庆:《论轮台诏》,《历史研究》1985 年第 1 期。

赵俪生:《西北学的拓荒者之一:徐松》,《西北史地》1985 年第 1 期。

卢秀文:《敦煌学编年》,《敦煌研究》1988 年第 4 期。

吴振清:《徐松事迹辨正》,《南开学报》1989 年第 1 期。

王利器:《〈永乐大典〉又发现两卷》,《徐州师范学院学报》1989 年第 3 期。

王利器:《〈永乐大典〉佚文两卷》,《文献》1992 年第 2 期。

赵俪生:《徐松及其〈西域水道记〉》,《兰州大学学报》1992 年第 4 期。

许结:《赋学批评方法论》,《西南师范大学学报》1993 年第 1 期。

许结:《清赋概论》,《学术研究》1993 年第 3 期。

吕小鲜:《嘉庆朝江西万载县土棚学额纷争案》,《历史档案》1994 年第 1 期。

许结:《清代的地理学与疆舆赋》,《中国典籍与文化》1995 年第 1 期。

萧正洪:《新旧唐书所载若干植物名实考》,《陕西师范大学学报》1996 年第 3 期。

韩长耕:《〈宋会要辑稿〉述论》,《中国史研究》1996 年第 4 期。

冯锡时:《徐松〈西域水道记〉辨误》,《中国边疆史地研究》1998 年第 2 期。

郭书兰:《晚清地学巨子徐松》,《史学月刊》1999 年第 4 期。

王新华:《宋代两种求阙书目成书先后考》,《古籍整理研究学刊》1999 年第 5 期。

胡昌健:《刘喜海年谱》,《文献》2000 年第 2 期。

周振鹤:《早稻田大学所藏〈西域水道记〉修订本》,《中国典籍与文化》2001 年第 1 期。

龚克昌:《中国古代赋体研究总论》,《东方论坛》2001 年第 3 期。

董琳:《清代新疆台站与古今》,《新疆师范大学学报》2001 年第 4 期。

杨伯达:《珣玗琪考》,《北方文物》2002 年第 2 期。

贾建飞:《晚清西北史地学研究》,博士学位论文,中国社会科学院,2002 年。

贾建飞:《论清道、咸时期的西北史地研究》,《史林》2003 年第 4 期。

涂怡萱:《清代边疆舆地赋研究》,硕士学位论文,台湾暨南国际大学,

2003 年。

魏长洪、管守新:《西域界说史评》,《新疆大学学报》2004 年第 1 期。

贾丛江:《关于西汉时期西域汉人的几个问题》,《西域研究》2004 年第 1 期。

朱玉麒:《〈西域水道记〉稿本研究》,《文献》2004 年第 1 期。

吴玉贵:《〈唐会要〉"四夷部"证误》,《文史》2004 年第 3 期。

朱玉麒:《徐松及其西域著作研究述评》,《新疆师范大学学报》2004 年第 4 期。

郭丽萍:《显学的背后:沈垚西北史地学述论》,《中国边疆史地研究》2005 年第 1 期。

胡玉冰:《清代学者编修之西夏史籍述要》,《宁夏大学学报》2005 年第 3 期。

许结:《赋的地理情怀与方志价值》,《济南大学学报》2005 年第 5 期。

朱玉麒:《徐松遣戍伊犁时期的生活考述》,《西域研究》2006 年第 1 期。

苏奎俊:《清代新疆满营研究》,硕士学位论文,新疆大学,2006 年。

李自华:《试论雍正对学政制度的发展》,《文史集刊》2006 年第 5 期。

唐俊杰:《祭器、礼器、"邵局"——关于南宋官窑的几个问题》,《故宫博物院院刊》2006 年第 6 期。

朱玉麒:《〈新疆识略〉成书考》,载朱玉麒主编:《西域文史》(第一辑),科学出版社 2006 年版。

王夏刚:《学政与清代学术》,载葛志毅主编:《中国古代社会与思想文化研究论集》(第二辑),黑龙江人民出版社 2007 年版。

章永俊:《鸦片战争前后研究边疆和域外史地的学者群》,《学术研究》2007 年第 3 期。

陈子风:《姚觐元致缪荃孙尺牍(下)》,《收藏家》2007 年第 7 期。

齐春林:《试论清代学政之弊端》,《内蒙古农业大学学报》2007 年第 4 期。

[日]榎一雄撰,易爱华译:《关于徐松的西域调查》,载朱玉麒主编:《西域文史》(第二辑),科学出版社 2007 年版。

孙微、张寒:《燕赵杜诗学文献概要》,《河北工程大学学报》2008 年第 2 期。

袁津琥:《〈扶小娘儿过桥〉与廖艮》,《文史杂志》2008 年第 3 期。

尹旵俊:《从〈西域水道记〉的成书看徐松的学术转向》,硕士学位论文,新疆大学,2008 年。

侯德仁:《乾隆年间新疆地区的舆图测绘》,《文史知识》2008 年第 8 期。

吴羽:《论中晚唐国家礼书编撰的新动向对宋代的影响——以〈元和曲台新礼〉、〈中兴礼书〉为中心》,《学术研究》2008 年第 6 期。

王树森:《地理与考据之学影响下的清代都邑赋》,《淮北煤炭师范学院学报》2009 年第 1 期。

王树森:《"赋代志乘"说评议——以都邑赋为中心》,《中国韵文学刊》2009 年第 1 期。

杨秉新:《班第、鄂容安殉难地考》,《西域研究》2009 年第 3 期。

朱玉麒、魏春艳:《徐松手札辑笺》,《文献》2009 年第 3 期。

张琰玲:《二百年中国西夏学著作概述》,《宁夏社会科学》2009 年第 5 期。

彭安湘:《地理赋的空间张力与情感安顿——以〈古文苑〉地理赋研究为例》,《湖北大学学报》2009 年第 5 期。

朱玉麒:《徐松诗文辑佚》,[马来西亚]《汉学研究学刊》创刊号 2010 年第 1 期。

霍维洮:《西北学新论》,《西夏研究》2010 年第 1 期。

安东强:《"剔除学政十弊":清初学政积弊与考核制度》,《清史研究》2010 年第 1 期。

张固也等:《〈秘书省续编到四库阙书目〉版本源流考》,《新世纪图书馆》2010 年第 1 期。

赵欣:《嘉道时期的"清官"玉麒》,《满族研究》2010 年第 2 期。

朱玉麒:《〈西域水道记〉刊刻年代再考》,《西域研究》2010 年第 3 期。

朱玉麒:《西北史地学背景下的徐松与邓廷桢、林则徐交谊》,《伊犁师范学院学报》2010 年第 4 期。

朱玉麒:《清代西域流人与早期敦煌研究——以徐松〈西域水道记〉为中心》,《敦煌研究》2010 年第 5 期。

李习文、孔炜莉:《西北史地学文献概述》,《图书馆理论与实践》2010 年第 5 期。

孙福海:《〈西藏赋〉版本考》,《西藏民族学院学报》2011 年第 1 期。

白苏侠:《〈钦定新疆识略〉研究》,硕士学位论文,新疆大学,2011 年。

荣新江、朱丽双:《于阗国王李圣天事迹新证》,《西域研究》2012 年第 2 期。

姜靖:《从"洛阳纸贵"谈到赋体志书》,《中国地方志》2012 年第 7 期。

李军:《〈新疆赋〉民俗述考》,《内蒙古民族大学学报》2012 年第 4 期。

李军:《论〈西藏等三边赋〉——清代边疆舆地赋之代表》,台湾《师大学报》(语言与文学类)2012 年第 2 期。

曾少皇:《杜诗未刊评点辨伪二题》,载吴兆路、[日]甲斐胜二、[韩]林俊相主编:《中国学研究》(第十五辑),济南出版社 2012 年版。

李军:《论清代学政案——以"星伯学案"为中心》,《北方论丛》2012 年第6 期。

李军、刘延琴:《论〈西藏等三边赋〉的文献价值》,《海南师范大学学报》2013 年第 1 期。

刁美林:《徐松为〈钦定新疆识略〉作者补证——兼谈清人的著作权意识》,《北方文物》2013 年第 1 期。

李军:《论清代边疆舆地赋的征实性——以〈西藏等三边赋〉为例》,《辽东学院学报》2013 年第 1 期。

李军:《徐松〈西域水道记〉论略》,《新疆地方志》2013 年第 1 期。

杨歌:《学额纷争、移民族群和法律实践:以嘉庆朝广东新安县和江西万载县为例》,《杭州师范大学学报》2013 年第 2 期。

李军:《〈三边赋〉中的清代边疆岁时节日民俗述考》,《四川文理学院学报》2013 年第 3 期。

李军:《〈三边赋〉之〈新疆赋〉论略》,《辽东学院学报》2013 年第 3 期。

史国强:《〈天山赋〉著者考辨》,《中国典籍与文化》2013 年第 4 期。

李军:《屡丰接乎青黄 荒服臻乎富庶——从〈新疆赋〉等看 18 至 19 世纪新疆的屯垦开发》,《北方民族大学学报》2013 年第 4 期。

李军:《论〈西藏等三边赋〉——以边疆意识为中心》,《文学与文化》2013 年第 4 期。

史广超:《〈中兴礼书〉及〈续编〉版本考述》,《图书馆杂志》2013 年第 5 期。

李军:《论徐松的文学成就——兼论〈新疆赋〉的文学特点》,《江南大学学报》2014 年第 1 期。

李军:《论清代边疆舆地赋的双重价值——以〈西藏等三边赋〉为例》,《中央民族大学学报》2014 年第 3 期。

李军:《徐松〈徐星伯说文段注札记〉论略——段玉裁〈说文解字注〉的校勘力作》,《宁夏大学学报》2014 年第 4 期。

李军:《论清代学政案——以"俞鸿图"案等为典型的考察》,《社会科学论坛》2014 年第 8 期。

李军:《徐松"西域三种"论略——兼论从"西域三种"到"西域四种"》,《西部学刊》2014 年第 10 期。

李军:《西北史地学巨著〈汉西域图考〉论略》,《鲁东大学学报》2015 年第 1 期。

李军:《徐松〈新疆赋〉辨误》,《西部学刊》2015 年第 1 期。

李军:《新疆简史精品——〈三边赋〉之〈新疆赋〉的史料价值》,《辽东学院学报》2015 年第 2 期。

朱玉麒:《徐松遣戍伊犁时期的新史料》,《伊犁师范学院学报》2015 年第 2 期。

李军:《道光朝内阁中书徐松妻陈安人墓志铭》,《历史档案》2015 年第 3 期。

朱玉麒:《徐松遣戍新疆案过程新证》,《西域研究》2015 年第 4 期。

李军:《清代边疆的民俗信仰——以〈西藏等三边赋〉为中心》,《辽东学院学报》2015 年第 6 期。

李军:《徐松〈宋中兴礼书〉及〈中兴礼书续编〉论略》,《辽东学院学报》2016 年第 1 期。

佟颖:《徐松边疆史地研究与〈新疆赋〉之创作》,《伊犁师范学院学报》2016 年第 1 期。

李军:《徐松及其〈新疆赋〉研究》,博士学位论文,西北师范大学,2016 年。

李军:《徐松敦煌考察说献疑》,《文献》2016 年第 3 期。

庞海东:《徐松及其〈新疆赋〉研究》,硕士学位论文,湖南大学,2017 年。

白玉冬:《关于王延德〈西州程记〉记录的漠北部族》,《中国边疆史地研究》2019 年第 1 期。

史国强、黄伟华:《清代新疆辞赋创作述略》,《新疆大学学报》2019 年第

2 期。

李军、隆滟:《徐松〈汉书西域传补注〉论略》,《三峡论坛》2019 年第 4 期。

李军:《徐松诗笺》,《江南大学学报》2019 年第 4 期。

李军:《徐松西域调查行踪稽考》,《中国边疆史地研究》2021 年第 4 期。

后　记

　　本书为教育部 2020 年度人文社会科学研究规划基金项目"《三边赋》整理与研究"的系列成果之一。

　　我于 1999—2003 年就读于西北师范大学汉语言文学专业,本科毕业后,于 2003—2006 年推免攻读上海大学古代文学专业硕士研究生,选择的研究方向是唐传奇,学位论文是《〈甘泽谣〉研究》。2006 年参加工作之后,又获批 2012 年度教育部人文社会科学研究青年基金项目"《甘泽谣》整理与研究",并于 2013 年出版了《〈甘泽谣〉评注》一书。其间的 2011 年,我开始攻读西北师范大学中国古典文献学专业博士研究生,在导师伏俊琏先生指导下,研究方向也就逐渐由唐传奇转向徐松及清代边疆舆地赋。

　　对于徐松,我是怀着由衷的崇敬之感、深挚的惋惜之情进行了解和研究的。他的一生,是学术上极其辉煌的一生,但又是命运多舛的一生。在学术上,徐松著述等身,负重望近三十年,不但被海内学人推为"地学巨子",还被龚自珍视为继同为大兴籍的朱筠和翁方纲之后的一代"宗工";而在命运上,徐松不但遭遇"星伯学案",且其妻陈寿娥素患气逆,动辄晕厥,险怪万状,年仅四十有七,即撒手人寰,他晚年还因京官俸禄微薄,不得不请求外任,其间又有千般委屈,万般无奈,而最终,独子徐祖望也先他而殁,竟落得亲族无存,真令人唏嘘不已!

　　徐松生平的相关资料,我主要参考的是《清史列传》《清国史》《畿辅通志》《大清畿辅先哲传》《徐星伯先生事辑》《星伯先生小集》等,还有今人朱玉麒先生整理的《西域水道记(外二种)》及其所著《〈西域水道记〉与徐松研究》等。此外,我还于 2015 年有幸得到时任上虞图书馆副馆长的葛晓燕女士的热忱帮助,她惠寄了由徐遇春等纂修的光绪丙申(1896)木活字本《管溪徐氏宗谱》的全套光盘。因此,才得以对徐松的家世有了更进一步的细致研究和发现,也得以纠正长期以来关于其生平文献记载及研究成果的若干含混乃至错误之处。

　　关于清代边疆舆地赋尤其是《新疆赋》的研究,我主要参考的是台湾暨南国际大学中国语文学系涂怡萱的硕士学位论文《清代边疆舆地赋研究》,还有朱玉麒先生整理的《西域水道记(外二种)》。而对《新疆赋》的整理与校注工作,早在 2011 年 11 月我攻读博士研究生伊始就已着手,至 2014 年 3 月完成初稿,并曾作为学位论文《徐松及其〈新疆赋〉研究》的一部分,但因当时的注释过于烦琐,故而在答辩时将其移除。其后至今,我一直断断续续反复进行修改,相比起初稿来,明显精简和优化了不少,但总感觉还是存在不少遗憾,而最主要的,就是至今也未能亲历新疆,可以说心向往之,甚至魂牵梦绕,但终究力所不逮,呜呼奈何! 更何况对于维吾尔族语言文字、对于医学等,我是一窍不通! 这种情况下,我也确实自觉气短,惶恐不安。正因如此,我在这里要诚挚道歉,并敬请读者谅解,也期待今后能够指出问题,多加帮助。

　　本书承蒙我的博士生导师伏俊琏先生于百忙之中作序,特此申谢! 我的一点一滴的进步,都离不开先生的悉心指导和温暖鼓励,尤其是他老人家身上的那种伟岸的精神指引。

2021 年 6 月 23 日

责任编辑:杨美艳　王璐瑶

图书在版编目(CIP)数据

《新疆赋》校注/(清)徐松 撰,李军 校注. —北京:人民出版社,2022.9
ISBN 978-7-01-025076-2

Ⅰ.①新… Ⅱ.①徐… ②李… Ⅲ.①西域-史料-清代 Ⅳ.①K928.649

中国版本图书馆 CIP 数据核字(2022)第 170789 号

《新疆赋》校注

XINJIANG FU JIAOZHU

(清)徐 松　撰　李 军　校注

人民出版社 出版发行

(100706　北京市东城区隆福寺街 99 号)

中煤(北京)印务有限公司印刷　新华书店经销

2022 年 9 月第 1 版　2022 年 9 月北京第 1 次印刷
开本:710 毫米×1000 毫米 1/16　印张:15.5　插页:2
字数:280 千字

ISBN 978-7-01-025076-2　定价:78.00 元

邮购地址 100706　北京市东城区隆福寺街 99 号
人民东方图书销售中心　电话 (010)65250042　65289539